本书获得以下资助：

国家自然科学基金面上项目：基于鲁棒优化与多阶段组合拍卖的动态垃圾清运联动机制及算法研究（No.72071093）

国家自然科学基金青年项目：考虑竞拍者选择行为的鲜活品拍卖收益优化策略和方法研究（No.71801154）

广东省自然科学基金面上项目：考虑竞拍策略学习的按需物流平台交易与收益机制研究（No. 2021A1515012012）

深圳大学青年科学基金项目（No.189692）及深圳大学荔园优青项目

孔祥天瑞 　徐素秀
黄国全 　秦开大/著

数智化生鲜农产品拍卖机制与运营优化

Digital Intelligence of Perishable Agricultural Products Trading:
Auction Mechanisms and Operations Excellence

中国财经出版传媒集团
经济科学出版社
Economic Science Press

图书在版编目（CIP）数据

数智化生鲜农产品拍卖机制与运营优化/孔祥天瑞
等著 . —北京：经济科学出版社，2021. 11
ISBN 978 - 7 - 5218 - 3148 - 1

Ⅰ. ①数…　Ⅱ. ①孔…　Ⅲ. ①数字技术 - 应用 - 农产
品 - 拍卖 - 研究 - 中国　Ⅳ. ①F724. 72 - 39

中国版本图书馆 CIP 数据核字（2021）第 246530 号

责任编辑：李　雪　高　波
责任校对：隗立娜
责任印制：王世伟

数智化生鲜农产品拍卖机制与运营优化

孔祥天瑞　徐素秀　黄国全　秦开大　著

经济科学出版社出版、发行　新华书店经销
社址：北京市海淀区阜成路甲 28 号　邮编：100142
总编部电话：010 - 88191217　发行部电话：010 - 88191522
网址：www. esp. com. cn
电子邮箱：esp@ esp. com. cn
天猫网店：经济科学出版社旗舰店
网址：http://jjkxcbs. tmall. com
北京季蜂印刷有限公司印装
710 × 1000　16 开　22.75 印张　330000 字
2022 年 1 月第 1 版　2022 年 1 月第 1 次印刷
ISBN 978 - 7 - 5218 - 3148 - 1　定价：98.00 元
（图书出现印装问题，本社负责调换。电话：010 - 88191510）
（版权所有　侵权必究　打击盗版　举报热线：010 - 88191661
QQ：2242791300　营销中心电话：010 - 88191537
电子邮箱：dbts@ esp. com. cn）

序言

　　非常高兴受邀为《数智化生鲜农产品拍卖机制与运营优化》作序！2004 年我曾在香港大学跟随黄国全教授做过一段时间博士后研究工作，那段经历帮助我开拓了新的领域认知，强化了科学研究的方法，为我科研探索之路奠定了坚实基础。离开香港后，我到了荷兰。在这里，我探访了全球最大的阿斯米尔鲜花拍卖市场，该市场每天卖出 1500 万朵花并运到世界各地，市场内物流全程自动化和智能化，世界上有 80% 的花卉产品来自阿斯米尔。当时我在荷兰伊拉斯姆斯大学的研究团队，也基于花卉拍卖展开过一段时间的研究。本著作的其他几位作者我也非常熟悉，同秦开大教授很早就认识，秦教授是国内鲜花拍卖与运作管理领域的知名专家学者，跟天瑞和素秀两位青年学者可以称得上是"同门"。有了这层缘分，再加上这本书的内容与我的研究领域直接相关，当接到作序邀请的时候，我便欣然答应了。

　　读完这本书，给我感受最深的是书中呈现了一种新颖的、基于中国生鲜农产品拍卖管理实践的研究视角和理论框架。我从两个方面阐释"新在哪？"。其一，研究问题新。本书研究背景聚焦生鲜农产品供应链"推拉边界"的拍卖交易环节，针对我国鲜活农产品"小流通、大市场"的体系格局，以及在"拍卖机制设计、拍卖物流联动、物流服务采购"的痛点局限，探究数智化驱动的拍卖平台运营管理理论与实践。在整个供应链的运作过程中，拍卖市场不直接买断产品，也不直接干预交易，只是提供拍卖服务和交易平台。采用拍卖的方式，在一定程度上大幅消弱了供应链核心企业对产品的垄断和控制能力，可以高效匹配供需，充分发挥规模效应，能够更好地兼顾供应链两端，即农户和购买商的利益，使双方都能获得符合市场情况的成交价格。相对于大众所熟知的生鲜电商、生鲜供应链和生鲜冷链物流等研究领域，偏向产地端、批发型、企业间交易的生鲜农产品拍卖相对冷门，大家普遍不熟悉其运作模式和决策机理，国内也少有相关的学术著作，本书开启了探究这一重大研究领域的科学性视角与路径。其二，研究范式新。据我所知，黄教授和秦教授的团队分别同国内鲜花拍卖平台企业有产学研合作。秦开大教授团队基于开源技术和流程驱动原则设计拍卖决策支持系统和智能算法，尤其关注我国鲜花拍卖实证研究和拍卖存储系统优化。黄国全教授团队基于物联网和云计算将拍卖交易与供应链协同整合，强调考虑多种交易模式环境下的拍卖物流联动，同时发表了一系列围绕运输服务拍卖的高水平论文。两个团队都在该领域持续耕耘，形成了全方位、系统化的丰硕成果，使本书的研究范式突出了"需求牵引"和"交叉融通"的显著特色，理论与实践结合紧密，即通过挖掘行业实践中面临的共性需求及挑战凝练关键科学问题，通过拍卖机制、运营优化、信息系统、计量经济等跨学科交叉，找到应对重大挑战的方法和途径。

　　阅读本书时，能够感受到作者的细心和用心。本书内容跨度大且理论较深，涵盖中国鲜花拍卖新特征实证分析和交易机制创新、拍卖中心内部全流程物流运营优化、拍卖中心外部采购与销售物流服务逆向拍卖等研究内容，如何使从来不了解生鲜农产品拍卖的读者快速构建认知和理解，作者从以下几个方面作了精心设计。从整体章节框架设计上体现出由概念体系到理论体系，最终到应用体系的循序渐进脉络，每个主要研究内容的子章节框架力求按流程逻辑编排；作者在前两章中利用翔实的数据和论据勾勒出生鲜农产品供应链交易与数智化拍卖平台的逻辑关系，定义并阐述了拍卖物流、荷兰式拍卖等一系列重要概念，识别及梳理了鲜活农产品拍卖市场主要特征、流程、发展现状和趋势，为读者从宏观层面了解本书所论述的研究内容及研究意义提供了系统化概览；恰当地引入拍卖理论基础与研究前沿进展，为读者展示拍卖类型、拍卖模型等基础理论方法，同时衔接后续章节的公式化拍卖机制证明；将高深概念、理论和方法通过大量的示意图、技术框架图和流程图等形象化、具体化，便于读者理解和掌握，结合通俗文字娓娓道来，增添本书的可读性；作者还留下"有待讨论""将在未来的研究中强化和完善"等叙述方式，进一步激发读者的好奇心，如果你有这样的感觉或者通过阅读找到了进一步探究的灵感和冲动，我想作者的目的就达到了。

我国已经阔步踏上实现第二个百年奋斗目标的新征程，科学技术和经济社会发展加速渗透融合，高质量发展对科学研究范式变革提出紧迫要求。用应用研究来倒逼基础研究，以基础研究支撑应用研究成为必然选择。本书正是在中国智慧物流与供应链创新和发展的大环境、大趋势下应运而生，提供了一种如何将理论与实践结合共进的新路径供广大读者思考。希望读者能够通过这本书了解拍卖机制及其背后运营管理的学问，感受它的存在和价值。如果它能够激发你的研究念头，那么请加入其中，你一定会发现里面的世界很精彩！

余玉刚

中国科学技术大学

2022 年 1 月于合肥中科大主校区

前言

　　农业是国民经济发展的根本，党和政府一直高度重视"三农"问题，与之紧密相关的是农业生产方式、交易流通方式、融资方式的变革问题，其中又以交易流通为重中之中。习近平总书记在中央财经委员会第八次会议上强调，"构建新发展格局，必须把建设现代流通体系作为一项重要战略任务来抓"。2021年3月，"强化流通体系支撑作用"写入我国"十四五"规划。进入新发展阶段，供给端和需求端发生双向变革，研究生鲜农产品供应链交易，有助于实现生鲜农产品供给端与消费端的对接，加速农业生产方式与流通方式的变革，促进中国特色现代流通体系的高质量建设。

　　目前，中国各种商品流通的核心环节是各种"批发市场"。它们起到信息发布、交易定价、统仓共配等积极作用，提高了商品的流动性，降低了交易成本。深圳市及大湾区典型的批发市场包括珠宝原石批发市场、电子元器件批发市场、生鲜农产品批发市场等。利用先进数字化技术，大部分线下批发市场进一步转型升级为线上B2B批发平台，通过互联网将买方企业和卖方企业聚集在同一个线上平台进行在线交易与供应链协作。B2B批发平台模式驱动的供应、交易、流通、消费一体化供应链将成为国内统一大市场和数字经济的重要载体之一。

　　拍卖作为一种常见的价格形成与资源分配机制，已是B2B批发平台主流交易方式之一，如昆明国际花卉拍卖中心早在十多年前就已经在他们的批发交易系统中加入了拍卖模块，目前已经成为亚洲最大、全球第二大的鲜切花拍卖交易市场。利用平台提供的拍卖供应链专业管理（如质量鉴定、物流仓配、金融担保、行情预测）及丰富的买家卖家流量网络，大宗批发采购中融合在线拍卖的好处对潜在的卖家和买家来说重大意义。对于卖家来说，通过设定最低价并让买家们相互竞争，在获得更多关于买家信息的同时不断提高价格，从而追求利益最大化。对于买家来说，通过拍卖可以节省约15%的采购成本，在线拍卖允许远程竞标，打破了时间和空间的限制，其公开性还可以抑制拍卖中的各类不正当行为，并确保拍品质量。

但是通过调研我们发现，许多形态的生鲜农产品拍卖研究与实践仍然低效，具体包括以下三个方面问题：一是围绕经典基准模型的扩展、拍卖机制设计原则，并结合国内外研究现状与中国生鲜农产品拍卖实际，现有国内拍卖机制研究存在局限性，包括对价格反常现象的解释、远程竞价机制、双边拍卖机制、多属性拍卖机制、保留价机制设计等；二是拍卖物流中心以内部物流流程优化为运营关键，但目前我国生鲜农产品拍卖市场的内部物流主要以人工调度与动作为主，物流人员比例达到80%以上，拍卖物流联动存在挑战。同时，拍卖师对参拍组合的调整主要基于个人经验，不同拍卖师由于经验不同会在相应的决策和判断上存在较大差异，使有限拍卖时间窗口内部分拍品白白流拍或者无法快速捕捉市场收益最大化机会，从而导致拍卖总体收益水平下降；三是生鲜供应链企业需要寻找合适的运输服务供应商采购运输服务，在多个可供选择的运输服务供应商之间确定一个或多个在价格和服务质量方面具有优势的供应商。传统采购方式需要综合考虑各种交易和非交易因素，运输服务价格可能受到买卖双方人为干扰。随着货运量的增加，这种传统的运输服务采购方式将无法满足企业日益增加的运输需求，企业运输服务采购方式亟须创新。因此，本书将以生鲜农产品拍卖平台企业为研究对象，遵循"现象—机制—效应"的研究思路，在考虑及融合多种拍卖机制的情况下，对拍卖平台内部运营流程及外部与基于拍卖的运输服务采购协同的现象进行深入研究。

本书共分为七章。第1章为生鲜农产品供应链。主要阐述了生鲜农产品供应链的概念及流通现状，剖析中国生鲜市场及其供应链典型特征，以图文结合的方式生动勾勒出中国生鲜农产品供应链需求侧、供给侧改革路径，分析疫情下中国生鲜供应链痛点瓶颈，并指出未来发展趋势。基于最新数据、文献、前期研究和访谈调研，本章清晰全面的界定了研究背景和研究对象。第2章为鲜活农产品交易与拍卖市场。在第1章的基础上进一步明确拍卖市场与生鲜农产品供应链的关系，凸显从传统批发市场到拍卖交易市场的变迁演化过程，在拍卖机制设计、拍卖物流联动、物流服务采购三个层面具化鲜活农产品拍卖交易与运作的局限性，以数智化为抓手描绘新时代、新格局下拍卖平台的新定位，并确立研究路线图。第3章为拍卖理论基础与研究进展，从基本拍卖类型、基本拍卖模型、基本模型扩展、最新研究前沿四个维度介绍与本书相关的模型、公理、引理等，为后续章节的相关研究奠定理论基础。第4章为鲜活农产品价格波动与拍卖机制，结合实证研究与理论研究，剖析拍卖市场价格波动、价格反常现象、赢标者策略行为等影响拍卖机制设计的关键要素，基于识别要素并考虑实际拍卖需求，设计远程竞价机制、双边拍卖机制、多属性拍卖机制和保留价机制。第5章为鲜活农产品拍卖流程运营优化，主要聚焦拍卖中心内部运营管理优化，基于合作企业的实际数据，构建拍前物流调度控制优化机理、拍后物流储位分配策略和基于自动化的拍卖物流同步优化模型。第6章为运输服务逆向采购：鲜活农产品供应链服务拍卖。延伸至拍卖中心外部运输服务采购，探究基于拍卖的采购物流和销售物流服务采购机理模型，运用多种拍卖机制和理论对订单的分配与定价进行指导，冀望为构建我国拍卖运输市场的"数智化运输服务交易所"提供理论支撑。第7章为鲜活农产品拍卖案例实践：花卉拍卖。运用单案例分析方法，选取极具代表性的传统花卉企业平台化转型为案例对象，从商业模式创新的新视角，探索"斗南花卉"模式创新的内在机理及其成功的关键，挖掘促进其他平台企业发展与升级的运营规律与对策建议。

总体而言，与以往相关研究相比，本书在以下三个方面具备特色创新：(1) 研究视角与问题选取的特色：凝练数智化B2B鲜活农产品拍卖平台的典型需求与核心特征，融合数据驱动的数学模型和智能算法，从平台视角提出体系化、框架化新理念，如拍卖物流同步、拍卖自动化等。(2) 研究思路与实现框架的特色：融合实证研究、理论研究和案例研究，以跨学科视角从拍卖机制、运作机制、服务采购机制、商业模式设计四个主要方面进行全书章节架构设计，所探究的问题具有重大科学研究意义和跨行业应用价值，所形成的研究成果将丰富不完全信息环境下拍卖运作管理理论和方法。（3）研究结果指导应用实践的特色：注重理论的实践与应用贯穿全书，如拍卖师策略模型与智能算法将整合到软件系统中，以云计算方式部署于典型批发市场，并用作应对复杂交易环境的量化决策工具，将传统的"依靠人工经验、被动式响应竞拍行为的单一变量控制"决策模式升级为先进的"系统智能辅助、主动响应竞拍环境和行为的多变量控制"。

在编写过程中，我们吸纳了多位专家的相关文献、思想和建议，在此表示衷心感谢！由于水平和时间有限，不妥之处在所难免，敬请斧正。

作者
2022 年 1 月

目录

第 1 章
生鲜农产品供应链

1.1　生鲜农产品供应链的概念及流通现状

　　生鲜农产品包括果蔬、花卉、肉等初级农产品以及半加工生鲜。生鲜农产品供应链是指通过农户生产、企业加工，到达农产品流通中心，经过农产品零售地最终到消费者的产业链条（王润荻，翟绪军，2021）。生鲜农产品供应链以农产品为研究主体，针对市场渠道、物流（流通）、消费等供应链环节的特征和现状进行研究分析。如图 1 - 1 所示，根据产业链的上、中、下游，生鲜农产品供应链可划分为三个环节：

　　（1）生产环节。我国生鲜农产品的生产环节主要由规模较小的小农户组成且数量较为庞大。农户通常单独面对批发商，未形成普遍的大型农户组织，缺乏定价能力和良好的定价机制。目前参与生鲜农产品生产环节的主体有农户、生鲜农副产品生产企业、农资企业、农业科技企业等。

　　（2）流通环节。市场的中间流通环节主要围绕农产品批发市场和中间商展开，我国每年农产品批发市场交易额呈现出上升趋势，尽管上升的增速有所放缓，但农产品批发市场仍然是目前生鲜农产品的主要流通场所。除此之外，生鲜电商交易额也在不断增长，且其增长速度正在加快。自20世纪80年代改革开放起我国才正式打开生鲜农产品流通市场，流通主体的经营能力、规划能力、流通效率、供应链基础设施等发展时间都较为短暂。在政策的推动和经济发展的多重条件下，国内已逐渐形成了以批发市场为中心，零售市场和超市为基础的流通模式。2012年以来爆发了生鲜电商和新零售等多种以线上化或线上线下一体化的生鲜渠道模式，近几年生鲜电商的交易额在不断增长。但从宏观来看，国内的流通渠道仍处于以批发市场和中间商为主的线下运作模式。目前，参与流通环节的主体有产地批发商、物流供应商、销地批发商等。

（3）消费环节。处于流通环节的最末端，以农贸市场为主，但随着消费水平的提高和互联网的发展，餐饮、超市、社区团购、线上零售的比重正在逐年增加。参与消费环节的主体有农贸市场、餐饮店、生鲜超市、生鲜电商、O2O平台等。

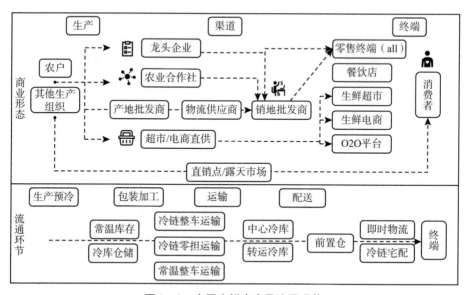

图1-1 中国生鲜农产品流通现状

资料来源：艾瑞咨询. 2020年中国生鲜农产品供应链研究报告［R/OL］.（2020-3-30）［2021-5-2］. https：//www.iresearch.com.cn/Detail/report？id=3545&isfree=0.

1.2　中国生鲜供应链特征

1.2.1　中国生鲜市场典型特征

农产品生产作为供应链最源头的供给端，提供了肉禽、蔬菜、水果、海鲜等生鲜。生鲜除了具有鲜活易腐、不耐贮运、生产季节性强以及消费弹性系数小等特点，以下典型特征包括：

（1）地域性："两超多强" + "东密西疏"。如图 1 - 2 所示，我国地势西高东低、复杂多样，山地、高原、盆地、平原等多种地理形态造成了我国农产品生产环境的差异性，加之各地管理差异，最终呈现出生鲜农产品生产上的地域不均，山东省与河南省是我国最大的生鲜产区，全国呈现出"东密西疏"的供给趋势。截至 2020 年底，山东省农产品进出口已连续 22 年稳居全国第一①，山东省寿光市被称为"蔬菜之乡"，且山东省的苹果、梨等水果也同样是全国有名，拥有全国最多的农产品地理标志（366 个），其生鲜农产品年产量超过 1.2 亿吨，名列全国第一。河南省生鲜年产量超过 1 亿吨，是第二个过亿吨的省份。我国生鲜产量与供给能力整体呈现出"东密西疏"的格局，同时大中型城市群生产能力不足。西部地域由于耕地条件不足、地域辽阔、物流设施不足等特点，生鲜生产能力较弱。供给的不平衡就使得生鲜的流通价值大大提高。

（2）时域性：季节周期性强加大了供应链运作难度。如图 1 - 2 所示，我国气候复杂多样，跨纬度较广，这种差异性致使绝大部分蔬菜和水果都是

---

① 梁金凤. 连续 22 年居全国首位！ 2020 年山东农产品出口达 1257.4 亿元［N/OL］.（2021 - 1 - 29）［2021 - 5 - 10］. https：//ml. mbd. baidu. com/r/AYagNlhNsl？ f = cp&rs = 158385.

在固定季节收获，决定了生鲜从收获到消费的时间周期较短。虽然反季节水果和冷链仓储的出现，降低了生产季节性带来的供给不均衡，但整体来看，生鲜农产品的季节性强、需求弹性小、易腐坏、不耐运等特征还是给供给侧与流通侧带来了相当的运作难度。

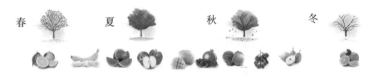

2012~2019年国内部分农产品价格随季节周期性波动情况

注释说明：数据抓取自农业网，选取52种农产品（水果33种，蔬菜19种）在长期网的价格波动情况，主要参考数据为各地批发市场提供的平均价格

图 1-2　2012~2019 年中国部分典型生鲜水果产期季节分布情况

资料来源：艾瑞咨询. 2020 年中国生鲜农产品供应链研究报告 [R/OL]. (2020-3-30) [2021-5-1]. https：//www. iresearch. com. cn/Detail/report? id=3545&isfree=0.

（3）完善的农产品认证体系或成为生鲜供应链"贸易语言"。我国国土广袤、地大物博，各区域差异化的自然环境和历史人文因素，形成了多种多样的生鲜农产品，在流通过程中其特征难以被消费者直观和接受。通过第三方的认证体系的建成和管理，能够对不同品质、不同地域的生鲜农产品进行基本的特征管理。"三品一标"是我国独有的农产品认证体系，对农业发展、提升农业效益、增加农民收入而言非常重要。

（4）地标农产品成为不可忽视的品牌化力量。农业部于 2007 年 12 月发布了《农产品地理标志管理办法》，并开始接受申请，并颁发"农产品地理标志"专用标识。地标农产品不同于一般农产品，它往往具有独特的特色，很多地标农产品都附带了当地的文化、历史，因而地标农产品的价值绝不仅仅是食用价值，由于其产地、空间、质量等界定的严格性，地理标志农产品往往会具有一定的稀缺性。我国农产品地标认证数十余年间增长近 20 倍，成为农产品与生鲜农产品供给侧不可忽视的力量。

1.2.2　中国生鲜供应链典型特征

由于生鲜品保质期短、损耗率高，同时我国生鲜品供给市场存在地域性、时域性、缺乏标准认证体系等特征，相比普通工业品，我国生鲜供应链具有如下特征：

（1）链条环节多。在生鲜供应链的链条环节中可能包括农户、生产合作社、产地经纪人、产地集贸市场、产地批发商、销地批发商、生鲜批发商、超市、农贸市场、生鲜电商等。从生产、流通到消费，每个环节的参与者都不同，使得生鲜产品供应链结构复杂。

（2）产品耗损大。生鲜产品生产具有区域性，不同地区的人有不同的需求，这就需要跨区域运输。但在生鲜供应链中游，生鲜的采购输送损耗高，多级批发的传统模式冗长交叉，效率低下，生鲜产品经过多次配送，又容易变质腐烂，配送过程无可避免会产生损耗。

（3）市场风险大。生鲜产品的季节性和不易保存的特性对市场价格影响很大，如果生产者不能及时把握市场需求，就可能会遭受无法避免的经济损失。同时我国农产品供应商中个体经营户仍然占比较大，农村地区信息化建设薄弱，难以对供应商进行统一管理，各供应链主体之间信息共享程度低，难以有效规避市场风险。

1.3　中国生鲜农产品供应链需求侧结构转型

2020 年底，我国提出"需求侧管理"，加强需求侧管理，扩大内需市场（曾宪奎，2021）。一方面，随着我国需求结构发生变化，依靠扩大投资拉动经济增长的空间明显收窄，从投资驱动为主转向消费驱动为主的特征更加明显，消费已成为产业增长的主要驱动力。2019 年中国人均国内生产总值（GDP）7.08 万元，正式进入到 1 万美元行列，中国人均消费支出连年增长。另一方面，中国改革开放以来的城镇化进程是人类历史上最大规模的聚集活动，中国形成了以城市为轴心的巨大的消费人群，这一切都给生鲜农产品市场提供了最基本的需求和动力。经济高速发展的今天，个体消费者对于食物尤其是生鲜食物的观念产生了巨大的改变，生鲜从最早只属于少数人群的奢侈品逐渐成为今天茶前饭后的消费必需品。作为民生消费的刚需行业，生鲜零售行业规模有着万亿级别的市场体量，近年来，中国生鲜零售市场保持稳步增长，2020 年中国生鲜零售市场仍有较大的增长空间。

如图 1-3 所示，根据《中国统计年鉴》历年数据，全国居民消费的生鲜食品总量由 2014 年的 3.12 亿吨增长至 2018 年的 3.32 亿吨，年复合增长率为 1.6%。其中，鲜菜占消费量比重最大，2018 年达 41.6%；鲜瓜果占比提升最为明显，由 2014 年的 21.1% 增长至 2018 年的 23.7%；肉禽蛋类比重略有提升，2018 年占比为 21.8%；奶类与水产品占比略有下降，2018 年占比分别为 6.9% 与 6.0%。按亿元以上食品交易市场摊位分类成交额口

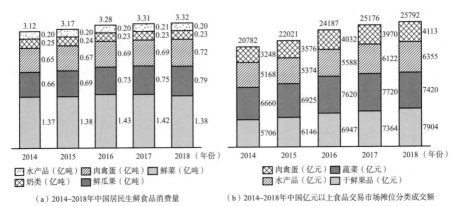

（a）2014~2018 年中国居民生鲜食品消费量　　（b）2014~2018 年中国亿元以上食品交易市场摊位分类成交额

图 1-3　2014~2018 年中国生鲜消费量与亿元以上食品交易市场分类成交额

资料来源：艾瑞咨询，九曳供应链.2020 年中国生鲜供应链市场研究报告 [R/OL]. (2020-9-17) [2021-5-2]. https://www.iresearch.com.cn/Detail/report? id=3652&isfree=0.

径统计，我国主要生鲜食品品类成交规模由 2014 年的约 2.1 万亿元增长至 2018 年的约 2.6 万亿元，年复合增长率为 5.5%。其中，干鲜果品交易额的增速最快，与居民生鲜食品消费情况相符，表现出居民的食品消费由生活必需的食物向更高品质、多样化的消费结构升级的趋势。

1.4 中国生鲜农产品供应链供给侧变革升级

1.4.1 生鲜供应链供给侧改革背景

供给和需求是构成市场的两个不可或缺的方面，没有供给侧的高质量产品供给，需求就得不到满足；没有需求侧的消费需求牵引，供给也无法实现。农业供给侧结构性改革就是以破解农业生产结构性矛盾为主线，以适应市场需求为目标，不断优化品种结构，立足特色优势优化区域结构，通过适度规模经营优化产业结构。优化产业结构的核心内容，是推进品种结构、品质结构、生产结构、经营体系结构、区域结构等产业整体结构的优化。近年来，政府坚持供给侧结构性改革不动摇，农产品供给的质量和效率大幅提升。

进入千禧年以来，大量的智能机械设备进入农业生态，改造基本的生产模式，这为农业的效率革命奠定了物理基础；在长达 10 年的周期里，第一产业的 GDP 贡献率由 10% 下降到 7% ~8% 并在近年来稳定在这一水平。第三次全国农业普查数据显示，我国拥有 3.1 亿名以上的农业生产经营人员，204 万个农业经营单位，耕地面积超过 13 亿千公顷①。如图 1 - 4 所示，完备而庞大的生产体系使生鲜农产品的供给量十分充足。此外近年来全球贸易

---

① 资料来源：艾瑞咨询. 2020 年中国生鲜农产品供应链研究报告 [R/OL]. (2020 - 3 - 30) [2021 - 5 - 1]. https://www.iresearch.com.cn/Detail/report? id = 3545&isfree = 0.

加速，农业经营亦有全球化趋势，这更加丰富了国内的产品供给能力。

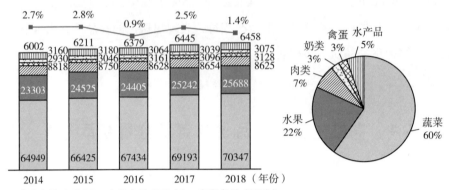

（a）2014~2018年中国生鲜农产品产量变化　　（b）2018年中国生鲜农产品产量结构

图1-4　我国生鲜农产品供给情况概览

资料来源：艾瑞咨询. 2020 年中国生鲜农产品供应链研究报告［R/OL］. (2020 - 3 - 30)［2021 - 5 - 1］. https：//www. iresearch. com. cn/Detail/report? id = 3545&isfree = 0.

　　值得注意的是，截至 2016 年底，全国共有 20743 万户农业经营户，其中，398 万户规模农业经营户，仅占 1.92%。而从美国农业部数据来看，2017 年规模大于 50 英亩①的农场占全部农场的比例达 58.1%②。相对来说，我国仍旧以分散的小规模经营户为主，规模化的农业生产基地占比较少，与发达国家还有一定的差距。随着农民合作社、家庭农场等新型农业经营主体的发展以及农业现代化水平的提高，生鲜农产品生产规模化、标准化、科技化、集约化、产业化程度正在逐步提升。

1.4.2　生鲜供应链供给侧改革的政策与技术环境

　　自生鲜农产品市场形成以来，国家层面多次颁布新政与法规来加快生鲜

---

　　①　1 英亩 = 0.4046856 公顷，此处为原文引用，故不作修改。
　　②　资料来源：艾瑞咨询. 2020 年中国生鲜农产品供应链研究报告［R/OL］. (2020 - 3 - 30)［2021 - 5 - 1］. https：//www. iresearch. com. cn/Detail/report? id = 3545&isfree = 0.

农产品供应链体系的建设和完善。农产品是民生之本，其流通效率决定了民生的质量和水平。目前，生鲜供应链发展已具备的政策环境如表1－1所示。

表1－1　　　　　　　　生鲜供应链供给侧改革的政策环境

政策法规	主要内容
《国务院办公厅关于加快发展冷链物流保障食品安全促进消费升级的意见》	要求构建符合我国国情的"全链条、网络化、严标准、可追溯、新模式、高效率"的现代化冷链物流体系，满足居民消费升级需要
《关于推动农商互联完善农产品供应链的通知》	加强产后商品化处理设施建设，发展农产品冷链物流，各地中央财政资金支持农产品产后商品化处理设施和冷链物流的比例不得低于70%

资料来源：笔者根据文件资料整理。

不仅是政策的鼓励与推动，在社会环境和技术层面，网络时代的信息化给生产和流通环节带来了巨大的便利，冷链溯源体系以及基于物联网的智慧物流体系已经初见雏形，逐渐向生鲜供应链辐射动能。此外，中国冷链物流行业的发展也为生鲜供应链的优化赋能。

冷链物流是指为保持食品新鲜的品质或其他产品（医药等）的效能以及减少运输损耗，在其加工、贮藏、运输、分销、零售等环节，货物始终保持一定温度的一种物流运输方式，由预冷处理、冷链加工、冷链储存、冷链运输和配送及冷链销售几方面构成，涉及冷库、冷藏车、保温盒、冷藏陈列柜等设施。

在新基建相关的宏观政策影响下，未来以第五代移动通信技术（5G）、人工智能（AI）和工业物联网、互联网为代表的行业将会得到快速发展。随着大数据不断开拓升级赋能冷链物流，冷链物流领域的潜力也将会得到进一步的有效释放，持续朝着自动化、智能化云仓模式的方向发展。总的来说，目前生鲜供应链供给端已具备的技术环境如表1－2所示。

表 1-2   生鲜供应链供给侧改革的技术环境

技术体系	主要内容
农业科技化与冷链溯源技术体系	现代农业基于智械设备进行规模化生产，底层生产流通数据逐渐完善，同时在流通中的监控手段和监控技术越发安全多样，这便给了生鲜供应链流通更多的空间
基于 IOT 的物流服务体系	生鲜对于在加工、存储以及运输环节中涉及的冷链物流技术要求较高，信息化网络和物联网为物流服务体系提供了革新化的能力升级

资料来源：笔者根据资料整理。

1.5　疫情下显现的中国生鲜供应链痛点

此次新冠肺炎疫情造成多地"菜篮子"停摆（全国城市农贸中心联合会，2020），进一步促进各地政府对农业交易流通方式的重视与改进，倒逼全国 4100 多家农产品批发市场拥抱技术革新。基于互联网和信息技术等智能技术打造数智化农产品交易平台对于调节产销关系、保障市场供应、平抑价格波动起着重要作用。

1.5.1　新冠肺炎疫情对生鲜供应链的影响分析

2020 年，突如其来的新冠肺炎疫情给居民生活造成了巨大影响，进而影响到了我国生鲜农产品行业发展的进程，同时对现存生鲜农产品供应链体系提出了新的挑战。疫情期间生鲜农产品出现供需矛盾、供应链信息传递缓慢、供应商进货渠道变窄等消极现象，但同时也从中发现新的机遇，例如冷链物流呈现复苏态势、线上生鲜零售迎来新发展等。总体来看，新冠肺炎疫情对生鲜供应链有以下影响：

（1）需求的转移。2020 年春节前夕，新冠肺炎疫情正式在全国暴发，各地线下餐饮门店纷纷关店停业，线上生鲜消费迎来集中暴发，紧接着各大超市便利店生鲜类也出现供不应求的局面。生鲜农产品属于需求弹性较小的商品，疫情暴发带来的并非需求增长，而是将线下消失的餐饮消费需求，分拆成生鲜原材料/半加工品的零散采购，这使得大量的消费流量进入生鲜电商与商超便利，线上用户激增。

（2）农超对接和产地模式加速推进。疫情将使用户重塑对于社区和超市便利的认知，将进一步刺激零售整合与渠道融合，农超对接的模式将迎来更好的市场空间和用户土壤。同时生鲜产地的安全与可溯源属性也将被放大，会加快链条参与者在产地的建设和物流投入。

（3）生鲜农产品市场的短期价格波动。由于此次疫情波及范围广、破坏性强，同时生鲜品供应链链条环节多，协调性较低，供应链各主体间信息不对称，导致在疫情暴发初期，生鲜品产地和销地间供需难以匹配，产地和销地之间生鲜品价格差异较大，价格波动较大。

1.5.2 疫情持续稳定下生鲜供应链的现状与痛点

目前，我国生鲜供应链在生产环节中规模较小的中小农户占比较大，数量多同时每户耕地面积较小，农户内部缺乏组织，对市场的风险识别与规避能力缺乏且信息共享程度较低，容易受市场波动影响。流通环节主要由农产品批发市场、集贸市场、商超以及线上零售组成，以农产品批发市场为核心，集贸市场和商超为主。当前我国农产品批发市场与超市体量逐年增加，是生鲜农产品的主要流通场所。基于生鲜供应链的特征以及现状，总结生鲜供应链行业痛点如下：

（1）对比成熟生鲜供应链模式，我国生鲜供应链中流通主体较为羸弱。日本生鲜农产品流通模式主要以多级批发市场长链条模式为主，美国则以发展大型配送中心的短链条模式为主。我国流通模式的情况更为复杂多样，既出现多级批发市场的流通体系，也出现了农超对接等直供模式，相比发达的流通体系，我生鲜国农产品流通市场还需加强流通主体的组织能力和基础设施的布局完善。

（2）传统分销供应链模式下，生产者与消费者相隔多层分销环节。由于上游生产的时空分布不均，我国生鲜目前需要依赖多级产销地批发市场实现全国范围内的分销流通。其中，产地采购商起到整合当地生鲜农产的作用，辐射范围相对较小。而销地批发市场通常交易规模较大，能够辐射省级地理区域。多级批发市场的规模悬殊使得各环节的流通速率、储存条件大相径庭，而烦琐的链条削弱了从业者的盈利能力，限制了从业者改善前述经营条件的能力。同时，由于生产者与消费终端相隔多层分销环节，生产者通过提升品质、建设品牌从而建立终端竞争力的能力也受到大幅限制。烦琐的分销环节限制主要生鲜类的产品的流通速度，并导致主要生鲜总加价率在100%以上，蔬果类总体耗损率最高。

（3）供应链各主体间协调性较差。供应链协调是指供应链中各节点企业实现协同运作的活动。由于农产品供应链中中小供应商较多难以与下游销售企业形成稳定的供应关系，且各主体对智能信息技术认识程度不一、使用程度高低不平，使得各主体间难以建立良好的信息共享机制。由于最终生产端对消费者的需求认知不足，农业供应链中"牛鞭效应"明显，导致无法实现农产品的供需平衡。

（4）缺乏合适的物流服务采购机制，尤其是针对冷链物流，没有合理的机制促进冷链运输服务的优化。目前冷链运输仍然存在以下三个问题：

①发展水平低，基础配套设施亟须完善。中国农产品冷链物流仍然存在自动化水平低、物流成本较高、冷链流通率低、政策环境不够宽松、尚未形成完善的冷链物流体系等问题，导致农产品冷物流水平与居民消费升级、现代农业发展和农产品出口需求扩大相比，仍有较大差距。美国农产品冷链物流具有完善的基础设施、高度市场化的物流体系、健全的物流政策和标准，对加快推进中国农产品冷链物流体系建设具有鲜明的指导意义。

②在冷链物流企业中，运输企业板块占比最大，供应链型与仓储型相对稀缺。冷链物流行业需要规模化企业的不断投入，通过完整的运输管理信息系统来协调订单处理、运输、配送、承运商管理、运力管理、返单管理、应收应付管理以及退货管理等业务环节，加强企业的整体联动效应来降低消耗

成本，从而形成合理、高效的冷藏链。目前全国冷链物流整体规模约2000家，运输型企业占有较大市场份额，约达43%。此外，仓储型及城市配送型企业仍处于发展期，预计未来也展现持续增长的趋势。

③重投入、重营运、高技术要求为冷链物流行业首要行业壁垒。冷链行业前期投入成本较高，对仓库及车辆有特殊要求。进入行业的企业需要负责固定资产的购置，如冷库制造、冷藏车采购等一系列基础配套设施，此外仍需要大量的业务执行配套资金，对于企业有较高的投资成本要求。冷链行业投资大、周期长，投入期一般长达两到三年，投入资本一般数千万到数亿元，只有在拥有相当的客户基础、建成广泛的业务网络和操作平台后，才能摊薄其较高的管理费用和系统费用，达到为客户降低总体物流费用的目的。因此，只有规模大、资金实力强的企业具备进军冷链物流行业发展的资格。

（5）"供应链交易+仓储物流"联动协同机制程度不高。农产品运输环节多、运输时间长且其经济价值易随时间流逝，物流在整个农产品供应链管理中地位举足轻重，关系到整个供应链的运行效率。由于农产品上下游合作伙伴关系难以有效构建，农产品在运输途中需要经过层层供销结构，难以最小化库存成本，因此在运输途中容易导致农产品在运输途中的价值流失。

（6）供应链管理中的数字化和智能化应用极度缺乏。在供应链协调中缺乏合理有效的沟通机制和沟通平台，同时在仓储和交易过程中缺乏智能的、联动的智能化管理，比如拍卖物流中心的物流调度依靠人工经验，智能调度难落地。目前行业内99%的物流调度依靠人工经验，人工调度成本较高。

总的来说，随着消费者对高品质生鲜产品的需求日益增长，传统供应链的许多弊病愈加暴露出来，对生鲜消费升级的全面推进构成了挑战。这些弊病之间相互勾连，例如生产端对下游缺乏把控，是由于烦琐的分销链路造成了阻隔；而超市、生鲜电商等标准化的新零售渠道拓展遇阻，也与笨拙落后的分销体系不无关联。因此，传统供应链面临的行业痛点应整体而视，对各环节的挑战亦不能片面孤立应对。

1.6 中国生鲜供应链的发展趋势

2016年1月，中共中央、国务院出台《关于落实发展新理念加快农业现代化实现全面小康目标的若干意见》，明确指出要优化农业农村信息服务体系，加快部署并进一步助推"农业3.0"产业链的发展。农业3.0模式是一种高级农业组织与发展形式，借助互联网、物联网等信息技术实现虚拟与现实相融合，重塑传统农业的生产、流通、交易以及融资方式，是实现农业现代化的一种全新农业发展模式（宁珂，2021）。农业3.0模式以农产品为载体，在农业各环节中运用互联网技术、物联网等信息技术，同时将农业生产、流通、交易、金融等农业环节按照客户实际需求进行"订单式"销售，以消费为导向推动农业现代化。与"农业1.0""农业2.0"模式相比，农业3.0模式有利于优化我国农产品的供给质量、结构与效率，实现供给端和需求端的连接，加速农业的产业化进程，重构农业全产业链，解决我国农业生产成本高、产品竞争力低的问题。在农业3.0模式下，农业的生产、流通、交易以及融资方式都实现了颠覆性的变革。通过整合信息流与物流，运用大数据分析消费者需求，拉近农业供需双方的距离，使农产品在生产过程中与市场衔接，进而使农业的生产环节、供应环节与销售环节密切结合。

值得一提的是，从全产业链角度来看，农业3.0模式是以物联网信息服务平台为基础，并由农业智能生产、依托于现代冷链物流服务的农产品流通、农产品互联网销售以及农业互联网金融等环节为辅助的一种运作模式。在产业链全环节中运用互联网思维和信息技术打造农业产业发展组织新模式，实现全面的"互联网+现代农业"发展模式。

随着工业的快速发展，农产品的生产不再是生鲜产业链中的薄弱环节，而消费的转型使得生鲜供应链的流通和消费成为决定产业链能够向上发展最重要的环节。农业3.0模式下不再追求单一环节最优或仅停留在数字化转型，而是要构建数智化驱动的平台供应链。通过数字化的技术手段，实现生鲜供应链的数字协同与网络智能，实现供应链、产业链、价值链的共建、共享、共赢，持续优化垂直行业的成本、效率与体验。

供应链"数智化"的主要应用场景：（1）智慧交易。构建基于智能算法、智慧仓储、智能调度以及标准化交易机制的智慧交易平台。（2）智慧物流。构建以信息技术为支撑，在生鲜物流的运输、仓储、包装、装卸搬运、流通加工、配送、信息服务等各个环节实现系统感知、全面分析、及时处理及自我调整功能，实现物流规整智慧、发现智慧、创新智慧和系统智慧的现代综合性物流系统。

农业 3.0 模式下中国生鲜供应链的发展会出现以下趋势：

①结构性供给过剩将生鲜品推向买方市场，需求预测将更为重要。据统计，2010 年起，我国农产品滞销事件已逾 1600 起，这反映出我国生鲜品供给已经逐渐超过市场需求，进入结构化的供给过剩时期。市场开始转为以消费者为中心的买方市场，一切供应链环节需要围绕最终消费者来重新定标，供应链质量的价值进一步放大。如何收集用户数据，刻画用户形象，准确定位市场需求以及制定生鲜品统一标准并推广使用从而保证供给质量成为亟待解决的问题。

②批发市场出现新形态，形成中心化的大型农产品交易平台。目前生鲜批发市场主要承载的功能是生鲜交易，随着互联网和信息技术的发展，批发市场向集团化、平台化发展，将为生鲜供应链发展提供需求预测、行业标准制定、物流服务等多种功能，为生鲜供应链的数智化变革提供支撑，成为供应链中的核心企业。

③农超直供模式等多种模式兴起，社会化第三方冷链物流将产生巨大需求。渠道加速融合，未来零售商和渠道商将会加深前置仓网络的建设，农超直供模式的提升与发展也会进一步丰富冷链整车线路、冷链零担网络的需求，干支线冷链运输的社会化物流需求将被进一步加强，冷链运输服务的定价与采购将显得尤其重要，构建智慧化冷链物流体系势在必行。

参考文献

［1］宁珂.“互联网＋”背景下的生鲜农产品供应链金融模式研究［J］.中小企业管理与科技，2021（4）：74－75.

［2］全国城市农贸中心联合会.疫情之下农产品批发市场转型升级发展报告［R］.北京，2020.

［3］王润荻，翟绪军.生鲜农产品供应链发展策略研究［J］.农村经济，2021，1：134－136.

［4］曾宪奎.新时代我国需求侧改革的内涵、背景及重点内容分析［J］.当代经济管理，2021，43（7）：10－16.

第 2 章
鲜活农产品交易与拍卖市场

在提出数智化鲜活农产品拍卖机制与运营管理研究路线之前，本章节分别从三个方面重点介绍和阐述我国鲜活农产品交易与拍卖市场的过去与未来，包括演变过程（2.1 节）、发展局限性（2.2 节）和数智化时代新定位（2.3 节）。

2.1　从传统批发市场到拍卖交易市场

生鲜农产品批发市场在我国农产品流通领域发挥着核心作用，在当前农产品流通体系下农产品批发市场是连接流通上下游的重要枢纽。根据研究报告，自 20 世纪 70 年代以来我国农产品批发市场经历了多个发展阶段：（1）萌芽期（1970～1984 年）：出于农产品安全问题，由国家政府主导统购统销，未形成自由市场。（2）发展期（1985～1995 年）：联产承包制等市场制度规范建立，农产品生产积极性大幅提高，各地批发市场开始兴起。（3）规范期（1996～2008 年）：市场主体规模较小，流通过程的价格问题暴露无遗，国家统筹流通规范和质量标准。（4）集成期（2009 年至今）：竞争加剧，供应链各环节出现兼并收购，批发市场在消费升级和信息技术的催动下加速聚合，形成集团化发展。随着我国城镇化建设的加快，我国居民生活水平得到明显提升。但与此同时，我国农产品批发市场的发展速度却不断放缓，只能提供简单批发零售服务的农产品批发市场已无法满足居民对高品质生活的需要。尤其近几年我国经济增速放缓和疫情暴发，我国农产品批发市场出现功能萎缩、地位弱化的现象，存在交易额下滑、利润下降的困境，亟须进行转型升级。

我国生鲜农产品批发市场目前具有以下四个典型特点：（1）销地批发市场增长快于产地批发市场。据统计我国销地批发市场数量约为2500家，产地批发市场约为1500家，两者之比为5∶3，这与发达国家恰好相反，这正是我国消费爆发下市场形态发展滞后所形成的不良现状。（2）批零兼营普遍，交易机制发展不完善。市场交易以现货交易为主，批零和兼营现象比较普遍，而发达国家批发市场多以期货交易为主。但进入集成期以来，更多的现代交易及经营管理方式（例如拍卖）在市场中得到了应用，这也是批发市场管理发展的趋势所在。（3）农产品批发市场经营服务链条不断拉长。在当下，批发市场不仅是交易结算的场所，还能通连供应链上下游，完成运输、包装、加工、存储等多项配套服务，甚至部分批发市场还改造成配送中心或连锁市场，形成产销一体的运营模式。（4）市场主体向多元化发展。随着流通体系的不断升级，农产品形成了多种经济成分和多环节不同的竞争格局，供销个体户、合作社、专业社等其他联合体不断发展壮大，未来市场主体将以多种形式并存的方式持续进化发展。

本书聚焦生鲜农产品批发市场的交易及运营环节，批发市场一般主要存在两种交易方式：对手交易与拍卖交易。相较于传统对手交易的批发市场，我国生鲜农产品拍卖市场具有下面五个优势：（1）可靠的质量、公平的价格，但以质量体系的完备性与质检工作的有效性为前提。（2）消除了供购双方现金结算的安全风险，确保了支付的可靠性，代收运费、管理费、专利费等降低了流通中介组织的管理成本。（3）拍卖交易机制降低了信息搜寻成本，提高了交易效率，保证了交易的可靠性。（4）作为物流集散中心，拍卖市场降低了社会物流总成本，以集货中心为节点的供货物流模式降低了农户的物流成本。（5）交易信息和市场信息充分，信息化程度高、应用水平高，实现了拍卖市场内部的精细化管理。上述优势是建立在质检体系可靠、流程设计合理、物流分区规划科学、拍卖机制设计有效、信息技术利用充分的基础上。农产品拍卖一般采用荷兰式拍卖，荷兰式拍卖是众多拍卖交易方式的其中一种，亦称"减价式拍卖"，价格由高到低依次递减直到第一个竞买人应价时成交的一种特殊的拍卖形式。以花卉产业为例，昆明国际花卉拍卖交易中心大大提高了云南花卉产业的总体发展水平。如图 2 - 1 所示，基于拍卖市场的生鲜农产品供应链与非拍卖渠道不同，是属于"上推下拉"式的"推—拉"式供应链。

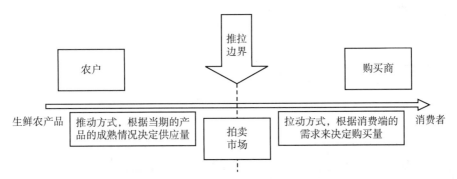

图 2 - 1　基于拍卖市场的生鲜农产品的"推—拉式供应链"

资料来源：罗冬晖. 基于拍卖市场的生鲜农产品三级供应链协调 ［D］. 昆明：昆明理工大学，2016.

　　从供应端和需求端的衔接来看，在生鲜农产品供应链中，拍卖市场处在供应链的"推拉边界"上，作为生鲜农产品的交易场所和供应链中的核心企业发挥了相当重要的作用。并且，在整个供应链的运作过程中，拍卖市场不直接买断产品，也不直接干预交易，只是提供拍卖服务和交易平台。因此采用拍卖的方式，在一定程度上大大削弱了供应链核心企业对产品的垄断性和控制能力。尤其是在有效匹配供需和充分发挥规模效应的同时，能够更好地兼顾供应链两端的农户和购买商的利益，使双方都能获得符合市场情况的成交价格，并且提供了产品销售或购买的重要保障，从而增强了他们参与拍卖交易的积极性，使得他们能够更加专注于生产和销售环节，关注于种植、采摘和保鲜技术的改进，产品运输水平的提高，销售规模和服务的提升，又反过来推进了整个生鲜农产品供应链竞争实力的提高。

在荷兰式拍卖交易环境下，生鲜农产品的拍卖交易包括采后处理、供货运输、质检、组货、排序、拍卖、一次分货、二次分货、提货、发货包装、配送等环节。其中，拍前的采后处理、供货运输，以及拍后的发货包装、配送属于外部流程，一般由供货商、购买商自主完成或委托第三方服务商完成。而质检、组货、排序、拍卖、分货、提货、流拍处理、投诉处理等内部流程，是由拍卖交易规则所产生的额外增加的流程，主要在拍卖市场内部完成。图 2 - 2 显示了鲜活农产品供应链交易中的拍卖物流框架，包括拍卖物

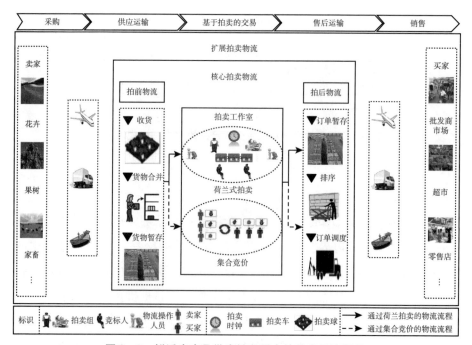

图 2 - 2　鲜活农产品供应链贸易中的拍卖物流框架

资料来源：笔者绘制。

流核心业务（CAL）和拍卖物流（EAL）扩展业务（Kong & Huang, 2013），分别对应上述内部流程和外部流程。CAL 业务又包括拍前物流、拍中物流和拍后物流。除了一般的物流功能外，CAL 还必须履行交易功能。拍卖物流中心可以有多个拍卖室，拍卖室是竞买人与拍卖师互动的场所，不同拍卖室可以应用不同拍卖机制，用于交易不同类型、不同属性的拍品。

如图 2-2 所示，拍品指一种货物，例如特定品牌的玫瑰花。这些材料是以"批"为单位供应的，而一个批次包括多组花桶（花桶为最小单位）。拍卖物流中心中具有一些典型的交易或物流设备：（1）荷兰钟主要用于确定价格。拍卖师和竞拍者都要配备特定的交易设备，与拍卖钟进行交互。（2）拍卖笼车是拍卖物流中心的特定搬运设备，花桶通过拍卖笼车在拍卖中心中运输。一般来说，每辆笼车由若干个花桶组成，多组笼车可以组成一列笼车链，由牵引车来统一拖运。拍卖物流中心参与方主要包括竞拍者、拍卖师团队和物流团队。竞标者通过操控竞拍终端来按停拍卖钟从而确定价格（拍卖钟指针所指价格），同时输入购买数量，完成整批购买或部分批次购买（Katok & Roth, 2004）。拍卖师团队确定拍卖产品的来源和供应商，并负责拍卖环节的主持和操作。更重要的是，根据竞拍过程中的动态变化，物流团队需要快速处理并完成拍前/拍后物流作业。鲜活农产品拍卖市场主要有如下特征：

（1）以产品质量为价格形成的基础。质量是价格形成的基础和前提，包括三方面特征：满足消费者需求的核心特征，如水分、糖分、维生素、规格等；绿色无公害的安全特征，如病害、虫害、农残等；产品美观方面的特征，如新鲜度、色泽、外观、包装等。拍卖市场通过上述特征要素的定类定级，为供购双方提供产品质量信用中介，并用于购买商竞价决策。

（2）以安全可靠的结算体系为交易保障。生鲜农产品拍卖采用"荷式"时钟降价方式进行拍卖，购买商拍卖前必须预付交易款，交易结束后再向供货商划拨货款。拍卖市场利用其安全可靠的结算体系，为供购双方提供资金信用中介。并在此基础上，为供货物流商、合作社、育种商等分别提供运费、品牌管理费、专利费等费用的代收代扣功能。

（3）以现货拍卖为主要交易方式。所有待拍货品必须到场，拍卖中依次按照"同品类、同规格、同等级"将各供货批次逐笔拍卖，同时提供拍前预售、流拍处理、投诉处理等辅助功能。拍前预售是指拍卖前可以将货品按供货商指定的价格进行事先销售，流拍处理包括退回、流拍销售、重组、销毁等。购买商必须现场提货，并可对货品的质量或数量方面的争议进行投诉。拍卖交易机制与流拍处理、投诉处理等配套机制相结合，使得拍卖市场具备了为供购双方提供产品交割信用中介功能。

（4）以供货商、购买商为主要服务对象。如前所述，拍卖市场主要为供货商、购买商提供质量信用中介、资金信用中介、产品交割信用中介的功能。

（5）以内部物流流程优化为运营关键。目前，我国生鲜农产品拍卖市场的内部物流主要以手工为主，物流人员比例达到80%以上。物流流程优化与调度成为生鲜农产品拍卖市场运营的关键，既影响流程时间与流程效率，又影响流程质量与拍卖市场的运营成本。

（6）以信息化技术为支撑。信息化技术涵盖了组货、排序、拍卖、分货、流拍处理、提货、投诉处理等核心内部流程环节，主要包括大众竞价系统、座席控制系统、后台管理系统、交易查询系统和Web门户网站等子系统。上述系统能确保拍卖交易顺利完成，并能为供购双方提供交易信息查询服务。

在实地考察和相关信息收集后，图2-3勾勒了从拍卖计划、现场调度到拍卖前/后物流执行的每日拍卖流程。整个过程由10个核心工作职能组成，分别划分在4个关键组织：拍卖策划部、拍前物流部、拍卖工作室和拍后物流部。规划决策应提前一天做出。

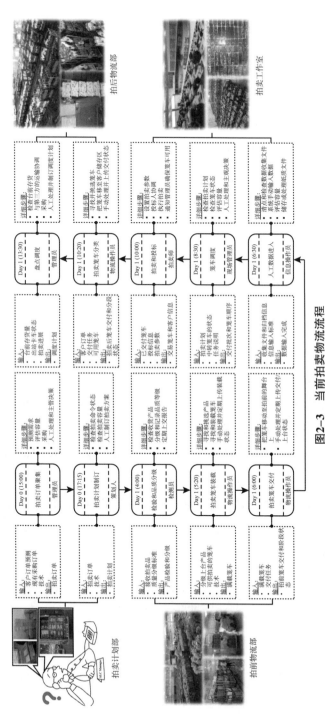

图 2-3　当前拍卖物流流程

资料来源：笔者根据资料整理绘制。

2.2 鲜活农产品拍卖交易及运作局限性

由于拍卖交易方式的内在特征，以及我国鲜活农产品"小流通、大市场"的格局及体系现状，致使我国鲜活农产品具有一系列新特征，同时也由于这些新特征使得研究和开发适用中国场景下的拍卖机制具有重大必要性。

2.2.1 拍卖机制设计的局限性

（1）拍卖研究始于维克瑞（Vickrey，1961）的重要文献，赫维奇（Hurwiczz，1973）定义了一个广义的机制设计模型，作为博弈理论和机制设计理论的重要应用，拍卖理论与实践已成为竞争性资源分配领域研究的热点之一。迄今为止，鲜活农产品供应链交易有两种主要的拍卖机制：①正向拍卖，其中买方竞标他们感兴趣的易腐产品，市场中介机构根据收到的投标代表供应商出售这些产品（Kambil & Van Heck，1998；Kitahara & Ogawa，2006；Crawford & Kuo，2003；Sapio，2008；Wang & Wang，2011）。②双边拍卖，其中供需双方都提交了投标书，市场中介机构根据投标书确定资源分配和价格（Kambil & Van Heck，1995；Viswanadham et al.，2012；Miyashita，2014）。鲜活农产品供应链交易已使用了许多正向拍卖，例如荷式拍卖（Kambil & Van Heck，1998；Crawford & Kuo，2003；Kitahara & Ogawa，2006），英式拍卖和降/升拍卖（Sapio，2008）。

（2）我国鲜活农产品拍卖机制主要以荷式拍卖为主，同国外相比具有以下特征：

①参与者可自由在拍卖市场、传统市场间进行选择，成交价格将影响卖方的供货态度，而卖方的供货将影响买方的投标决策，即参与者的风险态度

并非中性。

②无论是从卖方看，还是从买方看，参与者间存在信息关联，即类型与估价存在相关性，参与者依据公共信息及其私有信息选择供货策略和投标策略。

③基于我国不同地区消费水平存在差异的现实，投标者的估价并非服从同一概率分布。

④小参与者是我国生鲜农产品拍卖市场的重要约束，以花卉拍卖为例，我国花卉单笔供货批次规模、投标者日均购买量分别不足荷兰花卉市场的 10%、1%。

⑤卖方很少设置保留价，拍卖市场设置流拍价（按品类设置的最低价）是带有惩罚性质的。

⑥拍卖市场会设置比较复杂的流拍处理机制，如退回、销毁、代销、重组等。最后，保证成功拍卖的投诉处理机制也比较复杂，卖方、投标者和拍卖市场工作人员之间可相互投诉。

（3）从拍卖机制的角度研究我国生鲜农产品拍卖市场，就是研究如何通过有效的机制设计，来保证"荷式"序贯拍卖的卖方期望收益和买方期望利润最大化。通常，拍卖机制研究一般基于一定的假设来展开研究：①是否独立私有估价？②投标者是否对称？③投标者是否风险中性？若同时满足这 3 个条件，则称为基准模型（SIPV 模型），此时投标者的报价决策需满足使其期望利润最大化。同理，卖方可通过一定的策略使其期望收益最大化。认可的拍卖机制设计的四个原则有：分配效率——分配使社会福利最大化；激励相容性——真实的投标形成贝叶斯 - 纳什均衡；（事后）个人理性——所有行动者都具有非负效用参与；预算平衡——交易不会出现亏损（Krish-na，2009）。正如迈尔森和萨特思韦特（Myerson & Satterthwaite，1983）所证明的，分配效率、个人理性和预算平衡不能同时进行双边交换。

（4）围绕基准模型的扩展（即释放相关假设）、拍卖机制设计原则并结合国内外研究现状与我国生鲜农产品拍卖实际，拍卖机制研究主要在以下几方面存在局限性，需要进一步研究：

①价格反常现象及其解释。分析价格反常现象的规律、动因有助于抑制拍卖中的投机行为，更重要的是可以帮助我们选择合适的交易机制，如选择统一价格拍卖或歧视价格拍卖、单笔成交或多笔成交等。并且，我国生鲜农产品拍卖市场各交易日间、交易日内都呈现较大波动水平，分析价格波动规律、成因，有助于我们设计相关机制，抑制价格大幅度波动。

②远程竞价。买家可选择远程竞价方式，既可以提交预投标，也可选择网上同步价。远程竞价者的最大好处是可以获得当天即将拍卖的全部产品批次的信息，但其最大缺陷是无法感知产品的质量信息和需求信息。远程投标者选择预投标时，属于密封投标；而当其选择网上同步竞价时，则属于荷式拍卖或歧视价格拍卖。因此，有必要研究远程竞价对现场竞价的影响。上述新出现拍卖机制之间可以相互组合，既可以在一定假设下进行理论研究，也可以通过实验或实证的方法进行研究。

③多属性双边拍卖。从实践的角度来看，拍卖不仅可以消除讨价还价的问题，而且还可以实现有效的分配（Milgrom & Roberts，1990；Chen et al.，2005）。此外，可以降低鲜活品价格的讨价还价成本和时间（Kambil & Van Heck，1998）。众所周知，鲜活农产品是多种多样的。不同拍品可以通过为其属性指定不同的值而变化很大，一个典型的例子是玫瑰。在荷兰的花卉拍卖中，玫瑰的长度从 50 厘米到 90 厘米以上不等（Van den Berg et al.，2001）。玫瑰的颜色可以是红色、棕色、绿色等。由于鲜活品具有多种属性，因此应在建立多个供应商和购买者之间的交换关系上付出更多努力。多属性拍卖允许供应商和购买者在价格和非货币属性上竞争。尽管对（单边）反向多属性拍卖已进行了广泛研究（Teich et al.，2004；Pham et al.，2015），但有关多属性双边拍卖的研究仍然有限。而且，大多数现有的多属性拍卖都不是真实的（激励相容性）。

④保留价机制设计。在保留价机制上，拍卖市场、卖方、拍卖师可分别设定保留价，分别称之为最低价、撤销价和价格保护。最低价与目前的保留价机制一致，是由拍卖市场针对某一品类设定的，当某产品批次的价格降低至其所属品类的底价时，该产品自动流拍。撤销价是卖方对某产品批次设定

的底价。价格保护是针对同批次产品序贯拍卖的，拍卖师可依据上一轮次的成交价格设定下一轮次的底价，此时是一种动态保留价机制。拍卖市场、卖方、拍卖师如何根据需求动态选择保留价策略，以及拍卖市场如何设计流拍处理机制是即将面临的现实问题。另外，生鲜农产品的重要特征在于产品流拍后卖方会向下修正其估价，但这种修正往往是来不及的。因此，保留价的重要价值在于指导拍卖市场如何设计流拍处理机制，特别是如何设计场外市场，如拍卖前、拍卖后的场外市场，从而提高卖方期望收益。

2.2.2 拍卖物流联动的局限性

拍卖物流中心以内部物流流程优化为运营关键，但目前我国生鲜农产品拍卖市场的内部物流主要以手工为主，物流人员比例达到80%以上。物流流程优化与调度成为生鲜农产品拍卖市场运营的关键，既影响流程时间与流程效率，又影响流程质量与拍卖市场的运营成本。由于目前人工操作方式不可持续且效率低下，拍卖物流联动研究在以下几方面存在挑战：

1. 缺乏数据驱动的柔性响应过程

整个拍卖过程高度复杂，需要一系列连续的，具有典型空间、物流资源和人员要求的操作。由于后续操作在前一个操作完成后才开始，中间等待时间长，造成资源浪费。目前，拍卖前和拍卖后运营场地分别布局配置。拍卖前操作在进行时，拍卖后站点是空闲的，反之亦然。另外，与拍卖交易相关的物联网技术、数据驱动模型、智能分析服务方式过于简单，未能有效地利用新兴技术实现拍卖物流新范式的创建。围绕标准荷式拍卖，需要获取实时信息进行决策、分析、运作的用户主要有5个类别：竞拍者、拍卖师、物流团队、拍卖中心和供应商，尤其前3类用户对实时数据和智能系统支持的需求更明显。如今，竞拍者需要亲临拍卖中心进行拍前巡货和现场竞拍，而且要在非常短的时间内做出决策，但目前使用传统系统参与拍卖的挑战很大。现有的系统主要是由中央显示屏（用于价格和产品信息）和分布式号码输入面板组成，采购和维修费用非常昂贵。拍卖师作为另外一个主要用户，在每个拍卖环节中需要通过调节价格变化幅度、初始价格和最低购买量来控制整个过程。其在管理拍卖过程中需要考虑以下决策参数：（1）历史价格；（2）质量和数量；（3）即将举行的拍卖；（4）市场条件；（5）内部物流条件等。面对动态竞拍变化，拍卖师在选择和确定这些决策参数时也经常陷入困境。拍品的动态投放和拍中物流调度也需遵从拍卖师的指示，物流团队需要与拍卖师团队紧密协作，以达到最高的吞吐量和成交量。拍卖中心和供应商需要智能的分析工具（比如管理驾驶舱和管理看板）来实时获取关键绩效指标。

2. 缺乏拍卖物流协同联动机制

目前拍卖与物流功能配置独立，缺乏有效的同步机制。事实上，买家的需求和是否真正参与拍卖交易，在拍卖前是不知道的。这种不确定性进一步导致订单的高频次离散到达，从而影响了拍卖订单的执行效率。设施布局和物流流程设计也很少考虑到拍卖和物流之间的互操作性和协同性。由于物流和拍卖缺乏联动机制，装载好的拍卖笼车可能需要在拍卖前的缓冲区等待很长时间，以等待剩余的笼车。因此，空间资源被浪费了，拍卖产品也随着持有时间的增加而变质。现有调度运行的表现使得物料流拥堵，尤其是在拍前笼车装载和拍卖交易阶段。

3. 缺乏自动化技术应用和智能决策优化策略

仍然采用人工方式完成订单履约，造成拍后物流作业经常出现拥堵和延迟。一方面，一旦客户订单生成，订单分类就会立即启动。数以百计的物流拣选员不得不依赖一辆辆笼车来耗时耗力的人工拣选和托运，随着日常交易的快速增加，拣选人员几乎不可能一个一个地处理分散到达的订单。另一方面，鲜花拍卖的配送区域和再配送区域内的客户存储分配会显著影响投放系统的效率。同时，鲜花拍卖中的投放系统具有不确定性，即只有在客户出现时才能知道客户的存在，而客户的需求只有在拍卖结束后才能确定。在这样一个随机系统中，如果位置分配政策和程序不当，可能会大大影响系统的运行效率。

2.2.3　物流服务采购的局限性

生鲜供应链企业需要寻找合适的运输服务供应商采购运输服务，在多个可供选择的运输服务供应商之间确定一个或多个在价格和服务质量方面具有优势的供应商，该过程一般由采购专员负责。在运输服务采购中，运输服务的需求者称为托运人，而运输服务的提供者称为承运商。传统的运输服务采购一般通过招投标的方式采购运输服务，具体过程包括：托运人根据上一年的运输记录估计其接下来一年的货物运输量，并向承运商发布招标路线的有关信息。承运商对他们感兴趣的运输路线进行报价。托运人根据收到的投标选出获胜的承运商，并与其签订合同协议，即一份正式文件，规定价格、合同长度、承诺和处罚等。这种关系是稳定的，且往往是长期的。传统方式虽然在一定程度上可以实现公平竞争，但仍然存在一定的局限性：（1）传统采购方式产生的合同价格往往在一年或两年内有效，随着托运人与承运商之间的关系越来越灵活化，这种采购方式可能不再适用（Xu & Huang，2013）。（2）传统采购方式需要综合考虑各种交易和非交易因素，运输服务价格可能受到买卖双方人为干扰（吕美琦）。随着货运量的增加，这种传统的运输服务采购方式将无法满足企业日益增加的运输需求，企业运输服务采购方式亟须创新。

随着信息技术的发展以及互联网的普及，电子商务技术逐渐应用到各个行业中，在线拍卖成为企业降低采购成本的一种重要方法。在线拍卖是指基于互联网进行招标并选出中标代理人的拍卖模式。不同于传统的现场拍卖，在线拍卖可以在较短的时间内吸引代理人参与投标，并可以实时竞标并决定最终获胜代理人。大量的文献证实了在线拍卖以及车货匹配平台在提高市场效率方面的巨大潜力。平克等（Pinker et al.，2001）在其文献 *The design of online auctions：Business issues and current research* 中对互联网市场上的交易产生浓厚的研究兴趣。据统计，利用网上拍卖，能够帮助企业节约4% ~ 5%的总成本。然而，目前有关运输服务采购网上拍卖的研究还相对较少，大多数集中在单边的运输服务市场，运输服务市场的结构为"一对多"，在这种市场结构中，托运人掌握着市场中的稀缺资源，为"资源优势方"。同时，已有关于运输服务采购拍卖的研究没有考虑实际运输服务市场的以下特点，存在一定的不足。

（1）在运输服务市场上，同时存在多个托运人和多个承运面，该市场的结构为"多对多"，托运人和承运商之间的关系是平等的供给和需求的关系。

（2）在现实生活中，托运人的运输服务需求往往复杂得多，对托运人来说，各运输路线并不是单独存在的，他们的运输需求往往为一个运输路线组合，该组合可能包含多条不同的运输路线，且其是不可分的，即只有当整个运输组合被全部满足时才有可能交易。

（3）在运输服务交易过程中，每实现一笔交易，将会产生一定的交易成本、如人力成本，运营成本、维护成本等，运输服务采购拍卖机制的设计需要考虑交易成本的影响。

（4）同时有成本价格、服务质量等多种属性。然而就目前来说，很多企业在采用逆向拍卖方法进行业务外包时还存在一些问题。主要表现在买方大多只考虑价格因素。虽然也有一些企业在物流运输服务的采购拍卖中考虑了除价格之外的其他衡量服务质量的因素，如公司经营状况、货品损耗率、运达准时率、公司财务状况等，但这些大都是作为前期对众多供应商进行初步筛选时进行决策的依据，并未真正被纳入竞胜标确定的模型中。

2.3　数智化时代下拍卖平台新定位

"小流通、大市场"格局是我国生鲜农产品长期面临的现实国情，必须提高流通中介的组织化、规模化水平。数智化新技术和新模式使我国生鲜农产品拍卖市场跳出传统思维的局限性来解决所面临的问题和矛盾，并为其发展提供新的动力和引擎。"数智化"主要通过以下途径来影响生鲜品拍卖市场：

（1）内部流程外部化与社会化是"数智化"最为核心的特征。当今的互联网技术已打破传统信息系统时空界限，使得过去一部分在企业内部进行的流程可以迁移到企业外部来进行，如拍前的质检、组货、排序可以外移至种植地集货中心进行。内部流程外部化是产业链上的流程优化，能在更大范围内整合流程资源，实现内外部流程一体化，进而提高生鲜农产品拍卖市场的运营绩效。内部流程外部化的另一好处是可以将这些流程外包，即社会化，比如质检，可以外包给第三方进行，将有助于质检公正性的提高与质检争议的解决。

（2）自动化物流技术、物流冷链技术与物联网技术是"数智化"战略的重要支撑。自动化物流技术包括自动分拣系统、物流地链系统等。同一物流分区内的流程采用自动分拣系统，如组货区的质检、组货、排序等环节。物流分区间的流程采用物流地链系统，如待拍区、一次分货区、二次分货区、提货区之间产品的移动。物流冷链系统能最大程度地降低产品的质量损耗与数量损耗，主要发生在储藏、运输等环节。物联网技术有助于加快自动化物流系统、物流冷链系统中实时数据信息的感知、传送和分析，加快流程资源的优化配置，更大程度地提高物流效率。当前，物流自动化与冷链化是基础，是生鲜农产品拍卖市场必须突破的关键环节，可以结合内部流程外部化与社会化，来加快物流自动化与冷链化的发展速度。

（3）移动互联网、云计算与大数据技术的融合应用。云计算技术的超大规模、高可靠性、可扩展性等特征，使得生鲜农产品拍卖市场能够将资源切换到需要的应用上。大数据技术通过对海量数据的专业化处理，使得生鲜农产品拍卖市场具备更强的决策力、洞察发现力和流程优化能力。云计算与大数据技术相辅相成，将颠覆我国生鲜农产品拍卖市场现有的信息服务模式与决策模式，使其信息服务成本更低，信息服务内容更精准，信息服务效率更高，决策能力更强。

（4）线上交易与线下渠道运营相结合。"数智化"时代的生鲜农产品拍卖市场，可以充分利用现有信息基础设施，在现货拍卖基础上，实现生鲜农产品的远程拍卖、批发交易、零售交易、订单交易、代销经销等交易方式的"在线化""数字化"。同时，充分利用各种线下渠道的互补性，实现各种交易方式的有机集成，满足广大参与者对各种线上交易、线下渠道的多样化需求。通过线上交易与线下渠道相结合，实现产业链上的物流、资金流、信息流的一体化。

（5）流通中介的整合、集成与优化。"数智化"将创造一种新的经济生态，将生鲜农产品流通体系中的各类资源进行整合、集成与优化，进而实现流通中介的组织化与规模化，彻底改变我国生鲜农产品市场体系的"小流通、大市场"格局。分散的中小农户、购买商分别通过合作社、公司、经纪人、采后服务中心等供货品牌形式，以及购买代理、分销商、连锁超市、发货人等分销品牌形式，进行整合、集成与优化。同时，将农资商、育种商、供货物流商、分销物流商等纳入服务对象的范畴。

"数智化"对传统行业的转型升级具有巨大促进作用。我国生鲜农产品拍卖市场，必须主动利用平台思维，重新定位、设计其市场公共平台功能，打造新的发展生态，实现以下五个方面的重大战略、定位转型。

（1）向产业链"产品与服务价格形成中心"转变。单纯的生鲜农产品价格形成功能已不能适应"数智化"时代生鲜农产品拍卖市场的发展要求，必须向产业链上"产品与服务价格形成中心"转变：第一，继续强化生鲜农产品价格形成功能与价格形成的示范效应；第二，逐渐具备上下游关联产品，如种球种苗、农资、包装材料等价格形成功能；第三，围绕生鲜农产品及其上下游关联产品交易的流通中介和社会化服务，如采后处理、冷链运输、发货包装等服务产品的价格形成。

（2）向多品类商品和服务的"综合交易集成中心"转变。"数智化"驱动的一整套信息技术，使得生鲜农产品拍卖市场将各种交易方式进行综合集成具备了可行性，主要包括：第一，现有拍卖交易方式的扩展与扩充，即以现货拍卖为基础，向影像拍卖、因特网连接拍卖、远程拍卖、网上拍卖等拍卖形式扩展；第二，传统的现货交易如批发交易、零售交易的电子化结算手段的实现;第三,订单交易、经销代销等契约交易的"在线化""数字化""无形化",即虚拟化交易的电商平台。交易的范围也不再局限于生鲜农产品本身。通过虚拟化交易的电商平台,线上交易与线下渠道相结合,将交易产品的范围扩展至产业链上相关关联产品、关联服务,具备产业链上所有商品和服务的综合交易功能。

(3)向产业链上"参与者信用管理中心"转变。伴随着交易方式的扩展,交易范围的扩大,传统以供购拍卖交易结算为主的"结算管理中心"将向产业链上"参与者信用管理中心"转变:第一,实现生鲜农产品各种交易方式的统一结算;第二,将种球种苗、农资、包装材料等上下游关联产品的交易纳入统一结算范畴;第三,实现流通中介组织、社会化服务组织服务费用的统一结算;第四,充分利用交易信息与结算信息,为产业链上所有参与者提供信用管理功能。由于终端的消费者事前必须预付资金,来获取相关产品与服务的交易信用,交易成功后再向源端的农户划拨扣除相关费用后的交易货款。因此,我国生鲜农产品拍卖市场具备向产业链上所有组织与个体提供信用管理的前提和条件。更为重要的是我国生鲜农产品拍卖市场可以通过信用管理来开展供应链金融服务。

(4)向产业链上"物流调度中心"转变。在"数智化"时代,我国生鲜农产品拍卖市场可以充分利用自动化物流技术、物流冷链技术与物联网技术,以及通过内部流程的外部化与社会化,在更大范围内配置物流资源,来改变我国生鲜农产品物流体系不发达、物流设备技术手段落后的局面。从拍卖市场内部物流一体化,向以集货中心、拍卖市场、配送中心为关键节点的产业链上物流一体化平台功能转变,即向产业链上"物流调度中心"转变:第一,基于内部流程外部化、社会化,在产业链上优化流程,实现质检、组货、排序等拍前内部流程,以及分货、提货等拍后内部流程的外部化与自动化;第二,整合社会各方资源,实现储藏、运输等环节的冷链化,降低生鲜农产品的质量损耗与数量损耗;第三,充分利用生鲜农产品供货物流资源,提供种球种苗、农资、包装材料等产品的逆向物流服务;第四,利用物联网技术对物流信息的适时感知、传送和分析,建成物流综合调度系统。内部物流流程的外部化与社会化有助于拍卖市场节省交易场地、降低运营成本，必须与远程供货、远程或网上配送结合起来进行统一设计。物流冷链化与逆向物流将总体上降低社会流通成本，取得更大的规模效应。综合物流调度系统将在产业链上优化物流流程与流程资源，取得更大的流程效率。"数智化"时代生鲜农产品拍卖市场，将不再是物流服务的直接参与者，而是物流综合服务的平台提供者。

（5）向产业链上"信息支撑中心"转变。从信息服务本身看，"数智化"时代生鲜农产品拍卖市场的服务范围、服务方式将发生更大的变化：第一，由拍卖交易集成系统向产业链信息支撑平台转变，包括综合交易集成系统、信用管理系统、物流支持系统、iERP系统、经营分析系统、数据仓库和Web门户等信息服务功能；第二，由单向的信息查询中心向综合的信息服务提供商转变，如为流通中介组织、社会化服务组织提供云信息服务平台；第三，使用移动互联技术，提高用户体验、增加用户黏性、提高用户参与度，为参与者提供更多的增值服务；第四，利用云计算、大数据等技术对分散在各个网站的非结构化、半结构化数据进行挖掘，获取有价值的信息，为广大参与者提供决策支持。

2.4 数智化鲜活农产品拍卖机制与运营管理研究路线

在过去的20年里，一些学者在鲜活农产品供应链交易（PSCT）背景下研究拍卖和物流理论方面做出了重大努力（Kambil & Van Heck，1998；Katok & Roth，2004；Van der Vorst et al.，2007；Kong et al.，2016）。然而，对易腐品的拍卖物流"数智化"方案关注相对较少（Vander Vorst et al.，2005），许多研究问题有待进一步探讨。例如，是否需要建立一个新的"数智化"技术框架来进行动态拍卖建模和绩效分析。孔（Kong et al.，2020）

对拍卖物流进行了文献综述，覆盖了大部分相关期刊、主要研究小组的网站和相关研究项目。他们认为应该进行交叉研究，为拍卖交易商、第三方物流商和相关供应链各方建立系统的方法、理论和管理指南。此外，还需要根据时效性、范围、难易程度、重要性、适用性等分类维度，制订研究路线图，识别重要的研究领域和问题。本书旨在通过揭示 PSCT 的重要研究前沿，为这一空白作出贡献，并从以下四个维度来构建数智化蓝图：

（1）拍卖机制及其影响要素分析维度：拍卖机制在 PSCT 中不仅负责产品的分配和价格的确定，而且决定了物流作业系统的绩效水平。同时，中国拍卖实践与国外拍卖具有差异性，小参与者的特征加剧了拍卖批量等决策的动态性。以花卉拍卖为例，我国花卉单笔供货批次规模、投标者日均购买量分别不足荷兰花卉市场的 10%、1%，造成拍卖平台每批次供货规模小和拍卖轮次少。结合中国拍卖实践以及考虑物流作业协同的有效拍卖机制仍存在研究空白。

（2）基于智能物联的决策优化维度：在拍卖物流中确定了 3 个决策层次，即拍卖计划、拍卖调度和拍卖执行。每个层次的决策时间范围和问题规模不同。计划决策关注的是长期（大约一个季度到一年）的问题。调度决策对应于处理中期问题（大约一周到一个月）。执行决策处理的是微小级别的差异。现有相关研究没有在拍卖与物流协同联动视角下进行计划与执行的决策优化策略设计。

（3）供应链运输服务拍卖维度：在运输服务采购中，当面临多个可供选择的运输服务承运商时，网上拍卖对降低运输服务采购成本同样有效。目前针对鲜活农产品供应链供应物流、分销物流、零售物流不同环节运输服务采购的研究还相对较少，大多数集中在一般化的整车干线运输服务采购问题或单边运输服务市场，且运输服务市场的结构多为"一对多"，同时已有的研究没有考虑鲜活农产品供应链的实际特点，存在一定的不足之处。

（4）鲜活农产品供应链交易案例分析维度：区别以上 3 个偏理论研究内容，案例分析部分由真实的、最新的、实证性和相对有代表性的案例来构成，更强调研究成果的实用性，即要和现实生活中的实际例子挂钩。

图2-4展示了4个研究领域，突出了未来拍卖物流的重要研究问题。这些研究视角不仅关注技术问题，而且关注组织变革和流程优化问题。虽然这些新的研究视角下的相关文章还很有限，但值得深入探讨，为进一步研究明确有价值的问题。

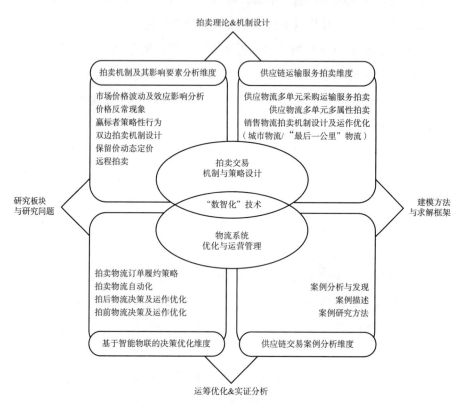

图2-4 "数智化"拍卖鲜活农产品拍卖机制与运营管理的主要研究内容

资料来源：Kong Xiang TR, Huang G Q, Lou H, et al. Physical-internet-enabled auction logistics in perishable supply chain trading: State-of-the-art and research opportunities [J]. Industrial Management & Data Systems, 2018, 118 (8): 1671-1694.

参考文献

[1] Chen R R, Roundy R O, Zhang R Q, et al. Efficient auction mechanisms for supply chain procurement [J]. Management Science, 2005, 51 (3): 467-482.

[2] Crawford V P, Kuo P－S. A dual Dutch auction in Taipei: the choice of numeraire and auction form in multi-object auctions with bundling [J]. Journal of Economic Behavior & Organization, 2003, 51 (4): 427－442.

[3] Hurwiccz L. The design of mechanisms for resource allocation [J]. American Economic Review, 1973, 63 (2): 1－30.

[4] Jack G A J, Van Der Vorst, Tromp S, Zee D. A simulation environment for the redesign of food supply chain networks: Modeling quality-controlled logistics [R]. Winter Simulation Conference. IEEE, 2005.

[5] Kambil A, Van Heck E. Information technology, competition and market transformations: re-engineering the Dutch flower auctions [D]. New York University, Department of Information Systems, Working Paper Series, Stern IS－95－1, New York City, 1995.

[6] Kambil A, Van Heck E. Reengineering the Dutch flower auctions: a framework for analyzing exchange organizations [J]. Inform. Syst. Res, 1998, 9 (1): 1－19.

[7] Katok E, Roth A E. Auctions of homogeneous goods with increasing returns: experimental comparison of alternative "Dutch" auctions. Management Science, 2004, 50 (8): 1044－1063.

[8] Kitahara M, Ogawa R. Is Japanese Dutch Auction Unreasonable? A Note on Dutch Auction with Mari [EB/OL]. (2006－2－7) [2021－10－10]. hpps: //web. iss. u-tokyo. ac. jp/~matsumur/marinote. pdf.

[9] Kong X T, Chen J, Luo H, et al. Scheduling at an auction logistics center with physical internet. International Journal of Production Research, 2016, 54 (9): 2670－2690.

[10] Kong, Xiang T. R., & Huang, G. Auction logistics in perishable supply chain trading: a research agenda [R]. In: 43rd international conference on computers & industrial engineering: CIE43, Hong Kong, China, 2013: 305.

[11] Kong Xiang T R, Huang G Q, Luo H, et al. Physical-internet-enabled auction logistics in perishable supply chain trading: state-of-the-art and research opportunities [J]. Industrial Management & Data Systems, 2018, 118 (8): 1671－1694.

[12] Krishna, V. (2009). Auction Theory (2nd edition) [M]. Academic Press, New York, 2009.

[13] Milgrom P, Roberts J. Bargaining costs, influence costs, and the organization of

economic activity [Z]. Perspectives on Positive Political Economy, 1990: 57 - 60.

[14] Miyashita K. Online double auction mechanism for perishable goods [J]. Electronic Commerce Research and Applications, 2014, 13 (5): 355 - 367.

[15] Myerson R B, Satterthwaite M A. Efficient mechanisms for bilateral trading [J]. Journal of economic theory, 1983, 29 (2): 265 - 281.

[16] Pham L, Teich J, Wallenius H, et al. Multi-attribute online reverse auctions: recent research trends. European Journal of Operational Research, 2015, 242 (1): 1 - 9.

[17] Pinker E J, Seidmann A, Vakrat Y. Managing online auctions: Current business and research issues [J]. Management Science, 2003, 49 (11): 1457 - 1484.

[18] Sapio S, et al. The Emergence and Impact of Market Institutions: The wholesale market for fish and other perishable commodities [J]. Journal of Economic Behavior & Organization, 2011.

[19] Song J, Regan A. Combinatorial auctions for transportation service procurement: the carrier perspective [J]. Transportation Research Record: Journal of the Transportation Research Board, 2003, 1833: 40 - 46.

[20] Song J, Regan A. Approximation algorithms for the bid construction problem in combinatorial auctions for the procurement of freight transportation contracts [J]. Transportation Research Part B, 2005, 39 (10): 914 - 933.

[21] Teich J E, Wallenius H, Wallenius J, et al. Emerging multiple issue e-auctions. European Journal of Operational Research, 2004, 159 (1): 1 - 16.

[22] Berg G, Pradhan O. The declining price anomaly in Dutch Dutch rose auctions [J]. American Economic Review, 2001, 91 (4): 1055 - 1062.

[23] Vorst, et al. Quality controlled logistics in food supply chain networks: integrated decision-making on quality and logistics to meet advanced customer demands [R]. In: Proceedings of the Euroma conference, Ankara, Turkey, 2007.

[24] Vickrey W. Counterspeculation, auctions, and competitive sealed tenders [J]. The Journal of Finance, 1961, 16 (1): 8 - 37.

[25] Viswanadham N, Chidananda S, Narahari Y, et al. Mandi electronic exchange: orchestrating Indian agricultural markets for maximizing social welfare [C]. In: Proceedings of the 2012 IEEE International Conference on Automation Science and Engineering (CASE), 2012.

［26］Wang S, Wang H. A virtual competition auction model for perishable products ［J］. Electronic Markets, 2011, 21 (1): 53 – 62.

［27］Xu S X, Huang G Q. Transportation service procurement in periodic sealed double auctions with stochastic demand and supply ［J］. Transportation Research Part B: Methodological, 2013, 56: 136 – 160.

第 3 章
拍卖理论基础与研究进展

3.1　基本拍卖类型

3.1.1　四种标准的拍卖类型

拍卖作为一种资源分配和价格发现的有效机制被广泛应用于各类场景中，如国债拍卖、古董拍卖、房产拍卖、鲜活品拍卖等（曾宪奎，2021）。威廉·维克瑞（William Vickrey，1961）于 1961 年开创性地引入博弈论作为分析竞拍者均衡策略的工具，将拍卖理论纳入了经济学的研究范畴。接着莱利、迈尔森和赖歇特等（Riley，Myerson & Reichert）在此基础上对最优拍卖机制进行了扩展讨论，给拍卖理论研究带来了新的突破，并使得拍卖理论成为现代经济学领域一个重要的研究热点。过去几十年来，各种不同的拍卖机制陆续出现在商业、金融等领域。在传统拍卖理论下，拍卖可分为 4 种标准拍卖类型，其中英式拍卖和荷式拍卖为公开叫价拍卖，一阶密封拍卖和二阶密封拍卖为密封拍卖。

（1）英式拍卖（English Auction，EA）。英式拍卖起源于英国，又称为公开叫价式升价拍卖，是目前应用最为广泛的一种拍卖方式。在英式拍卖中，卖家通常会先设定一个起始价，报价在此基础上逐步提高，直到拍卖结束或只剩最后一个竞买者为止。物品归最高报价者所有，支付价格为他的报价。英式拍卖的一个显著特点是在任何时点，每个竞买者都知道目前的最高报价。这一拍卖既可以由买方各自报价，也可以由卖方报价，规则简单，易于操作，通常被应用于艺术品、文物、专利知识产权等的拍卖。

（2）荷式拍卖（Dutch Auction，DA）。与英式拍卖不同，荷兰式拍卖又称为公开式减价拍卖，由于应用于荷兰鲜花拍卖而闻名。荷式拍卖和英式拍卖都采用公开叫价式。它首先是由卖方设定一个最高起始价，拍卖开始时价格逐步下降，直到有人接受为止。与英式拍卖相同，报价最高的竞标人赢标。在荷兰式拍卖中，经常使用反向钟来显示持续降低的价格水平，竞买者按下按钮时指针所指的价格即为成交价格。荷兰式拍卖因其较高的交易效率而被广泛应用于易腐农副产品的拍卖，如鲜花、水果、蔬菜、鲜鱼等鲜活农产品。

（3）一级密封价格拍卖（First-price sealed-bid Auction，FPSB）。一级密封价格拍卖是指各竞买者在不知道其他买方出价的情况下单独递交投标，最高报价者赢得标的物，最终成交价格为最高报价。与英式拍卖不同，在一级密封价格拍卖中投标者仅有一次出价机会。该种拍卖方式主要应用于国有土地使用权、资源开采权、政府采购合同等领域。

（4）二级密封价格拍卖（Second-price sealed-bid Auction，SPSB）。二级密封价格拍卖由维克瑞（Vickrey，1961）首先提出，所以也称为维克瑞拍卖。与一级密封价格拍卖类似，在二级密封价格拍卖中，竞买者以密封的形式呈递报价，最高报价者中标，唯一不同的是标的物的成交价格为次高报价。该种拍卖方式具有很好的理论价值，在实际中应用较少，目前的应用领域有邮票拍卖、网络拍卖、政府外汇拍卖和公司回购股份等。

随着拍卖在实际中的应用需要，四种基本方式衍生出很多新颖的拍卖方式，比如买卖双方都是多人，买家和卖家同时出价的双向拍卖方式，英式拍卖和一级密封价格拍卖组合而成的英荷混合式拍卖，主要用于异种物品的组合拍卖，另外还有网上一口价拍卖和全支付拍卖的方式。

3.1.2 多物品序贯拍卖

常见的拍卖大部分是一次拍卖单个物品，针对多物品或可分割物品，可以通过多场拍卖来售清物品。以逐次多场的拍卖形式来出售商品的交易机制我们称为序贯拍卖，该拍卖方式通常用于处理多物品和可分割物品的交易。鲜活农产品拍卖交易量大且需要拍卖师具备良好的经验，适用于荷兰式降价拍卖，它也属于多物品序贯拍卖。通常可以选择两种拍卖方式：歧视性价格拍卖和单一价格拍卖。

（1）歧视性价格拍卖（Discriminatory Price Auction，DPA）。在歧视性价格拍卖中，赢得商品的买方支付的价格为其报价，体现为在同一场拍卖中赢标的各买方所支付的价格不一，相当于完全歧视价格。歧视性价格拍卖方式实际上是一阶密封拍卖在多物品拍卖中的延伸，当拍卖的物品为一个单位时，歧视性价格拍卖与一阶密封拍卖相同。

（2）单一价格拍卖（Single Price Auction，SPA）。在多物品拍卖中，单一价格拍卖是指所有赢得商品的买方均按市场出清价格支付，即买方支付的价格为未赢得商品的最大价格，体现为在同一场拍卖中赢标的各买方支付的价格是相同的。当拍卖单个物品时，该方式与二级密封拍卖相同，因此单一价格拍卖方式是二级密封拍卖在多物品拍卖中的延伸。

3.2 基本拍卖模型

最早的拍卖模型是由劳伦斯·弗里德曼（Lawrence Frideman，1956）提出的，他从竞标者的角度考虑最优报价策略，认为投标者可以根据竞争对手过去的行为预测他们未来的投标策略。而维克瑞于 1961 年将博弈论分析框架引入拍卖理论中，成为了拍卖分析的标准框架。目前标准的拍卖模型有以下三种。

（1）独立私有价值模型。假设有 N 个买方参与一个商品的竞价，买方对商品的估值在 $[\underline{v}, \bar{v}]$ 上服从 $f(v)$ 的估价概率密度分布且属于公开信息，竞拍者 i 的估值为 v_i，在独立私有价值模型下有以下 5 个假设：①私有价值，即对每一个竞拍者 i，他只了解自己的估值 v_i 以及其他剩余竞拍者的估价概率密度分布 $f(v)$；②独立性，即所有参拍人的估值是相互独立的，每一个参拍者的估值不受其他人估值的影响；③风险中性，即所有的参拍者和拍卖方都是风险中性的；④非合作博弈，即所有的参拍人都是独立地决定自己的定价策略，不存在共谋和串谋等行为；⑤对称性，即每个竞拍估价服从同一概率密度函数。

符合以上 5 个假设的模型成为独立私有价值模型，其中，私有价值、独立性和对称性描述了非对称的信息环境，而风险中性和非合作的博弈是对博弈双方的风险态度和参拍者的行为加以约束。在该模型假设下，维克瑞基于博弈论的分析框架提出了收益等价定理。独立私有价值模型约束较为严格，因此在放松独立性的假设后，提出了公共价值模型。

（2）公共价值模型。公共价值模型是在独立私有价值模型基础上放松独立性的假设，认为在该模型下，各竞拍者之间的估值与商品的公共价值相关，受公共价值影响，具有统一的目标值。但是所有买主都拥有对目标值猜测的私人信息，某一买方如果了解到其他买方的信息，则会改变对标的物的估价，在独立私人价值模型中，买方不会因为对手的信息而改变。

在公共价值模型中，对所有的竞拍者而言，拍卖品有一个共同的价值 v，但是在拍卖时，他们并不知道 v 的具体大小，$v \in [\underline{v}, \bar{v}]$ 是一个随机变量，概率分布和度函数分别是 $G(v)$ 和 $g(v)$。同独立秘有价值模型一致，第 i 个参拍者的估值是 v_i，属于个人独立信息，$v_i \in [a, b]$，且服从条件概率分布 $H_i(v_i | v)$。共同价值模型中竞拍者是通过拍卖品的共同价值 v 来调整自己估值的大小。虽然各个参拍者的估值在 v 的条件下是相互独立的，但是他们并不是无条件独立的，而是受拍卖品的共同价值 v 相互影响。这也是

共同价值模型和独立私有价值模型之间最大的区别之处。

共同价值模型与独立私有价值模型分别是两种极端，实际拍卖往往介于独立私人价值模型和共同价值模型之间。米尔格罗姆和韦伯（Milgrom & Weber，1982）建立了一种更一般化的模型，称之为关联价值模型。

（3）关联价值模型。关联价值模型是介于独立私有价值模型和共同价值模型之间的一种模型。竞拍者 i 的估值为 v_i，竞拍者之间的估值并非相互独立，而是取决于剩余竞拍者的私人估值和其他一些不确定的因素，即竞拍者 i 的私人信息受到其他竞拍者私人信息的影响，从而使所有的参拍者之间的估值相互影响、相互关联，因此称为关联价值模型。随着研究的成熟，关联价值模型的应用越来越广泛。假设有 N 个竞拍者竞买一个不可分的物品，x_i 表示竞拍者对物品了解的信息，则 $x = (x_1，x_2，\cdots，x_N)$。令 $s = (s_1，s_2，\cdots，s_m)$ 表示物品的实际价值向量，卖家可以观察到 s 的部分信息，但是买者无法了解到任何信息，因此，商品对竞拍者的实际价值不仅依赖于他自己的私人信息，还依赖于在拍卖中他不能观察到的其他人的私人信息和商品的价值信息。竞拍者对商品的估价定义为 $v_i(s，x)$，当 $m = 0$，$v_i = x_i$ 时，模型变为独立私有价值模型；当 $m = 1$，$v_i = s_i$ 时，模型则变为共同价值模型。

3.3 基本模型扩展

基准模型提出之后，很多学者们把研究重点放在了放松假设约束上面，研究了风险态度、竞价成本、投标者不对称和信息披露对拍卖结果的影响。

（1）风险规避。不难理解，风险规避会影响收入等价性定理。在二级密封价格拍卖中，风险规避对于买方没有任何影响。而在一级密封价格拍卖中，稍微提高报价就会提高其中标的概率，当然会减少中标时的剩余。因此，在一级密封价格拍卖中，风险规避的买方出价会更凶猛。马斯金和莱利

（Maskin & Reily，1985）详细研究了买者为风险规避的情形，指出当买者是风险规避时，四种拍卖方式的卖家期望收益是不等的。卖家应当选择一级密封价格拍卖，而不是二级密封价格拍卖或者英式拍卖。

（2）非对称性。传统的拍卖理论通常将投标人信息对称作为前提假设条件，即投标人的估价服从对称的联合概率分布，而在实际拍卖中竞买人之间会存在明显的非对称性。这时，一级密封价格拍卖和英式拍卖的回报将会不等。在同一类型中，估价高的人出价会更高，但是在不同类型中，投标人的出价无法比较，因为面临着不同程度的竞争。马斯金和莱利放松了投标人对称这个假设，给出了一个总结：当投标人有相同的分布形状但分布区间不同时，一级密封价格拍卖比英式拍卖收益更高；但当投标人分布于同区间但具有不同的分布形状时，英式拍卖则占主导地位。迈尔森（Myerson，1981）证明，一个最优的拍卖机制，应当把标的物售给拥有最高边际收入而不是最高估价的竞标人。因此，追求利润最大化的卖方应该区别对待不同类型的竞标人，主要体现在保留价的设置上。也就是说，非对称条件下的最优拍卖机制具有价格歧视性。

（3）合谋。合谋问题是实际拍卖中的一个很重要的问题，严重影响着竞买人的出价策略，进而影响卖家的收益。早期，对于该问题的理论研究非常有限。罗宾逊（Robinson，1985）简单指出了一点：比起一级密封价格拍卖，在二级密封价格拍卖中更容易形成和保持合谋行为。研究合谋的基本出发点之一，是必须在具有私人信息时，找到一种激励相容的有效机制，来商定谁是获胜者并合理分配通过合谋得到的收益。麦卡菲（McAfee et al.，1992）得出这样一条结论，如果参与拍卖的所有买方都参与合谋，并且所有买方都服从同一分布投标人信息对称，那么这一机制是可能的，并可以通过预先拍卖来实施。文章还分析了只包括部分买者的卡特尔和成员之间不能有单边支付的"弱卡特尔"。考虑卖方如何应对卡特尔的存在，亨德利克等（Hendrick et al.，1985）则从如何发现合谋角度进行讨论，指出合谋的出现和特征关键取决于标的物的性质以及拍卖的规则。

3.4 生鲜品拍卖研究进展

3.4.1 多单元鲜活品序贯拍卖问题

米尔格罗姆和韦伯（Milgrom & Weber，1982）认为，对于易腐农产品如鲜切花，独立私有价值模型比共同价值模型更适合。相关研究主要集中在两个方面：第一，动态拍卖市场与需求学习；第二，不确定信息传递对拍卖收益的影响。

传统线下拍卖发生的场所一般是固定的，因此在传统拍卖模型中通常假定投标人数量是已知且确定的。数字化拍卖平台运作中，由于在规定的时间内投标者随机参与投标，因此参与拍卖的投标人数量往往有很大的随机，并具有很大的差异性和动态性。同时，投标人参与投标的成本忽略不计，参与者之间的信息更加不对称，这些新特点与传统拍卖中的对应假设条件相矛盾。平克等（Pinker et al.，2003）通过实验的方法对线上拍卖中投标者进入拍卖的过程进行了研究分析，发现到达线上的投标者人数与拍卖持续的总时间、当前时间、拍卖品数量以及拍卖规则相关。他们进一步研究发现在线上拍卖中投标者的到达过程近似服从于泊松分布，该发现对采用泊松过程描述数字化拍卖平台中的投标人到达过程提供了重要的理论依据。投标者到达过程经常会影响拍卖成功与否、拍卖成交价格以及卖者的均衡收益等与拍卖结果相关的因素。针对鲜活农产品数字化拍卖平台，考虑竞拍者数量和竞拍者估价不确定性的研究目前处在初级阶段。

数字化拍卖平台的上一轮赢标价格、赢标者和相关拍品信息是可见的，这种可见的信息传递以及信息学习对最优投标策略和均衡收益会产生很大影响。圭尔奇等（Guerci et al.，2014）给出一个荷兰式序贯拍卖的计算模型。

以鲜鱼批发市场为例，分析批发市场中买者有学习的经济行为，研究在不同的市场条件下总市场成交价的动态性以及解释不同价格模式出现的原因。胡二琴等认为序贯拍卖中体现了直接影响（从上一轮拍卖中披露的信息将会对本轮拍卖竞拍者的报价产生影响）和预期影响（竞拍者预期产生的信息效应对下一轮的直接效用的影响）。具体来说，在前一轮的拍卖中投标者会预期自己报价对下一轮拍卖产生的影响，包括对信息流产生的影响以及对竞争者报价和信息获得的影响等，从而利用当期的报价来影响未来拍卖的行为。虽然信息的传递在序贯拍卖过程中产生了非常重要的影响，但是已有研究中投标者的策略值依赖于它处在哪轮的拍卖中，并不依赖于历史获胜价和对未来价格的认知。大多数研究结果展现的是均衡价格路径，而不是信息传递、信息学习对均衡的影响。此外，信息的学习增加了投标者的期望收益，从而降低了拍卖者的期望收益。

3.4.2 鲜活品最优拍卖机制设计

机制设计所讨论的问题是在给定一个经济或社会目标的前提下，如何通过恰当的激励机制，在所有参与成员自由、分散的决策条件下，能够使成员利益和整体利益相一致。最优拍卖机制设计，是从卖家和拍卖市场的角度，研究什么样的拍卖机制是最有效率的，即在加入恰当的拍卖机制后，能够促使所有参与拍卖的竞拍人按照自己的估价真实竞价，从而促使拍卖的成交价格更能反映产品在市场上的真实价值。目前，关于鲜活品拍卖机制设计的研究主要集中于保留价机制设计与佣金策略设计。

保留价是指卖家愿意售出商品的最低价格，当竞买人报价达不到该价格时，拍卖失败。最优保留价的设置是最优拍卖机制设计的关键，因为在设置最优保留价的情况下，卖家没有对竞标人施加其他任何限制条件，如采取向竞标人收取一些竞标费、对于竞价较高的竞标人实行补助、要求所有参与竞标的竞标人无论竞标成功与否都要支付一定数量或是与其叫价相关的费用，或者是对竞标人的竞标时间进行限制等措施，可保证竞标人的真实报价，即通过保留价的设置，采用了一种很简单的策略就实现了拍卖机制的最优。但是最优保留价的设置，在确保了卖家收益最高的同时，也会一定程度上影响到拍卖的效率。因为在标准拍卖模型中，无论是第一密封价拍卖还是第二密封价拍卖其实都已经保障了物品最终被具有最高估价的竞标人所赢得，而在加入保留价机制之后，则可能会出现所有竞标人在其估价信息下的竞价都低于保留价而发生流拍的情况，流拍的发生会造成拍卖效率上的损失。因此，在最优保留机制的设计上，还要充分考虑收益和效率的平衡问题。

佣金是由具有独立经济地位和商业资格的中间人为其他经济实体的商业活动提供服务而收取的报酬。拍卖中介的收益是佣金率和交易价格的乘积。若拍卖行在向委托人收取佣金的同时向买方也收取佣金，这种情况被称为双边委托，佣金制被称为双边佣金。在拍卖市场中，拍卖行在为买方和卖方提供拍卖交易服务，根据拍卖交易价格收取一定比例的佣金作为服务费。一场拍卖活动中，若拍卖行规定了佣金收取制度，投标人会把佣金作为参与拍卖的成本来考虑，为了节约成本增加收益投标人将在内心估价的基础上使报价降低一定幅度，因此，最终预期交易价格相应较低。拍卖中介通过向卖方或投标人收佣金来获得收入，佣金作为投标人或卖方的交易成本又会影响到均衡出价，最终影响拍卖的成交价格。在实际拍卖中，佣金率由拍卖行设定，而拍卖行作为拍卖市场中的理性参与主体，其目标为自身利益达到最大化。因此，如何使得佣金率达到最优同时又提高拍卖成交率，使买方、卖方和拍卖行可以达到三方共赢的问题已在学术界引起关注。

3.4.3 鲜活品最优拍卖变量问题

拍卖变量研究问题是学者关注的热点，如何配置最优组合将对拍卖结果产生很大影响，目前基于直觉和经验的拍卖实践有足够的改进空间。卡托克和夸斯尼察（Katok & Kwasnica, 2008）探讨了荷兰拍卖大钟的速度参数对拍卖商收益的影响。格雷瑟和普洛特（Grether & Plott, 2009）研究了如何将序贯拍卖中的物品进行排序来最大化卖方收益，发现按照物品价值从高到低的排序对于卖方来说是最糟糕的一种方式。通过文献发现,同时考虑多组不同拍卖变量优化的研究仍极为少见,本书主要探讨鲜活农产品序贯拍卖中的拍卖批量和保留价。

在序贯拍卖的设计中,拍卖批量被认为是一个重要的变量。特里帕蒂等(Tripathi et al.,2011)研究了在固定数量参拍者、均匀竞价分布假设下,多物品荷兰拍卖机制的最优拍卖批量策略。当假设批量大小不随时间变化时,他们通过目标规划得出了一个简单的封闭形式的拍卖批量表达式。在相同假设条件下,平克等(Pinker et al.,2010)通过确定性动态规划方法推导出了多物品维克瑞拍卖的批量优化表达式。他们发现,每一拍卖场次的拍卖批量都在下降,但随着库存持有成本和参拍流量的增加,下降程度逐渐减小。陈等(Chen et al.,2011)建立了序贯拍卖批量决策的随机动态规划模型,该模型在每次拍卖中包含随机数量的参拍者,允许任何竞价分布,并且不受任何特定价格决定机制的限制。当单次拍卖期望收益函数满足二阶条件时,研究结果表明最优批量策略呈现一种带有单位跳跃的单调函数。帕里齐和盖特(Parizi & Ghate,2016)提出了一个贝叶斯—马尔科夫决策过程模型,重点研究批量决策优化与拍卖过程中学习之间的相互作用,获取卖方利益最大化。

另外一类平行文献认为,卖方不公布拍卖批量,而是使用保留价来控制拍品分配,并且卖方还可通过调整保留价使其期望收益最大化。生鲜农产品的重要特征在于产品流拍后卖方会向下修正估价,但这种修正往往是来不及的。因此,保留价的重要价值在于指导拍卖市场如何设计流拍处理机制。但在实际拍卖中,竞拍者数量和竞拍者估价不确定。纪颖等基于模糊理论构建了序贯拍卖的顺序策略优化模型并通过算例分析比较了五种顺序优化策略。

3.4.4 序贯拍卖的策略竞拍行为分析

在鲜活农产品拍卖过程中,历史成交信息、当前动态市场条件以及对市场未来的预期共同影响竞拍者对物品的估价。策略竞拍者会基于已获取的信息，对未来拍品的价格走势形成一种理性预期，衡量是当期竞买还是将来竞买，并且以期望总收益最大化确定最优竞拍策略。对于拍卖中心来说，策略竞拍者选择购买时机的行为减少了预期收益，因此如何在策略竞拍者选择行为下实施有效的最优拍卖变量设置显得特别重要，但相关研究目前仍然非常少。策略竞拍行为分析的相关研究主要从以下两方面进行：基于博弈的数学模型以及基于数据的实证分析。

一直以来，博弈论为理解竞争性投标提供了优雅的分析方法。维克瑞在博弈论的视角下开创性研究拍卖投标问题。在博弈论方法中，所有参与者都最大化他们的预期收益，而且这是所有拍卖参与者的常识。洛伦兹（Lorent-ziadis，2016）回顾了博弈论影响拍卖运作的最新进展，这些进展对机制设计和最优竞价产生了更准确的分析。冯和查特吉（Feng & Chatterjee）通过分析确定了 3 个影响序贯拍卖盈利能力的重要因素：竞拍者竞争强度、拍卖平台与竞拍者的无耐心程度及拍卖平台信息政策。赛德（Said，2011、2012）指出市场中行为主体在面对竞拍随机性情况下的均衡行为，并利用马尔科夫均衡刻画市场中物品的估价。泰绍罗和布雷丁（Tesauro & Bredin，2002）开发了用于构建序贯拍卖环境下动态竞拍策略的实时动态规划框架。针对具备竞拍者数量和竞拍者估价不确定性、竞拍行为动态性、多阶段信息传递和学习等属性的数字化拍卖平台，目前尚缺乏集成博弈论、贝叶斯—马尔科夫决策过程和动态规划等多方法分析最优拍卖变量的理论模型。

尽管结果很美好，但博弈论工作主要集中在高度程式化的设置上。程式化的设置和现实操作环境之间的差距严重限制了理论的应用性。线上拍卖平台的普及催生了大量实证拍卖研究，试图从拍卖数据中识别经验规律。格斯等（Goes et al.，2012）阐述序贯拍卖中的竞拍者如何从历史信息中学习，形成和更新他们的投标策略及行为。实证结果表明，竞拍者支付意愿的形成可以从需求特征、拍卖参与经验、以往拍卖结果和拍卖变量来解释。格斯等利用网上序贯拍卖的数据构建了数据模型来确认竞拍者投标策略，并利用实证研究解释投标者不同策略的调整。针对多渠道 B2B 拍卖，陆等（Lu et al.，2016）确定了 5 种不同的投标策略，表明竞拍者策略选择与市场需求、预算约束和交易成本有关，并建立了多物品序贯 B2B 拍卖的动态结构化模型和优化框架，促进拍卖商在收益最大化和运营效率之间做出权衡决策。以上的实证模型和结论主要基于国外拍卖市场的数据及现状，由于我国拍卖市场体系与国外存在区别，如何构建符合我国拍卖市场特点的决策理论框架和适用性结论值得进一步探讨。

3.4.5　生鲜农产品拍卖供应链协调机制

供应链协调是基于供应链所有成员之间的物流、资金流和信息流等要素，而设计适当的激励机制，通过控制系统中的关键变量，有效地控制供应链整体的行为，使之从无序转换为有序，达到协同状态。其目标就是在供应链成员之间建立战略性合作伙伴关系，合理分配利润，共同分担风险，提高信息共享水平，减少额外成本，最终实现供应链系统的整体优化。供应链协调概念的提出，可追溯到李（Lee，1997）等发现和研讨的"牛鞭效应"，即从销售末端的销售商向上级订购产品而不支付或仅支付较低费用时，供应链中存在从下游到上游的需求逐渐放大的效应，从而容易引起上游的生产商过量生产、分销商过量订购的行为，进而导致产品的供大于求，从而影响到供应链上游企业和供应链的整体绩效。同时，现实中供应链的各成员通常都是独立的企业，即具有非一体化经营特征，所以从个体最优的角度来作出决策选择，往往会导致供应链中存在着"双重边际效应"，即各成员为了实现自身收益的最大化而作出的行为决策，往往会与整个供应链收益最大化所需该成员的决策不一致，从而产生激励冲突的问题，使得供应链整体收益水平无法实现最优。供应链协调的目标，就是针对供应链中存在的这种"牛鞭效应"和"双重进际效应"，从供应链系统最优的角度出发，改善由于需求不确定和成员之间合作不紧密等因素所带来的整体绩效的降低，提高整个供应链系统的总收益。具体到供应链成员的行为选择上，就是要研究如何在已经掌握的信息的基础上，采取一定手段和方法找到并实现整个供应链系统的所有成员的最优行为。

　　这种系统最优行为最容易实现的方式之一，就是由一个中央权威来规划、监督供应链系统的所有层级和所有成员的运作，即整个供应链必须是一体化经营的。但由于现实中绝大多数供应链各成员之间都是独立企业，即是非一体化经营的，所以供应链协调的另一种方式就是要通过设计有效的激励机制，采用契约、合同等具有法律效力、条款明确、可行性较强的激励方式，使成员之间能够实现收益共享、风险共担、信息互通，促成成员之间的彼此交流和相互合作，减少个别成员的机会主义行为对整个供应链造成的不良影响，减少由于事前或事后的信息不对称造成的逆向选择和道德风险，保证所有成员都能够按照系统最优的方式选择行为，进而实现整个供应链收益最大化目的。

　　从生鲜农产品拍卖市场来看，其供应链协调具有以下特征：第一，无论是买方，还是卖方，都存在渠道选择问题，即买方、卖方可在拍卖市场、批发市场、连锁超市、电子商务等间自由选择；第二，批发价由拍卖机制的"价格发现"获取，由此导致转移支付与期望成交价格和拍卖市场的佣金机制有关；第三，零售商间的竞争更多体现为价格的竞争而不是需求的竞争，需求与其经营规模有关；第四，交易前卖方信息是可获取的，而买方信息是未知的，即信息是不对称的。

　　因此，生鲜农产品拍卖市场供应协调优化机制必须结合生鲜农产品、拍卖市场的特征进行综合考虑。其供应链协调优化的第一步，就是将卖方、买方佣金比例，拍卖市场设置的保留价，期望成交价格等作为外生变量，设计适合生鲜农产品特征的供应链协调契约。现代生鲜农产品拍卖市场具有"价格发现中心、物流集散中心、信息中心"的市场公共平台功能，掌握着丰富的商品供给和需求信息，能够在降低供需匹配成本、减少无效率交易、分担交易风险、降低交易成本等方面发挥出举足轻重的作用，同时拍卖平台作为第三方中介可以监督和规范供应链各参与成员的交易行为，承担起第三方信任机构的角色，可以有效改善供应链的运作效率，对于降低供需双方的运营成本也将大有裨益。因此拍卖平台作为生鲜品供应链中的核心企业，研究如何通过优化拍卖机制、拍卖流程运作和提供相关服务来协调生鲜品供应链具有重要意义。

参考文献

［1］胡二琴，赵勇，陈莹. 序贯拍卖中报价排序信息披露的研究［J］. 系统工程学报，2016（3），317-327.

［2］纪颖，马刚，屈绍建. 基于模糊理论的最优序贯拍卖策略研究［J］. 计算机应用研究，2020，37（1）：148-152.

［3］曾宪奎. 新时代我国需求侧改革的内涵、背景及重点内容分析［J］. 当代经济管理，2021，43（7）：10-16.

［4］Chen X，Ghate A，Tripathi A. Dynamic lot-sizing in sequential online retail auctions［J］. European Journal of Operational Research，2011，215（1）：257-267.

［5］Feng J，Chatterjee K. Simultaneous vs. sequential sales：Bidder competition and supply uncertainty［J］. Decision Support Systems，2010，49（3）：251-260.

［6］Friedman，Lawrence. A Competitive Bidding Strategy［J］. Operations Research. February，1956，4（1）：104-112.

［7］Goes P B，Karuga G G，Tripathi A K. Bidding behavior evolution in sequential auctions：Characterization and analysis［J］. MIS Quarterly，2012：1021-1042.

［8］Goes P B，Karuga G G，Tripathi A K. Understanding willingness-to-pay formation of repeat bidders in sequential online auctions［J］. Information Systems Research，2010，21（4）：907-924.

［9］Grether D M，Plott C R. Sequencing strategies in large，competitive，ascending price automobile auctions：An experimental examination. Journal of Economic Behavior & Organization，2009，71（2）：75-88.

［10］Guerci E，Kirman A，Moulet S. Learning to bid sequential Dutch auctions-sciencedirect［J］. Journal of Economic Dynamics & Control，2014，48：374-393.

［11］Hendrick K，Porter R H. Collusion an auction［J］. Annales D's Economieet de Statistque，1985，15（16）：217-230.

［12］John G Riley，William F Samuelson. Optimal Auctions［J］. The American Economic Review，1981，71（3）：381-392.

［13］Katok E，Kwasnica A M. Time is money：The effect of clock speed on seller's revenue in Dutch auctions [J]. Experimental Economics, 2008, 11 (4): 344 – 357.

[14] Lee H L, Padmanabhan V, Whang S. Information distortion in a supply chain: The bullwhip effect. Management science, 1997, 43 (4): 546 – 558.

[15] Lee H L, Padmanabhan V, Whang S. The bullwhip effect in supply chains [J]. Sloan management review, 1997, 38: 93 – 102.

[16] Lorentziadis P L. Optimal bidding in auctions from a game theory perspective [J]. European Journal of Operational Research, 2016, 248 (2): 347 – 371.

[17] Lu Y, Gupta A, Ketter W, et al. Exploring bidder heterogeneity in multichannel sequential B2B auctions [J]. MIS Quarterly, 2016, 40 (3): 645 – 662.

[18] Maskin E S, Reily J G. Auction theory with private values [J]. The American Economic Review, 1985, 75 (2): 150 – 165.

[19] McAfee R P, McMillan J. Bidding rings [J]. The American Economic Review, 1992, 82 (3): 579 – 599.

[20] Parizi M S, Ghate A. Lot-sizing in sequential auctions while learning bid and demand distributions [R]. IEEE Winter Simulation Conference, 2016: 895 – 906.

[21] Paul R. Milgrom and Robert J. Weber. A Theory of Auctions and Competitive Bidding. Econometrica, 1982, 50 (5): 1089 – 1122.

[22] Pinker E, Seidmann A, Vakrat Y. Using bid data for the management of sequential, multi-unit, online auctions with uniformly distributed bidder valuations [J]. European Journal of Operational Research, 2010, 202 (2): 574 – 583.

[23] Pinker E J, Seidmann A, Vakrat Y. Managing online auctions: Current business and research issues [J]. Management Science, 2003, 49 (11): 1457 – 1484.

[24] Reichert O A. Models for competitive bidding under uncertainty [D]. Stanford University PhD Thesis, 1981.

[25] Robinson M S. Collusion and choice of auction [J]. The Round Journal of Economic, 1985, 16 (1): 141 – 163.

[26] Roger B Myerson. Optimal Auction Design [J]. Mathematics of Operations Research, 1981, 6 (1): 58 – 73.

[27] Said M. Auctions with dynamic populations: efficiency and revenue maximization [J]. Journal of Economic Theory, 2012, 147 (6): 2419 – 2438.

[28] Said M. Sequential auctions with randomly arriving buyers [J]. Game and Economic Behavior, 2011, 73: 236 – 243.

[29] Tesauro G, Bredin J L. Strategic sequential bidding in auctions using dynamic programming [R]. The First International Joint Conference on Autonomous Agents and Multiagent Systems, 2002: 591 – 598.

[30] Vickrey W. Counterspeculation, Auctions and Competitive Sealed Tenders [J]. The Journal of Finance, 1961, 16 (1): 8 – 37.

第4章
鲜活农产品价格波动与拍卖机制

4.1　昆明国际花卉市场价格波动实证研究[*]

4.1.1　引言

　　拍卖模式是一种通行的农产品交易方式,如荷兰和日本的花卉拍卖、印度和斯里兰卡的茶叶拍卖、比利时的果蔬拍卖等。在近几年政府政策的大力支持下,我国特色农产品拍卖取得了相应的发展。其中,较为成熟的有云南鲜切花拍卖和福建茶叶拍卖。在拍卖市场中,交易信息得到了公开化,交易价格的范围和流程变得透明化,减少了因信息不对称带来的非理性价格波动,有效地维持了花卉价格的稳定。虽然花卉拍卖市场在长期上起到了维持价格稳定的作用,但仍存在因节假日和气候变化等可预测因素而产生的异常波动,即"日历效应"。因此,研究花卉拍卖市场上可能存在的"日历效

　　* 本节节选自著作合著者秦开大教授已发表论文。
　　秦开大,彭世广.昆明国际花卉市场价格波动实证研究——对昆明国际花卉拍卖市场价格波动的日历效应分析.价格理论与实践,2017(1).161-164.

应"不仅关系到相关拍卖机构的正常运营，更可以为拍卖市场的价格调控提供指导依据，起到稳定交易价格的作用。本节应用服从 t 分布或 GED 分布的 GARCH 模型及其拓展式，对昆明国际花卉拍卖市场上可能存在的"日历效应"和"节气效应"进行探索分析，得到精确的实证结果，从而促进拍卖形式在我国鲜切花流通上的发展。

4.1.2 鲜切花价格收益率的"日历效应"波动特征分析

昆明国际花卉拍卖市场是目前国内最大的产地型花卉拍卖市场，拍卖交易量仅次于日本东京大田拍卖市场，位列亚洲第二。2016 年拍出各类鲜切花 9.58 亿枝，成交额达到 7.66 亿元，占全国农产品拍卖交易额近 4 成，在推动我国花卉拍卖制度的建立过程中取得了实质性的突破。本节以花卉拍卖市场成交价格收益率作为研究对象，探讨其随日历变化而产生的波动情况，我们定义花卉拍卖价格日均收益率如下：

$$R_t = \ln\left(\frac{p_t}{p_{t-1}}\right) \times 100 \qquad (4-1-1)$$

其中，p_t 代表交易日期的所有花卉日平均成交价格；p_{t-1} 代表前一交易日期所有花卉日平均成交价格；R_t 代表所有花卉日平均成交价格在日期 t 的收益率，选取 2011 年 10 月 2 日至 2016 年 10 月 2 日之间为期 5 年的花卉拍卖日均收益率周期数据（不包括休市日），数据来源于对昆明国际花卉拍卖市场的长期实地调查，有效观测值 1756 个。

1. 收益率总体波动趋势

花卉拍卖日均收益率总体波动趋势如图 4-1 所示。从图 4-1 我们可以大致看出收益率围绕着 0 值上下波动，说明花卉拍卖市场所有花卉成交价格均值在长期时间上较为稳定无变化，拍卖市场对维持花卉价格长期稳定起到明显作用。但是图 4-1 中仍存在着少数异常波动，且呈现出周期性的波动聚集的特点，推测其可能与节假日、气候变化等因素有关。

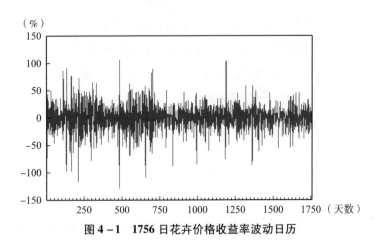

图 4 - 1 1756 日花卉价格收益率波动日历

资料来源：笔者根据实地调查数据绘制。

2. 收益率"星期效应"特征分析

图 4 - 2 显示了鲜切花价格收益率一周内变化情况（样本数据各星期平均值），由图 4 - 2 可知，周二、周三具有较大正收益率值，周四、周五具有较大负收益率值，因此可以推测拍卖市场上存在正"周二效应"、正"周三效应"和负"周四效应"、负"周五效应"。根据收益率的构造定义可知一周内鲜切花交易价格大致呈现出类金字塔式波动，即先上升后下降，这可能与购买商提前购买有关。每周五至周日是一周内鲜切花需求的高峰期，昆明国际花卉拍卖市场有来自全国各地的购买商 5000 多户，为了让鲜切花能及时地运送至全国各地以满足市场需求，购买商需要在周二、周三进行提前购买，从而导致周三的价格达到峰值。

3. 收益率"节气效应"特征分析

与金融期货市场不同，拍卖市场上农产品价格波动受气候影响较大，因此，对农产品成交价格进行节气性价格波动分析具有显著的实际意义。在此，本书不对日均收益率做季节性波动分析，因为季节性时间周期过长，拍卖市场在长期上总表现出维持价格稳定的作用。

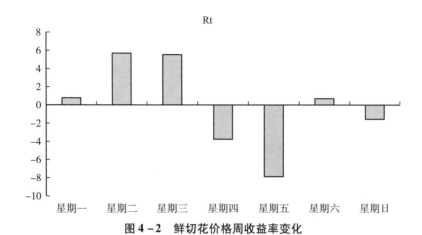

图4-2 鲜切花价格周收益率变化

资料来源：笔者根据实地调查数据绘制。

图4-3显示，鲜切花价格收益率分24节气的变化情况（样本数据各节气平均值），由图可知，芒种节气具有最大正收益率值，春分、秋分也有较大正收益率值，推测花卉拍卖市场上存在正"芒种效应"、正"春分效应"和正"秋分效应"；处暑节气具有最大负收益率值，清明、白露也有较大负收益率值，由此我们推测花卉拍卖市场上存在负"处暑效应"、负"清明效应"和负"白露效应"。鲜切花属于鲜活农产品，其产量受气候变化影响较

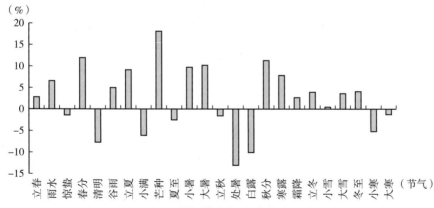

图4-3 鲜切花价格24节气收益率

资料来源：笔者根据实地调查数据绘制。

大，节气效应带来的价格异常波动可能与该时段气候剧烈变化导致的拍卖市场上鲜切花供需不平衡有关。考虑到花卉拍卖市场上可能存在的"杠杆效应"，还需对数据进行更为精确的计量分析以验证我们对特征图的直观推测。

4.1.3 花卉拍卖市场价格波动日历效应的实证分析

1. 模型概述

（1）日历效应模型。本节采用股票市场研究日历效应常使用的虚拟变量法，进行过原点最小二乘法（OLS）回归：

$$R_t = \sum_{i=1}^{m} \beta_i X_{it} + \varepsilon_t \qquad (4-1-2)$$

式（4-1-2）中，R_t 代表花卉拍卖价格在日期 t 的日均收益率；X_{it} 代表日历效应虚拟变量（其值为 0 或 1）；m 代表日历数，若日历效应虚拟变量代表周日历，则 $m=7$；下标 i 代表日历序号，若日期的收益率属于日历 i，则 $X_{it}=1$，否则 $X_{it}=0$；ε_t 代表残差项。检验存在日历效应的方法是对模型回归参数 β_i 进行 t 统计量检验，若检验结果是 β_i 显著性地异于 0，则可以认为存在相应的日历效应。

（2）GARCH 模型。博勒斯列夫（Bollerslev，1986）提出了广义自回归条件异方差（GARCH）模型，它是 ARCH 模型的推广。GARCH 模型比 ARCH 模型更能从长期反映实际数据的记忆性质。如下：

$$\sigma_t^2 = \Phi + \sum_{i=1}^{q} \Phi_i \varepsilon_{t-1}^2 + \sum_{i=1}^{p} \alpha_i \sigma_{t-1}^2 \qquad (4-1-3)$$

q 是 ARCH 项阶数，p 是 GARCH 项阶数，$\sum_{i=1}^{q} \phi_i$ 和 $\sum_{i=1}^{p} \alpha_i$ 分别是 ARCH 项、GARCH 项滞后算子多项式。但是，GARCH 模型不能反映收益率波动的非对称性。

（3）GARCH 模型拓展式为了衡量价格收益率波动的非对称性，纳尔逊（Nelson，1991）提出了服从 GED 分布的"指数 GARCH 模"（EGARCH

模型）：

$$\ln\sigma_t^2 = \phi_0 + \phi_1\left(\varepsilon_{t-1}/\sigma_{t-1}\right) + \lambda_1\left|\varepsilon_{t-1}/\sigma_{t-1}\right| + \alpha_1\ln\sigma_{t-1}^2 \qquad (4-1-4)$$

式（4 - 1 - 4）中，$(\varepsilon_{t-1}/\sigma_{t-1})$ 为 ε_{t-1} 的标准化，即只要 $\phi_1 \neq 0$，则 EGARCH 模型包含了非对称效应。同样，格洛斯顿等（Glosten et al.，1993）对收益率波动中存在的非对称效应提出了"门限 GARCH 模型"，即 TGARCH 模型：

$$\sigma_t^2 = \phi_0 + \phi_1\varepsilon_{t-1}^2 + \lambda_1\varepsilon_{t-1}^2 \cdot 1\left(\varepsilon_{t-1} < 0\right) + \alpha_1\sigma_{t-1}^2 \qquad (4-1-5)$$

式（4 - 1 - 5）中，1（·）为示性函数，只要 $\varepsilon_{t-1} < 0$，取值为 1；反之，则为 0。此外，$\varepsilon_{t-1}^2 \cdot 1\left(\varepsilon_{t-1} < 0\right)$ 为 TGARCH 项，同样描述了收益率波动的非对称性。

2. 数据处理

（1）描述性统计分析。为深入了解大样本花卉价格收益率数据特性，利用 EViews 软件对 1756 个日均收益率数据进行描述统计分析，结果如表 4 - 1 所示。

表 4 - 1　　　　　　　　　　花卉日均收益率描述性统计

	R_t		R_t
平均值	- 0.052	峰度	5.813
中位数	0.867	Jarque - Bera	625.838
最大值	106.350	P 值	0.000
最小值	- 130.200	总和	- 91.901
标准差	23.267	离差平方和	950075.100
偏度	- 0.399	观测个数	1756.000

资料来源：笔者根据软件分析整理。

①1756 个交易日的花卉日均收益率均值为 - 0.052，显示出如图 4 - 1 推测的那样日均收益率是围绕着 0 值上下波动的，说明花卉拍卖市场所有花卉成交价格均值在长期时间上较为稳定无变化，拍卖市场对维持花卉价格长

期稳定起到的作用明显。

②虽然日均收益率均值长期上趋近于 0，但如表 4-1 所示，存在着 23.267 的标准差、106.350 的最大值和 -130.200 的最小值，说明拍卖市场上花卉价格在长期稳定的同时仍存在着短期异常波动。

③日均收益率的偏度为 -0.399，分布存在负偏离，说明收益率大于均值 -0.052 的日期数多于收益率小于均值 -0.052 的日期数，也就是说正收益率日期总体上略多于负收益率日期，当 t 期发生负的收益率时需要用更多的正收益率日期来进行"补回"。因此，我们推测在花卉拍卖市场上存在着"杠杆效应"，价格负冲击带来的影响更大，而 TARCH 和 EGARCH 模型则很好地描述了这一现象。

④日均收益率 5.813 的峰度值说明其分布存在"尖峰厚尾"的特点；Jarque-Bera 统计量的 P 值为 0 意味着不能认为收益率服从正态分布。因此，假设日均收益率服从 GED 分布来最好地拟合其存在的"尖峰厚尾"属性。

（2）平稳性检验。由于日均收益率 R_t 是时间序列数据，在对模型进行回归之前需要进行序列平稳性检验，以防止出现"伪回归"问题导致回归结果出现偏差。本节采用 ADF 检验，最大滞后阶数根据 SIC 准则选取，即 $K_{max} = 12 \left(\dfrac{n}{100} \right)^{0.25}$，$n$ 为数据样本数。在这里 $n = 1756$，求出 $K_{max} = 24$，检验结果显著性地拒绝原假设，不存在单位根。因此，我们认为日均收益率 R_t 是平稳的旧间序列，可直接用于回归分析，不需要进行差分处理。

（3）普通最小二乘法（OLS）回归建模。以日均收益率 R_t 为因变量，星期虚拟量 D_{it} 为自变量，D_{1t}，D_{2t}，D_{3t}，D_{4t}，D_{5t}，D_{6t}，D_{7t} 分别代表一周 7 天；式（4-2）中，$m = 7$。建立 OLS 回归模型：

$$R_t = \sum_{i=1}^{7} \beta_i D_{it} + \varepsilon_t \qquad (4-1-6)$$

（4）ARCH 效应检验。对"星期效应"OLS 回归模型进行 ARCH 效应检验，根据"星期效应"残差项平方 ε_t^2 的自相关和偏自相关图（见图 4-4）

可知，无论是自相关图、偏自相关图还是 Q 检验，ε_t^2 均显示出显著的自相关性，故存在 ARCH 效应，应用 GARCH 模型及其拓展式分别对式（4-1-6）进行再次回归。

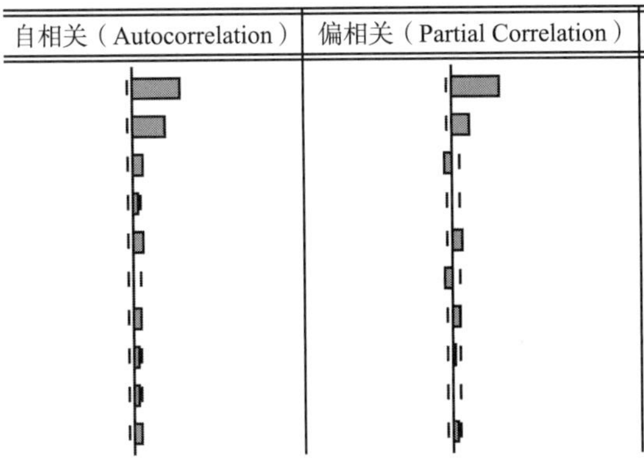

自相关（Autocorrelation）	偏相关（Partial Correlation）		AC	PAC	Q-Stat	Prob
		1	0.347	0.347	211.40	0.000
		2	0.228	0.123	302.91	0.000
		3	0.069	−0.049	311.31	0.000
		4	0.040	0.005	314.13	0.000
		5	0.076	0.074	324.30	0.000
		6	−0.007	−0.062	324.38	0.000
		7	0.045	0.046	327.90	0.000
		8	0.030	0.020	329.45	0.000
		9	0.028	−0.001	330.88	0.000
		10	0.042	0.025	334.03	0.000

图 4-4　"星期效应"残差项平方的自相关和偏自相关

资料来源：笔者根据模型数据计算整理。

（5）GARCH 模型及其拓展式回归分析。对式（4-1-6）进行 GARCH（1，1）及其拓展式回归建模。基于日均收益率 R_t 的分布具有"尖峰厚尾"的特性，再分别选择残差项服从 GED 分布和 t 分布来进行拟合回归，根据信息准则选择拟合最优的模型进行分析。拟合结果如表 4-2 所示。

表 4-2　　　　"星期效应"GARCH 模型及其拓展式拟合结果

模型	概率分布	对数似然估计值	AIC 值	SC 值	HQC 值	非对称项系数 z 统计量 P 值
GARCH（1，1）	GED 分布	−7816.395	8.915	8.949	8.928	
	t 分布	−7812.574	8.911	8.945	8.923 *	—
TGARCH（1，1）	GED 分布	−7814.378	8.914	8.951	8.928	0.041
	t 分布	−7810.735	8.910 *	8.947 *	8.924	0.068

模型	概率分布	对数似然估计值	AIC 值	SC 值	HQC 值	非对称项系数 z 统计量 P 值
EGARCH (1, 1)	GED 分布	−7815.319	8.915	8.952	8.929	0.000
	t 分布	−7811.590	8.911	8.948	8.925	0.186

注：＊表示该列绝对值最小数值，信息准则中数值越小代表该模型拟合效果越好。
资料来源：笔者根据模型计算整理。

从表 4 - 2 可以看出，信息准则 AIC、SC 均选择 t - TGARCH （1，1）模型，且非对称项系数在 10% 显著性水平上统计显著，存在"杠杆效应"。因此，选择 t - TGARCH （1，1）模型回归结果作为"星期效应"估计最优结果（见表 4 - 3）。

表 4 - 3　　　　"星期效应" t - TGARCH （1，1）回归结果

变量	系数	标准误	z 统计量	P 值
D_{1t}	1.251	1.142	1.096	0.273
D_{2t}	6.343	1.110	5.713	0.000 ***
D_{3t}	6.982	1.119	6.241	0.000 ***
D_{4t}	−2.935	1.192	−2.462	0.014
D_{5t}	−6.190	1.185	−5.224	0.000 ***
D_{6t}	0.503	1.222	0.411	0.681
D_{7t}	−0.624	1.185	−0.527	0.598

资料来源：笔者根据模型计算整理。

从表 4 - 3 可以得出结论：①周二、周三分别具有 6.343、6.982 的正系数，其 z 统计量分别为 5.713 和 6.241，从 P 值上看均在 1% 显著性水平上显著。由此，验证了本节之前基于星期效应特征图的推测，花卉拍卖市场上存在正的"周二效应"和正的"周三效应"。②周五具有 −6.190 的最大负

系数，其 z 统计量为 -5.224，P 值为 $0.$，说明周五具有极其显著的统计意义。同样验证了本节之前对周五的猜测，花卉拍卖市场上具有极其显著的负"周五效应"，但不存在负"周四效应"。③从表 4-3 可以看出花卉拍卖市场明显地以一周 7 天为一个周期，出现类似金字塔式的价格波动，从上周日开始交易价格逐渐上升至周三达到顶峰再逐步下降。

（6）实证结果分析。由于周末是鲜切花需求一周内的黄金时期，各地购买商因运输效率等问题需要对鲜切花进行提前购买以及时满足当地周末鲜切花市场需求。因此，每周二、周三是鲜花拍卖市场最忙的工作日，随着上一轮周末的结束，为了进行新一轮鲜花采购，拍卖市场上来自全国各地的购买商数量开始逐渐加大，花卉拍卖渐入高峰，刺激了交易价格的上升至周三达到顶峰，出现正"周二效应"和正"周三效应"。又由于运输效率等问题，购买商对于周末的鲜花需求需要进行提前购买，这在一定程度上又刺激了周三、周四的成交价格，冷却了周五的拍卖市场，导致周五出现负的"周五效应"。总体而言，以一周 7 天为一个周期，花卉拍卖市场呈现出类金字塔式的价格波动。

4.1.4 花卉拍卖市场价格波动"节气效应"的实证研究

（1）普通最小二乘法 OLS 回归建模和 ARCH 效应检验。本节对日均收益率 R_t 作代表中国传统气候变化的 24 节气效应分析，其 OLS 回归模型如下：

$$R_t = \sum_{i=1}^{25} \beta_i W_{it} + \varepsilon_t \qquad (4-1-7)$$

式（4-1-7）中，以节气日及其后一天为一个样本，$W_{1t} - W_{24t}$ 分别代表中国传统的 24 节气，W_{25t} 代表其余日期。同样的，"节气效应" OLS 回归模型也存在着显著的 ARCH 效应。

（2）GARCH 模型及其拓展式回归分析。"节气效应" GARCH（1，1）模型及其拓展式建模结果表明 t-EGARCH（1，1）模型的对数似然估计值绝对值最小，参数拟合效度最高，且 AIC、SC、HQC 准则值结果均选择 t – EGARCH（1，1）模型。同样，节气效应 t – EGARCH（1，1）模型的非对称项系数在 1% 显著性水平上统计显著，存在非常明显的"杠杆效应"。由此，本书选择 t – EGARCH（1，1）模型回归结果作为节气效应估计最优结果，如表 4 – 4 所示。

表 4 – 4 　　　　　"节气效应" t – EGARCH（1，1）回归结果

变量	系数	标准误	z 统计量	P 值	变量	系数	标准误	z 统计量	P 值
W_{1t}	3.520	8.343	0.422	0.673	W_{14t}	-6.208	6.172	-1.006	0.315
W_{2t}	1.871	8.171	0.229	0.819	W_{15t}	-12.833	7.500	-1.711	0.087 *
W_{3t}	-2.112	6.231	-0.339	0.735	W_{16t}	8.561	5.703	1.501	0.133
W_{4t}	6.216	6.211	1.001	0.317	W_{17t}	9.391	6.168	1.523	0.128
W_{5t}	-7.882	4.492	-1.755	0.079 *	W_{18t}	2.626	5.218	0.503	0.615
W_{6t}	4.705	6.662	0.706	0.480	W_{19t}	-2.475	6.591	-0.375	0.707
W_{7t}	6.760	5.202	1.300	0.194	W_{20t}	2.976	5.720	0.520	0.603
W_{8t}	-4.905	6.739	-0.728	0.467	W_{21t}	6.220	7.854	0.792	0.428
W_{9t}	14.638	8.211	1.783	0.075 *	W_{22t}	4.493	6.517	0.689	0.491
W_{10t}	2.697	5.936	0.454	0.650	W_{23t}	-3.844	7.710	-0.499	0.618
W_{11t}	6.480	5.930	1.093	0.275	W_{24t}	-0.305	5.694	-0.054	0.957
W_{12t}	2.584	4.925	0.525	0.600	W_{25t}	0.459	0.478	0.961	0.337
W_{13t}	1.396	6.952	0.201	0.841					

注：＊表示该列绝对值最小数值，信息准则中数值越小代表该模型拟合效果越好。
资料来源：笔者根据模型数据计算整理。

从表 4 – 4 可以得出结论：

①W_{9t}芒种在 10% 显著性水平上统计显著，验证了前面基于"节气效应"特征图的推测，存在正"芒种效应"，但不存在正"春分效应"和正"秋分效应"。

②W_{5t}清明和 W_{15t}白露同样在 10% 显著性水平上统计显著，同样验证了

本节之前的推测，存在负"清明效应"和负"白露效应"，但不存在负"处暑效应"。

③除正"芒种效应"、负"清明效应"和负"白露效应"外，其余节气均表现出统计不显著的特点。这说明拍卖机制较之对手交易形式能更好地维持市场价格稳定。

实证结果分析"芒种"是夏季的第三个节气，雨量充沛，气温显著升高且病虫害多发，花农须在此期间做好防治工作，对花卉要做好防晒防涝保鲜处理，将花期进行调整，暂时减少花卉产量。体现在拍卖市场上，使得短时间内花卉产量缩减，供货量下降，导致交易价格上升，出现正"芒种效应"。"清明"是春季的第五个节气，也是中国传统祭祖和扫墓的日子，其文化影响大于气候影响。在此期间，鲜切花需求量大，又由于运输时间等问题，为及时满足清明时期市场对鲜切花的高需求，来自全国各地的购买商需进行提前购买，体现在拍卖市场上，会出现清明节前交易价格显著提高而冷却当天的交易市场的现象，出现负"清明效应"。"白露"是秋季的第三个节气，表示孟秋时节的结束和仲秋时节的开始，气温急剧下降，昼夜温差变化大，许多花卉品种在此之后质量开始下降，体现在拍卖市场上，购买商会暂时减少花卉采购，导致短时间内花卉需求量减少，交易价格下降，出现负"白露效应"。

4.1.5　结论与建议

稳定的花卉交易价格对鲜切花流通市场的健康发展具有重要作用。本文通过对昆明国际花卉拍卖市场上可能存在的日历效应的分析，发现花卉拍卖市场上确实存在着相应的"星期效应"：正"周二效应"、正"周三效应"和负"周五效应"；"节气效应"：正"芒种效应"、负"清明效应"和负"白露效应"。同时，与金融证券市场相比，花卉拍卖市场上同样存在着十分显著的"杠杆效应"，具有显著的研究意义。针对以上对昆明国际花卉拍卖市场所存在的日历效应的研究结果，本文将为我国花卉拍卖市场的发展提出以下建议：

（1）构建公开、透明的信息展示平台。交易信息公开透明是拍卖市场稳定价格的关键，高质量的信息交流展示平台能使供货商和购买商及时地了解花卉生产状况和即时的市场供应及需求，准确把握交易市场拍卖行情，避免因信息不充分而使游资、中间批发商等个体户借势炒作，哄抬价格，从而扰乱拍卖市场的稳定。

（2）完善花卉市场价格监测预警系统。一是做好交易价格监测平台的管理。进一步完善交易价格信息监测系统，不仅监测其价格水平，还要监测其市场成交量等方面的变动，确保数据的真实性、准确性和安全性，引导交易者适时决策；二是建立相应的价格异常波动应急机制，相关单位在某种"日历效应"的节点来临之前做好应对措施，完善价格异常波动工作预案，减少价格波动风险。

参考文献

［1］华仁海，仲伟俊. 大连商品交易所大豆期货价格收益的日历效应研究［J］. 财贸经济，2002（7）：63 – 65.

［2］华仁海. 我国期货市场期货价格收益及条件波动方差的周日历效应研究［J］. 统计研究，2004（8）：33 – 36.

［3］秦开大，李腾. 农产品市场价格波动的日历效应——基于花卉拍卖市场的实证研究［J］. 经济问题，2015（2）：90 – 95.

［4］张兵. 中国股市日历效应研究：基于滚动样本检验的方法［J］. 金融研究，2005（7）：33 – 44.

［5］Brian M Lucey, Edel Tully. Seasonality, Risk and Return in Daily COMEX Gold and Silver Data 1982 – 2002［J］. Applied Financial Economics，2006，16（4）.

［6］Lawrence R Glosten, Ravi Jagannathan and David E Runkle. On the Relation between the Expected Value and the Volatility of the Nominal Excess Return on Stocks［J］. Journal of Finance，1993，48（5）：1779 – 1801.

［7］Nelson, D. B. Conditional Heteroskedasticity in Asset Returns：A New Approach［J］. Econometrica，1991，59（2）：347 – 370.

［8］Rosa Maria，et al. Day of the Week Effect on European Stock Markets［J］. International Research Journal of Finance and Economics，2006，2（2）.

［9］Tim Bollerslev. Generalized autoregressive conditional heteroskedasticity［J］. Journal of Econometrics，1986，31（3）：307 –327.

4.2 价格反常现象与赢标者策略性行为：基于花卉拍卖的分析

4.2.1 引言

关于多物品序贯拍卖的价格趋势，米尔戈姆（Milgorm，2000）和韦伯（Weber，1983）证明在独立私有估价（Independent Private Value，IPV）模型下，首价序贯拍卖和次价序贯拍卖的期望成交价格是固定不变的。米尔戈姆和韦伯证明若投标者估价相同（Common Value，CV）或估价相关（Affiliated Value，AV），前面的拍卖释放了产品价值信息，在后面拍卖中投标者认为遭受"赢者诅咒"的可能性降低，且前面的赢标者有动机欺骗其他投标者认为产品的真实价值较低，由此导致期望成交价格上升。然而，灰费尔特（Ashenfelter，1989）在对酒拍卖的实证研究中发现价格是下降的，由于理论推导和实证分析之间存在矛盾，这一现象被称为"价格反常"。随后，许多商品的序贯拍卖中发现了价格反常现象，如不动产、邮票、艺术品、花卉、中国古瓷器、奶牛、渔产品等。为此，大量文献尝试对价格反常现象进行解释，主要的解释包括投标者风险规避、买方选择权、参与成本、投标者代理、拍卖顺序、供应不确定性等。

投标者风险规避被很多学者用来解释价格反常现象，灰费尔特认为首轮的期望成交价格等于次轮的期望成交价格加上次轮的随机性带来的风险溢价，即投标者风险规避导致了价格下降；而迈克菲和文森特（McAfee &

Vincent，1993）认为这个解释是建立在非递减绝对风险规避的假设之上，在实际中不可能成立；梅泽蒂（Mezzetti，2011）则指出投标者风险规避在模型中不易处理，引入价格风险规避来解释价格反常现象；福禄威雅等（Fluvià et al.，2012）认为是投标者风险规避和缺乏耐心造成了渔产品拍卖中价格反常现象。价格反常现象第二类解释认为是由于买方选择权的出现而导致的，布兰克和梅萨（Black & Meza，1992）认为首轮的赢标者可以以赢标价格购买任意数量的产品，从而使得首轮的竞争激烈，进而导致竞拍价格较高。菲福利等（Fevrier et al.，2007）通过实验的方法，证实了若买方存在选择权，序贯拍卖的价格将下降。第三类解释是参与成本的影响，如果首轮失标者发现他们仅有较小的概率赢得标的时，参与成本将使他们离开拍卖，从而导致后续拍卖竞争的下降，进而导致期望成交价格下降（Fehr N，1994）。第四类解释是投标者代理的出现，由于代理人不存在策略性行为，因而，拥有最高报价的代理人将赢得首轮投标，拥有次高报价的代理人将赢得次轮投标，由此导致价格下降（Milgorm，2000）。第五类解释是由于拍卖顺序的影响，琼斯等（Jones et al.，2004）对羊毛拍卖的实证研究中发现，当拍卖顺序内生给定时价格是下降的。价格反常现象的另一类解释是供应的不确定性，纽格鲍尔和佩扎尼斯·克里斯图（Neugebauer & Pezanis - Christou，2007）设计了一系列实验，检验供应不确定性对序贯拍卖价格趋势的影响，实验结果表明供应不确定性导致了价格下降，且随着供应不确定性增加，价格下降幅度增大。

从赢标者策略性行为角度分析价格反常现象的研究相对较少，研究者主要针对共同价值或关联价值模型中投标者是否满足理性人假设，对"赢者诅咒"现象进行了大量的研究。当投标者竞拍具有不确定价值的标的物时，会产生"赢者诅咒"现象：一是赢标者的出价高于标的物的实际价值；二是尽管赢标者的出价低于标的物的实际价值，但高于赢标者拍卖前的期望值（Capen，1971）。"赢者诅咒"与投标者人数、标的物价值的不确定性，以及竞价经验有关。卡格尔和莱文（Kagel & Levin，1986，1989）在实验中分别发现：当投标者人数较多时，投标者的报价会更具侵略性，由此加大了

"赢者诅咒"效应；而透露更多的标的物公共信息会降低商品价值的不确定性，将减缓"赢者诅咒"效应。代尔等（Dyer et al.，1989）则发现经验更为丰富的赢标者，能减少"赢者诅咒"所导致的损失。当投标者发现"赢者诅咒"现象时，会相应地调整其竞价行为。在 eBay 对具有收藏价值的硬币的在线拍卖中，当投标者发现增加了一位投标者时，其报价会低于其估价的 10%。在多物品拍卖中，帕卢等（Parlour et al.，2007）发现当赢标者意识到遭受了"赢者诅咒"时，会通过学习在后面的轮次中降低报价，减弱"赢者诅咒"的影响。

关于花卉拍卖中的价格反常现象，范登伯格等（Vanden Berg et al.，2001）（以下简称 VVP）系统地研究了同一批次内序贯拍卖的价格趋势。花卉拍卖是按批次依次进行的，供货商将相同品种、相同等级、相同规格的花卉组一个批次，每个批次可能有多个计量单位，如 5 桶。拍卖师宣布一个起拍价后大钟上的价格开始下降，第一位停止大钟下降的投标者赢得投标，然后其按大钟停止时的价格提交购买数量，如 3 桶。剩余 2 桶按上述方式重新拍卖。VVP 收集了荷兰阿斯米尔花卉拍卖市场（AFA）1996 年 6 月 3 日至 8 月 1 日期间，共计 44 个交易日里的 20 种玫瑰产品的交易数据，实证发现批次内序贯拍卖的价格呈现下降趋势，且当剩余数量越少时价格下降幅度越大，但价格下降与拍卖的轮次无关。

上述研究为研究我国农产品拍卖中的价格反常现象及其解释提供较好的思路，但需在以下几个方面进行进一步研究：①在我国农产品流通体系与荷兰存在明显区别的背景下，VVP 的结论在我国是否成立？②赢标者赢标后是否行使了买方选择权？是否在后面轮次中又成功赢标？③若风险规避与价格反常现象存在关联，赢标者是否进一步地采取了策略性行为来减缓赢者诅咒现象？赢标者的估价、竞价经验是否与价格反常现象相关联？为此，本节利用昆明国际花卉拍卖市场（KIFA）交易数据，首先基于 VVP 模型对我国花卉拍卖中的价格反常现象进行验证，在此基础上对 VVP 模型加以改进，加入赢标者是否首次赢标、赢标者估价、赢标者成功学习次数等变量，以进一步分析赢标者的选择权、估价、竞价经验等策略性行为与价格反常现象之间的关系。论文研究对于丰富我国农产品价格形成理论，深入揭示拍卖中的价格影响因素与过程，具有重要的理论和现实意义。

4.2.2 价格反常现象的实证分析

1. 实证数据

KIFA 成立于 2001 年 6 月，是中国最大的鲜切花拍卖市场。KIFA 的交易流程与 AFA 基本相似。供货商同样将相同品种、相同等级、相同规则的花卉组成一个批次。每一品类每桶的标准装载枝数固定，如玫瑰品类每桶的标准枝数是 100 枝。当某个批次的枝数不是标准装载枝数的整数倍时称为零头批次，如玫瑰某供货批次数量为 120 枝，零头批次必须一次性整体购买。拍卖前根据供货商的到货顺序，依次对各批次的产品进行质检并确定质量等级。确定产品质量等级的因素包括花径的长度、花苞的大小、成熟度、病虫害等，有 AA、A、B、C、D、E 六个等级。然后，按照"同台车、同品类、同等级"的原则依次对供货批次进行组货。接下来将相同品类、相同等级的台车组成一列，拍卖时按照列顺序依次对各批次进行拍卖。在拍卖开始之前，购买商可以在待拍区看货，并记录其所需货品的位置号。同样地，KIFA 每口拍卖大钟交易的产品及其质量等级相对固定。对于超过 1 桶的整数批次，可能只有一轮拍卖，也可能有多轮拍卖，拍卖方式与 AFA 完全相同。

我国农产品流通体系与国外存在区别，KIFA 与 AFA 也存在如下区别：①在 KIFA，存在另外一个传统的对手交易市场，即斗南花卉批发市场。而在 AFA，不存在传统的对手交易市场。②KIFA 的供货批次规模小，这是由于我国农户规模小而导致的。据 2012 年 5 月到 2013 年 6 月的统计，KIFA 平均供货批次规模为 2.13 桶，99% 的批次少于 5 桶。由此导致每个供货批次的拍卖轮次少，近 94% 的批次仅拍卖了一轮。而在 VVP 的样本期内，平均供货批次规模为 5.98 桶。③KIFA 同时向供货商和购买商收取佣金，而 AFA 只向供货商收取佣金。④KIFA 流拍处理方式有重组（下个交易日重新拍卖）、退回、销毁、代销等。而 AFA 的流拍产品要么直接销毁，要么在超市中进行销售。

由于 KIFA 对购买商收取的佣金比例有时不同，为此，本节选择 2012年 6 月 1 日至 2013 年 5 月 31 日作为样本期，在此期间所有购买商的佣金比例都为 5%。所有数据均来源于 KIFA 的实际交易数据，在样本期的 351 个交易日内，约 6000 位农户、680 位购买商在 KIFA 进行了交易，交易的品类主要是玫瑰、康乃馨、百合、非洲菊等，其中玫瑰是主要交易品类。样本期内，KIFA 的总交易量和日均交易量分别为 6.54 亿枝、186 万枝，其中玫瑰占 82%，分别为 5.34 亿枝、152 万枝；成交总额近 3.76 亿元，其中玫瑰达3.39 亿元。与 VVP 类似，论文选择玫瑰作为实证分析的品类。KIFA 与AFA 玫瑰的最小购买数量都是 1 桶。如表 4-5 所示，玫瑰日平均交易笔数为 7200 笔，成功拍卖批次为 2377993 批，其中，有 512426 个批次只有一桶，798802 个批次为零头批次。

表 4-5　　　　　　　　　　　描述性统计*

交易方式	总样本			有效样本		
	样本量	均值	标准差	样本量	均值	标准差
单笔交易的枝数	2523319	185.95	0.87	279080	133.33	0.61
单笔交易的桶数	2523319	2.03	0.87	279080	1.33	0.61
单个批次的枝数	2377993	197.31	0.90	133924	277.88	0.98
单个批次的桶数	2377993	2.16	0.88	133924	2.78	0.98
单个批次的交易轮次数	2377993	1.06	0.26	133924	2.08	0.30

注：*表示统计数据未包括流拍批次。
资料来源：笔者根据 KIFA 的实际交易数据计算整理。

在分析价格反常现象前，对数据进行了筛选。第一，选择交易笔数大于10000 笔的玫瑰品类，计有 19 种产品。第二，删除了交易笔数只有 1 笔的批次，因为该部分数据未进行多轮拍卖。第三，删除了质量等级为 AA 的批次，以及桶数超过 10 桶和交易轮次超过 6 轮的批次，因为符合这些条件的批次太少。第四，删除了极少量交易数据存在错误的批次，如成交价格和成交数量为 0 的批次。最终，我们得到 133924 个批次作为有效样本，表 4 – 5 给出了有效样本的描述性统计。在有效样本中，平均每个交易日有 382 个批次进行多轮交易。批次的平均桶数、交易轮次分别为 2.78、2.08。图 4 – 5 描述了批次桶数的分布情况，约 44.01% 的批次只有 2 桶，44.27% 的批次有 3 桶，表明 KIFA 的批次规模较小。由此导致批次的交易轮次也较少，如图 4 – 6 所示，近 92% 的批次只进行了两轮拍卖。

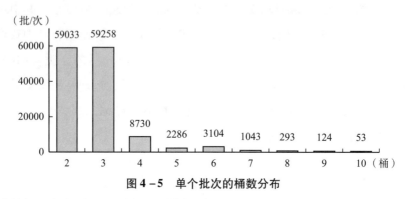

图 4 – 5 单个批次的桶数分布

资料来源：笔者根据 KIFA 的实际交易数据绘制。

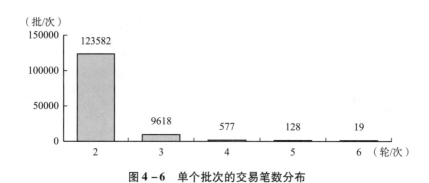

图 4 – 6 单个批次的交易笔数分布

资料来源：笔者根据 KIFA 的实际交易数据绘制。

2. 花卉序贯拍卖的价格变化

首先，引入虚拟变量分析拍卖轮次对价格的影响。将第一轮拍卖作为参考变量，回归结果如表4-6所示。常数项与拍卖轮次2估计系数为负且显著，即第二轮的拍卖价格要低于第一轮，初步发现存在价格反常现象。但VVP指出序贯拍卖的价格波动趋势不适宜采用交易价格和轮次的简单回归方法，与序贯拍卖中之前的交易价格相关。其次，序贯拍卖的价格和其所属的批次特征相关，即使每个序贯拍卖的交易笔数都相同，回归结果同样会产生偏差。

表4-6　　　　　　　　　　　价格影响因素的估计结果

变量	常数项	拍卖轮次2	拍卖轮次3	拍卖轮次4	拍卖轮次5	拍卖轮次6
估计系数	-0.2731 ***	-0.0113 ***	-0.0071	-0.0129	-0.0006	0.1509
（t 值）	（-42.6086）	（-3.3699）	（-0.9652）	（-0.4987）	（-0.1052）	-0.9522

注：*** 、** 、* 分别表示在1%、5%、10%水平上显著。
资料来源：笔者根据 KIFA 的实际交易数据计算整理。

因此，需要进一步分析序贯拍卖的价格趋势。论文同样采用 VVP 提出的固定效应模型：

$$\log P_{i,j} = \alpha_i + \beta_j \cdot d_{i,j} + \varepsilon_{i,j} \qquad (4-2-1)$$

式（4-2-1）中：$P_{i,j}$ 为第 $i(i=1,\cdots,N)$ 批次，第 $j(j=1,\cdots,J)$ 轮的交易价格，α_i 为批次的固定效应。β_j 代表第 j 轮交易相对于第一轮交易价格的变化。虚拟变量 $d_{i,j}$ 代表交易的轮次。$\varepsilon_{i,j}$ 是误差项，且关于 i 和 j 独立同分布。为了去除固定效应项，将式（4-2-1）进行一阶差分，得到：

$$\log \frac{P_{i,j}}{P_{i,j-1}} = \beta_j^* + \varepsilon_{i,j}^*, \ j>1 \qquad (4-2-2)$$

式（4-2-2）中：$\beta_j^* = \beta_j - \beta_{j-1}$，$\varepsilon_{i,j}^* = \varepsilon_{i,j} - \varepsilon_{i,j-1}$。这样，价格变化可以直接采用最小二乘法进行估计。

接下来，对相邻两轮之间的价格变化情况按照下降、不变和上升三种情况进行统计。从表4-7中的统计结果来看，前四轮交易中，价格下降的比例要大于上升的比例。同时表4-7也给出了模型（4-9）的估计结果，可以看出价格呈现下降的趋势。具体来说,第一轮相比第二轮的价格下降幅度最大,为1.70%。在后面的轮次中,价格下降幅度减缓。到第四轮竞拍以后,价格变化开始变得不显著。而VVP的实证结果则是最大的价格下降出现在从第三轮到第四轮,为2.8%;从第四轮开始价格下降幅度变小;第六轮以后,价格变化开始不显著。

表4-7 序贯拍卖价格变动的统计及估计结果

轮次	价格变动的统计(%)			价格变动的估计(%)		样本量
	下降	不变	上升	系数	(t值)	
1→2	44.66	19.05	36.29	-1.70***	(-59.48)	133924
2→3	44.87	20.03	35.10	-1.32***	(-15.19)	10342
3→4	43.59	20.69	35.72	-1.26***	(-3.90)	724
4→5	38.51	16.89	44.59	-0.36	(-0.64)	147
5→6	31.58	10.53	57.89	-0.08	(-0.06)	19
总共	44.66	19.12	36.22	-1.67***	(-61.50)	145137

注:*** 表示在1%水平下显著。
资料来源:笔者根据KIFA的实际交易数据计算整理。

3. 价格反常现象的分析

表4-7提供了强有力的证据,表明在KIFA同一批次内价格是下降的。在KIFA,购买商只有在成功竞拍后才按成交金额的5%支付佣金,因此参与成本对价格反常的影响可以不予以考虑。投标者代理对价格反常的影响也不应予以考虑,因为KIFA的购买商购买规模极小。由前面的描述可以看出,KIFA批次内所有产品完全同质,根据组货、组列流程产生的拍卖顺序完全随机,拍卖顺序的影响也不应予以考虑。最后,KIFA在拍卖前、拍卖中都会公布各产品、各等级的供货数量,因此供应不确定性的影响也不应予以考虑。因此,KIFA的价格反常现象的可能解释为投标者风险规避和买方选择权,这与VVP的分析基本类似。VVP认为式(4-2-2)并没有区分出剩余数量、拍卖轮次对价格趋势的影响。为此,VVP提出如下模型,以

区分剩余数量、拍卖轮次对价格趋势的影响：

$$\log \frac{P_{i,j}}{P_{i,j-1}} = \gamma_0 + \gamma_1 \cdot (j-2) + \gamma_2 \cdot (k-2) + e_{i,j}, \ j>1, \ k>1$$

$$(4-2-3)$$

式（4-2-3）中：j 表示交易的轮次。k 表示 $j-1$ 轮开始前的剩余数量。为表述简便，这里省去下标 i。$e_{i,j}$ 代表残差项。例如，若某批次共有两个单位的产品，则考虑第一轮到第二轮拍卖的价格波动时，$j=k=2$。若某批次共有 3 个单位的产品，当考虑第一轮到第二轮的价格变动时，$j=2$，$k=3$。γ_0 表示序贯拍卖中的价格趋势，$\gamma_0<0$ 表示价格趋势是下降的。γ_2 代表的是轮次数对价格趋势的影响，若 $\gamma_2>0$，意味着价格强下降发生在序贯拍卖的初期。γ_2 代表的是剩余数量对价格波动的影响，若 $\gamma_2>0$，意味着剩余数量较少时，价格下降幅度大。

利用式（4-2-3），本节验证了剩余数量、拍卖轮次对 KIFA 的价格趋势的影响，详见表 4-8。实证结果表明：第一，序贯拍卖的价格趋势是下降的，因为常数项的估计结果为 -1.87% 且显著；第二，价格强下降发生在序贯拍卖的初期，因为拍卖轮次系数 γ_2 的估计值为正且显著；第三，当剩余数量较少时，价格下降幅度较大，因为剩余数量系数 γ_2 的估计值为正且显著。而 VVP 的实证结果表明：序贯拍卖的价格趋势是下降的且价格强下降仅发生在剩余数量较少时。

不可忽视的是本节的样本和 VVP 的样本存在差异：尽管本节选择了一年的样本数据，但 KIFA 大多数批次仅进行了两轮、三轮拍卖。因此，价格强下降发生在序贯拍卖初期的结论可能与我们的样本有关。VVP 的研究并没有给出模型的解释能力，虽然本节的实证中系数的估计值都显著，但模型的解释程度不高。更为重要的是，如前所述，VVP 并没有进一步分析赢标者是否发现了价格反常现象，以及是否采取了策略性行为。为此，有必要对 VVP 的模型进行进一步的修正，分析赢标者策略性行为对价格反常的影响。

表 4 - 8 序贯拍卖价格变动的估计结果 单位：百分比

变量	（1）	（2）	（3）
常数项	− 1. 67 *** （− 61. 50）	− 1. 70 *** （− 60. 36）	− 1. 87 *** （− 53. 14）
$j-2$		0. 35 *** （3. 97）	0. 38 *** （4. 31）
$k-2$			0. 23 *** （8. 24）
γ_2	0. 0000	0. 0001	0. 0006

注：括号中的值为估计系数对应的 T 检验值，*** 表示在 1% 水平下显著。
资料来源：笔者绘制。

4.2.3 赢标者策略性行为对价格反常的影响

进一步分析赢标者策略性行为对价格反常的影响。首先，赢标者是否行使了买方选择权，即赢标者在以某个价格赢得序贯拍卖某轮投标时是否购买了足够的数量，因为赢标者有可能对其报价感到"后悔"而尝试在后面轮次中继续投标。本节采取虚拟变量是否首次赢标进行衡量，即赢标者在以某个价格赢得序贯拍卖某轮投标之前是否赢得了投标。其次，价格反常是否与赢标者估价相关联。本节用平均成交价格来衡量投标者的估价，即赢标者在该交易日内，与该批次同品种同等级产品的平均成交价格。最后，学习次数是否对赢标者的报价有影响，并进一步对价格反常产生影响。关于学习次数，佐尔纳（Zulehner，2009）用赢标者的累计购买数量来衡量。由于在花卉拍卖中，赢标者的单笔购买数量可能会大于一个单位，本节用赢标者的赢标笔数来衡量其学习次数，即在该交易日内，与该批次同品种同等级的产品，赢标者在该轮交易之前已经赢标的笔数。需特别指出的是，由于上述变量的真实情况从系统中无法获取，本节以实际发生的数据代替，如学习次数为成功赢得标的的笔数，而实际报价笔数无法获取。另外，赢标者还可能存在其他策略性行为，但由于数据获取的原因，本章并没有予以考虑。上述 3

个变量的统计结果如表 4 – 9 所示。

表 4 – 9 赢标者特征统计

拍卖轮次	样本数量	后轮赢标者非首次赢标（%）	赢标者估价变化（%）			赢标者学习次数变化（次）		
			下降	不变	上升	下降	不变	上升
1→2	133924	1.17	54.18	3.66	42.16	26.62	31.70	41.68
2→3	10324	4.02	53.67	4.51	41.82	26.89	35.95	37.16
3→4	724	8.83	53.52	5.93	40.55	25.52	41.24	33.24
4→5	147	12.16	51.35	8.78	39.87	22.97	50.00	27.03
5→6	19	26.32	26.31	10.53	63.16	0.00	52.63	47.37
总共	145137	1.54	54.14	3.74	42.12	26.63	32.07	41.30

资料来源：笔者绘制。

从赢标者是否首次赢标看，随着拍卖轮次的增加，赢标者非首次赢标的比例在增大，即赢标者再次赢标的比例越来越大。也就是说，赢标者并未行使买方选择权的比例在增加。从赢标者估价的变化看，除 5→6 轮外，后面轮次估价低于前面轮次的赢标者人数要多。而从赢标者学习次数变化看，后面轮次赢标者的学习次数要多于前面轮次赢标者的学习次数。但是，仅从上述 3 个描述性统计维度，不能给出可信的结论。因此，有必要对 VVP 模型进行修正，将上述 3 个变量加入式（4 – 2 – 3）中，分析其对价格反常的影响：

$$\log \frac{p_{i,j}}{p_{i,j-1}} = \gamma_0 + \gamma_1 \cdot (j-2) + \gamma_2 \cdot (k-2) + \gamma_3 \cdot r_{i,j} + \gamma_4 \cdot \log \frac{v_{i,j}}{v_{i,j-1}}$$

$$+ \gamma_s \cdot \log \frac{n_{i,j}}{n_{i,j-1}} + \gamma_6 \cdot \log \frac{v_{i,j}}{v_{i,j-1}} \cdot \log \frac{n_{i,j}}{n_{i,j-1}} + e_{i,j}^t , j > 1, \ k > 1$$

$$(4 – 2 – 4)$$

$r_{i,j}$ 为虚拟变量，若 j 轮赢标者在该批次的序贯拍卖中不是首次赢标，$r_{i,j}$

值为 1，否则为 0。$v_{i,j}$ 表示 i 批次 j 轮赢标者的估价，$n_{i,j}$ 表示 i 批次 j 轮赢标者的学习次数，$e_{i,j}^t$ 代表残差项。式（4-2-4）中，若 $\gamma_3 < 0$，表明在前面轮次中获胜过的投标者，其出价低于前面轮次中未获胜过的赢标者；$\gamma_4 > 0$，说明估价高的投标者出价高，后轮赢标者的估价越高，价格下降幅度越小；若 $\gamma_5 < 0$，说明学习次数多的赢标者由于信息获取更充分和竞价经验更丰富，从而出价低，后轮赢标者的学习次数越多，价格下降幅度越大；若 $\gamma_6 < 0$，说明对于"估价高的出价高"这种效应，若学习次数多，会减弱这种效应，即估价高的随学习次数增多，出价会降低；同样，对于"学习次数多的出价低"这种效应，若其估价高，会减弱这种效应的影响，即学习次数多的，若其估价高，降价效应减弱。

式（4-2-4）的估计结果依次见表4-10，式（4-2-1）在式（4-2-3）的基础上增加了赢标者是否首次赢标的影响，式（4-2-2）则增加了赢标者估价的影响，式（4-2-3）进一步增加了赢标者学习次数的影响，式（4-2-4）则考虑赢标者估价与学习次数的交叉效应。从表4-10可以看出，在增加了赢标者策略性行为的相关变量后，γ_0，γ_1，γ_2 正负向影响并没有发生变化，与表4-8中一致，但模型的解释能力不断提升。考虑了赢标者策略性行为后的实证结果为：赢标者非首次赢标加大了价格下降幅度，后轮赢标者估价高或学习次数多则分别减缓或加大了价格下降效应，且赢标者估价与学习次数间存在交叉效应。上述实证结果表明在 KIFA，赢标者发现了价格反常现象，并采取了策略性行为。

表4-10　　　　　　序贯拍卖价格变动的估计结果

变量	(1)	(2)	(3)	(4)
常数项	-1.77 *** (-50.48)	-1.14 *** (-35.65)	-1.00 *** (-30.93)	-0.99 *** (-30.36)
$j-2$	0.70 *** (8.02)	0.63 *** (7.95)	0.58 *** (7.36)	0.58 *** (7.36)

续表

变量	（1）	（2）	（3）	（4）
$k-2$	0.24 *** （8.98）	0.26 *** （10.57）	0.24 *** （9.90）	0.24 *** （9.80）
$r_{i,j}$	−10.05 *** （−44.11）	−10.78 *** （−52.17）	−10.61 *** （−51.45）	−10.61 *** （−51.45）
$\log(v_{i,j}/v_{i,j-1})$		21.99 *** （177.32）	22.27 *** （179.05）	22.34 *** （177.93）
$\log(n_{i,j}/n_{i,j-1})$			−0.62 *** （−23.33）	−0.64 *** （−23.70）
$\log(v_{i,j}/v_{i,j-1})\cdot$ $\log(n_{i,j}/n_{i,j-1})$				−0.51 *** （−4.14）
γ_2	0.0138	0.1894	0.1924	0.1925

资料来源：笔者整理。

4.2.4　结论

本节采集 KIFA 一年的玫瑰交易数据，运用 VVP 模型，证实了 KIFA 存在价格反常现象，发现在拍卖初期且剩余数量较少时，价格下降幅度较大，这与 VVP 的结论存在一定的区别。论文进一步将赢标者策略纳入 VVP 模型，实证结果表明 KIFA 的投标者发现了价格反常现象并采取了策略性行为。而收益等价定理告诉我们，所有拍卖方式必须让投标者真实地汇报自己的类型，从而使卖方收益最大化，目前 KIFA 的"荷式"序贯拍卖机制并未达到这一机制设计目标。上述结果还表明，目前 KIFA 的"荷式"序贯拍卖机制增加了卖方的竞争，但并没有增加买方之间的竞争。为此，提出如下对策建议。

（1）创新"荷式"序贯拍卖机制设计

①取消买方选择权，投标者在提交报价的同时提交购买数量。如前所述，现有的投标机制是第一位停止大钟下降的投标者赢得投标，然后其按大

钟停止时的价格提交购买数量。而实证结果表明赢标者非首次赢标加大了价格反常现象，也就是说，赢标者对其报价感到后悔，并未选择购买足够的数量，尝试在后面轮次中再次赢标。因此，取消买方选择权可以增加买方之间的竞争。

②引入多笔成交机制，同一笔拍卖中，所有投标者在提交报价的同时提交购买数量，且允许多个购买商成交，这种机制属典型的多物品歧视价格同时拍卖。而多物品序贯拍卖机制中，前面轮次的投标者泄露了自己的类型，让后面轮次的投标者可以采取策略性行为。由于首轮投标时投标者都真实地汇报了自己的类型，因此，多笔成交机制既使那些报价高的先成交，也增加了买方之间的竞争。上述两种机制需要更新竞价系统，在目前的技术条件下完全可以实现。上述两种机制的潜在效益还体现为可以加快竞价速度，在我国目前农户供货批次规模小的背景下具有更大的实用价值。

（2）以细分市场为重点，引入专场拍卖目前在 KIFA，是集中所有卖方、所有等级的产品连续地依次拍卖完毕。这种拍卖组织方式致使卖方抱怨其产品未卖出"好"价，买方抱怨其价格未买到"好"产品。因此，引入专场拍卖是我国生鲜农产品拍卖市场发展的重点：

①"质优"品牌的专场拍卖。由于我国农产品质检体系的不完备性，以及质检工作中的差异性，这种并没有建立在质量基础上的竞争无形中加大了卖方的竞争。拍卖市场应根据一些指标，如产品质量、成交价格，对供货品牌进行评价和分级。对"质优"的品牌授权免检，提供专场拍卖，增加其产品竞争的激烈程度。

②"价高"产品的专场拍卖。不同品类之间、同一品类的不同产品之间，其价格差异往往较大。由于我国农户供货规模小，如前所述，KIFA 的组货方式是"同品类、同等级、同台车"，无法做到"同产品、同等级、同台车"。并且，也未对不同品类的拍卖时间加以有效区分。其后果是"价高"产品的成交价格会受到"价低"产品的影响，进而降低了买方之间的竞争。实施专场拍卖的前提是供货、组货、质检等流程由供货商自主完成，目前很多大的供货商都具备了这个能力。从拍卖市场的角度看，专场拍卖既

能减少拍卖市场资源的占用，也能节省其人力成本。另外，专场拍卖对我国生鲜农产品品牌的培育、产品的升级换代，具有重要的现实价值。

参考文献

［1］Ashenfelter O. How Auctions Work for Wine and Art ［J］. Journal of Economic Perspectives，1989，3（3）：23 - 36.

［2］Ashenfelter O，Genesove D. Testing for Price Anomalies in real estate Auctions ［J］. American Economic Review，1992，82：501 - 505.

［3］Black J，De Meza D. Systematic Price Differences between Successive Auctions are No Anomaly ［J］. Journal of Economics & Management Strategy，1992，1（4）：607 - 628.

［4］Bajari P，Hortacsu A. The Winner's Curse，Reserve Prices，and Endogenous Entry：Empirical Insights from eBay Auctions ［J］. RAND Journal of Economics，2003，34（2）：329 - 355.

［5］Capen E C，Clapp R V，Campbell W M. Competitive Bidding in High - Risk Situation ［J］. Journal of Petroleum Technology，1971，23：641 - 653.

［6］Dyer D，Kagel J H，Levin D. A Comparison of Naive and Experienced Bidders in Common Value Offer Auctions：a Laboratory Analysis ［J］. The Economic Journal，1989，99（394）：108 - 115.

［7］Février P，Linnemer L，Visser M. Buy or wait，that is the option：the buyer's option in sequential laboratory auctions. Rand Journal of Economics，2007，38（1）：98 - 118.

［8］Fehr N. Predatory Bidding in Sequential Auctions ［J］. Oxford Economic Papers，1994，46（3）：345 - 356.

［9］Fluvià M，Garriga A，Rigall - I - Torrent R，et al. Buyer and seller behavior in fish markets organized as Dutch auctions：Evidence from a wholesale fish market in Southern Europe ［J］. Fisheries Research，2012（9）：18 - 25.

［10］Jones C，Menezes F，Vella F. Auction Price Anomalies：Evidence from Wool Auctions in Australia ［J］. Economic Record，2004，80（250）：271 - 288.

［11］Kagel J H，Levin D. The Winner's Curse and Public Information in Common Value Auctions ［J］. American Economic Review，1986，76：894 - 920.

［12］Kagel J H，Levin D，Battalio R C，et al. First - Price Common Value Auctions：

Bidder Behavior and the "Winner's Curse" [J]. Economic Inquiry, 1989, 27 (2): 241 – 258.

[13] Milgrom P R, Weber R J. A Theory of Auctions and Competitive Bidding Ⅱ [M]. Cheltenham: Edward Edgar Pub., 2000.

[14] Milgorm P R, Weber R J. A General Theory of Auctions and Bidding [J]. Econometrica, 1982, 50: 1089 – 1122.

[15] Mcafee R P, Vincent D. The Declining Price Anomaly [J]. Journal of Economic Theory, 1993, 60 (1): 191 – 212.

[16] Mezzetti C. Sequential Auctions with Informational Externalities and Aversion to Price Risk: Decreasing and Increasing Price Sequences [J]. Economic Journal, 2011, 121 (555): 990 – 1016.

[17] Neugebauer T, Pezanis – Christou P. Bidding Behavior at Sequential First – price Auctions with (out) Supply Uncertainty: a Laboratory Analysis [J]. Journal of Economic Behavior & Organization, 2007, 63 (1): 55 – 72.

[18] Van Den Berg G J, Van Ours J C, Pradhan M P. The Declining Price Anomaly in Dutch Rose Auctions [J]. American Economic Review, 2001, 91 (4): 1055 – 1062.

[19] Weber R J. Multi-object Auctions [M]. New York: New York University Press, 1983.

[20] Zulehner C. Bidding Behavior in Sequential Cattle Auctions [J]. International Journal of Industrial Organization, 2009, 27 (1): 33 – 42.

4.3　基于云计算的鲜活品现场与远程拍卖决策系统[*]

4.3.1　引言

本节是基于中国的一个花卉拍卖物流中心（ALC）的实际案例引发的研

---

* 本节节选自孔祥天瑞、黄国全已发表论文（英译中）: Kong Xiang T R, Huang G Q. Cloud-enabled real time platform for auction logistics in perishable supply chain trading [J]. Pioneering Solutions in Supply Chain Performance Management, 2013b, 17: 199.

究。这个花卉 ALC 的运作模式有几个特点。第一，拍卖量大，拍卖周期短，交易商品为易腐烂产品。供应的拍卖产品一般在质量和服务时间上有差异。第二，由于拍卖决策是动态的，物流过程和操作比较复杂。拍卖和拍卖前/后的物流阶段之间非常需要良好的协调。第三，要满足不同的信息需求。拍卖人要确定一系列控制参数（如拍卖环节、产品顺序、产品起拍价等），使其疲于应付，导致信息和沟通中断。所有的竞拍者和其他参与者都需要展示，在现有技术的支持下，这可能不是必要的要求，也阻碍了成交量的增长。由于采用纸质的手工数据采集方式，物流操作人员无法了解机器状态或其他实时信息。此外，管理者因此缺乏实时的现场作业信息，无法做出明智的决策。第四，资产的各种容量使拍卖计划和执行复杂化，进而对 ALC 物料流造成限制。最后，全球竞争激烈的市场推动了客户订单的变化和对 ALC 的新要求，如缩短交货期和加快交货速度。

为了解决日益复杂、动态、分布式过程中的上述问题，迫切需要自适应拍卖物流规划与控制（ALPC）。规划主要涉及拍卖环节的安排和实际拍卖开始前的资源调度。控制决策的目的是在观察到偏差时促进拍卖和拍卖前/拍卖后的物流实践。另外，低效率的 ALPC 会导致客户订单的延迟、物流错误和高额的在制品（WIP）库存，同时显著降低拍卖物流动态决策的响应能力（Zhong et al.，2013）。

近来，企业信息系统（如仓储管理系统、企业资源计划等）也越来越受到相关行业的关注（Cowling，2003；Montreuil，2008）。例如，我们的案例 ALC 公司近年来就实施了企业决策支持系统。然而，传统的集中式方法由于需要考虑大量的变化和参数，其效率经常受到限制。同时，他们也面临着如何将 ALPC 充分整合和利用到系统中的挑战。作为新一代信息技术，云计算有望通过智能软件和底层硬件实现自主的物流操作和决策，使拍卖控制在瞬息万变的需求方面具有灵活性和可扩展性。它能够在很大程度上减少计算工作量，灵活应对动态，并提供大数据的实时存储、处理（Holtkamp et al.，2010）。同时，它还可以为决策的协调提供便利，有效地同步位于不同地理位置的多个用户的物质流和信息流。这些都是拍卖商研究云技术的首要原因。

虽然制造业、物流业和医疗行业在采用云技术方面已经取得了实际进展，但拍卖物流领域的相关研究和实施活动仍然很少。为了重新激发工作活力，应建立拍卖物流中心（CALC）的云化平台。本节主要解决三个研究问题：①如何在 ALC 上系统地部署云端架构和设备，建立无处不在的拍卖物流服务？②如何采用实时数据来支持拍卖物流规划的决策？③如何在拍卖前/后物流和拍卖/竞价控制中实现人、机、物的实时追溯和可视性？

4.3.2　拍卖物流规划和控制决策

一旦拍卖物流系统建立起来，管理方面的问题就变成了确定如何以最佳方式运行该系统。然而，从计划和控制这两个不同但又密切相关的职能中可以看出一系列的管理问题。ALC 中的计划活动主要解决如何有效地计划和安排材料、机器和劳动力，以制订出合适数量的拍卖产品，支持交易和在合适的时间交付。控制决策必须跟踪资源的使用和执行结果，以报告总吞吐时间、劳动力和设备利用率、客户订单的完成情况以及其他重要的绩效衡量标准。如果实际结果与计划有差异，则要采取适当的控制措施，使结果回到计划中，或者对计划进行修改。图 4 - 7 描述了 ALC 荷兰拍卖下详细的拍卖物流（AL）计划和控制流程。拍卖计划是针对整个 ALC 进行的，用钻石表示。拍卖控制分 3 个阶段启动：拍卖前物流控制、拍卖和竞价控制、拍卖后物流控制，用矩形表示。

1. 拍卖物流规划决策

ALC 规划人员必须做出规划决策，以实现成本和准备时间的最小化。具体来说，主要的决策有：

（1）预测平均销售量和高峰销售量。

（2）确定采用何种拍卖机制，并向不同的拍卖工作室发布拍卖订单。

（3）对机器进行粗略的容量规划（如拍卖笼车的数量）。

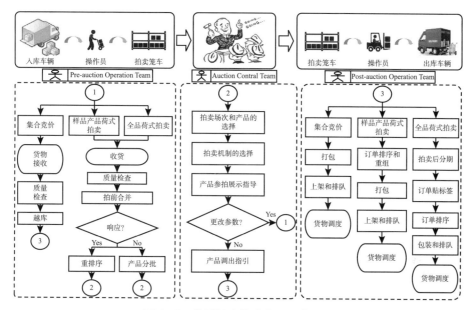

图4-7 典型拍卖物流中心运营周期

资料来源：笔者绘制。

（4）对机器（如拍卖笼车的数量）和劳动力（如编制轮班模式和工作时间表）进行粗略的产能规划。

（5）对拍卖笼车进行分批、排序和调度。

研究发现，与能力需求规划相比，粗略的能力规划技术有几个优势（Zäpfel & Missbauer，1993）。它可以非常迅速地评估一些情况，而且在在制品库存水平合理和周转时间相对较短的环境中，粗切法提供了良好的信息。但是，在现有的计划活动中出现了几个管理问题。首先，有些计划决策可能要到工作即将进行时才会做出。另外，由于拍卖会的变化多端，很难按照预定的计划进行。例如，一旦交易量超过 ALC 的容量，交易就会被排队。因此，订单的交付会被延迟，从而造成损失。此外，当交易发生变化时，规划人员目前无法进行重新分批、重新排序和重新安排劳动力。

2. 拍前物流调度及控制决策

每逢拍卖日，产品由种植户提供，当日成交。拍卖产品首先从运输车辆上卸下，放到接收托盘上。产品的质量决定了价格的高低。因此，质量评估在拍卖会上非常重要。操作人员进行质量检查，检查是否有短缺、错误或质量不合格的情况。根据 AL 计划，确定拍卖笼车的批次和顺序。在拍卖开始前，这些笼车被分配和调度到预定的中转区。所有的拍卖产品都要通过荷式拍卖下的拍卖工作室进行运输。值得注意的是，由于实时的拍卖决定，在拍卖前区域中转的拍卖产品可能需要重新整合。

供应商和物流运营商是拍卖前物流阶段的主要利益相关者。供应商渴望提前获得市场信息，因为他们需要控制库存水平，以期待更高的交易量。物流商应按时完成 ALC 的内部转运工作，为拍卖会和买家提供拍卖产品（包括质量评估）。然而，目前这些操作是以人手进，而记录是以纸张形式保存。例如，通过人工参照记录和核对实际情况进行的质量分级存在很多弊端。在我们调查的 ALC 中，这很耗时，而且经常要排长队，阻碍了交易额的进一步增长。此外，当 ALC 的规模大而复杂时，机械的实时可视性和可追溯性就变得更加重要和关键。

3. 拍中物流调度及控制决策

标准的荷兰拍卖会总是在一个很短的时间窗口内进行，一般为 3 ~ 4 小时。在每个拍卖环节中，拍卖师通过调节价格变化幅度、初始价格和最低购买量来控制整个过程。拍卖室内拍品的转入/转出动作及信息展示，也应遵从拍卖师的指示。面对竞买人购买欲望的变化，拍卖师会根据这些需求变化调整拍卖的初始参数。他们还应该与物流团队紧密同步，以达到最高的吞吐量和成交量。

竞买人和拍卖人是现阶段的主要利益相关者，他们面临着如何充分利用传统系统参与拍卖的挑战。一方面，竞买人在竞钟拍卖过程中必须在高压下做出决策（即价格、质量和数量、运输成本和时间以及市场情况）。此外，目前在大多数情况下，所有竞买人都必须到现场进行竞价。最后，现有的招标控制系统的采购和维修费用非常昂贵。这种现有的系统主要是由中央显示屏（用于价格和产品信息）和分布式号码输入面板组成，用于竞价。另一方面，拍卖师在管理拍卖过程中需要考虑以下决策参数。（1）历史价格；

（2）质量和数量；（3）即将举行的拍卖；（4）市场条件；（5）内部条件，如材料处理过程（Ketter et al.，2010；Qin et al.，2010）。面对拍卖中的动态变化，拍卖师在选择和确定这些决策参数时陷入了困境。此外，拍卖师能够高效、灵活地与拍卖前/后的物流团队进行沟通和合作。

4. 拍后物流调度及控制决策

买家在荷式拍卖期间从几个供应商那里购买整车或不足整车的产品，物流操作人员必须在拍卖后的中转站从一辆笼车到另一辆笼车，并在分拣清单上收集每个产品的订购数量。拍卖笼车在竞价活动后进行重新整合，根据配送目的地和客户，将产品分配到运输区，将产品包装后装入卡车，卡车按计划发车。与拍卖前的物流阶段一样，拍卖后的物流阶段也存在一些问题，特别是对于负责订单分拣的操作人员来说，这些管理问题对他们提出了更高的要求。

这些管理问题对 CALC 平台的开发提出了更高的要求，可以归纳为以下几点：

（1）兼容性：平台要有足够的兼容性，能够支持竞拍物流环境中各种不同的智能设备（如 RFID 阅读器和智能手机）、系统和应用。

（2）及时性：平台能够实现数据的实时性。要求平台能实现数据的实时采集和处理，以及对动态的响应，及时做出决策。

（3）稳健性：要求平台具备处理拍卖过程中或来自市场的突发事件的能力和容量，并处理数据的不确定性，提供可接受的输出。

（4）灵活性：要求平台具有灵活性。平台应能灵活支持不同拍卖机制下的 AL 流程，并能通过各种方式、在任何地方、使用不同的设备进行访问。

4.3.3　拍卖物流云平台架构

图 4-8 描述了所提出的 CALC 的系统架构有三层：IaaS 层、PaaS 层和 SaaS 层。由下而上，IaaS 层提供物理资产和资源虚拟化。与传统的云计算框架相比，CALC 的硬件层除了经典的云资源（存储、服务器、网络）外，

还提供了智能资产（SA）和智能网关，以实现物联网技术的应用。智能资产是增强型的企业物理资产，它们配备了支持物联网的设备（如 RFID 标签和阅读器）和具有云计算能力和智能逻辑的软件代理（Fang，Huang，& Zhi，2013a）。智能网关主要包含一个部署在云端的网关服务器和一组智能资产。网关服务器提供三个主要功能：①它连接（有线或无线）和托管一套智能资产；②它在本地和时间上处理缓存和交换实时数据和事件；③它在工作站本地提供服务定义、配置和执行的设施。IaaS 软件层的网关操作系统（GOS）管理所有智能资产和其他部署的硬件。

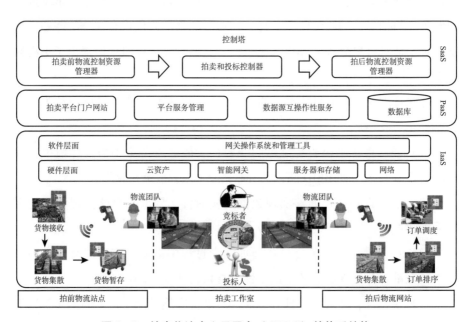

图 4-8　拍卖物流中心云平台（CALC）的体系结构

资料来源：笔者绘制。

　　为了方便云端应用的部署，而不需要处理管理底层硬件和软件的复杂性，所提出的 PaaS 架构包含四个主要组件，即拍卖平台门户网站、平台服务管理工具、数据源互操作服务（DSIS）和数据库系统。门户网站将所有相关信息以多个自适应的视图组织在一起，以满足拍卖活动中不同的利益相关者，如竞拍者、供应商和其他潜在参与者。此外，网络门户还支持在线拍卖。服务管理工具允许平台所有者维护和配置 CALC 的服务提供。DSIS 是一个创新的实时和智能的内部和外部系统之间的数据交换服务，它是可扩展和重新配置的。它是一个可扩展和可重构的信息"翻译器"，以平滑不同实体和组件之间的通信。

在这个架构的顶端，开发了四种类型的服务，并以 SaaS 模式部署。这些服务满足 ALC 三个关键阶段的管理和执行需求，包括拍卖前物流阶段、拍卖工作室和拍卖后物流阶段。拍卖策划服务可以为策划者提供专门的决策支持，以设置、安排和管理拍卖日程。拍前/拍后物流服务为现场操作管理提供实时可视性和可追溯性。拍卖及竞价控制服务主要针对竞拍活动，执行计划中的拍卖日程，处理动态的竞价变化。在拟议的 CALC 基础设施中实施了以下创新组成部分，下文将详细讨论这些组成部分：开发云端硬件设施、拍卖规划的云端服务、拍卖前/后物流控制的云端服务以及拍卖及竞标控制的云端服务。

1. 云平台的硬件设施

（1）拍卖物流中心智能资产的创立。要将传统的 ALC 资产转换为智能资产，首先要识别自动识别标签和/或阅读器所连接的对象。花卉拍卖商关注的是拍卖前/拍卖后的物流过程，它关注的是由合适的操作者在合适的时间以合适的数量/质量从合适的中转站交付合适的物品。因此，需要跟踪的资产包括入库货物、拍卖品、出库货物、储存地点、循环笼车、托盘和操作人员。每一个拍卖桶（拍卖货物和产品的最小物流单位）都附有条码。内部使用或流通的资源都贴上 RFID 标签，如操作人员、存放地点、循环拍卖笼车等。内部物资配送过程中的 WIP 将与他们的拍卖笼车一起被追踪。

在流程中那些重要的增值点上安装自动识别读卡器，在这些点上要跟踪拍卖资产。例如，典型的机器配备了超高频 RFID 阅读器（如 Scanfob UHF 读写器），其工作状态必须实时监控。中转缓冲区是物料跟踪点，在这里可以跟踪各种物料的移动，管理在制品库存。物流操作人员和检验人员在现场一线作业时，都配备了智能设备。拍卖师和竞拍者也在使用智能设备来提高现场或场外交易的机动性和便利性。一旦与 Auto – ID 和智能设备绑定，实物资产就会变得智能化，能够进行推理和互动。这样，智能资产（SA）就被创建并启用了一个智能 ALC 环境。然后，现场数据和信息通过 ALC 中的 SA 通过有线或无线连接进行传输和同步。

（2）拍卖物流中心智能资产的整合。需要通过 ALC 中的不同资产执行预先确定的拍卖计划和时间表。例如，需要根据拍卖计划表对笼车进行管理和排序。此外，拍卖计划和时间表可能会因为各种原因而动态变化，如竞拍者的强烈需求变化或现场操作因素的变化。因此，需要智能网关来实现相应资产的稳健定义和配置，以采集可重构业务流程的数据。

智能网关实质上得到了物联网技术的支持。它们需要处理异构 SA 驱动的各种数据格式和信息交换接口。智能网关还应该能够以标准的格式导出和发布数据、通知和报告，从而以统一的方式实现上层应用。在 ALC 中使用固定式和便携式智能网关。固定式智能网关放置在固定的位置，如拍卖工作室的入口处，物品被移动到固定式智能网关上进行追踪。便携式智能网关是一种手持式设备，负责在某一区域内或沿某一操作流程进行分布式物品识别。

2. 云平台的软件服务

（1）拍卖规划的云服务。ALC 中最重要的是规划拍卖时间表，然后确定物流前/后的任务，规划涉及几个关键的投入，如供应的拍卖产品数量和可用的拍卖工作室数量。

规划过程包括以下步骤：第一，计划员根据供应的品种和总数量，为即将到来的拍卖会发布一定数量的拍卖品。第二，根据现有的能力与需求，如拍卖工作室的数量和拍卖时间段，虚拟出拍卖环节。第三，规划师将拍卖产品分配到预定的拍卖环节，所有产品必须装入拍卖小笼。第四，策划师对预定的拍卖环节进行审核，确保相关的资产状态已经准备好，可以进行交易。第五，规划师在 CALC 中公布拍卖环节安排和查询拍卖结果。

（2）拍卖和竞标控制的云服务。提供拟议的拍卖和竞价控制服务是为了实现以下目标。第一，它提供了一个实时可见性和可追溯性的工具，为拍卖人和竞拍人监控计划中的拍卖环节的进展。第二，它允许拍卖人在不同的拍卖机制下设置和修改拍卖参数，如拍卖起拍价和拍卖车顺序，并处理突发情况。第三，它消除了地域限制，使竞买人可以远程参与拍卖。第四，它建立了拍卖人、竞买人和物流团队之间的实时沟通渠道，使拍卖过程中的互动性更好。

如图 4-9 所示，拍卖和竞价控制服务主要通过现场竞价和远程竞价两种不同的方式实现。第一种方式是针对拍卖师和竞买人在拍卖工作室呈现的固定位置智能资产（如大型发光二极管显示屏显示拍卖信息）和移动资产。在智能显示屏上实时显示当前竞价和进场拍卖品的关键信息。拍卖师和现场竞买人都配备了功能强大的移动设备。所有拍卖产品、资产（如笼车和操作人员）和竞价的关键信息和状态都将处于监控之下。第二种方式是为无法亲临拍卖会现场的竞买人提供的竞买服务。竞投人可通过手机、电脑或智能电视远程参与拍卖活动。

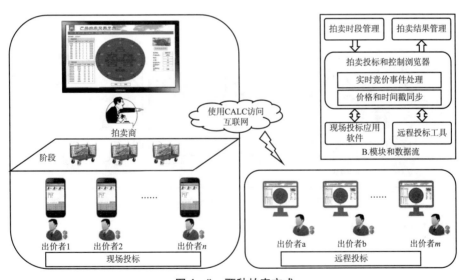

图 4-9　两种拍卖方式

资料来源：笔者绘制。

（3）拍卖前/后物流控制的云服务。ALC 的物流业务应根据每个拍卖环节的计划时间表妥善执行，如图 4 - 10 所示。因此，实现策划团队和物流团队的顺利合作和共同决策非常重要。拍卖前/拍卖后物流控制服务由两部分组成，包括用于一线操作的移动应用（部署在智能手机上）和部署在云端的拍卖物流管理服务，用于物流计划和调度。该服务主要涉及四个流程。第一道程序是拍卖产品的收货和分级由物流运营商利用智能移动设备进行。它方便了供应商对入库产品的数据采集、质量检查和分级。结果将自动生成并提交，无须任何纸质工作。第二道程序是拍卖前的产品仓储。根据计划的拍卖环节，将收到的和检查过的产品进行分类、整合，并放置在适当的位置。第三道程序是拍卖车的装载。在智能设备的支持下，拍卖环节的计划信息被同步到物流运营商，物流运营商就可以为即将到来的拍卖会装车。第四道程序是拍卖会后的产品入库。拍卖环节结束后，根据拍卖结果和客户订单对产品进行管理。同一买家的产品会被放到拍卖后区的同一位置，根据目的地进行分组和排列。

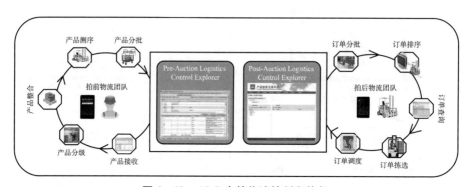

图 4 - 10　ALC 中的物流控制和执行

资料来源：笔者绘制。

4.3.4　结论

ALC 不仅是一个特定区域的枢纽，所有与运输、货物配送有关的物流活动都在这里进行，而且还承担着货物交易的功能。事实上，影响 ALC 整体性能和吞吐量的拍卖物流业务是非常复杂和难以控制的。传统的数据收集和处理方法耗时、耗力、易出错。这已经成为 ALC 业主扩大交易量的主要障碍。

为了应对这一实际的行业挑战，本节试图提出一种基于云和物联网技术的可扩展和可重构的解决方案架构。所提出的 CALC 集成了物联网硬件设备和软件服务，形成了 ALC 的规划和控制平台。它实现了物流前/后操作和拍卖的实时可见性和可追溯性，并消除了前线活动与管理级规划和调度之间的差距。同时，它对多种拍卖机制的运行具有强大的适应性。

通过 CALC 的实施，利用各种物联网智能资产，在不同阶段采集实时现场数据。采集到的数据经过进一步的处理和汇总，成为可操作的信息，以满足 ALC 不同用户的各种决策需求。从案例分析来看，证明 CALC 提供的服务最终提高了监管和决策的效率和效果。

本节的主要贡献是提出了一个支持云和物联网的架构，以解决实际的工业挑战，该架构包括三个层次。IaaS 提供资源虚拟化，以管理各种和大量的智能资产和智能网关。PaaS 便于云端应用的轻松部署，而无须处理管理底层软硬件的复杂性。在 SaaS 模式下开发和部署了四种服务，即拍卖策划服务致力于为拍卖策划者提供决策支持，设置、安排和管理拍卖日程。拍卖和竞价控制服务为拍卖活动的实时可视性和可追溯性，以及竞价操作的信息交换提供便利。拍卖前和拍卖后的物流控制服务协助物流商顺利开展日常工作。

参考文献

［1］Aral S, Tan B, Karaesmen F. Modeling and analysis of an auction-based logistics market［J］. European Journal of Operational Research, 2008, 191（1）: 272 – 294.

［2］Arnold U, et al. LOGICAL – Development of cloud computing platforms and tools for logistics hubs and communities［R］. Computer Science and Information Systems（FedCSIS）federated conference on IEEE, 2012.

［3］Byrne M D, Bakir M A. Production planning using a hybrid simulation-analytical approach［J］. International Journal of Production Economics, 1999, 59（1）: 305 – 311.

［4］Cheng, Huang. Cloud-based auction tower for perishable supply chain trading, the

8th international conference on digital enterprise technology [R]. Stuttgart, Germany, 2014.

[5] Cowling P. A flexible decision support system for steel hot rolling mill scheduling [J]. Computers and Industrial Engineering, 2003, 45 (2): 307 – 321.

[6] De Koster R, Yu M. Minimizing makespan and throughput times at Aalsmeer flower auction [J]. Journal of the Operational Research Society, 2008, 59 (9): 1182 – 1190.

[7] Fang J, Huang G Q, Zhi Li. Event-driven multi-agent ubiquitous manufacturing execution platform for shop floor work-in-progress management [J]. International Journal of Production Research, 2013a, 51 (4): 1168 – 1185.

[8] Fang J, Qu T, Huang G Q, Xu G Y. Agent-based gateway operating system for RFID – enabled ubiquitous manufacturing enterprise [J]. Robotics and Computer-Integrated Manufacturing, 2013b, 29 (4): 222 – 231.

[9] Holtkamp B, Steinbuss S, Gsell H, et al. Towards a logistics cloud [R]. In Semantics Knowledge and Grid (SKG), sixth international conference on IEEE, 2010: 305 – 308.

[10] Katok E, Roth A E. Auctions of homogeneous goods with increasing returns: experimental comparison of alternative "Dutch" auctions [J]. Management Science, 2004, 50 (8): 1044 – 1063.

[11] Kong Xiang T R, Huang G. Auction logistics in perishable supply chain trading: a research agenda. In: 43rd international conference on computers & industrial engineering: CIE43, Hong Kong, China, 2013a: 305.

[12] Kong Xiang T R, Huang G Q. Cloud-enabled real time platform for auction logistics in perishable supply chain trading [J]. Pioneering Solutions in Supply Chain Performance Management, 2013b, 17: 199.

[13] Lin S M. Analysis of service satisfaction in web auction logistics service using a combination of fruit fly optimization algorithm and general regression neural network [J]. Neural Computing and Applications, 2013, 22 (3 – 4): 783 – 791.

[14] Qin K, Jiang X, Yang B. How to develop Chinese flower auction markets: results from a comparative analysis [J]. iBusiness, 2010, 10: 382 – 388.

[15] Qu T, Yang H D, Huang G Q, et al. A case of implementing RFID – based real-time shop-floor material management for household electrical appliance manufacturers [J]. Journal of Intelligent Manufacturing, 2012, 23 (6): 2343 – 2356.

［16］Shukla M，Jharkharia S. Agri-fresh produce supply chain management：a state-of-the-art literature review ［J］. International Journal of Operations & Production Management，2013，33（2）：114 – 158.

［17］Vorst J，et al. Quality controlled logistics in food supply chain networks：integrated decision-making on quality and logistics to meet advanced customer demands ［R］. In：Proceedings of the Euroma conference，Ankara，Turkey，2007.

［18］Verdouw C，Beulens A J M，Van der Vorst J. Virtualisation of floricultural supply chains：a review from an Internet of Things perspective ［J］. Computers and Electronics in Agriculture，2013，99：160 – 175.

［19］Zäpfel G，Missbauer H. New concepts for production planning and control ［J］. European Journal of Operational Research，1993，67（3）：297 – 320.

［20］Zhong R Y，Dai Q Y，Qu T，et al. RFID – enabled real-time manufacturing execution system for mass-customization production ［J］. Robotics and Computer-Integrated Manufacturing，2013，29（2）：283 – 292.

4.4　易腐品供应链交易的真实多单位多属性双边拍卖[*]

4.4.1　引言

易腐品供应链贸易是在易腐供应链中购买、出售、转让或交换产品、服务和信息的过程。因此，可以把易腐品供应链贸易看作一种特殊类型的供应链交易。它们都有相似点：一是两者都执行供需匹配的功能，促进交易和提

---

[*]　本节节选自黄国全、徐素秀已发表论文（英译中）：Cheng M，Xu S X，Huang G Q. Truthful multi-unit multi-attribute double auctions for perishable supply chain trading ［J］. Transportation Research Part E：Logistics and Transportation Review，2016，93：21 – 37.

供制度基础设施（Bakos，1998；Turban et al.，2009）；二是它们通常都涉及供应商、买方和市场中介（Lee & Clark，1996；Sashi & O'Leary，2002）。易腐品供应链贸易和供应链交易在两个方面有所不同：一是产品的价格、质量、数量、时间和地点；二是易腐品供应链贸易考虑了易腐产品的特性，如供需波动大、交货期长和保质期短（Pasternack，1985；Cachon，2003）。但是供应链交易中通常不包含这些特征。易腐品供应链贸易不仅需要减少交易成本，而且还需要减少交换易腐产品所花费的时间（Kambil & Van Heck，1998）。相比之下，供应链贸易只采用交易机制来降低交易成本。

迄今为止，易腐品供应链贸易有两种主要的拍卖机制：（1）远期拍卖，其中买方竞标他们感兴趣的易腐产品，市场中介机构根据收到的投标代表供应商出售这些产品（Kambil & Van Heck，1998；Kitahara & Ogawa，2006；Crawford & Kuo，2003；Sapio，2008；Wang & Wang，2011）；（2）双向拍卖，其中供需双方都提交了投标书，市场中介机构根据投标书确定资源分配和价格（Kambil & Van Heck，1995；Viswanadham et al.，2012；Miyashita，2014）。易腐品供应链贸易已使用了许多远期拍卖，例如荷式拍卖（Kambil & Van Heck，1998；Crawford & Kuo，2003；Kitahara & Ogawa，2006），英语拍卖和降/升拍卖（Sapio，2008）。易腐品供应链贸易双向拍卖的研究和应用十分有限。

从实践的角度来看，拍卖不仅可以消除讨价还价的问题，而且还可以实现有效的分配（Milgrom & Roberts，1990；Chen et al.，2005）。此外，可以降低易腐产品价格的讨价还价成本和时间（Kambil & Van Heck，1998）。众所周知，易腐产品是多种多样的。单个项目可以通过为其属性指定不同的值而变化很大。一个典型的例子是玫瑰。在荷兰的花卉拍卖中，玫瑰的长度从50厘米到90厘米以上不等（Van den Berg et al.，2001）。玫瑰的颜色可以是红色、棕色、绿色、黄色、橙色、紫色、白色、鲑鱼色等。由于易腐产品具有多种属性，因此应在建立多个供应商和购买者之间的交换关系上付出更多努力。通常，认可的拍卖机制设计的四个原则有：分配效率——分配使社会福利最大化；激励相容性——真实的投标形成贝叶斯–纳什均衡；（事后）个人理性——所有行动者都具有非负效用参与；预算平衡（事后疲软）——交易不会出现亏损（Krishna，2009）。正如迈尔森和萨特思韦特（Myerson & Satterthwaite，1983）所证明的，分配效率、个人理性和预算平衡不能同时进行双边交换。

多属性拍卖允许供应商和购买者在价格和非货币属性上竞争。尽管对（单面）反向多属性拍卖已进行了广泛研究（Teich et al.，2004；Pham et al.，2015），但有关多属性双重拍卖的研究仍然有限。而且，大多数现有的多属性拍卖都不是真实的（激励相容性）。

本节研究较早提出多单位多属性双边拍卖。易腐品供应链贸易问题涉及三种类型的代理，即多个供应商，多个买方和一个市场中介。首先，拍卖是由市场中介机构（即中央拍卖商）发起的。其次，供应商提交投标以提供一个项目的多个单位（或单个单位），而买方投标购买同一项目的多个单位。投标过程结束后，市场中介机构将根据一段时间内累积的一组投标，通过规定的拍卖机制确定供方和买方之间的交易。最后，易腐产品根据交易直接从供应商的位置运输到买方的位置。假定市场中介负责从买方收取货款并向供应商付款，显然，拍卖不仅使多个供应商可以与多个买方进行交易，而且还具有流动性和效率优势（Comerton – Forde & Rydge，2006）。

本节将解决以下问题：（1）一种机制，除了价格之外，还应如何明确考虑更多的属性？（2）考虑多种属性时如何实现真实的双拍卖？（3）如何使拟议的双重拍卖机制切实可行（例如预算平衡，个人理性和计算效率）？

非价格属性被建模为约束供应商和买方的约束。这些约束分为两类：硬约束和软约束。软约束包括收益软约束、成本软约束和区间软约束。我们还定义了供应商是否有资格匹配买方的条件。此外，针对具有单一输出限制的易腐品供应链贸易，提出了一种简单的多单位/单单位多属性双向拍卖（MS – MDA），其中，每个供应商只有一个项目的单个单位。采用增强的基于线性规划的买方竞争方法（Chu & Shen，2008）来清理市场。然后，如果放宽了单个输出限制，我们将设计一个多单元多属性双重拍卖（M – MDA）。MS – MDA 和 M – MDA 机制均确保激励相容性、个人理性、预算平衡和高分配效率。最后，基于线性松弛公式确定交易价格，以实现计算有效地实现。

4.4.2　问题描述

让 I 代表供应商，J 代表买方。供应商称为"她"，买方则称为"他"。供应商和购买者都被称为"代理商"。我们只考虑一类易腐产品，例如，玫瑰或郁金香。最小交易量称为"一个单位"。例如，玫瑰的 20 个茎可以视为一个单位。"出价"一词用于表示供应商和买方的声明。

考虑一个具有多个供应商和多个买方的多属性双重拍卖的项目。每个供应商 $i(i \in I)$ 要出售该商品的多个单位，而每个买方 $j(j \in J)$ 要购买该商品的多个单位。L 表示定义的项目的属性集。每个属性 $i(i \in I)$ 可以具有一组离散值或一系列连续值（Fink et al.，2004；Parkes & Kalagnanam，2005）。配置是特定的属性值向量 $\alpha = (\alpha_l)l \in L$。我们假设每个供应商只能为该商品提供一个配置。因此，每个供应商 $i's(i \in I)$ 的出价均由价格，数量和商品的配置（$\alpha_i = (\alpha_{il})_{l \in L} i \in I$ 即）指定。

我们还假设每个买家可以为该商品设置多种配置。因此，每个买方的需求 $j's(j \in J)$ 由价格，数量和每个属性 $l(l \in L)$ 的约束条件指定。在蒋等（Jiang et al.，2011a）的研究中，将这些约束分为两类。第一组是硬约束，形式为"等于"符号。另一类是软约束。它们采用不等式的形式，可以在给定的价值范围内放宽。软约束可以分为 3 种：收益软约束、成本软约束和区间软约束。对于收益软约束，它的价值增加时对购买者更有利。对于成本软约束，当其价值下降时，对购买者更有利。当属性值在给定间隔内时，将满足间隔软约束。

假设 c_{jl} 是买方 $j's$ 对属性 l 的约束。具体来说，如果属性 l 是硬约束，则 c_{jl} 表示属性 l 的值。如果属性 l 是收益软约束或成本软约束，则 c_{jl} 表示属性 l 的下限或上限。如果属性 l 是间隔软约束，则 c_{jl} 包含两个参数，分别代表属性 l 的上下限。考虑一个具有四个主要属性的玫瑰市场：产品名称、质量、长度和成熟度。假设产品名称、质量、长度和成熟度分别是买方的硬约束、收益软约束、区间软约束和成本软约束。如果买方 A 愿意为 5 单位质量高于 A2，长度在 70 ~ 80 厘米之间且成熟度低于 3 的粉红玫瑰 "Djoena" 支付 510 美元，则他的要求表示为（$510，5，Djoena，A2，[70，80]，3）。

假设供应量和需求量都是已知的。这个假设可以在拍卖机制设计的许多研究中找到，例如，黄等（Huang et al.，2002）、巴拜奥夫和沃尔什（Babaioff & Walsh，2005）、朱和沈（Chu & Shen，2008，2013）等的研究。假设 s_i 为供应商 i 的保留价值，b_j 为买方 j 的保留价值。我们假设预订价值是每个代理商的专有知识。每个经纪人都是一个自私的玩家，他试图最大化自己的效用。假设所有代理都具有拟线性效用。换句话说，一个经纪人的效用是他的估值和如果他参与交易而转移的资金之间的差额；否则，他的效用为零。拍卖师的货币收益是买方的总付款额与供应商的总收入之间的差额。社会福利是每个代理商的效用和拍卖师的收益之和。我们还假设供应商或购买者之间没有串通。

在易腐品供应链贸易中，供应商由于其产品的易腐性而愿意出售尽可能多的产品。每个买家可能有几个订单，其中包含固定数量的不同种类的易腐产品。因此，我们考虑了供应商的可分割投标和买方的不可分割的投标。在文献中，许多其他研究都考虑了对买方的不可分割的出价，包括巴拜奥夫和沃尔什（Babaioff & Walsh，2005），朱和沈（Chu & Shen，2008）、朱（Chu，2009）、徐等（Xu et al.，2016）。

在本节中，我们首先提出了多单位/单单位多属性双重拍卖（MS - MDA）。在 MS - MDA 中，我们考虑了单一输出约束（Babaioff & Walsh，2005）。也就是说，每个供应商仅提供一个项目的单个单位，每个买家都希望采购同一商品的多个单位。所有买家的出价都是不可分割的（全有或全无），这意味着每个买家要么获得全部数量，要么一无所获。拍卖师基于增强的基于线性规划的买方竞争方法来确定分配和交易价格。然后，针对允许每个供应商提供一件商品的多个单位的情况，我们设计了一个多单位多属性双重拍卖（M - MDA）。

4.4.3 多单位/单单位多属性双重拍卖（MS – MDA）

1. 模型

本节考虑具有单个输出约束的多属性双重拍卖。在我们的设置中，每个供应商 i 都提供单件价格 s_i 配置 $\alpha_i = (\alpha_{il})_{l \in L}$ 的商品。每个购买者 j 都会提交一个不可分割的出价 b_j，以购买具有约束 $c_j = (c_{jl})_{l \in L}$ 的物料的单位 Y_j。为了概括该公式，X_i 表示供应商 i 的供应量。显然，在本节中 X_i 等于 1。根据 w 问题描述中的假设，$X_i(i \in I)$ 和 $Y_j(j \in J)$ 是常识。

一对供应商和一个采购商之间的资格定义如下：

定义 4 – 4 – 1 当供应商 i 的每个属性值都符合买方 j 对该属性的约束时，供应商就有资格匹配买方。

再次考虑玫瑰市场。除了买方 A 的出价（$510，5，Djoena，A2，[70，80]，3）之外，还有供应商 A 的出价（$98，1，Djoena，A1，70，2）和供应商 B 的出价（$95，1，Djoena，A2，60，1）。根据定义 4 – 4 – 1，由于产品名称相同，都为"Djoena"，质量"A1"高于质量"A2"，长度"70"介于 70~80 厘米且"2"处于成熟度"3"之下，因此，供应商 A 有资格与买方 A 匹配。然而，由于长度"60"不在区间 [70，80] 中，因此，供应商 B 无法匹配买方 A。我们假设交易只能在买方和合格的供应商之间发生。例如，买方 – A 和供应商 – A 之间的贸易量最多为 1，而买方 – A 和供应商 – B 之间的贸易量为 0。定义 4 – 4 – 1 在我们的拍卖模型中扮演重要角色，以限制供应商和买方之间的交易量。

z_{ij} 表示供应商 i 是否有资格匹配买方 j。也就是说，如果供应商 i 有资格匹配买方 j，则 $z_{ij} = 1$；否则，$z_{ij} = 0$。如果所有代理商都如实出价，则可以通过以下混合整数程序（MIP）解决最大的社会福利：

$MIP (I, J)$

$$\max V(I, J) = \sum_{j \in J} b_j \xi_j - \sum_{i \in I} s_i \eta_i \qquad (4 - 4 - 1)$$

$$s.t. \sum_{i \in I} \alpha_{ij} = Y_j \xi_j, \ j \in J; \tag{4-4-2}$$

$$\sum_{j \in J} \alpha_{ij} = \eta_i, \ i \in I; \tag{4-4-3}$$

$$0 \leqslant \alpha_{ij} \leqslant X_i z_{ij}, \ i \in I, \ j \in J; \tag{4-4-4}$$

$$\xi_j \in \{0, 1\}, \ j \in J; \tag{4-4-5}$$

$$0 \leqslant \eta_i \leqslant X_i, \ i \in I; \tag{4-4-6}$$

$$\eta_i \in \phi, \ i \in I; \tag{4-4-7}$$

其中，ξ_j 表示买方 j 是否进行拍卖交易，η_i 表示供应商 i 出售的数量，并指定买方 j 从供应商 i 获取的数量为 α_{ij}。约束条件（4-4-2）确保所有买家的出价都是不可分割的。约束条件（4-4-3）确保每个供应商出售自己拥有的数量。约束条件（4-4-5）确保只有在供应商 i 有资格匹配买方 j 时，供应商 i 和买方之间才能进行交易。即，根据定义 4-4-1，如果买卖双方之间的贸易量在区间 $[0, 1]$ 内，$z_{ij} = 1$；否则，交易量等于零。

显然，具有单边不可分割投标的获胜者确定问题（WDP）等于 NP 硬背包问题（Sandholm & Suri，2001）。最优化问题 $MIP(I, J)$ 是 NP 难题，因为带有单边不可分割投标的 WDP 是该问题 $MIP(I, J)$ 的特例。在没有单一输出限制的情况下，也可以使用该模型。

2. 机制

注意到问题的表述 $MIP(I, J)$ 是朱和沈（Chu & Shen，2008）中 WDP 的特例。它们之间有三个区别。首先，每个购买者都希望购买 MS-MDA 中具有几种配置的一件单位商品 Y_j。在研究中，每个购买者都希望获得一捆物品。其次，只有在供应商 i 有资格与我们的模型中的买方 j 相匹配时，交易才能在供应商和买方之间发生。但是，在朱和沈（2008）的研究中，买家可以与任何供应商合作。最后，朱和沈（2008）考虑了供应商和购买者之间的交易成本，而本书没有考虑。

因此，为诱导代理商真实地竞标，针对此问题，研究人员采用了基于线性规划的买方竞争（EBC-LP）方法（Chu & Shen，2008）。采用摄动技术来打破平局并选择单个最优解。为了简化符号，记供应商的索引为 i_k，$k = 1$，

2，$\cdots$，$|I|$，购买者的索引为j_k，$k=1$，2，$\cdots$，$|J|$。扰动因子ε被添加到每个代理的出价中。之后，将供应商和买方的出价视为$s_{i_k} - \varepsilon_{i_k}$和$b_{j_k} + \varepsilon_{j_k}$，而不是$s_{i_k}$和$b_{j_k}$，其中，$1 \gg \varepsilon_{j_1} \gg \varepsilon_{j_2} \gg \cdots \gg \varepsilon_{j_{|J|}} \gg \varepsilon_{i_1} \gg \varepsilon_{i_2} \gg \cdots \gg \varepsilon_{i_{|I|}} > 0$。为了设计一种计算有效的机制，基于线性程序制定定价决策。MS – MDA 机制的过程如下：

（1）向每个代理商收取一个密封的投标。

（2）用供应商I和买方J设定以下线性程序：

$LP(I, J)$

$$\max V(I, J) = \sum_{j \in J} b_j \xi_j - \sum_{i \in I} s_i \eta_i \qquad (4-4-8)$$

$$s.t. \sum_{i \in I} \alpha_{ij} = Y_j \xi_j, j \in J; \qquad (4-4-9)$$

$$\sum_{j \in J} \alpha_{ij} = \eta_i, i \in I; 0 \leqslant \alpha_{ij} \leqslant X_i z_{ij}, i \in I, j \in J; \qquad (4-4-10)$$

$$0 \leqslant \xi_j \leqslant 1, j \in J;$$

$$0 \leqslant \eta_i \leqslant X_i, i \in I;$$

（3）对于每个买j方，在$LP(I, J)$中约束$\xi_j \leqslant 1$中计算最小影子价格$p_j^+(I, J)$。如果$p_j^+(I, J) > 0$，买方j的交易价格是$p_j^b(I, J) = b_j - p_j^+(I, J)$。否则，买方$j$被淘汰。

（4）求解线性程序$LP(I, \hat{J})$，其中，$\hat{J}$是剩余的买方集合（即在步骤（3）中未被淘汰的买方），然后选择一个最佳极点解决方案。

（5）对于每个贸易供应商i，在$LP(I, \hat{J})$的最大约束$\eta_i \leqslant X_i$中计算影子价格$p_i^-(I, \hat{J})$。供应商i的交易价格为$p_i^s(I, \hat{J}) = s_i + p_i^-(I, \hat{J})$。

（6）根据的最佳解决方案$LP(I, \hat{J})$进行交易。

请注意，最小影子价格$p_j^+(I, J)$等于$\partial \tilde{V}(I, J)/\partial \xi_j^+ (j \in J)$，其中，$\partial \tilde{V}(I, J)$表示问题$LP(I, J)$的客观值，假设只允许增加$\xi_j$（Aucamp & Steinberg, 1982）。最大影子价格等于$\tilde{V}(I, \hat{J}) - \tilde{V}_{-i}(I, \hat{J})$，其中，$\tilde{V}_{-i}(I, \hat{J})$表示当供应商$i$缺席拍卖时的目标值。MS – MDA 机制的实现只需要解决$LP(I, J)$和$LP(I, \hat{J})$的两个线性问题，并计算相关的影子价格。因此，可以实现在多项式时间内求解。

3. 性质

由于本节的 WDP 与朱和沈（2008）的研究有相似之处，EBC – LP 方法的激励相容性，个人理性和预算平衡特性继续保持不变。以下定理说明了 MS – MDA 机制的性质。

定理 4.4.1　在具有单个输出限制的双边交换环境中，MS – MDA 机制是激励相容性，（事后）个人理性和（事后）弱预算平衡（Chu & Shen，2008）。

但是，渐近有效（AsE）属性，即随着代理人数接近无穷大，与最大社会福利相比，MS – MDA 机制下的社会福利损失收敛为零。原因是 EBC – LP 方法是具有连续交易成本的 AsE。在这项研究中，模拟交易成本为零或无穷大。因此，在这项研究中，MS – MDA 机制无法实现 AsE。

4.4.4　多单位多属性双重拍卖（M – MDA）

1. 直接使用 MS – MDA 机制

在本节中，我们考虑了多单位的情况，其中，每个供应商可以提供一个项目的多个单位。有两种方法可以将 MS – MDA 机制应用于此设置中。一种方法是直接应用 MS – MDA 机制（线性程序 $LP(I, J)$ 的集合 $X_i \geq 1$）。在这种情况下，将导致预算赤字。为了说明这一点，修改了 4.3 节中的示例。供应商 1 被删除，供应商 2 出价出售两个具有相同估价的玫瑰。如果使用了 MS – MDA 机制，并且所有代理商都提交了真实的估价，则买方 1 将与供应商 2 ~ 供应商 4 和供应商 6 进行交易。买方 1 的交易价格为 505，而供应商 2 ~ 供应商 4 和供应商 6 的交易价格为分别是 206、101、101 和 101。由于 505 – 206 – 101 × 3 = –4，拍卖师具有负效用。因此，MS – MDA 机制在每个供应商提供多个单位的一件商品，而每个购买者想要购买多个单位的一件商品的双边环境中，预算平衡失败。另一种方法是将具有多个供应单位的供应商视为具有单个输出限制的多个供应商。在这种情况下，MS – MDA 机制是供买方使用的激励相容性，而不是供供应商使用的激励相容性。考虑上面修改的示例。如果供应商 2 如实出价，她将以单价 101 出售全部两个单位。一个单位

的效用为 $101 - 95 = 6$。如果供应商 2 出价以 95 的价格出售一个单位，而另一个以 102 的价格出价，她将以单位出售一个单位，价格 102。一个单位的效用是 $102 - 95 = 7$。供应商有动机夸大其估价。因此，MS – MDA 机制对于供应商而言并不真实。为克服这些问题，本节将为易腐品供应链贸易提出预算平衡、激励相容性和个人理性多单元多属性双重拍卖（M – MDA）机制。

2. 模型

假设供应商 i 愿意以单价 s_i 出售易腐产品 X_i，X_i 单位。让 η_i 仍表示供应商 i 出售的数量。然后，通过解决 4.1 节中的 $MIP(I, J)$ 问题，也可以获得最大的社会福利。在这里，$X_i \geqslant 1$。可以看出，当 $X_i \geqslant 1$ 时，优化问题 $MIP(I, J)$ 是 NP 难的。

3. M – MDA 机制

为了诱使代理商真实地出价，针对问题 $MIP(I, J)$ 设计了 M – MDA 机制。M – MDA 机制基于朱（Chu, 2009）提出的填充方法。填充方法在买方 j 集合 J 的可用供应量和需求量之间引入了缺口 q。结果，由于双方之间的激烈竞争，可能会产生真实的机制和预算盈余。还采用摄动技术来打破平局并选择单个最优解。M – MDA 机制的过程如下：

（1）计算填充量 $q = q((X_i)_{i \in I}, (Y_j)_{j \in J})$，供需量的非负函数。

（2）向每个代理商收取一个密封的投标。

（3）用供应商集合 I 和买方集合 I，解第 4.4.3 节中的线性程序 $LP(I, J)$。注意 $LP(I, J)$ 中的 $X_i \geqslant 1$。

（4）将 $\hat{J}$ 表示为购买者集合，在 $LP(I, J)$ 的最优解中满足 $\xi_k = 1$。让 $Q_k = (Q_k^j)_{j \in J}$ 表示购买者 k 的填充向量。具体来说，如果 $j = k$，则 $Q_k^j = q$；否则 $Q_k^j = 0$。对于每个买家 $k \in \hat{J}$，求解以下线性程序：

$LP(I, J, Q_K)$

$$\max \tilde{V}(I, J, Q_k) = \sum_{j \in J} b_j \xi_j - \sum_{i \in I} s_i \eta_i \qquad (4 - 4 - 11)$$

$$s.t \sum_{i \in I} \alpha_{ij} = Y_j \xi_j + Q_k^j, \ j \in J; \qquad (4 - 4 - 12)$$

$$\sum_{j \in J} \alpha_{ij} = \eta_i, \ i \in I; \qquad (4 - 4 - 13)$$

$$0 \leq \alpha_{ij} \leq X_i z_{ij}, \ i \in I, \ j \in J;$$
$$0 \leq \xi_j \leq 1, \ j \in J;$$
$$0 \leq \eta_i \leq X_i, \ i \in I.$$

如果在 $LP(I, J, Q_k)$ 的最优解中，$\xi_k = 1$，则买方 k 的交易价格为 $p_k^b(I, J, Q_k)$，投标价格 b_k 的最小值就是在 $LP(I, J, Q_k)$ 的最优解中满足 $\xi_k = 1$。将 $\hat{J}$ 表示为购买者集合，在 $LP(I, J, Q_j)$ 的最优解中满足 $\xi_j = 1$。$\hat{J}$ 之所以称为买方交易集，是因为当且仅当 $j \in \hat{J}$ 时，显示买方时进行交易。

（5）求解带有供应商集合 I 和购买者集合 $\hat{J}$ 的线性程序 $LP(I, \hat{J})$。根据 $LP(I, \hat{J})$ 的最优解进行交易。供应商 i 的收入 $p_i^s(I, \hat{J})$ 是 VCG（Vickrey – Clarke – Groves）付款 $s_i \eta_i + \tilde{V}(I, \hat{J}) - \tilde{V}(I, \hat{J} \setminus \{i\})$。

请注意，可以将买方 $j(j \in \hat{J})$ 的填充视为具有无限预算，q 单位需求和与买方 j 相同约束的虚拟买方。填充方法的应用可以带来两个好处。一方面，由于填充，一些买家被淘汰，从而导致较小的交易量和较高的购买价格。给定较小的交易量，售价可能会降低一点。因此，可以产生预算盈余。另一方面，在拍卖市场中，供应量最大的供应商在操纵价格方面可能具有最大的力量。因此，足够大的填充大小可以抵消这种力量并确保激励兼容性。

买方 j（即 $p_j^b(I, J, Q_j)$）的交易价格等于 $\dfrac{\partial \tilde{V}(I, J, Q_j')}{\partial \xi_j^+}(j \in J)$。如果满足 $k' = j$，则 $Q_j^{k'} = \lceil q \rceil - 1$，其中，$\lceil x \rceil$ 是大于或等于 x 的最小整数；否则，$Q_j^{k'} = 0$。供应商 i 的收入 $p_i^s(I, \hat{J})$ 是其售价。总而言之，M – MDA 机制首先为买方做出定价决策。然后，通过求解 $LP(I, \hat{J})$ 可以在原始供应商和其余买方之间获得有效分配。最后，确定贸易供应商的交易价格。我们的 M – MDA 机制与朱（Chu，2009）的基于线性程序的填充机制有关。它们之间的主要区别如下：关于模型，每个购买者都愿意购买一件商品的 Y_j 单位。买家只能与合格的供应商进行交易。关于机制，我们分别为买方定义填充向量。

4. 性质

本节将说明 M – MDA 机制是激励相容性，个人理性，预算平衡和计算效率。

定理 **4.4.2** $p_j^b(I, J, Q_j)$ 是买方 j 的购买价，M－MDA 机制是买方对任何非负数 q 的激励相容性。

证明。根据其定义，$p_j^b(I, J, Q_j)$ 独立于买方 j 的出价 b_j。当买方 j 的出价低于 $p_j^b(I, J, Q_j)$，$j \notin \hat{J}$ 时，他不以对 $LP(I, \hat{J})$ 的最佳解决方案进行交易。

当买方 j 的出价高于 $p_j^b(I, J, Q_j)$ 时，在 $LP(I, J, Q_j)$ 的最佳解决方案中，$\xi_j = 1$。如果他在竞争激烈的环境中生存，那么他也将在竞争较弱的环境中生存。因此，约束 $\xi_j \leq 1$ 是严格的，并且在 $LP(I, J)$ 的最佳解中，ξ_j 必须等于 1。也就是说，他以最优解 $LP(I, J)$ 为代价来交易。此外，买方 j 将在竞争较弱的环境 $LP(I, \hat{J})$ 中进行交易。

买方 j 出价 $p_j^b(I, J, Q_j)$ 时，取决于给定的扰动，他可能会或可能不会以 $p_j^b(I, J, Q_j)$ 价格交易。

因此，如果买方 j 的估值低于 $p_j^b(I, J, Q_j)$，他便不愿交易，这可以通过真实出价来实现。如果买家 j 的估价高于 $p_j^b(I, J, Q_j)$，则他更喜欢交易，也可以通过真实出价来实现。如果买方 j 的估值等于 $p_j^b(I, J, Q_j)$，那么他对是否交易都无所谓。诚然，投标是买家的主要策略。

定理 **4.4.3** M－MDA 机制产生整体分配，其中每个供应商提供离散的项目单位，每个买方要么获得整个投标，要么一无所获。

证明。如果 $j \in J \setminus \hat{J}$，则买方 j 不交易。如果 $j \in \hat{J}$，则买方 j 通过定理 4.4.2 的证明在 $LP(I, \hat{J})$ 的解中获得了他的全部出价。因此，在 $LP(I, \hat{J})$ 的最优解中交换了整数个单位的项目（即 $\sum_{j \in \hat{J}} Y_j$）。给定扰动，$LP(I, \hat{J})$ 具有一个独特的解决方案，每个供应商都以离散单位交易该物料。

定理 **4.4.4** M－MDA 机制是激励相容性，个人理性和（弱）预算平衡（如果有），是单个供应商的最大供应量。

定理 **4.4.5** M－MDA 机制在计算上是有效的。

证明。M－MDA 机制的实现只需要求解两个线性程序 $LP(I, J)$ 和 $LP(I, \hat{J})$，并计算相关的交易价格。因此，M－MDA 机制可以在多项式时间内实现求解。

注意，M－MDA 机制的计算效率使拍卖人可以在短时间内获得交易结果。这对于易腐品供应链贸易非常重要，因为易腐产品由于其时间敏感性特性而需要快速交易。此外，个人理性和预算平衡使 M－MDA 机制变得切实可行。激励兼容性简化了供应商和购买者的投标策略。因此，他们可以专注于自己的业务。从长远来看，可以吸引更多的供应商和买家参加这次双重拍卖。

显然，M－MDA 机制不是分配效率。但是，我们可以证明，使用固定的填充，M－MDA 机制可以实现较高的分配效率，尤其是在市场规模较大的情况下。首先，使用填充方法，只删除竞争较少的买家，这意味着删除的交易的利润相对较低。其次，在固定填充 q 的情况下，被撤销购买者的数量几乎是固定的。当市场规模变大时，被撤销购买者仅占所有可交易购买者的一小部分。因此，可以实现大多数社会福利。即 M－MDA 机制具有高分配效率。

实际上，MS－MDA 和 M－MDA 机制是对称的。也就是说，当我们在双向拍卖中改变供应商和买方的角色（供应商成为买方，买方成为供应商）时，这两种机制也是激励相容性、个人理性、预算平衡和计算效率。在反向 MS－MDA 中，每个供应商都针对一件商品的多个单位提交不可分割的投标，并且每个买方都希望购买一件商品。在反向 M－MDA 中，每个买家都可以对商品的多个单位出价。反向 MS－MDA 和反向 M－MDA 机制可以应用于合适的市场。

4.4.5　结论

易腐供应链交易（PSCT）涉及在供应链参与者之间转移易腐产品的典型活动。为了提高市场中介的能力，使供应商能够参与定价过程，双重拍卖成为易腐产品贸易的合适选择。在本节中，我们提出了 PSCT 的真实多单位多属性双重拍卖，允许在几个非货币属性上进行协商。据我们所知，本节是最早提出 PSCT 多属性双重拍卖的研究之一。在文献中，本节研究也是第一个为双边环境开发真实的多单位多属性拍卖机制，其中，每个供应商提供一个项目的多个单位，每个买家希望获得一个项目的多个单位。

利用基于增强线性规划的买方竞争（EBC – LP）方法（Chu & Shen，2008），我们首先为 PSCT 引入了多单位/单单位多属性双重拍卖（MS – MDA），其中每个供应商提供单个项目的一个单位（即单个输出限制），每个买家都想购买同一产品的多个单元。非货币属性被建模为约束。我们还定义了供应商是否有资格匹配买方的条件。MS – MDA 机制实现了激励相容性、个体合理性、预算平衡和计算效率。然后，放松了单输出限制，提出了一种用于 PSCT 的多单元多属性双拍卖（M – MDA）。在 M – MDA 中，每个供应商提供一个项目的多个单元，每个买方要求一个项目的多个单元。M – MDA 机制还具有激励相容性、个体合理性、预算平衡性和计算效率。

尽管 MS – MDA 和 M – MDA 机制的分配效率不高，但我们已经通过计算分析表明，它们很可能实现理想的分配效率。计算研究还表明，MS – MDA 和 M – MDA 机制的效率随着市场规模和供应商数量的增加，以及供应商最大投标数量和配置数量的减少而提高。

在实践层面上，我们的模型为 PSCT 现有拍卖机制（如正向拍卖、单属性双拍卖）提供了一个可行的替代方案。众所周知，多属性双重拍卖收集来自供应商和买家的出价，并根据这些出价一次清理一个市场，其中每个出价由多个属性指定（Engel et al.，2006）。一方面，在我们的机制中，供给和需求是一次性匹配的。然而，在远期拍卖中，它们在多轮中匹配。另一方面，我们的机制考虑供应商的出价和买方的出价同时确定分配，而远期拍卖只考虑买家的出价。因此，与大型市场中的远期拍卖相比，我们的机制更有可能享有时间效率和分配效率优势。此外，在 MS – MDA 和 M – MDA 机制中，真实竞价是每个代理的最佳策略。因此，供应商和买家只需很少关注他们的投标策略，就可以专注于自己的业务。最后，我们的机制在计算上是有效的。因此，PSCT 中的贸易关系可以快速确定，这使得我们机制的实施更具吸引力。

参考文献

［1］Amorim P，Meyr H，Almeder C，Almada – Lobo B. Managing perishability in pro-duction-distribution planning：a discussion and review［J］. Flexible Services and Manufacturing Journal，2013，25（3）：389 – 413.

［2］Aucamp D C，Steinberg D I. The computation of shadow prices in linear programming［J］. Journal of the Operational Research Society，1982，33（6）：557 – 565

［3］Babaioff M，Walsh W E. Incentive-compatible，budget-balanced，yet highly efficient auctions for supply chain formation［J］. Decision Support Systems，2005，39（1）：123 – 149.

［4］Bakos Y. The emerging role of electronic marketplaces on the Internet［J］. Communi-cations of the Acm，1998，41（8）：35 – 42.

［5］Basu R J，Bai R，Palaniappan P L K. A strategic approach to improve sustainability in transportation service procurement［J］. Transportation Research Part E：Logistics and Trans-portation Review，2015，74：152 – 168.

［6］Cachon G P. Supply chain coordination with contracts［J］. Handbooks Operation Re-search Management Science，2003，11：227 – 339.

［7］Chen R R，Roundy R O，Zhang R Q，et al. Efficient auction mechanisms for supply chain procurement［J］. Management Science，2005，51（3）：467 – 482.

［8］Chu L Y. Truthful bundle/multiunit double auctions［J］. Manage. Sci. 2009，55（7）：1184 – 1198.

［9］Chu L Y，Shen Z J M. Agent competition double-auction mechanism［J］. Manage-ment Science，2006，52（8）：1215 – 1222.

［10］Chu L Y，Shen Z J M，Truthful double auction mechanisms. Operation. Research，2008，56（1）：102 – 120.

［11］Comerton – Forde C，Rydge J. Call auction algorithm design and market manipula-tion［J］. Journal of Multinational Financial Management，2006，16（2）：184 – 198.

［12］Crawford V P，Kuo P – S. A dual Dutch auction in Taipei：the choice of numeraire and auction form in multi-object auctions with bundling. Journal of Economic Behavior & Organi-zation，2003，51（4）：427 – 442.

［13］Engel Y，Wellman M P，Lochner K M. Bid expressiveness and clearing algorithms in multiattribute double auctions [R]. In: Proceedings of the 7th ACM Conference on Electronic Commerce, 2006.

[14] Fink E, Johnson J, Hu J. Exchange market for complex goods: theory and experiments [J]. Netnomics, 2004, 6 (1): 21 – 42.

[15] Firoozi Z, Ismail N, Ariafar S, et al. Distribution network design for fixed lifetime perishable products: a model and solution approach [J]. Journal of Applied Mathematics, 2013: 13.

[16] Huang G Q, Xu S X. Truthful multi-unit transportation procurement auctions for logistics e-marketplaces [J]. Transportation Research Part B: Methodological, 2013, 47: 127 – 148.

[17] Huang P, Scheller – Wolf A, Sycara K. Design of a multi-unit double auction e-market [J]. Computational Intelligence, 2002, 18 (4): 596 – 617.

[18] Jiang Z Z, Fan Z P, Tan C, et al. A matching approach for one-shot multi-attribute exchanges with incomplete weight information in E – brokerage [J]. International Journal of Innovative Computing Information and Control, 2013, 2011a, 7 (5B): 2623 – 2635.

[19] Jiang Z Z, Ip W, Lau H C, et al. Multi-objective optimization matching for one-shot multi-attribute exchanges with quantity discounts in E – brokerage [J]. Expert Systems with Application, 2013, 2011b, 38 (4): 4169 – 4180.

[20] Kambil A, Van Heck E. Information technology, competition and market transformations: re-engineering the Dutch flower auctions [D]. New York University, Department of Information Systems, Working Paper Series, Stern IS – 95 – 1, New York City, 1995.

[21] Kambil A, Van Heck E. Reengineering the Dutch flower auctions: a framework for analyzing exchange organizations [J]. Information Systems Research, 1998, 9 (1): 1 – 19.

[22] Kameshwaran S, Narahari Y. Trade determination in multi-attribute exchanges [R]. In: Proceedings of the IEEE International Conference on E – Commerce, Newport Beach, CA, 2003: 173 – 180.

[23] Karaesmen I Z, Scheller – Wolf A, Deniz B. Managing perishable and aging inventories: review and future research directions Planning Production and Inventories in the Extended Enterprise [Z]. Springer, 2011: 393 – 436.

[24] Kitahara M, Ogawa R. Is Japanese Dutch Auction Unreasonable? [S]. A Note on Dutch Auction with Mari, 2006.

［25］ Koppius O R，Van Heck E，Wolters M J. The importance of product representation online：empirical results and implications for electronic markets. Decis. Support Syst，2005，38（2）：161 – 169.

［26］ Krishna V. Auction Theory. Academic Press. Lee，H. G.，Clark，T. H.，1996. Market process reengineering through electronic market systems：opportunities and challenges ［J］. Journal of Management Information System，2009，13（3）：113 – 136.

［27］ Li W，Wang S，Cheng X. Truthful multi-attribute auction with discriminatory pricing in cognitive radio networks ［C］//In：Proceedings of the 1st ACM Workshop on Cognitive Radio Architectures for Broadband，2013.

［28］ Lochner K M，Wellman M P. Information feedback and efficiency in multiattribute double auctions ［C］//In：Auctions，Market Mechanisms and Their Applications. Springer Berlin Heidelberg，2009：26 – 39.

［29］ McAfee R P. A dominant strategy double auction ［J］. Econ. Theor，1992，56（2）：434 – 450.

［30］ Mentzer J T，DeWitt W，Keebler J S，et al. Defining supply chain management ［J］. Journal of Business Logistics，2001，22（2）：1 – 25.

［31］ Milgrom P，Roberts J. Bargaining costs，influence costs，and the organization of economic activity ［J］. Perspectives Positive Politics Economy，1990，57：60.

［32］ Miyashita K. Online double auction mechanism for perishable goods ［J］. Electronic Commerce Research and Applications，2014，13（5）：355 – 367.

［33］ Myerson R B，Satterthwaite M A. Efficient mechanisms for bilateral trading ［J］. Journal of Economic Theory，1983，29（2）：265 – 281.

［34］ Parkes D C，Kalagnanam J. Models for iterative multiattribute procurement auctions ［J］. Management Science，2005，51（3）：435 – 451.

［35］ Pasternack B A. Optimal pricing and return policies for perishable commodities ［J］. Marketing Science，1985，4（2）：166 – 176.

［36］ Pellegrini P，Castelli L，Pesenti R. Secondary trading of airport slots as a combinatorial exchange ［J］. Transportation Research Part E：Logistics and Transportation Review，2012，48（5）：1009 – 1022.

［37］ Pekec A，Rothkopf M H. Combinatorial auction design ［J］. Management Science，

2003, 49 (11): 1485 – 1503.

[38] Pham L, Teich J, Wallenius H, et al. Multi-attribute online reverse auctions: recent research trends [J]. European Journal of Operational Research, 2015, 242 (1): 1 – 9.

[39] Ryu Y U. Hierarchical constraint satisfaction of multilateral trade matching in commodity auction markets [J]. Annals of Operations Research, 1997, 71: 317 – 334.

[40] Sandholm T, Suri S, Gilpin A, et al. Winner determination in combinatorial auction generalizations [C]//In: Proceedings of the First International Joint Conference on Autonomous Agents and Multiagent Systems: Part 1. ACM, New York, USA, 2002: 69 – 76.

[41] Sapio S. The Emergence and Impact of Market Institutions: The Market for Fish and Other Perishable Commodities. Sashi, C., O'Leary, B., 2002. The role of Internet auctions in the expansion of B2B markets [J]. Ind. Mark. Manage, 2008, 31 (2): 103 – 110.

[42] Statista. Global Production Volume of Vegetables and Melons from 1990 to 2013 (in Million Metric Tons) [EB/OL]. (2015 – 8 – 29) [2019 – 10 – 20]. http: //www. statista. com/statistics/264059/production-volume-of-vegetables-and-melons-worldwide-since – 1990/.

[43] Turban E, Lee J K, King D, et al. Electronic Commerce 2010 [M]. Prentice Hall Press, 2009.

[44] Van den Berg G J, Van Ours J C, Pradhan M P. The declining price anomaly in Dutch Dutch rose auctions. American Economic Review, 2001, 91 (4): 1055 – 1062.

[45] Viswanadham N, Chidananda S, Narahari Y, et al. Mandi electronic exchange: orchestrating Indian agricultural markets for maximizing social welfare [C] //In: Proceedings of the 2012 IEEE International Conference on Automation Science and Engineering (CASE), 2012.

[46] Wang S, Wang H. A virtual competition auction model for perishable products [J]. Electronic Markets, 2011, 21 (1): 53 – 62.

[47] Xu S X, Huang G Q. Transportation service procurement in periodic sealed double auctions with stochastic demand and supply [J]. Transportation Research Part B: Methodological, 2013, 56: 136 – 160.

[48] Xu S X, Huang G Q. Efficient auctions for distributed transportation procurement [J]. Transportation Research Part B: Methodological, 2014, 65: 47 – 64.

[49] Xu S X, Cheng M, Huang G Q. Efficient intermodal transportation auctions for B2B

e-commerce logistics with transaction costs［J］. Transportation Research Part B：Methodological，2015，80：322－337.

　　［50］Xu S X，Huang G Q，Cheng M. Truthful，budget-balanced bundle double auctions for carrier collaboration［J］. Transportation Science，2016：1365－1386.

4.5　拍卖保留价动态定价策略[*]

4.5.1　引言

　　鲜花拍卖过程中保留价是一个重要的拍卖参数，有一些拍卖会设置保留价，也有一部分不设置，这使得鲜花拍卖的形式更为灵活。目前，云南大部分鲜花在拍卖中会设置保留价。保留价的设置是为了保护供货商的长远利益。KIFA中部分花卉产品会有一个最低成交价格保留价，在拍卖时如果竞价低于保留价，产品将做流拍处理。因此，设置一个合适的给竞买人一定升值空间的保留价，有利于拍卖成交，对减少流拍比率非常关键。

　　国外发达国家农业产业化和组织化程度高，卖家供货规模较大，买家一般采取代理制从事交易，购买规模大。而中国鲜活农产品拍卖市场的供货商单日供货的数量规模小，购买商单日购买数量规模也小。对于供货商而言，由于种植规模小，根据拍卖规则，将直接导致供货批次规模小。对于购买商而言，由于鲜活农产品价值的易逝性，其只能选择低库存周转水平。另外，考虑到规模经济的因素，买家卖家一般选择间歇性参与交易而非常态性交易。这一特征对我国鲜活农产品拍卖市场的运作带来不确定性和复杂性，导致鲜活农产品保留价设置方法的独特性。因此，识别农产品保留价的影响因

---

　　* 本节节选自由秦开大教授指导硕士生论文：江晓莉. 鲜活农产品拍卖的保留价动态定价策略研究［D］. 昆明：昆明理工大学，2011.

素，根据影响因素的变化及时调整保留价非常必要。

保留价的研究在早期拍卖理论中已经出现，但一般都给予比较理想的假设条件，如将买方估价分布作为常数、拍卖参与者风险设为中性等。显然，这与拍卖实践有严重的脱离。国内对于拍卖的研究起步较晚，关于保留价的研究仍停留在是否制定保留价和保留价公开与否的问题上，而忽略了理论联系实际的重要性。总之，研究产品保留价的影响因素，解决最优保留价的设置问题，一方面，对丰富拍卖理论特别是价格形成理论，深入揭示我国鲜活农产品保留价对拍卖价格形成的影响机理具有重要的理论意义。另一方面，在加强我国农产品市场体系建设的背景下，探索真实环境下的鲜活农产品保留价设置方法为控制我国拍卖市场中农产品的价格形成，保证拍卖市场的平稳发展及供货商的长远利益提供理论依据、范例和指导，具有重要现实意义。

4.5.2 鲜活农产品拍卖中保留价定价决策影响因素

1. 传统保留价的设置方法

在独立私人价值模型中，假设有 n 个风险中性的买者竞拍单个物品，v_i 表示第 i 个买者对物品的估价，其中，$i = 1, 2, 3, \cdots, n$，v_i 服从在 $[\underline{v}, \bar{v}]$ 的独立可微的概率分布 $F(v)$，对应的概率密度为 $f(v)$，v_0 为卖家对拍卖品的估价。$\pi^s(r, n)$ 当 n 个买家竞拍一个保留价为 r 的物品时，卖家的期望收益。给出了最优保留价的求解公式：

$$r^* = v_0 + \frac{1 - F(r)}{f(r)} \qquad (4-5-1)$$

从式 (4-5-1) 中不难发现，最优保留价的设置与买家估价分布函数和卖家估价有关，与竞标者人数无关。实际上，当 $F(v)$ 为混合函数时，最优保留价会有多个解存在。此时，买家个数对最优保留价的影响不可忽视。

2. 保留价定价决策影响因素

根据传统保留价设置方法，保留价的设置首先依赖于卖方对物品的估价和买方的估价分布，当估价分布函数为多峰时，还依赖于竞买者人数。不过，该设置方法的前提假设为参与者风险中性且估价服从同一概率分布，而在实际鲜活农产品拍卖中，假设的不成立可能会造成保留价影响因素的不同。

（1）买家估价分布变化。与国外参与者规模相比，我国鲜活农产品拍卖明显呈现"买家卖家小"的特征。卖家供货规模小，直接导致批次规模小，供货规律不确定。买家采购规模小，采购规律亦可能与国外有很大差异。价格方面，剔除噪声因素，国外拍卖成交价格相对稳定。而国内的价格则呈锯齿形波动。本节以 KIFA 2009 年 5 月（网）卡罗拉交易数据为例来说明国内的价格情况。五月（网）卡罗拉实际交易的天数为 29 天，在历史库中可以得到每次拍卖的交易数量、成交价格、花卉名称等级和长度、购买商名称和供货商名称等信息。通过对交易日间的均价波动和交易数量波动分析发现，五月的交易价格呈上升趋势，而交易数量则呈递减趋势。等级之间的价格波动趋势相同，而成交数量趋势略有不同。相对于等级来说，等级的波动曲线平缓。（网）卡罗拉交易日间的成交均价波动明显，而交易日内的成交价格亦存在显著差异。

可以看到，拍卖之间的成交价格存在很大的异质性。因此，很难描述拍卖之间的价格是怎么样的。但是，至少有两个可以观察到的关于价格异质性的解释：买者数量的不同和交易数量的不同。而且，交易日内的价格波动却无法由交易数量来解释。通过实证调研与分析我们看到成交价格呈下降趋势，而交易数量并没有任何明显趋势。因此，影响价格的另外两个不可观察的因素为需求数量的差异和竞买者相对估价的差异。实际上，由于参与者来源于异质市场，加上拍卖过程中的信息披露和时间因素，买家估价分布发生变化并不为奇。

（2）参与者风险态度。很多的决策问题并不能简单地使用损益值来衡量，而在很大程度上取决于决策者对于一定损益的主观估计。在进行决策时，不同的决策者由于其经济地位、个人气质以及对风险的态度不同，对同样的期望损益值可能赋予不同的效用值。这说明，每个人都有自己的效用函数。图 4–11 是 3 种不同类型风险偏好者的效用函数曲线。

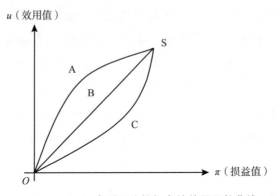

图4-11　不同类型风险偏好者的效用函数曲线

资料来源：笔者绘制。

曲线 A 为风险规避者的效用函数曲线，曲线 B 为风险中性者的效用曲线，曲线 C 为风险偏好者的效用曲线。A 所代表的决策者对收益反映比较迟缓，对损失比较敏感，属于保守型的决策者。B 代表的决策者完全按照期望值的高低来选择决策方案，效用值随损益值的变化而呈固定比例的变化，对风险持中立态度。C 类型决策者则与 A 类型相反，对损失比较迟缓而对收益比较敏感，不怕风险，对小额利益不感兴趣，属于进取型决策者。

最早的投标策略比较呆板，每次投标为当时最小的标。目前，对于拍卖中投标者个体行为特征已引起了学者们的关注，但是并没有深入的研究。在实际拍卖中，参与者需要具有很强的战略性，根据自身的特点来进行决策，从而增加自身的收益。巴普纳（Bapna，2009）将在线英式拍卖投标者行为分为 3 类：专家型投标、参与者和机会主义者。专家型投标对物品价值有清醒的认识，这些买家为了取得时间优先，一般在早期一次性投高价标，属于风险厌恶的买家。参与者则从参与过程中获得效用，属于风险中性的投标者。机会主义者为了增加效用值，经常在拍卖时间过去了 87.5% ~ 100% 的时段内进行投标，属于风险偏好类型①。

①　Bapna R，Chang S A，Goes P，et al. Overlapping online auctions：Empirical characterization of bidder strategies and auction prices［J］. MIS quarterly，2009，34（4）：763 - 783.

买者对于风险的态度可以在购买规模和估价中体现，风险规避度越高，对产品的估价越低，购买数量越少，反之亦然。卖家对于风险的态度主要体现在供货决策上，对风险的承受能力越大，供货规模则越大。

国外学者认为，鲜活农产品拍卖中的投标人为风险中性的，主要原因是大部分投标人不会面临强大资金约束，在单场拍卖中投标人的支付金额仅为预算资金的一小部分。另外，因为同一天有很多批次同质物品进行拍卖，这也为赢标提供了一定的保障。因此，本节同样认为竞买人的风险态度为中性的。在荷式时钟降价式序贯拍卖中，由于数据的搜集难度较大，大部分供货商拒绝回答计划供货数量。因此，本节亦假设卖家的风险态度为中性。

（3）鲜活农产品的成本。成本是产品定价的一个关键因素，只有价格高于成本，卖家才能获得一定的收益。成本主要包括生产成本、运输成本和佣金。目前，拍卖市场并不是我国鲜活农产品销售的唯一方式，对手交易市场仍然占据主导地位。两类市场的并存，给供应商提供了一个选择机会。拍卖市场的交易信息会使卖家改变其供货策略。供货数量的变化和佣金的收取会影响产品的可变成本，进而影响卖家对产品价值的估计。

4.5.3 拍卖保留价定价理论框架

保留价的设定是一个复杂、动态的过程。为保证拍卖的科学合理，保留价的制定遵循一定的原则：①成交原则，拍卖的最终目的是成交，如果不能成交，对买卖双方而言，一切都为空谈；②效益型原则，保留价设置的目的是保证供应商长期利益；③合理性原则，即成交价格必须符合市场规律和价格规律，不能因为保留价的定价决策而有所偏离。基于上述三个基本原则，目前保留价的设置方式主要有两种：

（1）卖方定价，拍卖行尊重卖方的意愿拍卖，不进行任何干涉，是一种比较常用的定价方式。这种方式简便，能直接反映卖方对产品价值的估计。但是，不同卖方制定保留价的标准不一致，比较主观，而且卖方往往缺乏实际的拍卖经验，无法考虑到拍卖市场存在的多方面因素，容易造成交易失败。

（2）协商定价是指由卖方和拍卖行协商确定保留价的一种方式。该种方式弥补了卖方定价的缺陷，将卖方对产品的估价与拍卖行实际拍卖经验相结合，既保护了供应商的长远利益，又有利于调动双方的积极性，是一种合理的定价方式。在遵循一定原则的基础上，选取某个月份的交易信息，并剔除如节假日和特殊纪念日之类的时间进行分析，以达到分析结果适用于普遍现象的目的。本节选取卖方估价、买方估价概率分布、拍卖持续时间及历史成交价格这些变量建立分析模型（见图4-12）。

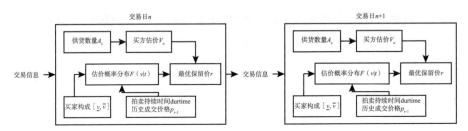

图4-12 拍卖保留价定价理论框架

资料来源：笔者绘制。

从图4-12中可以看出，最优保留价直接由卖方估价和买方估价分布函数决定，其中卖方对产品的估价主要因供货数量 A_s 的不同而有所差异，供货量的决定因素为前一天某种拍卖品的价格信息。买方估价概率分布除了受买方构成影响外，还受到当天拍卖情况的影响，包括拍卖持续时间和当天已成交价格即历史成交价格。接下来需要研究的是卖方估价和买方估价概率分布的变化规律，以达到求解最优保留价的目的。相关定义如下：

● 估价概率分布：买家估价服从 $[\underline{v}, \bar{v}]$，概率分布为 $F(v|t)$，相应的概率密度为 $f(v|t)$，分别表示在时刻 t 时，买家的估价概率分布函数和概率密度函数。

● 卖方估价：使用 v_0 来表示，包括固定成本 f_i、运输成本 tr 和佣金 co。

● 拍卖持续时间：durtime。

- 历史成交价格：P_{t-1} 表示第 t－1 时刻的成交价格。

4.5.4 鲜活农产品拍卖中保留价动态定价模型

本节将保留价影响因素买方估价分布，卖方估价和佣金加入标准拍卖模型，经初步分析得到鲜活农产品拍卖中的初始保留价定价方案，即每个交易日首场拍卖的保留价定价方法，再进一步地分析汇总，考虑时间因素对买方估价造成的影响，建立相应的基于时间因素的保留价数学模型，由此得出让卖家满意的定价方法。

1. 考虑佣金约束的保留价定价模型

对于各种交易方式来说，荷式拍卖在农副产品交易中占有重要地位，具有广泛的发现产品市场需求和形成合适市场价格的作用。中国的农产品流通模式呈现"小生产、大流通"的特点，在这种流通模式下，拍卖行的存在在农产品拍卖交易中起着举足轻重的作用。中国是世界上生产和销售花卉与植物最多的国家之一，而云南是中国最大的花卉园艺生产和贸易中心，每年占国内花卉生产总量的 50% 以上。基于云南省花卉供应商种植规模小，分布分散的事实，在花卉拍卖实践中必须要有第三方拍卖行的参与。供应商委托拍卖行对鲜切花进行拍卖，购买商通过拍卖行主持的拍卖活动进行竞价购买，拍卖行根据成交价格收取一定的佣金。佣金比例大小和支付方式的不同，都会对拍卖三方产生差异化的影响。

目前，关于拍卖佣金的研究虽有进展，但是文献依然较少，笔者在已有文献的基础上，继续探讨双边佣金（即同时向买卖双方收取佣金）对拍卖交易参与者、竞买人、供货商行为的影响，发现供货商行为并不只受单边佣金比例的影响，而是由双边佣金比例共同决定。

假设一场拍卖中有个 N 竞买人竞买一个不可分的物品，竞买人为风险中性。他们对物品的估价表示为函数为 v_1, v_2, $\cdots$, v_n。设竞买人 i 的估价是 v_i 分布在 $[\underline{v}, \bar{v}]$ 上的一个随机变量，分布函数为 $F_i(v)$，对应的概率密度为 $f_i(v)$。竞买人的信息是对称的，即 $\forall v \in [\underline{v}, \bar{v}]$, $F_i(v) = F_j(v) =$

$F(v)$，(c_B, c_S) 为拍卖行分别向竞买人和供货商按成交价格收取的佣金比例。

假设每个竞买人都是理智的，都希望将物品拍到手且物有所值。在荷式拍卖进行中，设定流程如下时，$T = 1$ 时，竞买人决定是否参与拍卖；$T = 2$ 时，拍卖行设定起拍价和保留价；最后，在 $T = 3$ 时，竞买人根据个人估价确定出价策略。以上信息对拍卖参与者（供货商、竞买人、拍卖行）来说都是共同知识。

对于一场拍卖中有 N 个竞买人，基于对称性，先考虑竞买人 i 的期望收益。假设竞买人 i 对物品的估价为 v_i，出价为 b_i，这个出价依赖于竞买人对拍卖品的价值和对其他竞买人价值的估计。由于竞买人对其他竞买人的私人估价信息未知，所以多人拍卖行为将视为一种信息不完全博弈。根据拍卖规则，在拍卖行向竞买人收取 c_B 的佣金比例时，竞买人中标后的实际支付为 $(1 + c_B)b_i$，竞买人 i 的收益可以用下列函数来刻画：

$$u_i(v_1, v_2, \cdots, v_N; b_1, b_2, \cdots, b_N) = \begin{cases} v_i - (1 + c_B)b_i, & b_i = \max b_j \\ 0 & \text{其他} \end{cases}$$

$$(4-5-2)$$

对其他竞买人而言，v_i 的具体数值未知，但知道它是一个 $[\underline{v}, \bar{v}]$ 间的随机变量。在模型基本假设中，竞买人的出价策略为 $b_i = B(v_i)$，其中，$B(\cdot)$ 是 v_i 的单调递增可微函数。每个竞买人都希望在稳妥的前提下，获得最大的收益，这就要找出期望收益的纳什均衡，即贝叶斯-纳什均衡。一场拍卖中有个 N 竞买人，竞买人之间的私人价值相互独立，即：

$$\{ b_i = \max_{1 \leqslant j \leqslant N} b_j \} = \prod_{j=1}^{N} \{ b_j \leqslant b_i \} \qquad (4-5-3)$$

因此，

$$Pr\{ b_i = \max_{1 \leqslant j \leqslant N} b_j \} = \prod_{j=1}^{N} Pr\{ b_j \leqslant b_i \} = \prod_{i \neq j} Pr\{ B_j(v_i) \leqslant b_i \}$$

$$= \prod_{i=j} Pr\{ v_j \leqslant B_j^{-1}(b_i) \} = \prod_{i \neq j} F(B_j^{-1}(b_i)) \qquad (4-5-4)$$

竞买人 i 的数学期望收益为：

$$E_i = [v_i - (1 + c_B)b_i] Pr\{b_i = \max_{1 \leq j \leq N} b_j\} = [v_i - (1 + c_B)b_i] \prod_{i \neq j} F[B_j^{-1}(b_i)]$$

$$(4-5-5)$$

求纳什均衡就成为求 $b_i = \overline{B}_i(v_i)$，$i = 1, 2, 3, \cdots, N$ 极大化，表达式如下：

$$E_i = [v_i - (1 + c_B)b_i] \prod_{i \neq j} F[\overline{B}_j^{-1}(b_i)] , \quad i = 1, 2, \cdots, N$$

$$(4-5-6)$$

由于竞买人信息的对称性，可以简化为求 $b_i = \overline{B}(v_i)$ 极大化：

$$E = [v - (1 + c_B)b] F^{N-1}[\overline{B}^{-1}(b)] = [v - (1 + c_B)b] F^{N-1}(v)$$

$$(4-5-7)$$

或

$$(1 + c_B)[F^{N-1}(v)B(v)]' = (N-1)vF^{N-2}(v)f(v) \quad (4-5-8)$$

积分得：

$$B(v) = \frac{1}{1 + c_B}\left(v - \frac{\int_0^r F^{N-1}(v)dv}{F^{N-1}(v)}\right) = \frac{N-1}{N(1 + c_B)}v \quad (4-5-9)$$

对于荷式拍卖来说，其成交价格 $p = \frac{1}{1 + c_B}\left(v - \frac{\int_v^r F^{N-1}(v)dv}{F^{N-1}(v)}\right)$ 是一个随机变量，竞买人 i 的估价 v_i 落在 $[v, v+dv]$ 区间，并且成交的概率为 $Pr\{v \leq v_i \leq v + dv\} \prod_{j \neq i} Pr\{v_j \leq v\}$。$N$ 个竞买人中，赢标者可以是任意一个，因此在 $[v, v+dv]$ 间成交的概率为 $C_N^1 Pr[v \leq v_i \leq v + dv] \prod_{j \neq i} Pr\{v_j \leq v\}$，则成交价格的数学期望为：

$$E(p) = \frac{1}{1 + c_B}\int_{\underline{v}}^r NydF^{N-1}(y) \quad (4-5-10)$$

竞买人 i 的期望收益为：

$$E_i = \int_{\underline{v}}^r [F(t)]^{n-1}dt \quad (4-5-11)$$

拍卖中介向竞买人收取的佣金仅对竞买人出价策略产生影响，其期望收益并未发生改变。换言之，竞买人支付的佣金实际上由供货商承担，因为拍卖品的成交价格受到了影响，从而降低了供货商的收益。从这个意义上来讲，竞买人无须为佣金比例的高低担忧。该结论有两个前提：拍卖产品保留价为零或固定不变竞买人数作为一个外生变量，其值不会发生变化。

竞买人达到纳什均衡的策略是按物品对自己的价值估价的

$$\frac{1}{1+c_B}\left(v-\frac{\int_x^v F^{N-1}(v)\,dv}{F^{N-1}(v)}\right)$$ 来进行报价。当参与人数越多时，竞买人报价低于估价的抑价部分越少，报价更接近于真实估价。这就是说，当

$$\frac{1}{1+c_B}\left(v-\frac{\int_v^v F^{N-1}(v)\,dv}{F^{N-1}(v)}\right)\to v$$ 时，供货商几乎能够得到竞买人估价的全部。因此，让更多的人参加竞拍是供货商的利益所在。

2. 鲜活农产品最优保留价的设置

在零佣金的条件下，供货商设置产品保留价 r，估价为 $v(v\geqslant r)$ 的竞买人的期望支付为：

$$p(v,r)=rF^{N-1}(r)+\int_r^v ydF^{N-1}(y) \qquad (4-5-12)$$

那么在竞买人对商品信息未知的条件下，买卖双方需要向拍卖中介支付佣金时，其期望支付为：

$$p=\frac{1}{1+c_B}E[p(v,\ r)] \qquad (4-5-13)$$

供货商的总期望收益为：

$$E_S=v_0F^N(r)+\frac{1-c_S}{1+c_B}NE[p(v,\ r)]=v_0F^N(r)+\frac{1-c_S}{1+c_B}N\int_r^r(rF^{N-1}(r)$$

$$+\int_r^v ydF^{N-1}(y))dF(v) \qquad (4-5-14)$$

式（4-5-14）中，v_0 是供货商的成本，在零佣金的条件下，供货商的最优保留价的设置满足 $I_r^*=v_0$，其中，$I(v)=v-\frac{1-F(v)}{f(v)}$ 表示供货商得到支付的期望值。一般文献总认为 $I(v)$ 为单调递增函数。这里定义佣金指

数 α，令 $\alpha = \dfrac{c_B + c_S}{1 + c_B}$，供货商总期望收益对 r 求导，得：

$$\frac{\partial E_S}{\partial r} = (1-\alpha)N\left[1 - F(r) - rf(r)\right]F^{N-1}(r) + NF^{N-1}(r)f(r)v_0$$

$$= (1-\alpha)N\left[1 - \left(r - \frac{v_0}{1-\alpha}\right)\frac{f(r)}{1-F(r)}\right]\left[1 - F(r)\right]F^{N-1}(r) = 0$$

$$(4-5-15)$$

如果保留价 r 满足 $(1-\alpha)I(r) = v_0$，则 r 为双边佣金收取方式下供货商设置的最优保留价。可以看出，除了与供货商自己的估价、竞买人估价分布外，最优保留价还和佣金结构相关，并不单方受供货商佣金比例或者竞买人佣金比例影响。该结论并不难理解，由于竞买人报价策略的调整，供货商除了承担自身的佣金外，还要变向承担竞买人支付的佣金费用。进一步来讲，因 $0 \leqslant \alpha \leqslant 1$，供货商设置的保留价高于供货商自身的估价。另外，在竞买人估价分布函数为单峰函数的条件下，最优保留价与竞买人数无关，当竞买人估价分布函数为多峰时，最优保留价与竞买人数有关。

3. 动态保留价定价策略

实际拍卖中信息披露会对竞标人的估价及投标策略产生影响，从而导致本次的交易价格在一定程度上依赖于前次的交易价格。因此，本节有理由假设，在同一天的拍卖活动中，本次投标人的估价因上次交易价格的变化会发生一些变化，每天投标人的初始估价因前一天的交易情况也不甚相同。根据可观察到的信息对竞标人的估价分布进行估计，及时把握投标人的估价分布情况，对动态设定保留价具有积极的指导意义。

竞买人对当天拍卖产品的估价主要受两个方面的影响：①对当天拍卖物品的原始估价，即在未知当天交易信息时对拍卖物品的估价。②竞买人受外界信息的影响程度，主要包括当天拍卖物品的历史成交价格、拍卖进行时间等。当竞买人未获知外界信息时，其估价主要反映了头一天拍卖产品的估价和竞买人所在地区的市场信息。当竞买人获得关于当天拍卖的全部信息时，其估价除了受原始估价的影响外，还与外界信息有关。在实际鲜活农产品拍卖中，当天历史成交价格和竞标人数均可被观察到，这些信息对所有竞买者来说都为公共知识。

因交易信息的公开性，使得参与拍卖的买方均可获得历史价格信息，同时，竞买人的竞价心理随着时间的推进、当前价格的变化也会发生如下变化：

（1）参与拍卖者根据历史成交价格和现场拍卖人数发现拍卖产品当前的市场价值和竞争状况，会适当调整对拍卖产品的心理估价，保证在获得最大期望收益的条件下增加赢标的概率。

（2）竞买人通过对历史成交价格分析，发现其他竞买人对拍卖产品的肯定或否定的态度。价格上升代表肯定态度，价格下降代表否定态度，这种价值肯定或否定的共识会对竞买人估价产生正向反馈的作用，从而影响其对拍卖产品的估价。

（3）鲜活农产品拍卖刚开始时，竞买人对产品的出价没有任何参照价格，各自按照自身的估价进行出价。随着拍卖持续时间的增加，竞买人对产品出价的参照价格为当前成交价格。受参照价格的影响，此时竞买人的估价与前次拍卖时的估价相比会发生变化。

由此可见，竞买人对拍卖产品的估价会受到时间因素的影响。随着拍卖的进行，每场拍卖的成交价格可能不同，参与本次拍卖的竞买人的产品估价与历史估价相比，也会有所不同。因此，本节沿用前人的假设，投标人的私人估价和成交价格以相同比率变化，而且这种变化趋势是普遍的，即每个投标人的估价变化均符合同一趋势。该假设的依据是当前成交价格在很大程度上影响着投标人的估价，用成交价格的变化来反映估价的变化，兼顾了时间价值和心理变化两方面影响投标人估价的因素，是可行且符合实际的。

如图 4-13 所示，时间长度 T 用 N 个时刻来表示，即在时刻 T 内进行了 N 次拍卖。在第 n 场拍卖中，$n \leqslant N$，拍卖产品的当前价格为 P_n，此时竞标人对拍卖产品的估价受到当前成交价格的影响，估价为 V_n。投标人根据当前估价进行出价，导致第 $n+1$ 场拍卖的成交价为 P_{n+1}，进而又影响投标人的估价，如此循环往复，直至拍卖结束。

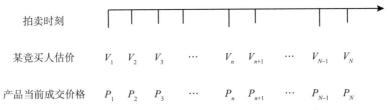

图 4 – 13 拍卖产品当前价格和某竞买人估价变化情况

资料来源：笔者绘制。

通过分析可见，随着拍卖的进行，产品成交价格发生变化，因此竞买人对产品的估价也会发生变化，假定在各场拍卖中，每个竞买人的估价变化率与产品当前成交价格变化率相同，则在第 n 场拍卖中，竞买人的估价 V_n 可表示如下：

$$\frac{V_n - V_{n-1}}{V_{n-1} - V_{n-2}} = \frac{P_{n-1} - P_{n-2}}{P_{n-2} - P_{n-3}} \quad\quad (4-5-16)$$

其中，$n > 3$，根据上式有：

$$\frac{V_n - V_{n-1}}{V_{n-1} - V_{n-2}} = \frac{P_{n-1} - P_{n-2}}{P_{n-2} - P_{n-3}}$$

$$\frac{V_{n-1} - V_{n-2}}{V_{n-2} - V_{n-3}} = \frac{P_{n-2} - P_{n-3}}{P_{n-3} - P_{n-4}}$$

$$\frac{V_{n-2} - V_{n-3}}{V_{n-3} - V_{n-4}} = \frac{P_{n-3} - P_{n-4}}{P_{n-4} - P_{n-5}} \quad\quad (4-5-17)$$

$$\cdots$$

$$\frac{V_4 - V_3}{V_3 - V_2} = \frac{P_3 - P_2}{P_2 - P_1}$$

则，将等式（4 – 5 – 16）和等式（4 – 5 – 17）相乘化简得：

$$\frac{V_n - V_{n-1}}{V_3 - V_2} = \frac{P_{n-1} - P_{n-2}}{P_2 - P_1} \quad\quad (4-5-18)$$

对式（4 – 5 – 18）进一步处理得：

$$\frac{V_n - V_3}{V_3 - V_2} = \frac{P_{n-1} - P_2}{P_2 - P_1} \quad\quad (4-5-19)$$

根据式（4-5-19），可以求得竞买人 i 在第 n 场拍卖开始时的估价。在 V_n 的求解过程中，需要首先确定 V_2 和 V_3 的值。当 $n \leqslant 3$ 时，假设：

$$V_2 = V_1$$

$$V_3 = \frac{P_2}{P_1}V_2 = \frac{P_2}{P_1}V_1 \qquad (4-5-20)$$

V_1 为初始估价，该值在估计竞买人初始估价分布中获得。化简式（4-5-20）得：

$$V_n = \frac{P_{n-1}}{P_1}V_1 \qquad (4-5-21)$$

投标人的概率分布函数：

$$F_n(V_n) = Pr(V_{jn} \leqslant V_n) = Pr\left(\frac{P_{n-1}}{P_1}V_{j1} \leqslant \frac{P_{n-1}}{P_1}V_1\right) = Pr(V_{j1} \leqslant V_1) = F(V_1)$$

$$= F\left(\frac{P_1}{P_{n-1}}V_n\right) \qquad (4-5-22)$$

因此，第 n 场拍卖开始时的投标人估价分布函数可由初始估价分布函数得到。根据鲜活农产品拍卖最优保留价的设置策略，在卖家估价、投标人估价分布和佣金指数已知的情况下，每场拍卖最优保留价为：

$$r_n = \frac{c}{1-\alpha} + \frac{TC}{q_m(1-\alpha)} + \frac{1-F_n(r_n)}{f_n(r_n)} \qquad (4-5-23)$$

式（4-5-23）中，$F_n(\cdot)$ 和 $f_n(\cdot)$ 为第 n 场拍卖开始时，投标人的估价分布函数和估价概率密度函数，r_n 为第 n 场拍卖时的最优保留价。上式表明，随着拍卖的进行，投标人的估价分布会随着成交价格的变化而发生变化，进而影响最优保留价的变化。因此，要想使卖家期望收益达到最大，必须时刻关注竞买人估价分布的变化，对变化做出实时反映，调整保留价以保证卖家利益。

第 5 章
鲜活农产品拍卖物流运营优化

5.1 拍前物流智能调度决策优化策略[*]

5.1.1 引言

规划、调度和控制职能部门的决策对 ALC 的运作有很大影响。规划是组织在长时间范围内实现预期目标所需活动的过程。控制应用解决从秒到分钟的实时执行问题（Shobrys & White，2002）。本节将制订一个调度方案，以促进 ALC 的日常决策过程。这是一个分配工作资源的问题，以完成计划中的拍卖工作，同时最大程度地满足一些标准。在本节中，拍卖桶和拍卖车被定义为在排程范围开始时已经准备好的工作。拍卖桶是运送拍卖产品的最小单位，而拍卖车是具体的运送手段。工作资源包括装车机、拍卖前物流组、拍卖钟等。

拍卖量大、拍卖周期短、拍卖品易腐烂是 ALC 的典型特点。动态的不

　＊ 本节节选自孔祥天瑞、黄国全已发表论文（英译中）：Kong X T, Chen J, Luo H, et al. Schoduling at an auction logistics center with physical internet. International Journal of Production Research，2016，54（9）：2670 - 2690.

确定因素（如产品质量突然恶化）使调度工作更加复杂。随着拍卖变得越来越复杂和动态，人们越来越需要将这一调度过程自动化（Van der Vorst, et al., 2007）。然而，直到现在，一些 ALC 的日程安排仍然主要依靠人的经验。这种传统方法无法优化或控制如此复杂的系统（Cowling, 2003）。此外，由于缺乏流程的可视性和同步的时间表，使得物流和拍卖脱钩。装载好的拍卖笼车可能需要在拍卖前的缓冲区等待剩余的笼车很长时间。因此，空间资源被浪费了，拍卖产品也随着持有时间的增加而变质。现有调度运行的表现使得物料流拥堵，尤其是笼车装载和拍卖交易阶段（Qin, Chen & Ma, 2015）。因此，必须寻求一种灵活有效的调度方案，以提高吞吐能力，同时减少最大完工时间（所有拍卖笼车在最后阶段的最大完成时间）和货物损坏。

为了应对拍卖物流方面的挑战，已经进行了一些经验性和分析性研究。例如，坎比尔和范赫克（Kambil & Van Heck, 1998）提出了一个可通用的交换过程模型，并制订了一个过程利益相关者分析框架，以比较不同形式的信息技术支持的荷式拍卖。科斯特和于（Koster & Yu, 2008）研究了分区对拍卖后配送过程绩效的潜在效益。开发了客户到货架的分配方法，以平衡各区间的工作量。最近，秦、陈和马（Qin, Chen & Ma, 2015）引入了一种修改后的基于类的位置策略，采用最接近开放的方法来提高拍卖开始后的投放系统性能。然而，目前已知的调度模型很少能够促进 ALC 的复杂决策。

为了解决实际的挑战和研究的空白，香港大学物理互联网（Physical Internet）实验室在拍卖技术和理论上进行了大量的探索。一方面，近 3 年来建立了智能 ALC 环境，实现了信息流的自动化和复杂的分析技术（Verdouw et al., 2013）。作为一种建立在物理、数字和操作互联基础上的先进物流系统，Physical Internet（PI）被用来构建这种技术基础设施（Montreuil, 2011; Ballot, Montreuil & Meller, 2014）。另一方面，设计了一系列高效的拍卖机制（Huang & Xu, 2013; Xu & Huang, 2014）。但在此背景下，仍然缺乏运营管理（即计划、调度和控制）的相关理论。孔等（Kong et al., 2014）已经做了初步的努力，并讨论了 PI – ALC 中的规划问题。

本节主要研究 PI – ALC 的笼车装载和拍卖交易阶段的调度。根据混合流水车间调度（HFS）分类方案（Ruiz & Vázquez – Rodríguez，2010），所研究的笼车装载阶段和拍卖阶段形成了标准的两阶段 HFS 配置。第一阶段调度的目的是首先对拍卖桶进行排序，然后将这些桶装入（并组合）拍卖笼车。第二阶段调度的目的是利用冻结的缓冲区将笼车调度和分配到拍卖工作室。同时，相关的调度问题有几个特殊的特点，总结起来就是：①每一类拍卖产品有不同的价值劣化速度和有效期；②允许混合笼车装载，这意味着不同的产品系列可以装载在同一个拍卖笼车中；③设计了缓冲冻结区，笼车可以暂时存放在那里，以优化拍卖钟的进给。这些缓冲冻结区配置了多个笼车位置，在这些位置上不允许再进行重新配料和重新排序活动；④考虑每个阶段的配料过程。在第一阶段，根据拍卖笼车的常用容量对拍卖桶进行分批。在第二阶段，拍卖笼车根据冷冻缓冲区的大小进行分批，并以笼车链运输。因此，有关的调度问题是典型 HFS 调度问题的扩展。本章节解决以下 3 个目标和相关研究问题。

（1）讨论 PI – ALC 的运行模式，其中，考虑了典型的拍卖物流特征。

（2）针对 PI – ALC 的笼车装载和拍卖交易阶段的复杂操作，建立及时调度模型。

（3）研究各种模型因素对调度性能的影响。具体而言，我们旨在进一步研究以下问题：①在不同的冻结缓冲区大小下，组合调度—拣货机制对详细运行计划的影响是什么？②在需求不稳定、运行窗口不同的情况下，不同调度规则对详细运行计划的影响是什么？③动态笼车规模下，不同系统配置对详细运行计划有何影响？

5.1.2　拍前物流智慧环境

无处不在的拍卖物流是无处不在制造的融合，旨在提供实时数据，管理整个拍卖产品生命周期，将拍卖业务转变为拍卖驱动的处理能力和资源在全球范围内整合优化的新模式。PI – ALC 是无处不在的拍卖物流的一个典型应用场景，π 笼车等 π 资产可以实现对其状态和移动信息的包含、检测、处理甚至推理。PI – ALC 由于其标准流程和数字化的接口，可能成为 PI 使用和验证的可行土壤。

图 5-1（a）描述了支持 PI 的两级调度和操作的系统架构。为了进一步提高灵活性和模块化，采用分层架构，基本由两层组成：IaaS 层和 PaaS 层。

（a）支持PI的系统架构

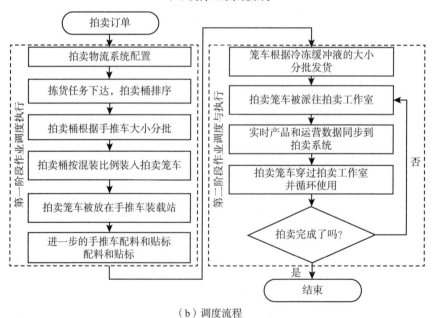

（b）调度流程

图 5-1 两阶段调度和执行的系统架构和流程

资料来源：笔者绘制。

　　自下而上，IaaS 提供智能资产（SA）和资源虚拟化，实现物联网和 PI 技术的应用。SA 是增强型的企业物理资产，它们配备了支持物联网的设备（例如，RFID 标签和资源虚拟化）及具有云计算能力和智能逻辑的软件代理（Fang，Huang & Zhi，2013）。为了更好地理解，图 5 - 1（a）配置了一个笼车装载和拍卖交易阶段的综合智能运营环境。系统地部署物联网设备，智能资产（包括拍卖桶、存储位置/缓冲区、移动工人、拍卖时钟和循环笼车）可以被跟踪。当在这样的环境中进行活动时，所有的实时信息，如机器状态、工作进度、工人可用性和材料位置，都会被即时收集。因此，拍卖和物流之间的一体化操作、确定性的操作调度和灵活的拍卖执行可以一次性实现。为了便于 PI 应用的部署，我们提出了 PaaS，它包含三个主要部分，即决策支持服务（DSS）、数据源互操作服务（DSIS）和数据库系统。DSS 是这个基础设施的大脑，它可以根据业务目标和操作指令提供智能决策服务，所研究的调度优化引擎插入 DSS 中。DSIS 是内外部系统之间实时可重构的智能数据交换服务，数据库系统提供可扩展的存储和计算资源。

　　图 5 - 1（b）是 PI - ALC 中两阶段调度和执行的典型流程图。在实际实施调度之前，应根据拍卖订单对拍卖物流系统进行配置（即人力规划和设备规模）。拍卖订单是用于要求 ALC 对收到的拍卖品进行交易和处理以获得报酬的商业文件。根据确定的配置和计划，笼车装车的第一阶段调度的目的是对拍卖桶进行排序，并将这些桶装入拍卖笼车。详细的笼车装车流程如下：拣选任务将自动分配给物流团队，物流团队能够将一定数量的排序拍卖桶装入拍卖笼车。拍卖桶随机存放在接收区。然后，以给定的混合装载策略将笼车装满，从接收区拖到相应的装载站。同族装车达到一定比例后，采用混合装车。在装车站，拍卖笼车可以根据冷冻缓冲区的大小进一步分批形成笼车链。笼车链建立后，接货人通过移动设备通知物流操作人员将笼车移至下一处理环节。

　　第二阶段运营调度相对简单，如图 5 - 1（b）右侧所示。该阶段调度的目的是将拍卖笼车从无限的拍卖前中转缓冲区调度和分配到拍卖工作室。详细的操作流程如下：当每辆笼车从暂存缓冲区位置移动时，固定在拖运车辆上的阅读器可以识别每辆笼车的 RFID 标签。实时产品和运营数据同步到拍卖系统。随后，拍卖笼车通过拍卖工作室，在拍卖钟下向买家展示。详细的操作指令可以自动传送到物流操作人员的移动终端/工业电脑上，操作人员可以执行自己新分配的任务。操作人员可以根据这些指令执行他新分配的任务，直到拍卖结束。

5.1.3 问题描述

本章详细讨论 PI – ALC 中修改后的 HFS 模型。该模型的参数、输入和决定变量列举如下：

1. 符号

（1）参数。

i 第一阶段工作（拍卖桶）；$i = 1, 2, \cdots, I$；

j 第二阶段工作（拍卖笼车）；$j = 1, 2, \cdots, J$；

f 工作集；$f = 1, 2, \cdots, F$；

m 第一阶段机器（拍卖前物流团队）；$m = 1, 2, \cdots, M$；

m' 第二阶段机器（拍卖区）；$m' = 1, 2, \cdots, M'$；

g 工作阶段，$g = 1, 2$；

t 时间，$t = 0, 1, 2, \cdots, T$（$t_0 = 0$，拍卖品到达的时间）；

$V_f^i(t)$ t 时段在工作集 f 中工作 i 的值；

b_f^i 工作集 f 中工作 i 劣化率的值。

（2）变量。

p_f^{im} 拍卖前物流团队 m 在工作集 f 中对拍卖桶 i 的分拣时间；

l_f^m 拍卖前物流团队 m 在工作集 f 中对拍卖桶 i 的缓冲时间；

d_j 拍卖笼车 j 的装配时间；

$tran_f^{m'm}$ 拍卖区为 m' 时拍卖笼车 j 在工作集 f 中的交易时间；

A 一个拍卖笼车的公用容量，$A = J/I$；

$B_{m'}$ 拍卖区为 m' 时冷冻缓冲区的最大容量；

$fb_{m'}$ 　拍卖区为 m' 时冷冻缓冲区的大小；

C_{fi}^{β} 　在 g 工作阶段工作集 f 中工作 i 的完成时间；

C_{fi}^{n} 　在 g 工作阶段工作集 f 中工作 j 的完成时间；

C''_{max} 　在最终工作阶段所有工作完成的最大时间，$C_{max} = \max(C_{fj}^2)$；

WT_f^g 　在 g 工作阶段工作集 f 中工作 j 的等待时间；

$x_i^m = \begin{cases} 1 & \text{当在第一工作阶段工作 } i \text{ 被安排在拍卖前物流团队 } m \text{ 中；} \\ 0 & \text{否则。} \end{cases}$

$y_{ir} = \begin{cases} 1 & \text{当在第一工作阶段工作 } i \text{ 优先于工作 } r \text{ 并且两个工作在同一} \\ & \text{机器完成；} \\ 0 & \text{否则。} \end{cases}$

$z_j^{m'} = \begin{cases} 1 & \text{当在第二工作阶段工作 } j \text{ 被安排在拍卖前物流团队 } m \text{ 中；} \\ 0 & \text{否则。} \end{cases}$

$z_{jq} = \begin{cases} 1 & \text{当在第二工作阶段工作 } j \text{ 优先于工作 } q \text{ 并且两个工作在同一} \\ & \text{机器完成；} \\ 0 & \text{否则。} \end{cases}$

2. 拍前物流调度问题描述

从图 5-2 可以看出，拍卖产品是随机存放在接收区的，我们把一个拍卖桶 $i(i=1, 2, \cdots, I)$ 称为第一阶段的运营。拍卖笼车 $j(j=1, 2, \cdots, J)$ 配备有公用容量 A，可以容纳多个拍卖桶的负载。根据这样的公共容量对拍卖桶进行分批。此外，允许混合笼车装载，这意味着不同的产品系列可以装载在同一个拍卖笼车中。每个拍卖前的物流团队 m（包括装车站）都被看作一台"机器"，其拣选时间 p_f^{im} 和装车时间 l_f^{im} 各不相同。第二阶段在拍卖工作室拥有 M' 套相同的拍卖时钟。这些平行的拍卖钟被视为"机器"，我们在此阶段将拍卖笼车称为"作业"。由于不同类型拍卖产品的竞价行为的波动，拍卖笼车的交易时间 $tran_f^{jm'}$ 会发生变化。每个非混合型笼车的平均交易时间通常低于每个混合型笼车。此外，笼车在拍卖前中转缓冲区的等待时间（包括笼车装卸）用 WT_{fj}^g 表示。每个笼车的分配时间 d_j 也是已知的，它表示拍卖笼车从中转缓冲区到拍卖工作室的运输时间。根据所提出的冷冻缓冲区

$fb_{m'}$的配置，拍卖笼车被分批成一个拍卖笼车链。

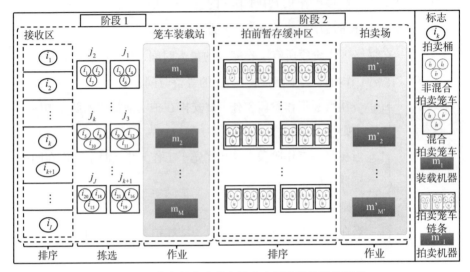

图 5 – 2　笼车装载阶段和拍卖交易阶段的操作调度

资料来源：笔者绘制。

在第一阶段，采用不同调度规则和拣选模式的运营调度机制。首先，采用调度规则对新的拍卖桶排队装车进行排序。由于拍卖商品的劣化率不低，其对这种拍卖物流系统建模的影响不容忽视。本节研究考虑到每个拍卖桶的不同劣化率 b_f^i。根据奥斯瓦尔德和斯特恩（Osvald & Stirn, 2008）的研究，采用线性恶化函数。此外，拍卖产品有不同的到期日。到期日是指拍卖交易者认为产品开始失去新鲜度的日期。因此，除了传统的调度规则外，本节根据变质率和到期日设计了两种新的调度规则。其次，当同户拣选达到一定比例后，开始拣选混合型产品。不同的拣选模式决定了拍卖设施内混合型笼车的使用量。如果装载非混合型笼车，则需要较长的拣选时间，因为寻找同族产品需要花费很多时间。最后，如果一个笼车装载站闲置，可用的笼车将被分配到这个站进行进一步处理。

在第二阶段，也采用了一套决策规则。首先，当一个拍卖钟完成当前拍卖品的交易时，它可以根据先到先服务（FCFS）的调度规则选择新的笼车。

其次，拍卖笼车应分配给可用的拍卖时钟，并在那里进行处理。但如果拍卖时钟和相应的冻结缓冲区被占用（在容量限制 $B_{m'}$ 内），笼车必须在暂存缓冲区等待时钟可用。如果拍卖品的交易全部完成，则笼车装车和拍卖交易的整体调度结束。

3. 相关假设

为了将这个问题归为一个标准类型，我们按照路伊斯（Ruiz，2010）等介绍的 HFS 分类方案。这个问题可以表示为 FH_2，$PM \parallel C_{\text{MAX}}$，$\sum_{i=1,\cdots,I} \Delta V_f^i(t)$，其中 FH_2 是指这个问题是一个有两个阶段的 HFS；PM 是指在所有阶段都有相同的并行机器，目标是最小化工期和价值损失。C_{MAX} 是一个普遍采用的衡量机器利用率和系统吞吐量的指标。$\sum_{i=1,\cdots,I} \Delta V_f^i(t)$ 是拍卖的一个重要指标，定义为操作时间窗口内的价值损失。这两个衡量标准对 PI – ALC 的资源管理和服务质量至关重要。我们还有以下附加假设：

（1）所有的工作和机器在零时都是可用的。拍卖机故障是不允许的。

（2）所有的拍卖桶按照随机存储分配原则放置在接收区。每台完成的个人笼车从上一阶段放出后，可立即参与拍卖。

（3）每个拍卖桶/笼车的家族、变质率和有效期已经知道。

（4）任何机器一次只能处理一项作业，任何作业一次只能由一台机器处理。

（5）设置时间可以忽略不计，不允许预购。

（6）笼车的总数是固定的，但这些资源可以在 PI – ALC 中循环使用。

（7）PI – ALC 的存储容量不受限制，但拖挂车的运输能力受到限制。

（8）任何作业到任何机器的位置在两个阶段都是相等的。

（9）在我们的情况下，因缺乏足够的意愿者而中止拍卖是不应该发生的。

5.1.4　问题建模

1. 运营调度模型

基于所定义的符号，我们提出以下数学模型。在实践中，ALC 经理希望优化和评估跨度和价值损失的性能。以下确定的原因（1）和原因（2）证明了最大完工时间测量的必要性，而原因（3）表明了价值损失测量在拍卖中的重要性。此外，所提出的性能测量将用于本节的模拟实验。

原因（1）从操作的角度来看，必须在非常紧凑的时间窗口内，将笼车与分级产品进行分组，并排好顺序进行拍卖。物流方面要保证拍卖钟的连续进货，效率要高，效果要好。

原因（2）从拍卖角度看，有理由认为，在荷式拍卖中，拍卖时间的长短和速度会影响卖家和拍卖师的收入（Katok & Kwasnica，2008）。竞买人可能愿意接受以较高的价格换取节省的时间。

原因（3）从产品易损性角度看，某些类型的拍卖商品在一段时间内要么有有效期，要么就会过时。在建立拍卖物流系统模型时应考虑拍卖商品的变质率（Goyal & Giri，2001）。我们假设基于线性方式的工作劣化值。给定劣化率的值 b_f^i，拍卖产品在时间 t 从时间 0 开始的价值损失可以如下得到。例如，一个作业在完成时间 C_{fj}^g 的价值损失为 $V_f^i(0) - b_f^i C_{fj}^g$，则有：

$$\Delta V_f^i(t) = V_f^i(0) - V_f^i(t) = V_f^i(0) - b_f^i t \qquad (5-1-1)$$

目标最小化 $C_{\max}$，或最大化 $\sum\limits_{i=1,\cdots,I} \Delta V_f^i(t)$。

约束条件：

$$\sum_{m \in M} x_i^m = 1, \ i = 1, \ \cdots, \ I \qquad (5-1-2)$$

$$\sum_{m' \in M'} z_j^{m'} = 1, \ j = 1, \ \cdots, \ J \qquad (5-1-3)$$

$$x_i^m + x_r^m - y_{ir} - y_{ri} \leqslant 1, \ \forall m \in M; \ i < r; \ i, \ r = 1, \ \cdots, \ I \qquad (5-1-4)$$

$$z_j^{m'} + z_q^{m'} - w_{jq} - w_{qj} \leqslant 1, \ \forall m' \in M'; \ j < q; \ j, \ q = 1, \ \cdots, \ J$$
$$\qquad (5-1-5)$$

$$C_{fi}^1 - (1 - y_{ir})K \leqslant C_{fr}^1 - p_f^{mm} - l_f^{rm}, \ i < r \qquad (5-1-6)$$

$$C_{fj}^2 - (1 - w_{jq})K \leqslant C_{fq}^2 - tran_f^{qm'} - d_q, \ j < q \qquad (5-1-7)$$

$$fb_{m'} < B_{m'}, \ \forall m' \in M' \qquad (5-1-8)$$

$$C_{fj}^2 = C_{fi}^1 + d_j + tran_f^{jm'} + WT_{fj}^2 \qquad (5-1-9)$$

$$x_i^m, \ y_{ir}, \ z_j^{m'}, \ w_{jq} \in \ \{0, \ 1\} \qquad (5-1-10)$$

$$C_{fi}^1, \ C_{fr}^1, \ p_f^{rm}, \ r_f^{rm}, \ C_f^2, \ C_{fq}^2, \ tran_f^{qm'}, \ d_q, \ WT_{fi}^2, \ fb_{m'} \geq 0$$

$$(5-1-11)$$

约束条件（5-1-2）和约束条件（5-1-3）要求第一阶段和第二阶段的每项工作都应准确地分配给一台机器。约束条件（5-1-4）和约束条件（5-1-5）保证，如果作业 i 和 r 在第一阶段被分配给同一个员工队伍 m，或者作业 j 和 q 在第二阶段被分配给同一台机器 m'，那么必须先处理一个，再处理另一个。约束条件（5-1-6）和约束条件（5-1-7）保证在两个阶段的每个团队或机器上，每个作业的完成时间不大于下一个作业的开始时间。参数 K 是一个大数。约束条件（5-1-8）给出了冻结缓冲区处笼车位置大小的阈值。约束条件（5-1-9）中给出了 f 族中第二阶段作业 j 的完成时间。约束条件（5-1-10）指出决策变量是二进制的，约束条件（5-1-11）要求所有的完成时间是非负数。最后，值得注意的是，约束条件（5-1-8）和约束条件（5-1-9）是新颖的约束，而其他约束则是经典的调度约束。

2. 运营调度机制

值得评价的是，不同的派送—拣选规则组合在优化性能措施方面的能力。

（1）派送规则。在收到拍卖产品并进行分级后，采用不同的调度规则对这些排队等待笼车装车的产品（包含在拍卖桶中）进行优先处理。在本节中，不同的派送规则决定了准备拣选和推车装车的拍卖桶的处理顺序。本节研究中包含的派送规则列举如下。

①先到先得（FCFS）。最早到达接收区的拍卖桶将被优先处理。

②最短处理时间（SPT）。操作时间最短的拍卖桶将被优先处理（操作时间包括拣货时间、装货时间、配送时间、等待时间和交易时间）。

③最长处理时间（LPT）。操作时间最长的拍卖桶将被优先处理。

④随着时间的推移价值恶化（VDOVERT）。拍卖产品价值最高的拍卖桶将被优先处理。拍卖品的价值劣化符合线性劣化函数。

⑤最早到期日（EED）。最早到期日的拍卖品桶将被优先处理。过期日

是指拍卖商认为产品开始失去新鲜度的日期。鱼类的保质期可能为 1 ~ 2 天，活切花的花瓶寿命较为有限。在这个日期之后的某个时间点，产品质量会开始下降。

（2）拣选方式。拣选模式控制着混合动力笼车的具体比例。不同的拣选模式将决定拍卖设施中混合型笼车的数量。当同族拣选达到一定比例后，开始拣选混合型产品。需要注意的是，拣选策略是作为一个长期规划决策（如每月或每年）提前制定的。例如，可以通过选择不同比例的同系产品来划分拣选模式，如 25%、50%、75% 和 100%。

此外，拍卖的瞬间中断可能由不希望的过程速度损失和不可预见的竞价波动引起。通过正确的缓冲容量设计，有可能降低整个系统的可用性损失，并获得所需的吞吐量水平（Battini, Persona & Regattieri, 2009）。因此，我们在研究中考虑了冻结缓冲区的配置。一般来说，拍卖时钟的初始冻结缓冲区大小 $fb_{m'}$ 可以通过最大的 d_j/最短的 $tran_f^{jm'}$ 大致计算出来，如 0 - location，3 - location 缓冲区大小，5 - location。我们将研究这些不同的缓冲区容量水平，以评估冻结缓冲区大小对派送—拣选机制性能的影响。

5.1.5 求解方案

根据 PI - ALC 的四个关键过程，总结出了整体解决方案。众所周知，HFS 问题是强意义上的 NP - hard 问题。考虑到每个阶段的批处理过程，甚至很难解决所提出的模型。在此，我们提出了一种启发式的解决方法。这个启发式是基于调度规则和拣选策略的组合。这些规则在实际的拍卖环境中很容易被采用。该方法的决策规则详述如下：

（1）拍卖桶拣选阶段。

①由于所有作业信息，如作业价值劣化等都已从以前的接收/质量分级作业中获得，因此可以算出所有接收作业（拍卖桶）的顺序。它使用列出的调度规则，即 FCFS、SPT、LPT、EED 和 VDOVERT。

②根据笼车的共同容量对作业进行分批，并将分批后的作业送到笼车装

载站。我们还定义了一个给定混合装载比的拣选策略。拣选过程可以描述如下。首先，ALC 经理设置混合装载比 ω。其次，当同族拣选达到一定比例时，开始拣选混合型产品族。

（2）笼车装车阶段：在给定当前机器/人力容量的情况下，根据先有机器（FAM）规则，将分批拍卖桶分配到笼车装车站。

（3）拍卖前分配阶段：根据 fbm' 的冷冻缓冲尺寸，分批运输笼车（笼车链）。当 fbm' 为 0 时，单个拍卖笼车从前一个笼车装载站放出后，立即进行交易。

（4）动作交易阶段：这里包括两条决策规则。第一，我们根据 FCFS 规则对冷冻缓冲笼车进行排序。第二，我们根据 FAM 规则将这些分批的笼车分配给不同的拍卖工作室。

5.1.6　实验与讨论

为了检验所提出的调度方法的适用性和有效性，并评价组合派送—拣选机制的影响，我们进行了仿真实验。实验中考虑了一个水果拍卖物流系统，该系统由 3 个拍卖前物流小组（包括装车机）、3 个拍卖钟、共享的拍卖前中转缓冲区（含冷冻缓冲区）和若干辆用于物料搬运的电动牵引车组成。所有的操作流程都由一个 PI 信息平台控制，确保所有数据在调度期开始时就能得到。在这个系统中使用了寿命和剩余价值的性能标准。值得注意的是，价值损失最小化等于剩余价值最大化。为了简化比较和分析，我们在下面的章节中使用剩余价值的标准。在实验过程中，分别针对各性能准则运行调度模型。

1. 实验设计

由于所有的派送规则都可以与所有的拣选模式结合使用，因此实验由冷冻缓冲区大小、拣选模式和派送规则的全因子研究组成。为了评估冻结缓冲区大小级别对不同策略组合性能的影响，我们研究了三种缓冲区容量级别，即 0 – location、3 – location 和 5 – location。

对于每个缓冲区大小，我们考虑了 5 种派送规则和 4 种选取模式，从而得到 $5 \times 4 = 20$ 种策略组合。对每个策略组合进行 10 次重复。因此，对于每个缓冲区容量水平，有 $20 \times 10 = 200$ 次实验运行。对于每个缓冲区大小，200 个实验运行中的每一个都会收集最大完工时间和剩余价值测量的值。有 3 个缓冲容量级别，所以每个测量总共有 600 次实验运行。为了综合评价派送—拣选机制的性能，我们首先进行方差分析（ANOVA）。方差分析表明，派送—拣选机制对最大完工时间和剩余价值性能都有统计学上显著的交互影响。

在接下来的内容中，我们将通过敏感性分析对派送性能进行详细评估。敏感性分析在仿真实验中尤为重要，因为潜在的不确定性可能会扭曲仿真结果。在本节中，实现的敏感性分析与不同拍卖量和窗口下的动态调度规则有关。同时还包括不同系统配置下动态笼车尺寸的敏感性实验。实验通过 Matlab©2012a 在奔腾 2.4GHzCPU 和 1G 内存的计算机上进行。对于不同的策略组合，一次复制的计算机运行时间约为几秒。我们可以看到，消耗的时间是可以接受的。

2. 分派—拣选机制对工期性能的影响

图 5-3 显示了当每种拣选模式与每种派送规则结合使用时，所有实验运行中最大完工时间的平均值，3 个子图分别显示了 3 种冷冻缓冲区大小级别的结果。

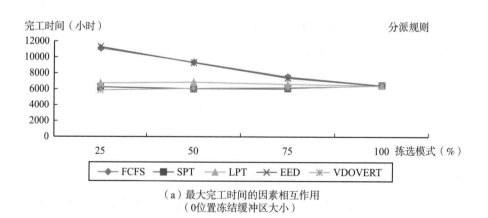

（a）最大完工时间的因素相互作用
（0位置冻结缓冲区大小）

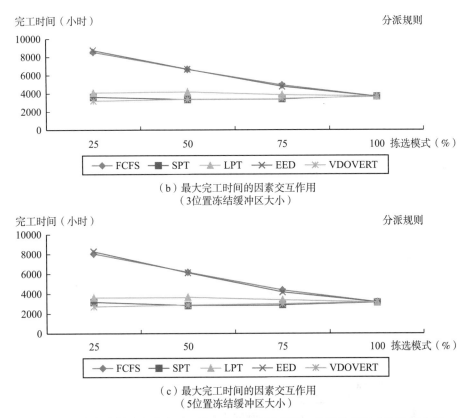

（b）最大完工时间的因素交互作用
（3位置冻结缓冲区大小）

（c）最大完工时间的因素交互作用
（5位置冻结缓冲区大小）

图5-3　在各种缓冲区大小下，最大完工时间的派送—拣选机制的交互作用分析

资料来源：笔者绘制。

如果混合拍卖笼车在拍卖工作室中移动，可能会增加交易时间。但对于混合拍卖笼车来说，挑选拍卖桶所花费的时间更少。在所有冻结的缓冲容量水平下，最大完工时间的性能随着拣选模式的增长而变小。然而，在最小化最大完工时间的过程中，值得注意的是，在75%的情况下，所提出的非混合笼车装车模式与整个笼车装同系列产品的表现大致相同。

在所有的派送规则中，VDOVERT似乎是最小化工期的最佳选择。值得一提的是，SPT在所有缓冲区大小的情况下，产生的工期几乎与VDOVERT相同。然而，SPT没有使用作业价值恶化信息，只是根据作业发布到笼车装载和拍卖交易阶段的时间来处理作业。在所有缓冲区大小级别下，LPT的表现似乎比 SPT 略差。FCFS 和 EED 似乎在最大的工期值下表现最差。观察到的一个共同趋势是，在不同的冻结缓冲容量水平下，派送规则的等级似乎保持不变。

3. 分派—拣选机制对剩余价值性能的影响

图 5-4 称为主效应图，是因为它显示了拣选模式和派送规则这两个主要因素所产生的剩余价值的表现。图 5-4 中的 3 个子图分别显示了 3 个冷冻缓冲区大小级别的结果。从图 5-4 可以看出，当非混合笼车装载模式为 75% 时，已经达到了一个平台。

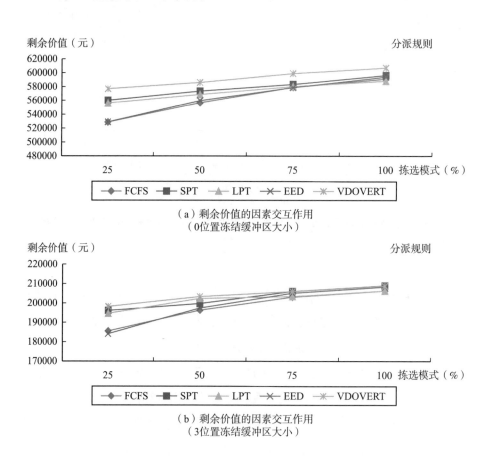

（a）剩余价值的因素交互作用
（0位置冻结缓冲区大小）

（b）剩余价值的因素交互作用
（3位置冻结缓冲区大小）

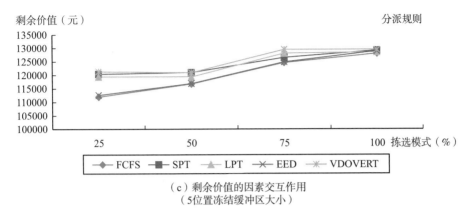

（c）剩余价值的因素交互作用
（5位置冻结缓冲区大小）

图5-4　在各种缓冲区大小下，剩余价值的派送—拣选机制的相互作用分析

资料来源：笔者绘制。

与其他派送规则相比，VDOVERT 在剩余价值最大化方面有很大优势。这可能是因为它明确使用了作业的价值恶化信息。SPT 和 LPT 在所有缓冲区大小级别下的表现似乎比 VDOVERT 稍差。FCFS 和 EED 似乎产生了最差的性能，在所有缓冲区容量水平下，剩余值最小。

对比所有缓冲容量水平下最大完工时间和剩余值的表现，有趣的是，当缓冲区大小增加时，最大完工时间越来越少。这是因为如果每辆拍卖笼车都是分布式的，会造成较大的惩罚性运输时间（在我们的研究中，我们假设运输能力是有限的）。但是，当冻结的缓冲容量处于增量时，剩余价值的损失会加大。这是由于在拍卖前的中转区过度等待的过程中，拍卖品的变质会加速。面对这样的权衡，决策者应根据冻结缓冲区规模的增长，最大限度地减少制作周期，取得平衡。

4. 灵敏度分析

（1）在不同拍卖量和窗口下的动态派送规则分析。物流能力对详细的运营调度有很大的影响，可以用目标作业时间窗口的吞吐能力来表示。在本实验中，考虑了 3 个时间窗口（1.5 小时、5.5 小时和 8.5 小时）和 4 个拍卖量（2000~8000 个作业）。图5-5 为 3 个子图中派送规则的敏感性分析。

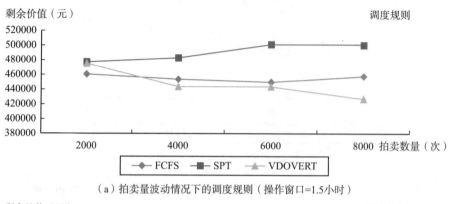

（a）拍卖量波动情况下的调度规则（操作窗口=1.5小时）

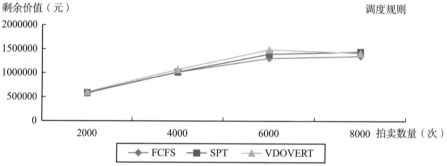

（b）拍卖量波动情况下的调度规则（操作窗口=5.5小时）

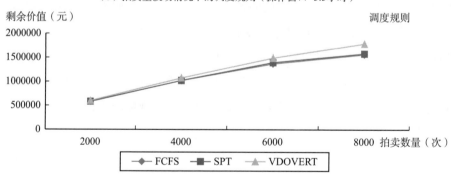

（c）拍卖量波动情况下的调度规则（操作窗口=8.5小时）

图5-5　不同拍卖量和运营窗口下的派送规则敏感性分析

资料来源：笔者绘制。

当作业时间窗口较小时，随着拍卖量的放大，SPT 在剩余价值最大化方面表现最好。这是因为，它明确地使用了最短的作业处理时间，因此在容量不足的情况下，尽可能多的作业被处理。VDOVERT 似乎在缺乏物流能力的情况下产生了最差的性能。FCFS 停留在 SPT 和 VDOVERT 之间。

当运营时间窗口较大时，随着拍卖量的放大，VDOVERT 与 SPT 和 FCFS 的派送规则相比，似乎表现最好。也就是说，在物流能力足够的情况下，价值最高的产品会被优先调度。在第二个子图中，值得注意的是，在 5.5 小时的操作时间窗口中，SPT 在需求咆哮方面的表现优于 VDOVERT，拍卖量为 8000。这一现象与前面的发现一致。

（2）动态笼车尺寸下不同系统配置的分析。图 5-6 显示了当使用不同的系统配置和笼车尺寸时，所有实验运行中最大完工时间和剩余值的敏感性分析。笼车装载和拍卖交易的两级 HFS 配置分别为 3~6、3~3 和 6~3。笼车尺寸在 2 尺寸笼车到 20 尺寸笼车的增加中发生变化。从图 5-6 中可以看出，最佳的 20 号笼车的跨度和剩余价值都有所提高。这说明拍卖笼车的容量应该尽可能地高。此外，在 3~3 和 6~3 配置下，随着笼车尺寸的改变，性能保持不变。这说明拍卖阶段是整个运营调度的瓶颈。即使增加了物流吞吐量，也都是徒劳的。

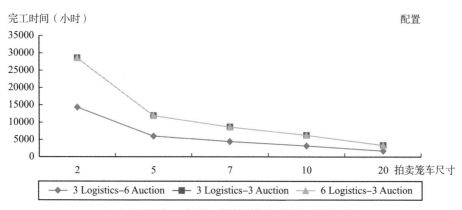

（a）不同笼车尺寸下的不同拍卖物流系统配置完工时间

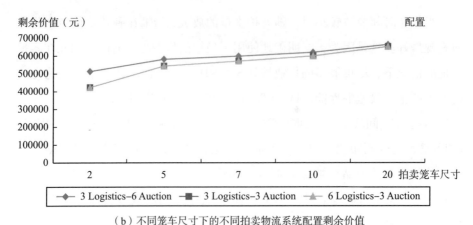

（b）不同笼车尺寸下的不同拍卖物流系统配置剩余价值

图 5-6　在不同笼车尺寸下，不同拍卖物流系统配置的敏感性分析

资料来源：笔者绘制。

5. 智能调度与传统调度之间的结果比较

目前，协作公司采用的调度是在黑板上手工实现的，黑板采用 FCFS 最简单的派送规则。为了验证所提出的调度方案，我们进行了并行比较，并对不同交易量下的 6 轮调度结果进行了比较。我们用提出的调度系统来模拟真实的调度过程。在每一轮调度中，作业的输入数据和机器的初始状态都是在相同情况下同步设置的。主要目的是检验缩短工期和提高剩余价值的性能。

如表 5-1 所示，系统结果在所有标准中的表现都优于传统工作的结果。此外，使用该系统可以大幅降低人工成本。目前，ALC 公司每天要安排几名工程师进行排班，同时还要雇佣几百名工人处理内部物流（Qin，Chen & Ma，2015）。排程结果的质量高度依赖于个人经验。一旦总工程师休假，整个作业就会受到影响。显然，本节提出的解决方案比传统的排产具有更高的效率、稳定性和可用性。只需要一个操作人员输入数据、设置初始状态、启动程序。即使问题规模大于 1500 辆拍卖笼车，也能在几秒钟内得到结果。

表 5−1　　　　　　　　　　智能调度和传统调度之间的结果比较

交易量（筒）	方式	$\min C_{\max}$	$\max \sum_i V_f^i(C_{fj}^g)$
4000	人工	9182	370957
	系统	6639	381849
6000	人工	13841	532537
	系统	10119	550297
8000	人工	18554	636141
	系统	13213	671895
10000	人工	22798	770273
	系统	16950	810843
12000	人工	27578	848150
	系统	20246	897264
16000	人工	35941	1118112
	系统	27542	1197635

资料来源：笔者绘制。

6. 管理洞见

首先，我们可以看到，在调度中，派送—拣选机制的选择和应用应该被视为重要的决策选择。此外，与其他政策组合相比，75%非混合动力笼车装车与 VDOVERT 调度的组合可以认为是决策者相对最优的策略方案。

其次，本章节的研究结果可以指导决策者配置合适的冷冻缓冲区大小，以获得最优结果。在运输能力有限的情况下，缓冲区越大，最大完工时间和剩余价值越小。最大完工时间的降低是由于运输时间的缩短造成的。如果冷冻缓冲容量大的话，拍卖笼车每次都可以尽可能多地分配。但是，由于在拍卖前中转区的过度等待会加速产品的变质，剩余价值维持在相对较低的水平。这证实了之前与总物流成本权衡相关的发现（Sheffi, Eskandari & Koutsopoulos, 1988）。因此，决策者应根据冷冻缓冲区规模的增长，在尽量缩短交货期和价值损失之间取得平衡。

再次，了解决策对系统中潜在的不确定性的敏感性，可以改善决策过程（Chetouane，Barker & Oropeza，2012）。SPT 在物流能力不足的情况下，对于剩余价值的最大化表现最好。另外，如果物流能力充足，与 SPT 和 FCFS 的调度规则相比，VDOVERT 似乎产生了最好的性能。此外，较大的笼车尺寸对最大完工时间和剩余价值都有好处。拍卖阶段是整个运营调度的瓶颈。根据这些研究结果，调度员可以在不同的需求模式和运行时间窗口，以及系统配置和笼车尺寸下灵活选择调度规则。例如，在情人节等高峰期，决策者应主动调整系统配置，增强拍卖能力。同时，建议采用更大的电车规模和 VDOVERT 规则来应对汹涌的拍卖量。

最后，本节所提出的解决方案比传统的做法更稳定和可扩展。使用该系统可以大大降低人工成本。此外，本节提出的概念和模型不仅适用于水果拍卖行业，也支持其他拍卖行业的自适应运营管理，如渔产品拍卖行业。

参考文献

［1］Battini D, A Persona, A Regattieri. Buffer Size Design Linked to Reliability Performance：A Simulative Study［J］. Computers & Industrial Engineering, 2009, 56（4）：1633－1641.

［2］Chetouane F, K Barker, A S V Oropeza. Sensitivity Analysis for Simulation-based Decision Making：Application to a Hospital Emergency Service Design［J］. Simulation Modelling Practice and Theory, 2012, 20（1）：99－111.

［3］Cowling P. A Flexible Decision Support System for Steel Hot Rolling Mill Scheduling［J］. Computers & Industrial Engineering, 2003, 45（2）：307－321.

［4］Fang J, G Q Huang, Li Zhi. Event-driven Multi-agent Ubiquitous Manufacturing Execution Platform for Shop Floor Work-in-progress Management［J］. International Journal of Production Research, 2003, 51（4）：1168－1185.

［5］Goyal S K, B C Giri. Recent Trends in Modeling of Deteriorating Inventory［J］. European Journal of Operational Research, 2001, 134（1）：1－16.

［6］Huang G Q, S X Xu. Truthful Multi-unit Transportation Procurement Auctions for Logistics E-marketplaces［J］. Transportation Research Part B：Methodological, 2013, 47：127－148.

[7] Kambil A, E Van Heck. Reengineering the Dutch Flower Auctions: A Framework for Analyzing Exchange Organizations [J]. Information Systems Research, 1998, 9 (1): 1 – 19.

[8] Katok E, A M Kwasnica. Time is Money: The Effect of Clock Speed on Seller's Revenue in Dutch Auctions [J]. Experimental Economics, 2008, 11 (4): 344 – 357.

[9] Kong X T R, J Fang, H Luo, et al. Cloud-enabled Real-time Platform for Adaptive Planning and Control in Auction Logistics Center [J]. Computers & Industrial Engineering, 2014, 84: 79 – 90.

[10] Koster R, M Yu. Minimizing Makespan and Throughput times at Aalsmeer Flower Auction [J]. Journal of the Operational Research Society, 2008, 59 (9): 1182 – 1190.

[11] Montreuil B, R D Meller, E Ballot. Physical Internet Foundations [C] //In Service Orientation in Holonic and Multi Agent Manufacturing and Robotics, Berlin: Springer, 2013: 151 – 166.

[12] Osvald A, L Z Stirn. A Vehicle Routing Algorithm for the Distribution of Fresh Vegetables and Similar Perishable Food [J]. Journal of Food Engineering, 2008, 85 (2): 285 – 295.

[13] Qin K, Chen F Y, Ma L. Cutting down the travel distance of put systems at Kunming international flower auction market [J]. International Journal of Production Research, 2014, 53 (12): 3573 – 3585.

[14] Ruiz R, J A Vázquez – Rodríguez. The Hybrid Flow Shop Scheduling Problem [J]. European Journal of Operational Research, 2010, 205 (1): 1 – 18.

[15] Sheffi Y, B Eskandari, H N Koutsopoulos. Transportation Mode Choice Based on Total Logistics Costs [J]. Journal of Business Logistics, 1988, 9 (2): 137 – 154.

[16] Shobrys D E, D C White. Planning, Scheduling and Control Systems: Why Cannot They Work Together? [J]. Computers & Chemical Engineering, 2002, 26 (2): 149 – 160.

[17] Van der Vorst J G A J, M P Duineveld, F P Scheer, et al. Towards Logistics Orchestration in the Pot Plant Supply Chain Network [R]. In Electronic Proceedings of the Euroma Conference, Ankara, Turkey, 2007: 1 – 10.

[18] Verdouw C N, H Sundmaeker, F Meyer, et al. Smart Agri-food Logistics: Requirements for the Future Internet [J]. In Dynamics in Logistics, 2013: 247 – 257.

[19] Xu S X, G Q Huang. Efficient Auctions for Distributed Transportation Procurement. Transportation Research Part B: Methodological, 2014, 65: 47 – 64.

5.2 拍前物流智能控制决策优化策略[*]

5.2.1 引言

拍卖被广泛应用于易腐产品的快速交易，以实现公平透明的价格，尤其是水果、鲜鱼等易腐农产品（Kambil & Van Heck，1998）。在荷兰，这种趋势依然强劲，每年有124亿株植物和花卉的交易[②]。主要的第三方拍卖服务商，如荷兰弗洛拉，已经解决了处理数百万次同时竞价的技术问题。但满足海量和块状拍卖需求的物流仍然是可挑战的（Qin et al.，2014）。因此提出了拍卖物流（AL）的概念，利用物联网（IoT）、机器人辅助流程、云服务等先进技术对 PSCM 进行改造升级（Huang & Kong，2013；Zhong et al.，2013；Qiu et al.，2014）。

实际上，现有的拍卖执行活动大多还是依靠传统的人工操作或固定的物料搬运系统。这类系统需要大量的人力，往往需要在不同的位置上进行长距离的拍卖笼车移动。这类系统的结构灵活性有限，无法应对块状的拍卖需求（Huang et al.，2015）。此外，不同的拍卖机制下，拍卖执行工作流程变化频繁。然而，所有的拍卖任务都是由传统的分配方法集中分配的，通常需要花费巨大且昂贵的精力来实现、维护或重新配置控制应用程序（Zhang et al.，2015）。由于当前拍卖环境中实时交互的不足，拍卖计划和执行往往是不一

---

[*] 本节节选自孔祥天瑞、黄国全发表论文（英译中）：Kong X T, Zhong R Y, Xu G, et al. Robot-enabled execution systemufor perishables auction logistics［J］. Industrial Management & Data Systems，2017，117（9）：1954 – 1971.

[②] The New York Times. Dutch flower auction, long industry's heart, is facing competition［EB/OL］. (2014 – 12 – 16)［2019 – 9 – 10］. http：//www. nytimes. com/2014/12/17/world/europe/dutch-flower-auction-long-industrysheart-is-facing-competition –. html? _ r = 0.

致的（Kong，Chen，Luo & Huang，2015a）。

为了解决上述挑战，本文介绍了支持物联网的拍卖执行云机器人。拍卖执行中的云机器人可以利用自己的认知能力，通过将自己与云基础设施连接，共享知识（Kuffner，2010；Xu et al.，2015）。本节将从以下几个方面为 PSCM 作出贡献。

（1）利用云拍卖机器人（CAR）在无处不在的拍卖执行环境中实现货到人的新模式。

（2）利用集中、可重构、可扩展的云执行系统，处理拍卖执行中从工作流配置、任务分配到拍卖导航和控制等全局性的复杂决策。

（3）通过案例研究，实施和评估拟议的 CAR – enabled 执行系统（CARES）。

本节在分析现有业务和挑战的基础上，首先，提出了一种具有代表性的 CAR 赋能执行模式，在无处不在的拍卖执行环境中，首先，提出了一种 CARES 架构，将拍卖工作流管理、拍卖任务管理、拍卖执行控制 3 个核心服务进行整合。其次，通过整合，提出了 CARES 架构。最后，通过案例分析，对所设计的拍卖执行软硬件系统进行了评估。

5.2.2　CAR 概述

1. 拍卖执行中的当前挑战

一个 ALC 有一个或多个拍卖工作室。一个拍卖工作室由若干个拍卖钟和 AL（去）整合区组成，每个拍卖工作室都涉及操作人员、机器、物料、缓冲器等多种对象。目前，根据预先设定好的固定拍卖计划，从产品接收、拍卖台车装车、整合到拍卖交易与相关的内部配送，拍卖执行都是通过人群来进行的。图 5 – 7 为典型拍卖环境下的流程。首先，拍卖产品从运送车辆上卸下，随机存放在接收区。它们被分类并装入具有相同质量等级的笼车。装好的笼车由人工放至拍卖前的笼车堆放区。根据具体的拍卖要求，将装载的笼车进行分批，并排到一列火车上。其次，当笼车被串联起来后，每列笼车只能进入指定的拍卖环节。最后，交易的笼车被送入拍卖后阶段（如分拣打包），牵引车辆返回，进行下一次运送。

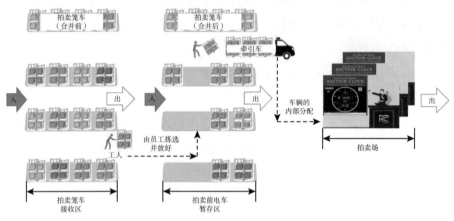

图 5-7　典型的拍卖环境

资料来源：笔者绘制。

通常情况下，在这种人工拍卖环境下，存在以下四个操作难题：

（1）重复和烦琐的物料搬运操作是基于人工的工作方式，效率低、不稳定性高、容易出错，而且无法收集实时信息（如笼车的位置）来支持竞拍者、拍卖者和物流团队的决策。此外，无法收集实时信息（如笼车位置），不能为竞拍者、拍卖者和物流团队提供决策支持。

（2）拍卖前的笼车集结区有一个特定的固定空间，因此需要花费更多的时间和成本。

（3）它缺乏有效的拍卖执行调度和控制方法，所以在内部分配过程中，车辆拥挤程度增加。

（4）当拍卖业务扩大时，现有设施也很难扩大规模。现有系统无法应对高峰期的需求波动，非高峰期利用率不足。

随着每天拍卖数量的不断增加，现有的低效物流运作模式会导致竞拍体验不理想，从而导致现场竞拍者的流失，因为一些易腐烂的产品容易变质。因此，需要一个具有高模块化、高扩展性、高敏捷性、高可重构性的先进

AL 系统。

2. CAR 概念模型

镜像云资产的定义（Xu et al.，2015），CAR 指的是拍卖场中的云控制自主机器人，它被赋予了感知、通信和移动的能力。通过利用足够的云计算和存储资源，CAR 可以处理拍卖执行全过程中收集到的大量数据。基本上，CAR 由硬件和软件两部分组成，其概念模型如图 5-8 所示。

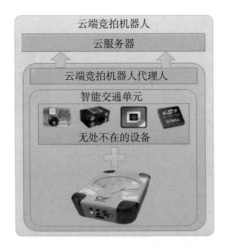

图 5-8　云拍卖机器人的概念模型

资料来源：笔者绘制。

硬件也称为"智能运输单元"，由工业机器人和 RFID 阅读器等智能设备组成。每台 CAR 都装有独立运行的传感器、自动定位和本地导航子系统，并定期向其执行系统通报每项任务的状态（即位置、发现问题或任务完成）。软件指的是"CAR 代理"，用于封装和表示云端的智能交通单元。

在概念模型的基础上，图 5-9 展示了一个具有代表性的 CAR 拍卖执行场景。采用可移动的拍卖笼车，可由小型自主 CAR 提升。地面上随机摆放几排拍卖笼车，并留出通道供 CAR 来回移动笼车。从笼车的取车、放车、整合等拍卖执行程序都由 CAR 处理。一辆 CAR 可以运送多辆拍卖笼车。基于 CAR 的业务有以下三个特点：

（1）区别于 AL 中传统的人对货的方式，通过提出的执行模式，可以实现货对人的新模式（货物送到人工操作人员手中，由人工操作人员完成取单、放单，可能还要将笼车分配到拍卖工作室的固定位置）。

（2）可以大大减少笼车整合和内部配送的空间（拍卖前固定的笼车集结区）。而且，当拍卖业务扩大时，可灵活扩大现有设施的规模。

（3）CARs 的排队顺序可以随着拍卖师的实时指令进行动态调整。因此，通过拍卖部门和物流部门的操作同步，可以适应竞拍者的波动行为。

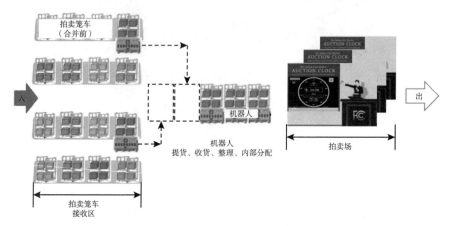

图 5-9　支持 CAR 的代表性执行场景

资料来源：笔者绘制。

5.2.3　拍卖物流机器人控制云平台（CARES）

CARES 是一个集中的云平台，用于管理自主 CAR 的并行执行。作为 CARs 和 CARES 平台之间的桥梁，智能物联网网关是为了管理异构资产而设计的（Fang et al. , 2013）。智能物联网网关能够对 CARs 进行在线控制。一旦检测到运行干扰，实时信息将迅速反馈给决策者，以便重新规划或重新安排。CARES 还可以通过收集多次物理试验和环境的数据，促进 CARs 学习的数据共享，因此可以实现更多的智能性能。

1. CARES 代理

为了管理 CAR，提出了 CAR - 代理。CAR - 代理是一种软件代理，它用于包裹 CAR 的物理部分，并将其表示为云中的自主软件代理。作为一个典型的软件代理，它是建立在智能物理代理基金会（The Foundation for Intelligent，Physical Agents，FIPA）规范之上的。CAR – 代理的属性和参数被抽象为 CAR – 代理的属性，功能和行为被抽象为服务，因此 CAR – 代理作为拍卖机器人的镜像，可以并行独立运行。此外，通过调用其 CAR – 代理的相应服务，可以方便地对 CAR 进行远程控制。

图 5 – 10 为 CAR – 代理的逻辑框架。一般来说，CAR – 代理模型可以分为 3 层。最下面是物理层，由传感器和执行器组成。传感器负责收集实时数据。执行器控制 CAR 的基本动作。第二层是控制层，主要有两个功能：一是它为物理层采集的实时数据提供数据处理服务，并将处理后的数据发送给上层进行决策。二是对规划信息进行解释，并生成具体的工作流程以及控制命令，以便执行 CAR。第三层是信息层，负责高层决策。首先，根据 CAR 的实时状态和存储在知识库中的预定义知识对任务进行分析；其次，对每个任务进行局部路径规划，并使其具备智能防撞能力。特别是这种逻辑模型为任务的执行建立了一个闭环，使得 CAR 能够在不断变化的环境中灵活、稳健地工作。

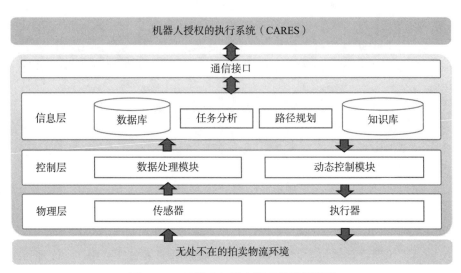

图 5 – 10　云拍卖机器人代理的逻辑模型

资料来源：笔者绘制。

2. 系统架构

CARES 本质上是一个多代理系统，遵循 FIPA（2004）的规范。CARES 处理的是 CAR - 代理的可扩展性和可重构性。CAR 可以增加或删除，它们的配置属性也可以调整，而不会相互影响。此外，它还管理 CAR（代理）在处理实时事件和相关数据时的行为和工作流程。图 5 - 11 显示了分层架构中的支持性云数据库或存储库和三个核心云服务。

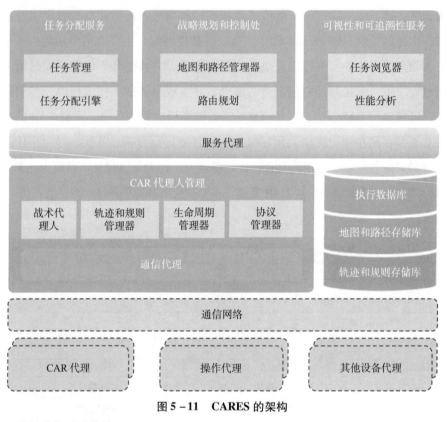

图 5 - 11　CARES 的架构

资料来源：笔者绘制。

CAR 代理管理器包含四个关键组件：代理管理系统（AMS）、代理目录促进器（ADF）、生命周期管理器（LM）和消息传输系统（MTS）。AMS 维护代理标识符及其传输地址的目录。它负责处理代理请求，并为 CAR - 代理提供全局控制，包括其演化、调度等。ADF 为 CAR - 代理提供黄页服务。CAR - 代理可以在 ADF 上注册一个或多个服务，并查询 ADF 提供的其他代理服务。LM 为代理商提供完整、系统的生命周期管理，包括申购、安装、执行、搬迁、维护、处置等。MTS 是代理商之间默认的通信方式。代理商与服务之间的所有交互和通信都由 MTS 完成。

有 3 个支撑性的云数据库或资源库，作为云服务虚拟化，供云用户共享，包括云资产代理和上层的应用。一个是执行数据库，用于收集实时操作和感知数据。另外两部分是知识库，提供基础控制支持和知识资源，如 CAR 路由策略等。

云服务层是为了在云端管理拍卖执行的决策支持服务，如工作流管理服务、任务分配服务、拍卖导航、控制服务等，并部署在网关的本地应用。它包含多个内置服务，同时允许用户通过多个设置步骤添加其他符合所需协议的新应用。

3. CARES 核心服务

（1）工作流管理服务。与传统的生产流程不同（Zhang et al.，2010），拍卖执行工作流程因不同的拍卖机制而不同。以本案例为例，假设荷兰拍卖下的简单任务执行是由 5 个拍卖机器人（即 CAR A、B、C、D、E）组成的机器人编队进行。CAR A 和 B 配备了灵活的机械手，负责拍前笼车暂存区的拍卖产品拣选和拍卖笼车装载。其余的 CAR 机器人承担后续装载笼车的运送工作，跨越指定的拍卖工作室。但一旦拍卖机制和流程要求发生变化，工作流程也会相应重新配置。CAR 机器人的排队顺序应随着拍卖师的实时指令进行动态调整。考虑到拍卖中的紧急情况，工作流与实物资产的匹配过程也应该在很短的时间内完成。

为了满足这些要求，基于 CAR 的工作流管理是通过以下 3 个步骤来实现的。第一，ALC 资源管理人员根据流程规划定义工作流，并指出将涉及的 CAR - Agent 的要求。一般来说，不同的拍卖机制可能有不同的执行流程。第二，工作流搜索中的每个活动都会自动为合格的、可用的 CAR 代理工作。可执行活动与 CAR（代理）之间建立了映射关系。CARES 中的工作流设施还提供了图形界面（即工作流配置器），供相关决策者编辑工作流。第三，选定的 CAR – 代理将通过互联网被调用，并根据预定义的参数进行操作。工作流执行引擎不仅可以帮助 CAR – 代理按照定义的工作流和逻辑执行，还可以在拍卖执行过程中监控、协调和控制这些代理。由于每一个 CAR 都是以云服务的形式发布的，所以它可以被不同的工作流发现和调用。同时，特定领域的知识也可以很容易地以规则的形式转移到所选择的 CAR 中，这样就可以很容易地适应新的工作场景，并在被调用后立即执行。

（2）拍卖任务智能分配服务。在拍卖工作流程定义和配置好后，CARES 中的任务管理器提供实时拍卖任务分配服务。在实际执行前，所有的拍卖任务会先就任务状态和执行要求形成一个任务池。然后，每个 CAR 会在有拍卖任务的时候自动发送其实时状态和要求。CARES 会不断地与各 CAR 进行交互，并利用自动化的"协商"形式检查其实时状态，从而将最优的拍卖任务分配给最优的 CAR。任务分配引擎遵循的规则是，每次只为一个 CAR 选择和分配一个最优任务。此外，CARES 希望使用更少的机器人来完成最大的任务。这就减少了拍卖场中机器人的拥挤程度，缓解了障碍物检测问题。这种主动任务分配方式的主要好处是，如果实际执行过程被打乱或以某种方式重组，仍然会进行相同的协商过程，因此系统对变化的适应性比较强。此外，通过使用任务池的概念，实时任务分配的过程被尽可能地简化，它只需要确定任务池中任务的最佳顺序（Zhong et al. ，2013）。

（3）拍卖任务导航和控制服务。在实施所提出的拍卖执行前，在系统安装过程中，应在拍卖现场放置信标和其他传感器。以传感器为节点，通过这些传感器在拍前笼车中转区的存储位置与拍卖工作室之间的相互连接，构建出路径网格。CARs 的本地导航系统涉及了无死角计算和寻找这些传感器的摄像头的组合。CARES 中的地图和路径管理器将从全局角度帮助引导 CAR 从一个位置到另一个位置的运动。

任务分配后，通过路由规划器将寻找最佳路径到达目的地的责任分配给 CAR。拍卖执行的工作流程可以解释如下，它呈现了一个沿着时间顺序进行的过程/活动序列：CAR 从 CARES 接收到所需任务的信息（如任务地点的坐标)。考虑到全局路线,每个 CAR 计算出自己到达目标的局部路径,并监控周围环境,沿计划的路径寻找意外障碍。基于传感器数据和环境模型,CAR 的每个自动定位子系统更新其估计位置,并将这些数据告知本地导航子系统。本地导航子系统将当前位置与期望位置进行比较。如果 CAR 偏离了路线,本地导航子系统将发送命令纠正其方位,以返回计划路线。如果本地导航子系统验证路线已经超过了有限的运行时间,CAR 将与 CARES 及其相邻的 CAR 进行通信,同时重新计算并保证路线无冲突。在整个拍卖执行过程中,CARES 不断与 CARs 进行交互,通知可能发生的碰撞、堵车等情况。同时,CARES 会定期检查所有任务的进展情况。

随着拍卖市场对信息技术的依赖性、分布式、敏捷性要求越来越高,拍卖中介机构有充分的理由,或许也有必要在无处不在的拍卖环境中拥抱云机器人的大量使用。对它们进行有效的管理,对于 PSCM 来说始终是非常重要的。为了更加灵活、准确地管理这些机器人,本节提出了 CAR 的概念及其执行模型。此外,为了方便自主 CAR 的并行执行,并通过云端满足海量、块状的拍卖需求,设计了 CAR 代理模型和支持性的 CARES 云平台。CARES 集成了从拍卖工作流管理、拍卖任务管理到拍卖执行控制的三大核心服务。此外,还给出了一个示范性的测试平台来验证所提出的概念的有效性。

在未来,这项工作可以从三个方面进一步扩展。首先,考虑到拍卖执行中的具体情况,应进一步探索相应的决策模型,评估产品类别大小、仓储分配方案和拍卖笼车链长度对所提出的 CAR 赋能执行模型的影响。其次,大数据分析工具挖掘频繁的轨迹模式和 CAR 的知识,对于确定 ALC 的精准计划和布局优化至关重要。最后,这个概念应该被带入一些真实的拍卖执行案例中,以对我们提出的概念进行更复杂的性能测量。此外,在 ALC 中还可能涉及其他重要的过程,如拍卖后的分拣和包装操作。

5.2.4　实验分析

为了验证所提出的解决方案的有效性和效率,已经开发了一个系统的原型，并建立了一个支持 CAR 的水果拍卖执行试验台。

1. CARES 测试台

在实验室的环境中建立了一个试验台（约 50 平方米），以模拟拍卖执行的运行机制。图 5 – 12（a）显示了试验台的一般结构。基本上，试验台有 3 个工作区。第一个是拍卖工作室。它通过开发的电子拍卖时钟包含两个独立的拍卖环节。不同的拍卖云被做成平行的。第二个工作区是拍前笼车暂存区。它是所有等待拍卖的货物的存储和整合的缓冲区。所有这些货物都要做好分级、分类，并装入拍卖笼车。每次笼车回收后，可用的暂存处可以自动补充，直到完成所有分配的任务。第三个工作区是 CAR 停车场，它是所有闲置 CAR 的基地。由于实验空间的限制，试验台只选择了 50 辆模拟拍卖笼车。拍卖交易使用的仿真数据是根据我们合作公司的实测数据得出的。其他主要参数汇总于表 5 – 2。

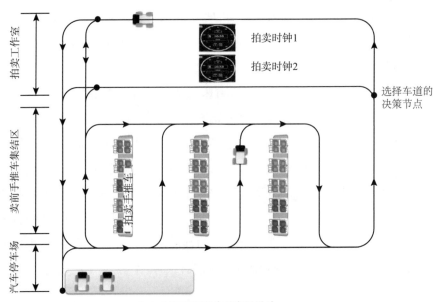

（a）CARES测试台的布局设计

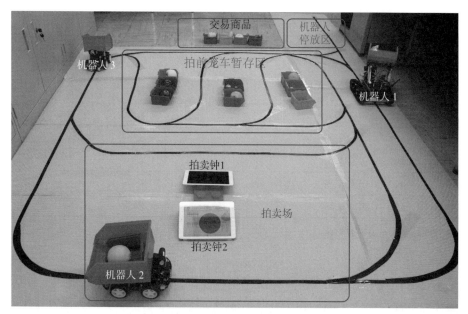

（b）实验室的CARES模拟测试台（第1阶段）

图 5 – 12　水果拍卖执行的机器人环境部署

资料来源：笔者根据实验测试绘制。

表 5 – 2　　　　　　　　　　　　　用于模拟试验台的参数

参数	值
平均拍卖率	每 10 ~ 20 秒 1 辆笼车
笼车总数	50 台
多次交易的笼车的平均比例	80%
投标人总数	4 人
拍前集结区的数量	3 个
机器人数量	3 台
人工操作者人数	3 人
机器人在运动中的行进速度和加/减速度	2.5 米/秒，1.5 米/秒^2
人工操作者在运动中的行进速度和加/减速度	0.9 米/秒，0.3 米/秒^2
由机器人放下或拿起笼车的时间	2 秒
人工操作者放下或拿起笼车的时间	7 秒

续表

参数	值
来回平均距离	
中转区 1 – AC1 – CAR 停车场	26 米
中转区 2 – AC1 – CAR 停车场	23 米
中转区 3 – AC1 – CAR 停车场	20 米
中转区 1 – AC2 – CAR 停车场	34 米
中转区 2 – AC2 – CAR 停车场	31 米
中转区 3 – AC2 – CAR 停车场	29 米

资料来源：笔者根据实验数据整理。

目前，我们已经在实验室完成了第一阶段的 CARES 仿真测试床，包括硬件和软件，如图 5 – 12（b）所示。从硬件部署的角度来看，在测试床上，地面用黑线标注为主要的引导路径，这样机器人就可以根据 CARES 发出的指令自动移动。此外，在测试床上部署了两种类型的机器人。一种是带有智能机械手的取货机器人。它负责从笼车的集散地取货，将这些货物放在自己的拖车上，然后运送到拍卖工作室。这款机器人有两个红外传感器，所以它可以根据地面上的线路进行移动。另外两台是移动拍卖机器人，也是线路跟踪机器人。从软件部署的角度来看，CARES 的原型机也已经开发完成。为了配合这些机器人给出的应用编程接口，该系统是在 Java Runtime 环境下开发的，可以覆盖拍卖执行中的所有工作过程。

我们实验室部署了两台服务器计算机来模拟云环境，现场控制器采用 iPad、智能手机等多种移动设备。

2. CARES 部署与执行

系统执行过程可以分为三个阶段：工作流管理阶段、任务管理阶段和执行控制阶段。其工作逻辑如图 5 – 13 所示。

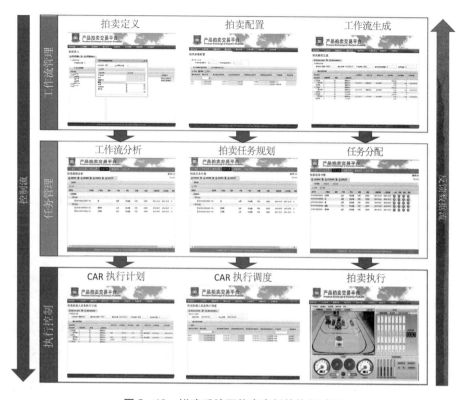

图 5 – 13　拟建系统下仿真案例的执行过程

资料来源：笔者根据实验测试绘制。

　　一般来说，流程中主要涉及两个流程：一个是控制流。它包含了管理策略、工作规则和控制参数，从工作流管理阶段流向任务管理阶段，最后流向拍卖执行阶段。另一个是反馈数据流。它包含了现场执行机器人采集的实时传感数据，从底层阶段流向上层阶段。这样，就可以形成一个闭环，实现对各个参与机器人的动态稳健控制。三个执行阶段的详细工作流程如下：

　　（1）阶段1：工作流管理。这个阶段由拍卖工作室的拍卖经理完成。它负责根据需求生成不同拍卖的具体工作流程。该阶段的输入是每场拍卖会的详细要求，输出是结构合理的工作流程。这个阶段包括以下3个基本步骤：

　　①定义一个拍卖工作场景的基本信息，如其建议的拍卖环节、拍卖商品、金额、质量等级等。

②配置详细的拍卖参数，如拍卖机制、拍卖地点、拍卖师等。

③在对拍卖进行了很好的定义和配置之后，可以根据预定义的格式自动生成结构良好的拍卖工作流程，然后将其发布到下一阶段。

（2）阶段2：任务管理。这一阶段由启用CAR的拍卖执行系统自动完成。它负责根据拍卖工作流程的要求，为CAR生成具体的任务。该阶段的输入是结构良好的工作流程，输出是为每个机器人分配的任务。该阶段的主要工作步骤如下：

①对工作流程进行详细的分析，并实时生成执行工作流程的顺序任务/活动列表。

②根据任务/活动的要求和实时环境状态，自动制订任务执行计划。

③根据每个机器人的实时状态，系统会对任务进行优化分配，然后将任务发布给相应的机器人，并提供详细的信息。

（3）阶段3：执行控制。这个阶段是由各个CAR以及其对应的控制模块来完成的。它执行发布的任务，并不断向上层更新其实时执行状态。这个阶段的输入是发布的任务，输出是执行的任务及其实时状态。本阶段还包含以下三个步骤：

①对接收到的任务进行详细分析。根据他们的需求，以及环境的实时状态，生成这些任务的优化执行序列。

②根据环境信息，以及自身和其他CAR的实时状态，为每个任务制订详细的执行计划，如本地路线和相应的避撞动作。

③执行任务并向上层报告其实时状态。

参考文献

［1］Fang J，Qu T，Li Z，et al. Agent-based gateway operating system for RFID – enabled ubiquitous manufacturing enterprise ［J］. Robotics and Computer-Integrated Manufacturing，2013，29（4）：222 – 231.

［2］Huang G Q，Wright P K，Newman S T. Wireless manufacturing：a literature review，recent developments，and case studies ［J］. International Journal of Computer Integrated Manufacturing, 2009, 22 (7): 579 – 594.

[3] Kambil A, Van Heck E. Reengineering the Dutch flower auctions: a framework for analyzing exchange organizations [J]. Information Systems Research, 1998, 9 (1): 1 – 19.

[4] Kong X T R, Fang J, Luo H, et al. Cloud-enabled real-time platform for adaptive planning and control in auction logistics center [J]. Computers & Industrial Engineering, 2015b, 84: 79 – 90.

[5] Kuffner, J. J. Cloud-enabled robots, 10th IEEE – RAS International Conference on Humanoid Robots (Humanoids 2010) [R]. Nashville Marriott at Vanderbilt University, Nashville, TN, 2010.

[6] Qin K, Chen F Y, Ma L. Cutting down the travel distance of put systems at Kunming international flower auction market [J]. International Journal of Production Research, 2014, 53 (12): 3573 – 3585.

[7] Qiu X, Luo H, Xu G Y, et al. Physical assets and service sharing for IoT – enabled supply hub in industrial park (SHIP) [J]. International Journal of Production Economics, 2014, 159: 4 – 15.

[8] Xu G Y, Huang G Q, Fang J. Cloud asset for urban flood control [J]. Advanced Engineering Informatics, 2015, 29 (3): 355 – 365.

[9] Zhang Y F, Huang G Q, Qu T, et al. Agent-based workflow management for RFID – enabled real-time reconfigurable manufacturing, International Journal of Computer Integrated Manufacturing, 2010, 23 (2): 101 – 112.

[10] Zhang Y F, Zhang G, Du W, et al. An optimization method for shopfloor material handling based on real-time and multi-source manufacturing data [J]. International Journal of Production Economics, 2015, 165: 282 – 292.

[11] Zhong R Y, Dai Q Y, Qu T, et al. RFID – enabled real-time manufacturing execution system for mass-customization production, Robotics and Computer-Integrated Manufacturing, 2013, 29 (2): 283 – 292.

5.3 数据驱动的拍后物流单分配区储位优化机制 *

5.3.1 引言

昆明国际花卉拍卖交易中心（KIFA）和斗南花卉电子交易中心（DFETC）是中国最大的两个花卉拍卖中心。两者都位于云南省省会城市昆明。它们的每个拍卖大厅后面都有庞大的配送和仓储设施，采用的是典型的（人工）投放系统，即用笼车将不同买家通过荷式拍卖会购买的预先挑选好的花卉物品迅速放入买家的存放地点。每天交易量的快速增长给这两个花卉拍卖中心带来了严峻的挑战，包括不断需要更多的配送人员，以及买家等待将其购买的物品运出的时间过长。

图 5 – 14 中展示了中国花卉拍卖中的物流情况，以更好地描述本节讨论的投放系统的特点。关于其操作的更多细节，请参考秦、陈和马（2015）的相关研究。

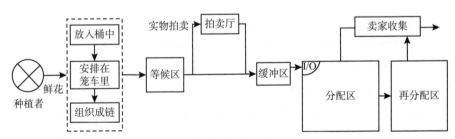

图 5 – 14　中国花卉拍卖的物流流程

资料来源：笔者绘制。

---

* 本节节选自孔祥天瑞、秦开大已发表论文（英译中）：Zhu M, Chen F Y, Kong X T, et al. Data – driven Storage location method for put system in Chinese flower auction centers [M]. International Journal of Production Research, 2020.

在拍卖前，工人接收鲜花并将其放入方桶中。然后，经过工人的质检，将鲜花以笼车的形式摆放。一个批次代表了种植者在某一天的相同产品（鲜切花）等级和长度。装有相同品种和等级的笼车被组织成一条链子，然后拖到等待区，在那里排队拍卖，让潜在的买家检查产品。

在真实产品拍卖过程（如 KIFA）中，笼车链条被拉到拍卖厅前；而屏幕拍卖（如 DFETC）中，拍品的图像会在屏幕上呈现给买家。买家可以购买整件拍品，也可以购买拍品中的任意数量的桶，即一件拍品有 3 个桶，可以由两个不同的买家购买（Qin，Chen & Ma，2015）。

拍卖结束后，拍卖笼车立即从拍卖大厅或等待区移出，进入缓冲区，缓冲区通过输入/输出（I/O）点与配送区相连。在分配区，搬运过程包括放行和转移操作。放置操作是对所有拍卖的笼车进行的，这些笼车从 I/O 点移动到买家的存储位置并被卸载。随着拍卖的进行，分配给买家的笼车存储空间可能达到其容量。一旦达到容量，就会触发转移操作。满载的笼车被转移到分配区的 I/O 点，由其他工人将其拖到再分配区。在拍卖日结束时，存储空间未达到存储容量的买家从分配区领取鲜花，而其他买家则从再分配区领取其购买的鲜花。

中国花卉拍卖与世界上最大的鲜切花拍卖公司荷兰花卉公司有两个方面的不同。首先，中国的花卉种植者通常规模较小，所以我们在中国花卉拍卖会上看到的每件拍品的斗数要少得多。中国的买家也比较少，这就导致每一车的买家数量较多（Qin，Chen & Ma，2015）。其次，在某一天，只有一部分预先登记的买家参与，而且在中国花卉拍卖中，买家身份只有在第一次出价后才会暴露。相比之下，荷兰花卉协会的所有或大部分买家都会定期参与拍卖，而且每个买家都有一个专门的"分销中心"（De Koster & Yu，2008）。这些差异导致了中国花卉拍卖会比荷兰花卉拍卖会的分销操作更加复杂。

人工系统中，总旅行距离和旅行时间通常被认为是文献中的性能衡量指标（De Koster, Le - Duc & Roodbergen, 2007）。然而，旅行时间需要估计额外的参数，如放行旅游和转车旅游的平均旅行速度。在我们提出的放行系统中，旅行距离可以作为旅行时间的一个很好的代理，并简化了分析。因此，本节选择了最小化总行程距离作为优化目标，并分别包含了放送和转移作业的运送距离和转移距离。交付距离指的是拍卖笼车从I/O点到买家地点所走的距离。转移距离是指转送笼车从买家的存放地点到I/O点的距离。适当的储存地点政策是很重要的，因为它对配送区域的交付和转移距离有影响。

专用和完全周转的位置政策被广泛使用（De Koster，Le – Duc & Roodbergen，2007）。专用位置政策根据历史成交量为买家保留一个固定的位置（Yu & De Koster，2013），而完全成交量政策则是将离I/O点最近的位置分配给成交量最大的买家。然而，这些政策需要准确的到场买家信息，而这在中国花卉拍卖中是缺失的。此后，专门的和全周转的位置政策将被称为基于周转的位置政策。

在没有买家身份和购买量信息的情况下，最接近的开放位置政策由于其简单性而经常被采用（Gu，Goetschalckx & McGinnis，2007；Qin & Yang，2010），因为它将第一个空位置分配给到达的买家。秦、陈和马（Qin，Chen & Ma，2015）认为，大买家往往更早到达KIFA，导致基于最近开放位置政策的旅行距离减少。

我们可以在I/O点附近的分配区域（称为保留区域）中为潜在的大买家预先保留一个区域，以利用最接近的开放位置政策的简单性和基于营业额的位置政策的优越性。所谓"空闲区域"的剩余位置，则根据最近开放位置策略分配给其他到达的买家。对于每个被识别为位于保留区域的买家，本节提出了两种定位方法：根据买家的历史"成交量"预先为其分配一个位置（即基于成交量的定位方法），或在拍卖期间买家第一次出价后，根据最接近的开放位置方法为其分配一个位置。随着拍卖的进行，保留区域内的"无人认领"位置必须释放给后来到达的新买家，因为原来预期的买家可能永远不会在当天出现。从这个时候开始，所有后来到达的新买家，包括预先确定的只进行第一次出价的买家，将被分配到整个分配区域内最近的开放位置。预留的位置越多，预计放盘时间越早。因此，对大买家的预留位置数量和对新到买家的无人认领位置的释放时间之间存在着一个权衡。何时应将无人认领的位置释放给后到的新买家？上述建议的位置方法是否会优于不使用预留区域、对所有买家采用最近的开放位置的方法（DFETC 目前已在实施此种方法）？

在本节中，我们提出了一种数据驱动的存储定位方法。该策略由两个比率控制：一个是预留位置数与总位置数之比 α，代表预留面积的大小。另一个是在拍卖过程中，被占用的位置数（包括大买家和小买家）与总位置数之比 β，代表"无人认领"位置的释放时间。我们采用网格自适应直接搜索（MADS）算法来确定最优的一对（α，β）值，因为它适合两个变量的联合优化。MADS 算法可以在合理的计算时间内解决问题（Hosseini et al.，2011），这对于花卉拍卖来说非常重要，因为在拍卖开始前只有很少的时间可以获得 α 和 β 值。下文将结合现有文献对这项工作进行进一步定位。

5.3.2　问题描述与数学公式

本章介绍了中国花卉拍卖中投放系统的布局、操作和假设，然后介绍了数据驱动的存储位置分配。构建了一个简单的存储位置分配模型，以提高投放系统的性能。

1. 问题描述

与各种操作仓库系统类似，并与仓储文献（Chew & Tang，1999；Yu & De Koster，2009）一致，中国花卉拍卖中心的配送区域为矩形，I/O 点位于最左侧的过道上。图 5-15（a）显示了配送区域的布局，该区域有 2 个 I × J 的存储点，大小一致，有 J 条过道和 I 行，所有的过道都允许双向行驶。

我们假设一个工人每次只能拖动一辆笼车，这与中国花卉拍卖的做法一致。目前，一个买家会被分配到一个存储位置，这个位置代表了一个特定的楼层空间，用来停放一个方形的笼车。每个到场的买家，无论其购买记录如何，都会被分配到一个存储位置。这种安排是次优的，但它的使用除了实施简单外还有几个理由（Qin, Chen & Ma, 2015）。

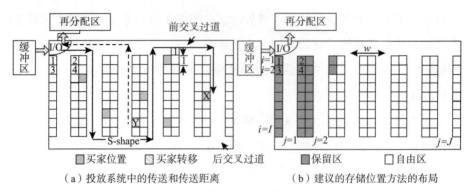

（a）投放系统中的传送和传送距离　　　（b）建议的存储位置方法的布局

图 5 - 15　花卉拍卖中的投放系统

资料来源：笔者绘制。

配送区的投放操作因替代性的路由策略而进一步复杂化，这些策略包括 S 形、返回、最大缺口、中点、复合和最优策略（Petersen，1997）。在中国花卉拍卖中，工人通常采用 S 形路由方法，这是人工投放系统中最简单的启发式方法之一（De Koster, Le - Duc & Roodbergen，2007）。一个已经卸下的笼车被放置在相邻的空位置，工人返回到配送 I/O 点运行他的下一个笼车。如果一个买家的位置达到了它的容量（即满车），那么转移操作就会被触发，一个工人将转移车（它的位置将被空车取代）移动到 I/O 点，同时另一个工人将其拖到再分配区域。转移笼车上的所有鲜花都属于买方，这使得再分配区域的放花操作变得简单。此外，运输距离是由再分配区域的设计和配置决定的。因此，我们只关注配送区的操作问题。

现考虑对投放系统作如下假设：

（1）配送区是一个长方形仓库，其 I/O 点位于最左边的通道上。

（2）考虑到买方不确定的采购量，为其分配一个存储位置。储存位置只能停放一辆笼车。一辆笼车或存储位置的容量恒定为 q_0 桶花。

（3）两个相邻通道之间的中心到中心的距离为 w 个单位，如图 5 - 15（b）所示。所有的存储位置都是相同的正方形大小，它们的等长和等宽都归一化为 1 个单位（每辆笼车有两层，其中每层可容纳 3×3 桶花，因此，笼车呈正方形）。

（4）储物通道和前后交叉通道允许双向行驶，因此在通道两侧都可以进行收放。

（5）只考虑配送区的行程距离，不考虑再配送区的工作量，因为配送区的存放位置规则对再配送区的行程距离和时间影响不大。

（6）一个工人每次只拖动一辆笼车，沿存储通道行驶。

（7）空笼车的处理被忽略。因为没有笼车被拖动，所以工人回到 I/O 点取下一个笼车的距离也被忽略了。

（8）为了简化工人的工作，采用了 S 型路由策略。如图 5-15（a）所示，最后一个下车地点为 X 的笼车行程。

2. 模型公式

表 5-3 列出了本节中使用的主要符号。

表 5-3 本节使用的主要符号

符号	解释	符号	解释
w	相邻两条通道之间的中心到中心的距离	k_1	保留区的数量
I	过道的行数	k_2	被占区数目
J	通道或列数	α	保留区数量与配送区总数之比
N	拟拍卖的笼车数量，指数为 n	β	被占区数量与配送区总数之比
q_0	笼车容量	DD	一天内所有笼车的总运送距离
A_n	笼车行程所走的通道数 n	TD	一天内所有买家的总转移距离
FL_n	从 I/O 点到笼车行程最远位置的距离 n	TTD	一天的总行程
M	待分配的买家数量，指数为 m	$\bar{q}_m$	历史交易期间买方 m 的平均购买量
T_m	买方的转让数量 m	$\overline{AO}_m$	买方 m 在历史交易期的平均相对到货顺序
L_m	从 I/O 点到买家所在地的距离 m	B_H	从历史交易记录中提取的所有买家的集合
K	配送区的储存点总数		

资料来源：笔者根据模型公式整理。

在本节中，配送区域的行程距离包括转移距离和运送距离。在拍卖日结束时，总行程距离（TTD）为运送距离（DD）和转移距离（TD）之和。

$$TTD = DD + TD \qquad\qquad (5-3-1)$$

运送距离是指从 I/O 点到所有买家位置的距离。在图 5 – 15（a）中，一个笼车行程覆盖了 6 个买家，标记为 X 的买家位置距离 I/O 点最远。（路径用实线标记，而买家的位置用灰色阴影表示）。那么，这个笼车行程的运送距离是 $[(6-1) \times w + 5] + (3-1) \times I$ 个单位的笼车长度。对于笼车行程 n，运送距离是 I/O 点到最远位置的距离 FL_n 和剩余通道的距离之和 $(A_n - 1) \times I$，其中 A_n 是要通过的通道数。因此，N 趟笼车的运送距离可计算如下：

$$DD = \sum_{n=1}^{N} \left[FL_n + (A_n - 1) \times I \right] \qquad\qquad (5-3-2)$$

买方 m 在配送区域的转移距离取决于他的购买量、存储位置和两个相邻通道之间的中心到中心的距离 w。我们以图 5 – 15（a）中的位置 Y 为例，虚线表示从买方位置 Y 到 I/O 点的每次转移距离。对于买方 m 来说，转移距离是他的位置到 I/O 点的距离 L_m，乘以他的转移次数 T_m。因此，M 个买家的转移距离可以用式（5 – 3 – 3）表示：

$$TD = \sum_{m=1}^{M} T_m \times L_m \qquad\qquad (5-3-3)$$

关于这种行程距离模型的更多细节，请参考秦、陈和马（Qin，Chen & Ma，2015）的相关研究。

本节中，我们提出一种新颖的存储位置策略，如图 5 – 15（b）所示，分配区域被划分为保留和自由子区域。预留区域的位置在拍卖开始前为大买家保留。分配规则将在下面描述。自由区域的位置根据最近的开放位置政策分配给其他到达的买家。随着拍卖的进行，保留但无人认领的位置应释放给后来到达的新买家，因为原来指定的买家可能不会到达。之后到达的新买家将根据最接近的开放位置政策，被分配到整个分配区域的存储位置。

在制定上面提出的位置政策时，我们首先定义配送区域的预留位置数量 k_1。前 k_1 "营业额" 最高的买家被标记为大买家，这将在下一章中进行描述。在保留区域中，前 k_1 个位置可以在拍卖开始前预先分配给排名前 k_1 的大买家（即基于成交量的位置法），也可以在拍卖过程中根据最近的开放位置法分配给他们。随着拍卖过程的进行，如果在场的买家总数达到 k_2，即一个临界数，那么保留区域内的无人认领的位置就会被释放。我们将保留比例 $\alpha = k_1/K$ 和释放时间 $\beta = k_2/K$ 定义为两个决策变量，其中，K 为分配区域内的位置总数。注意，k_1 与大买家有关，而 k_2 与所有买家有关。因此，所提出的存储位置策略制定如下：

$$\min TTD \tag{5-3-4}$$

约束条件：

$$0 < \alpha < 1 \tag{5-3-5}$$

$$0 < \beta \leqslant 1 \tag{5-3-6}$$

其中，α 反映了存储位置的大小，β 意味着无人认领位置的释放时间。根据分拣买家的规则、预留区域的存储位置方法、α 和 β 的值，可以确定每个入库买家在配送区域的存储位置。

5.3.3 解决方法

在本章中，我们描述了买家的排序规则，用于标记大买家。同时介绍了提出的存储位置分配方法，利用 MADS 算法对存储位置的比例和释放时间进行了优化。

1. 买家排序规则

所提出的存储位置方法是将大买家根据其以往的成交量分布在预留区域内。一个简单的实施方法是利用买家的历史购买量。利用交易记录，买方 m 的平均购买量 $\bar{q}_m$，可以用下式计算：

$$\bar{q}_m = \frac{\sum_{t=1}^{T} q_{mt}}{\sum_{t=1}^{T} y_{mt}} \tag{5-3-7}$$

其中，如果买方 m 在拍卖日 t 出现，$y_{mt} = 1$，否则 $y_{mt} = 0$。而 q_{mt} 是买家

m 在拍卖日 t 的购买量，我们按照买家的平均购买量降序排列。

2. 建议存储位置方法

为了实现我们提出的存储位置方法，必须先进行初始化，从 α_0 和 β_0 两个参数开始。根据历史交易数据，通过 MADS 得到预留比例 α 和释放时间 β 这对最优参数，这将在下一小节介绍。另一个重要的初始化是获得所有买家的平均购买量，这些购买量是从历史交易数据中提取的，然后按降序排列。基于这些初始化，将 I/O 点附近的前 $\alpha \times K$（即 k_1）个位置标记为保留区域，其余位置设置为自由区域，其中，「 」为上限函数。平均购买量最高的 $\alpha \times K$ 的买家被标记为大买家。

被标记为大买家的位置由保留区域分配，而其余买家则根据最近开放位置政策从自由区域分配位置。随着拍卖的进行，现有买家的数量达到阈值，$\beta \times K$（即 k_2），保留区域中无人认领的位置将被释放给后来到达的新买家，然后，到达但未分配的买家被分配到第一个空位置。

在预留区域内，考虑了基于营业额的位置和最近的空闲位置，这在我们提出的方法中可以很容易地进行。基于成交量的位置是利用拍卖开始前大买家的平均购买量的递减顺序，将位置预先分配给大买家。这样做，可以利用其高性能的优势。在拍卖中，如果一个具有预分配位置的买家出现，那么他的位置的状态被设置为 CLAIMED。在预留区域内基于成交量的存储位置方法称为 PSL – 1。

最接近的开放位置将保留区域的第一个空位分配给在第一次出价后被标记为大户的买家。虽然最接近的开放位置对标记为大户的买家一视同仁，但如果大户买家更早到达，它可以获得更好的性能，类似于 KIFA 中的情况（Qin，Chen & Ma，2015）。存储位置法与预留区域内最近的开放位置法称为 PSL – 2。我们利用 DFETC 在 2019 年 5 月的交易数据集来测试到达序列与买家购买量之间的相关性。图 5 – 16 显示，到达序列与购买量呈负相关。使用预留区域中最近的开放位置可能会产生更好的性能。

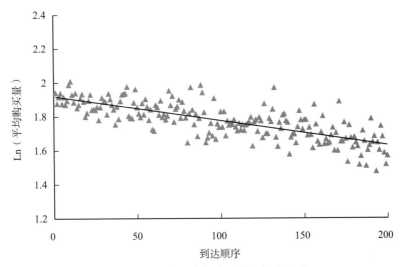

图 5 - 16　到达顺序与购买量之间的关系

资料来源：笔者绘制。

3. MADS 算法

我们利用 MADS 来寻找预留比例 α 和释放时间 β 的最优对，MADS 算法在解决基于仿真的优化问题中应用广泛。目标函数不需要导数信息，算法从初始解 α_0 开始，β_0、网格大小和投票大小。轮询大小指的是试验点与当前解之间的最大距离。

图 5 - 17 显示，每次迭代分为搜索和投票步骤。在搜索步骤中，通过进行全局搜索，对网格上有限的点集进行目标函数 TTD 的评估。如果找到了改进的解，则为下一次迭代创建一个新的网格大小，并跳过轮询步骤。否则，算法进入轮询步骤，其中，目标函数 TTD 在相邻点进行评估，以探索局部优化解。如果确定了改进的解，则在更新步骤中增加网格和轮询大小。否则，在更新步骤中减小网格和轮询尺寸。当当前网格尺寸小于网格尺寸容许值或达到一定的迭代次数时，MADS 算法就会终止（Amaioua et al.，2018；Hosseini et al.，2011）。

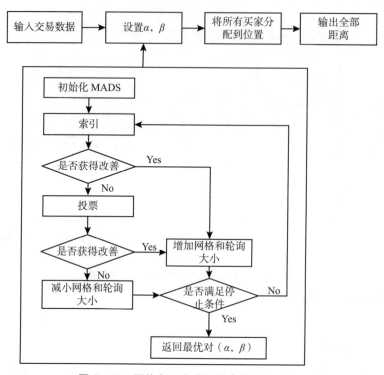

图 5 – 17　网格自适应直接搜索算法的流程

资料来源：笔者绘制。

5.3.4　仿真分析

本节介绍了利用花卉拍卖中心的真实数据，为评估所提出的存储位置方法而进行的一组实验。我们描述了数据集和实验环境，然后介绍了优化和仿真结果。我们还研究了不同形状的分布区域、预留位置的大小和释放时间对性能的影响。

1. 数据集和实验设置

从 DFETC 的交易数据库中提取 2019 年 5 月、6 月、8 月和 9 月的交易记录。两个实验使用 5 月和 8 月的交易记录来训练模型，即计算出最优的 (α, β) 对，然后使用其他两个月的记录来评价所提出的存储位置方法的性能。这几个月的交易记录汇总在表 5 – 4 中，从表 5 – 4 可以看出，一辆笼车平均吸引了 5 个以上的买家，最多时有 18 个买家。

表 5 - 4　　　　　　　　DFETC 在 2019 年 5 月和 8 月的花卉销量

参数	5 月			8 月		
	平均值	最大值	最小值	平均值	最大值	最小值
每天出席的买家人数	216.33	266	155	203.99	267	148
每天笼车数	1117.50	1868	661	850.89	1760	551
每辆笼车的买家数量	5.44	18	1	5.50	18	1
每日交易量	6951.50	11914	4118	5162.83	10942	3402
每个买家每天购买的存储桶	59.49	746	1	46.83	386	1
每天购买的桶	12869.40	22795	7535	9543.10	21535	6117

资料来源：笔者根据 DFETC 的交易数据整理。

目前，配送区域为长方形，由 8 条前后交叉的通道组成。每条通道有 24 排，48 个存放位置。分销区共有 384 个储存点。相邻两条过道之间的中心到中心的距离 w 为 5 个单位。一个存储位置的容量 q_0 为 18 个桶。用行程距离来衡量存储位置分配的性能，以最近的开放位置 24 行作为基准。

MADS 的参数设置描述如下。①最大迭代次数为 40 次，②初始网格大小为1，③α 和 β 的起始值均为0.5。仿真在 Matlab R2015b 中进行。同时给出了遗传算法（GA）和模拟退火（SA）得出的结果，以验证 MADS 的效率。按照潘等（2015）的方法，我们设置 GA 的种群规模 = 30，交叉率 = 0.6，突变率 = 0.05。遵循张、王和潘（2019）的方法，我们设置 SA 的初始温度 = 800，终端温度 = 1，冷却率 = 0.95。最大迭代次数为 100 次。

2. 优化和仿真结果

我们利用 MADS 算法，通过 5 月的历史交易记录，对预留区域内的每一个给定的存储位置策略搜索最优对 (α, β)。对于 PSL - 1，(α, β) 的最优对为 $(0.164, 0.441)$。对于 PSL - 2，(α, β) 的最优对为 $(0.331, 0.502)$。

在优化结果的基础上，我们再利用 6 月的交易数据来评价所提出的方法的性能。表 5 - 5 为存储位置方法的比较结果。与基准［即所有买家（无任何预留区域）的最近开放位置策略］相比，PSL - 1 的交割、转移和旅行距离平均分别缩短了 1.55%、8.44% 和 2.62%。直观上，PSL-1 产生的转运距离应该比基准短，这一点在图 5-18（a）中得到了证实。

表 5-5　　　　　　　建议的存储位置方法的结果比较（$I=24$）

参数		6 月			9 月		
		COL	PSL-1	PSL-2	COL	PSL-1	PSL-2
α		—	—	0.164	0.331	—	0.141	0.164
β		—	—	0.441	0.502	—	0.449	0.422
送货距离	平均值	62214.1	61250.9	60948.0	74476.3	73327.8	73422.1
	最小值	46470.0	47463.0	46279.0	51432.0	50979.0	50786.0
	最大值	88153.0	83679.0	84040.0	99937.0	98113.0	97883.0
传输距离	平均值	11434.6	10469.5	10572.3	13457.3	12418.3	12475.0
	最小值	8375.0	7813.0	7985.0	8824.0	8023.0	8090.0
	最大值	16055.0	14705.0	14851.0	17572.0	16276.0	16295.0
行驶距离	平均值	73648.7	71720.3	71520.3	87933.7	85746.1	85897.1
	最小值	55093.0	55711.0	54264.0	60256.0	59002.0	58876.0
	最大值	104208.0	98384.0	98891.0	117225.0	114389.0	114178.0
改进		基准	2.62%	2.89%	基准	2.49%	2.32%

注：PSL-1：建议的存储位置方法，在保留区域采用基于周转的位置方法。PSL-2：建议的存储位置方法，保留区域中的最近开放位置方法。COL：最近的开放位置政策。
资料来源：笔者根据实验结果整理。

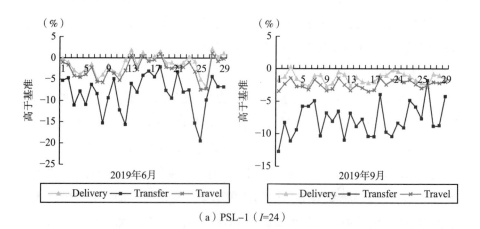

（a）PSL-1（$I=24$）

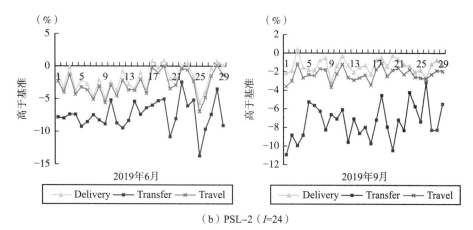

（b）PSL-2（I=24）

图 5-18　基准距离上的百分比距离增加

资料来源：笔者根据检验结果绘制。

较短的传输距离是因为大买家被分配到 I/O 点附近的位置。PSL-2 产生的距离平均也比基准短，从而减少了 2.04% 的送货距离、7.54% 的转运距离和 2.89% 的旅行距离。PSL-1 和 PSL-2 在旅行距离上的节约存在着微小的差距。

我们根据 8 月和 9 月的数据重复上述实验，以测试所提出的方法的稳健性。表 5-5 为各存储位置方法的结果。PSL-1 和 PSL-2 的最优对（α，β）分别为（0.141，0.449）和（0.164，0.422）。与基准相比，PSL-1 和 PSL-2 的行程距离平均分别缩短了 2.49% 和 2.32%。

将 MADS 算法的推导结果与 GA 和 SA 对 5 月数据的推导结果进行比较，以检验其效率（见图 5-18）。计算实验在 1.80GHZ 的 CPU 和 8GB 内存的笔记本电脑上进行。根据仿真结果，MADS、GA 和 SA 用于求解我们提出的定位方法有三个不同之处（见图 5-19）。①MADS 和 GA 可以得到最优的 α 和 β 对，几乎达到相同的平均移动距离，但 MADS 比 GA 更快地达到最优解。MADS 可以有效地缓解过早收敛的问题，改善 GA 局部搜索能力弱的问题。②SA 不能获得最优的 α 和 β 对，增加了平均行程距离，进而导致中国花卉拍卖中的投放系统性能较差。③GA 和 SA 有更多的参数，需要通过试错实验才能得到一个好的设定。综上所述，MADS 是解决我们提出的位置问题的有效算法。

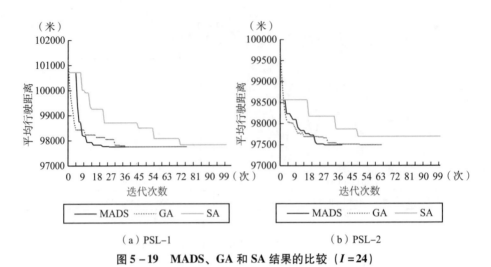

|（a）PSL-1|（b）PSL-2|

图 5 –19　**MADS、GA 和 SA 结果的比较**（$I = 24$）

资料来源：笔者根据实验数据绘制。

5.3.5　结论

本节旨在提高中国鲜花拍卖中的投放系统的性能，将大买家分配到理想的存储位置。所提出的位置方法的逻辑是提前在 I/O 点附近为大买家预留一个区域，并根据最近的开放位置策略将剩余的位置分配给其他到达的买家。开发了 MADS 算法，以确定为大买家预留区域的大小和未被认领的预留位置对后来到达的新买家的释放时间之间的权衡。

通过测量总行程距离来检验所提出的位置策略的性能。结果表明，我们提出的位置方法优于单一的最接近的开放位置方法。本节的结果为管理类似 DFETC 的投放系统提供了三大启示。第一，在不确定的环境下，为历史数据确定的大买家保留位置是更好的选择。第二，在历史数据的基础上，通过数据驱动的方法可以很容易地寻找到预留区域大小和放盘时间的近似最优组合。第三，发行区域的形状是影响放量操作效率的重要因素。

然而，本节的结果受到某些假设的限制。我们只关注在一个配送区域的操作问题，其中考虑了一个单一的 I/O 点和矩形仓库。我们还假设一个工人一次只能拖动一辆笼车。本节的潜在扩展如下：首先，所提出的方法需要进一步研究秦、陈和马（2015）提出的基于类的修正定位的子领域。其次，考虑到拍卖市场一直采用自动化系统以节省空间和时间，未来应考虑物联网支持的拍卖环境下的存储定位方法（Kong et al.，2017，2018）。

参考文献

［1］Amaioua N，C Audet，A R Conn，et al. Efficient Solution of Quadratically Constrained Quadratic Subproblems Within the Mesh Adaptive Direct Search Algorithm ［J］. European Journal of Operational Research，2018，268（1）：13 – 24.

［2］Chew E P，L C Tang. Travel Time Analysis for General Item Location Assignment in a Rectangular Warehouse ［J］. European Journal of Operational Research，1999，112（3）：582 – 597.

［3］De Koster R，T Le – Duc，K J Roodbergen. Design and Control of Warehouse Order Picking：A Literature Review ［J］. European Journal of Operational Research，2007，182（2）：481 – 501.

［4］De Koster R，Yu M. Minimizing makespan and throughput times at Aalsmeer flower auction ［J］. Journal of the Operational Research Society，2008，59（9）：1182 – 1190.

［5］Gu J，M Goetschalckx，L F McGinnis. Research on Warehouse Operation：A Comprehensive Review ［J］. European Journal of Operational Research，2007，177（1）：1 – 21.

［6］Hosseini S S S，A Jafarnejad，A H Behrooz，et al. Combined Heat and Power Economic Dispatch by Mesh Adaptive Direct Search Algorithm ［J］. Expert Systems with Applications，2011，38（6）：6556 – 6564.

［7］Pan C H，P H Shih，M H Wu，et al. A storage assignment heuristic method based on genetic algorithm for a pick-and-pass warehousing system ［J］. Computers & Industrial Engineering，2015，81：1 – 13.

［8］Petersen C G. An Evaluation of Order Picking Routing Policies ［J］. International Journal of Operations & Production Management，1997，17（11）：1098 – 1111.

［9］Qin K D，B J Yang. Storage Allocation Methods，Storage Size and Service Level under Uncertainty in Manual Order – Picking Systems ［R］. International Conference on E-Business and E-Government，2010：3283 – 3289.

［10］Yu Y，R B De Koster. On the Suboptimality of Full Turnover – Based Storage ［J］.

International Journal of Production Research, 2013, 51 (6): 1635 – 1647.

　　[11] Zhang R Q, M Wang, X Pan. New Model of the Storage Location Assignment Problem Considering Demand Correlation Pattern [J]. Computers and Industrial Engineering, 2019, 129: 210 – 219.

5.4　预测驱动的拍后物流双分配区储位优化机制*

5.4.1　引言

　　荷式拍卖广泛用于鲜花、鱼、水果等新鲜农产品的交易,与传统的交易方式相比,拍卖具有信息透明、处理迅速、价格公平的特点。与传统的交易方式相比,拍卖具有更透明的信息、更快速的处理和更公平的价格,数百名买家和卖家在一体化的拍卖中心进行数百万朵鲜花的交易。各大拍卖中心已经解决了处理数百万人同时竞价的技术问题。然而,伴随着日交易量的快速增长,履约操作成为一大瓶颈,尤其是拍卖后的投放系统。

　　投放系统已经在现有的花卉拍卖中心得到应用(De Koster, Le – Duc & Roodbergen, 2007)。图 5 – 20 为典型花卉拍卖中投放系统的操作流程。对于拍前的物流,工人接收鲜花并将其放入桶中。拍卖笼车是典型的物料搬运资产,用于存放桶。然后将笼车按拍卖顺序排列。在拍卖过程中,买家通过一定的顺序下单。一辆笼车中的鲜花可以被一个或多个买家购买。在本节中,我们将买家统称为顾客。一桶花是最小购买单位。在每天的拍卖中,每个顾客可以参加多次交易。

---

　　* 本节节选自孔祥天瑞、秦开大已发表论文(英译中): Kong X T, Zhu M, Qin k, et al. Demand-Predictive storage assignment mechanism for flower auction centers [M]. International Journal of Production Research, 2021.

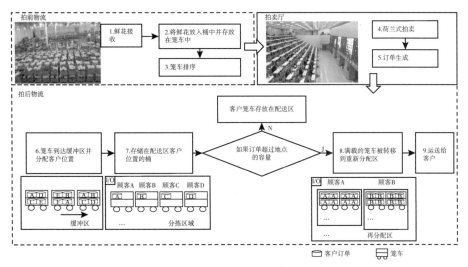

图 5 – 20   花卉拍卖中投放系统的操作过程

资料来源：笔者绘制。

拍卖结束后，当一车鲜花全部拍卖成功后，每车鲜花将被拖至缓冲区。如果客户是第一次出现，则根据配送区域的存储策略为客户分配一个存储位置，否则，客户的位置将直接从系统中提取。一个存储位置可以容纳一辆笼车。然后，工人移动笼车（有多个客户）将鲜花放置在配送区域的客户位置。随着拍卖的进行，如果一个客户的位置达到了它的容量，完整的笼车（属于一个客户）将被转移到再分配区域。在再分配区域，一个客户被分配到一个有多个位置的存储区块。当拍卖完成后，客户将从规定的存储位置取花。由于事先对客户需求的了解是未知的，这种需求有可能超过分配的存储位置的容量。因此，投放系统由分配区和再分配区组成，以应对需求的不确定性。

鲜花拍卖的配送区域和再配送区域内的客户存储分配会显著影响投放系统的效率（Qin，Chen & Ma，2015）。同时，鲜花拍卖中的投放系统具有不确定性，即只有在客户出现时才能知道客户的存在，而客户的需求只有在拍卖结束后才能确定。在这样一个随机系统中，如果位置分配政策和程序不当，可能会大大影响系统的运行效率。例如，在配送区域内，购买量大的客户可能被分配到离 I/O 点较远的位置，而购买量小的客户则可以被分配到 I/O 点附近的位置。在重新分配区域，分配给客户的存储块的大小可能太小或太大。较小的存储块会导致许多顾客的笼车被放置在溢出区域，导致搜索货物的时间增加。较大的存储区块会扩大重新分配区域，留下空位，降低存储空间的利用率。为了规避不确定因素的影响，在优化设计配送区和再配送区的存储分配策略时，预测客户的存在和需求是至关重要的。因此，本节提出了一种新设计的需求预测型存储分配（DSA）机制。

由于拍卖会结束后，鲜花通过飞机或卡车运往世界各地的零售商，有固定的出发时间，因此客户的订单应在极短的准备时间内完成取货和包装。虽然缩短履行时间是拍卖市场的主要关注点，但由于在配送和再配送领域同时使用了多个工人，因此履行时间很难制订。因此，履行时间并不作为业绩的指标。相反，目标是最小化配送和再分配区域内的总行程距离，这在仓储文献中被广泛使用（De Koster，Le - Duc & Roodbergen，2007；Pang & Chan，2017）。

仓储文献中仓储分配的优化受到了极大的关注。经典的存储分配策略包括最近的开放位置、随机存储、全周转存储和基于类的存储（Yu & De Koster，2013；Muppani & Adil，2008）。一些研究表明，全周转存储方法的性能明显优于其他方法（De Koster，Le - Duc & Roodbergen，2007；Yu & De Koster，2013）。然而，这样的方法很难在鲜花拍卖的投放系统中实现，因为它很难预测客户是否会到来，更重要的是，大多数现有的研究都是基于需求是确定的和事先已知的假设（De Koster，Le - Duc & Roodbergen，2007）。然而，在现实世界的鲜花拍卖中，顾客需求是不确定的。在不需要信息的情况下，最近的开放地点由于其简单性而被广泛使用（Gu，Goetschalckx & McGinnis，2007）。在鲜花拍卖中实施的分区策略可以减少投放系统的时间跨度，减少分配过程中的拥堵（De Koster & Yu，2008）。秦、陈和马（Qin，Chen & Ma，2015）提出了一种改良的基于类的存储位置，大大减少了投放系统的行程距离。但是，这些高度相关的研究只关注了配送区域，没有对复杂的再配送过程进行优化。

为了填补实践和研究的空白，我们引入了 A/F 预测方法，以获得每个客户的购买量和将参加交易的客户身份，这是 DSA 机制的重要输入。本节研究涉及以下四个问题。

（1）如何利用 A/F 预测法预测鲜花拍卖中的顾客需求？

（2）对于配送过程，所提出的 DSA 机制与最近开放地点法（COL）相比，在旅行距离方面是否能提高性能？

（3）对于再配送过程，如何确定每个客户的位置数？

（4）主要因素（如新来的顾客数量和新来的顾客数量）的影响是什么？

（5）关键因素（如新到客户的数量和多个地点的分配）对所提出的方法有何影响？

为了回答上述问题，我们首先构建每个客户的 A/F 比时间序列，然后采用简单的移动平均法进行预测，当客户提交预估 F 时，可以得到客户的身份，同时，通过 F 和预测的 A/F 比预测每日的购买量 A。根据需求预测，确定每个客户在配送区域内的存储位置和再配送区域内分配给客户的存储块大小。我们提出了再分配区域内的直接再分配策略和配对再分配策略。直接再分配策略为每个客户分配一个单独的存储块，而配对再分配策略则使两个客户共享一个存储块。DSA 机制在分配和再分配区域内应用，并基于模拟拍卖市场的真实数据以及随机生成的大尺寸实例进行评估。在总行程距离方面，DSA 机制产生的距离比最近的开放位置法缩短了 8.74%。此外，我们还进一步研究了新到达的客户数量，以及分配区域内分配位置数量的影响。

5.4.2　问题描述

本节首先介绍鲜花拍卖中的投放系统的布局、操作流程和假设，然后介绍仓储分配策略在投放系统的分配区和再分配区的性能测算。

1. 投放系统模型

鲜花拍卖中的投放系统由缓冲区、分配区和再分配区三部分组成（见图 5-21）。缓冲区位于分配区的 I/O 点，再分配区的 I/O 点靠近分配区的 I/O 点。

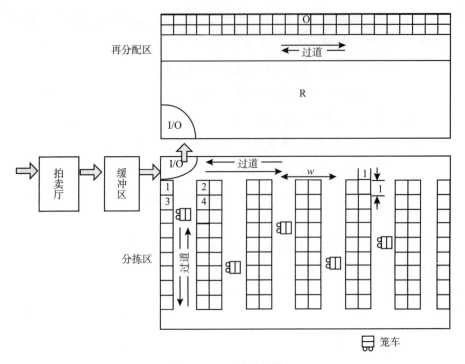

图 5 – 21　投放系统模型

资料来源：笔者绘制。

　　当一辆笼车中的所有鲜花都拍卖成功后，每辆笼车将被拖到缓冲区。一辆笼车的花可能属于多个客户。在配送开始前，一些空的笼车会被放置在配送区，以装载购买的鲜花。配送的工人会依次从缓冲区取走一辆笼车，将鲜花放在客户的位置，这指的是放花操作。待笼车上的鲜花全部卸完后，将空笼车放到相邻的空位置。如果客户所在的位置在规定时间内达到了容量（即满车），那么就可以进行放花操作。满车，则将满车移至 I/O 点，即指转移操作。然后，再由另一个再配送的工人将属于客户的满车从配送区域内的 I/O 点移到再配送区域。

　　配送区的布局为矩形，有 N^D 通道。每条过道两侧都有 M^D 位置，共 $2M^D \times N^D$ 位置，如图 5 – 21 所示。相邻两条过道之间的距离为 w。用于配送的通道，向前和向后移动，其宽度足以让笼车在两个方向上移动。I/O 点位于配送区的左上角。目前，无论客户的购买记录如何，每个客户都会在配送区域内分配到一个存储位置。该设置与秦、陈和马（Qin，Chen & Ma，2015）的设置类似，当需求不确定时，易于实现。配送区域的存储分配策略在客户到达时确定每个客户的存储位置。工人通常采用S形路由策略，因为它是人工投放系统中最简单的启发式策略之一（De Koster，Le - Duc & Roodbergen，2007）。

再分配区域的布局也是矩形的，I/O点位于再分配区域的左下角。再分配区域由两部分组成：存储区域（R）和溢出区域（O）。再分配区域的存储分配策略决定了应该给客户分配多少个位置，以及客户的位置应该安排在这个区域内。满载的笼车将从配送区域内的I/O点移动到再配送区域内的位置。当客户需求超过存储区（R）内的存储能力时，下一个到达的笼车将直接放在溢出区（O）内。

投放系统的设计基于以下假设。

（1）所有笼车尺寸相同，长宽一致。为便于操作，假设长、宽均为1（1个单位≈1.2米）。每辆笼车可装载 q_0 单位的鲜花。

（2）所有位置的尺寸与笼车的尺寸相同，容量为 q_0 单位。每个客户在配送区域内只能分配一个位置。

（3）配送区和再配送区的面积足够大，可以容纳所有顾客的笼车。

（4）工人每趟只配送一辆笼车。

（5）工人完成配送后，空笼车的行驶距离不在考虑之列。工人返回I/O点时没有拖动笼车的距离被忽略。

本节运用的主要符号如表5-6所示。

表5-6　　　　　　　　　　本节使用的主要符号

符号	解释
I	顾客数量，以 i 为索引，$i=1,\cdots,I$
J	笼车数量，以 j 为索引，$j=1,\cdots,J$
q_0	笼车的最大容量

符号	解释
M^D	配送区的行数，以 m^D 为索引
N^D	配送区域内的通道数，以 n^D 为索引
w	配送区相邻两条通道之间的距离
M^R	再分配区域中的行数，以 m^R 为索引
N^R	再分配区域中的过道数，以 n^R 为索引
h_n^{n+1}	再分配区域内第 n 条通道与第 $n+1$ 条通道之间的距离
TTD	一天内笼车的总行驶距离
TTD_D	当日配送区域内笼车的行驶距离
DD	当日配送区域内笼车的运送距离
TD	当日配送区域内笼车的转运距离
TTD_R	当日再配送区域内笼车的行驶距离
Ai	客户 i 的实际需求量。客户 i 的实际需求量
Fi	客户 i 的实际需求量。客户 i 提交的估计采购量
Ai	客户 i 的实际需求量。客户 i 的预测需求量
K	客户类别的数量，以 k 为索引

资料来源：笔者整理。

2. 性能指标

所有笼车的总行程距离（TTD）被认为是主要的绩效衡量标准，它是配送区域内的行程距离（TTD_D）和再配送区域内的行程距离（TTD_R）之和。两个区域内的行车距离在以下两个小节中分别计算。

（1）分配区内的行程距离。对于配送过程来说，目标是尽量减少运输距离。假设有足够多的存储位置来容纳所有客户。如果客户数量小于存储位置的数量，则利用 COL 和 DSA 方法将空位置分配到配送区域的后方，从而不影响行程距离。行走距离（TTD_D）是送货距离（DD）和转运距离（TD）之和。

$$TTD_D = DD + TD \qquad\qquad (5-4-1)$$

送货距离是指从库房到所有客户位置的距离。如图 5 - 22 所示的例子中，一辆笼车行程覆盖了 6 个客户，标为 X 的客户位置距离 I/O 点最远。该趟行程用实线表示。这趟车的运送距离为 $[(6-1) \times w + 5] + (3-1) \times M^D$。前一

部分 $(6-1) \times w + 5$ 是指从 I/O 点到最远的顾客位置 X 的距离，后一部分 $(3-1) \times M^D$ 表示已通过的通道的距离。对于笼车 j 来说，送货距离是指从 I/O 到最远顾客位置的距离 FL_j 和剩余过道的距离之和，$(A_j - 1) \times M^D$，其中 A_j 是要通过的过道数。J 台车的送货距离可按以下方式计算。

$$DD = \sum_{j=1}^{J} \left[(A_j - 1) \times M^D + FL_j \right] \qquad (5-4-2)$$

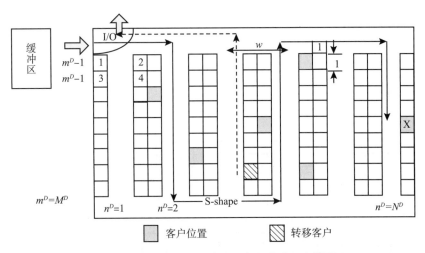

图 5 - 22　分布区域中的转移距离和递送距离的图示

资料来源：笔者绘制。

转移距离等于客户满仓到库房的距离，如图 5 - 22 中虚线所示。转移距离取决于客户的购买量和存储位置。对于买方 i 来说，转移距离是库房到客户所在地 L_i 的距离乘以转移次数 T_i。对于 i 客户的转移距离可以表示为：

$$TD = \sum_{i=1}^{I} T_i \times L_i \qquad (5-4-3)$$

转移次数取决于购买的桶数。关于该出行距离模型的其他细节，请参考秦、陈和马（2015）的相关研究。

（2）再分配区内的行程距离。对于再分配过程，其目标也是使行程距离最小化。笼车 j 的行驶距离等于从再分配区域内的 I/O 点到该位置的距离。由于存储区域 R 和溢出区域 O 的布局不同，分配到这两个区域的笼车 j 的行程距离应分别计算。在存储区域 R 中，笼车 j 的行驶距离是根据区块 c_j^{Block} 中的行号 m_j、过道号 n_j 和列号确定的。区块位于过道的两侧，区块中的列号指数与离过道的距离有关。让区块中离过道最近的列的索引为 1（见图 5 – 23）。需要注意的是，相邻过道之间的距离可能不同，这与每个区块中的位置数有关。我们定义 h_n^{n+1} 为过道 n 与过道 $n+1$ 之间的距离。由交叉过道产生的距离被忽略。因此，分配到存储区 R 的笼车 j 的行驶距离（TD_j^R）计算如下：

$$
TD_j^R = \begin{cases} m_j + (c_j^{Block} - 1), & n_j = 1 \\ m_j + \sum_{n=1}^{n_{j-1}} h_n^{n+1} + (c_j^{Block} - 1), & n_j > 1 \end{cases} \tag{5 – 4 – 4}
$$

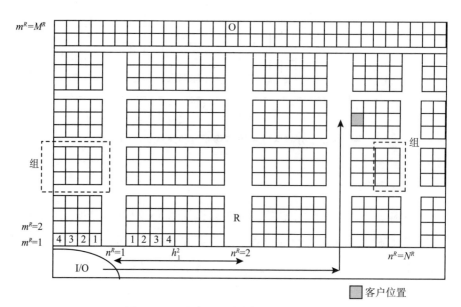

图 5 – 23　再分配区域中的行程距离示意

资料来源：笔者绘制。

在溢流区 O 中，根据笼车 j 的行号 m_j 和列号 c_j^O 确定行车距离，分配到溢流区 $R(TD_j^O)$ 的笼车 j 的行车距离计算如下：

$$TD_j^O = m_j + c_j^O - 1 \qquad (5-4-5)$$

因此，j 笼车在再分配区的行驶距离计算如下：

$$TTD_R = \sum_{j=1}^{J} \left(TD_j^R \times x_{j,R} + TD_j^O \times x_{j,O} \right) \qquad (5-4-6)$$

式（5-4-6）中，$x_{j,R}=1$，如果转运笼车 j 被分配到储存区 R，则 $x_{j,R}=0$。此外，$x_{j,O}=1$，如果转运笼车 j 被分配到溢流区 O，则 $x_{j,O}=0$。

5.4.3　求解方法

本章首先介绍了客户需求预测的方法，然后根据需求预测提出了分配和再分配区域的存储分配方案。

1. 需求预测

在本节中，我们构建了每个客户的 A/F 比的时间序列来预测需求。A/F 比表示实际需求（A）与客户在拍前提交的预估值（F）的比值。A/F 比是由特维施和卡琼（Terwiesch & Cachon，2012）提出来表征客户需求的。在鲜花拍卖的投放系统中，拍卖市场可以在顾客到场时要求顾客提供预估购买量，拍卖市场在拍卖结束后获得顾客的实际需求。经过多轮的需求数据采集，可以构建每个客户的 A/F 比例的时间序列。简单移动平均模型（MA(L)）可以用来预测 A/F 比率。对于客户 i，$t+1$ 期的 A/F 比率的预测值可以通过式（5-4-7）求出：

$$\left(\frac{A_i}{F_i} \right)_{t+1} = \frac{1}{L} \sum_{l=1}^{L} \left(\frac{A_i}{F_i} \right)_{t-l+1} \qquad (5-4-7)$$

其中，L 为移动平均线的长度。然后，客户 i 在 $t+1$ 期间的需求预测计算如下：

$$(\widehat{A_i})_{t+1} = (F_i)_{t+1} \times \left(\frac{A_i}{F_i} \right)_{t+1} \qquad (5-4-8)$$

其中，F_i 为客户 i 在拍卖前提交的预估值，$\widehat{A_i}$ 为使用移动平均的需求预测值。

A/F 预测法的流程如下：

第一步：所有参与拍卖的客户在拍卖前需要在拍卖大厅的自助终端上输入自己的预估购买量 F_i（$F_i \geq 1$）。

第二步：拍卖开始前，系统计算出每个客户前几期的 A/F 比例。

第三步：对每个顾客的 A/F 比采用简单移动平均法进行预测，然后通过式（5-4-8）计算出需求预测值 $\widehat{A_t}$。

为了激励客户提高预估购买金额的准确性，拍卖市场通常需要为客户的需求预测提供激励措施，如佣金折扣（Ginsburgh，Legros & Sahuguet，2010）。如果客户提交的购买金额在实际需求的一定范围内，客户将获得一定的奖励。例如，在拍卖市场中，对于提交需求信息偏差在 10% 以内的客户，佣金将减少 10%，表明实际佣金率由 5% 变为 4.5%。

2. 分配区内的存储分配

根据需求预测分配客户。根据 DSA 策略，将需求预测较大的客户部署到离分配区域的 I/O 点较近的地方。DSA 机制的流程如下：

（1）对于每个客户，采用简单移动平均法预测 A/F 比，然后利用式（5-4-8）计算出需求预测 $\widehat{A_t}$。

（2）将客户需求预测 $\widehat{A_t}$ 按降序排列为 $\widehat{A_{(1)}}$，$\widehat{A_{(2)}}$，…，$\widehat{A_{(i)}}$，…，$\widehat{A_{(I)}}$。需求预测量最大的客户 $\widehat{A_{(1)}}$ 被分配到第一个地点，需求预测量第二大的客户 $\widehat{A_{(2)}}$ 被分配到第二个地点，这个过程重复进行，直到所有客户被分配完毕。

3. 再分配区内的存储分配

在拍卖之前，得出顾客 $\widehat{A_t}$ 的需求预测，并按降序排列为 $\widehat{A_{(1)}}$，$\widehat{A_{(2)}}$，…，$\widehat{A_{(i)}}$，…，$\widehat{A_{(I)}}$。假设需求预测小于 $\widehat{A_{(I)}}$ 的客户不需要重新分配，即 $\widehat{A_{(I'+1)}}$，…，$\widehat{A_{(I)}} \leq q_0$。需求预测大于或等于 $\widehat{A_{(i)}}$ 的客户，则需要在再分配区域内进行存储位置分配。在再分配区域的存储分配策略方面，本节提出了直接再分配和配对再分配策略。

（1）直接再分配。再分配区的布局如图 5-21 所示。它由两个区域组成：仓储区（R），根据客户所需的位置数量直接划分为许多不同的区块，每个客户被分配到一个区块，用于停放笼车。当需求预测大于某个位置 q_0 的容量时，客户将被分配到再分配区域内的一个区块。具体来说，需求预测为

$A_{\widehat{(1)}}$，$A_{\widehat{(2)}}$，…，$A_{\widehat{(i)}}$，…，$A_{\widehat{(I)}}$ 的客户将被分配到再分配区域内的一个区块，区块的容量为 $\lfloor A_{\widehat{(1)}}/q_0 \rfloor$，$\lfloor A_{\widehat{(2)}}/q_0 \rfloor$，…，$\lfloor A_{\widehat{(i')}}/q_0 \rfloor$，…，$\lfloor A_{\widehat{(r')}}/q_0 \rfloor$。符号 $\lfloor \ \rfloor$ 是舍去函数。另一个重新分配的区域是溢出区（O），当客户使用的笼车数量超过其对应区块的容量时，溢出区用于放置新到的笼车。

由于再分配区域是一个规则的矩形，而笼车是一个等长和等宽的正方形，所以对于同一个客户，可能会有多个位置的组合，从而产生许多不同形状的区块。例如，如果根据客户的需求预测需要 14 个位置，那么这 14 个位置可以组合成不同的形状。图 5 – 24 显示了 14 个位置组合的 5 种形状。区块的形状对再分配区域内的空间利用率有很大影响。因此，直接重新分配可能会带来两个问题：一是如何摆放区块，使重新分配区域内的空间利用率最大化；二是在区块形状多样的情况下，如何设计通道，减少拥挤，保证较高的空间利用率。

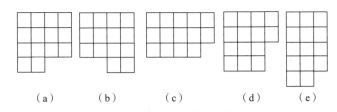

（a）　　　（b）　　　（c）　　　（d）　　　（e）

图 5 – 24　具有 14 个位置的块的形状示意

资料来源：笔者绘制。

（2）配对再分配。为了解决直接再分配带来的区块摆放和通道规划问题，提出了配对再分配法。所谓成对再分配法，首先根据需求预测将客户分为多个等级，不同等级的客户将被分配到不同数量的存储位置的区块。每个大客户都会被分配到一个区块。对于其余的客户，需求量预测最大的客户将与每个等级中需求量预测最小的客户配对，他们将共享一个区块。

再分配区域包括 3 个部分：未配对区域（R_1）、配对区域（R_2）和溢出区域（O），如图 5 – 25 所示。未配对区用于存放不符合配对条件的客户的笼车。这类顾客一般需求量大，很难与其他顾客配对共享一个区块。配对区用于存放符合配对条件的顾客的笼车，一个区块由两个顾客共用。溢出区用于停放 3 类顾客的笼车：一是用于存放 $\left[\dfrac{\widehat{A_i}}{q_0}\right]=1$ 的顾客的笼车；二是用于存放再分配区域内位置不足的顾客的笼车，即 $\left[\dfrac{A_i}{q_0}\right]>\left[\dfrac{\widehat{A_i}}{q_0}\right]\geqslant 1$；三是用于存储配送区域内位置不足的客户的笼车，$\left[\dfrac{A_i}{q_0}\right]\geqslant 1$，且 $\left[\dfrac{\widehat{A_i}}{q_0}\right]=0$。

配对再分配的详细规则如下：

第一步：输入客户的需求预测 $\widehat{A_i}$。

第二步：客户分类。设类数为 k，并确定每个类的阈值 $l_k q_0 \cdot l_k \in N^+$，$l_1 > l_2 > \cdots > l_k$，$l_{k-1}=2$，$l_k=1$。客户分类门槛主要根据历史需求信息来确定。

第三步：为不满足配对条件的客户分配位置。第一类和第 k 类客户不分配到配对区域。

①如果客户属于第一类 $(\widehat{A_i} > l_1 q_0)$，则为该客户在未配对区域内单独分配 l_1 个位置。当客户的区块已满，则将客户的笼车转移。

②如果顾客属于第 k 类 $(\widehat{A_i} \in (q_0, 2q_0])$，则在溢出区为顾客分配位置。

第四步：为满足配对条件的顾客分配位置。类 $k=2, \ldots, k-1$ 的客户将在组内进行配对。重复以下配对步骤，直到所有客户都被分配了位置。

①对于类 k，选择需求预测 $\widehat{A_i}$ 在 $(l_k q_0, l_{k-1} q_0]$ 中的顾客，按需求预测降序排列顾客。

②如果类 k 的客户数为偶数，则将该组中需求预测最大和最小的客户依次配对，它们将与配对区域内的 $l_k + l_{k-1}$ 个地点共用一个区块。

③如果类 k 客户数量为奇数，则该组中需求预测最大和最小的客户将依次配对，他们将与配对区域内的 $l_k + l_{k-1}$ 个地点共享一个区块。中间的客户将不能被配对和分配到 l_k 位置。

第五步：输出再分配区域内客户的存储分配结果。

现在我们举一个例子来描述配对再分配方法。假设类数 $k=4$。设 $l_1 = 8$，

$l_2 = 4$，$l_3 = 2$，$l_4 = 1$。

对于第一类 $k = 1$，$\widehat{A}_i > 8q_0$。这类顾客不满足配对条件。他们被分配在未配对区域的位置，每 8 个位置属于一个顾客。如图 5 - 25 所示，A 区域包含最大客户的位置，B 区域包含第二大客户的位置。在实际操作中，客户可能需要多次取花，这样可以减少重新分配区域的面积，提高需求量大的客户的取单速度。

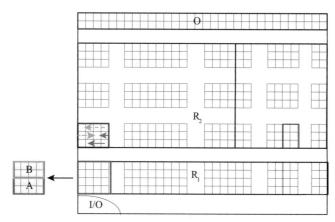

图 5 - 25　未配对和配对区域中的存储分配示意

资料来源：笔者绘制。

对于第二类 $k = 2$，$\widehat{A}_i \in (4q_0, 8q_0]$。将两个客户按照其在组内的需求预测顺序进行端对端配对，他们将共用一个区块，共 12 个位置。

对于第三类 $k = 3$，$\widehat{A}_i \in (2q_0, 4q_0]$。这两个客户按照他们在组内的需求预测顺序进行端对端配对，他们将与 6 个地点共享一个区块。在重新分配过程中，采用先到先得（FCFS）原则存放笼车。两个客户的笼车将分别按照图 5 - 25 中的实线和虚线箭头依次放置在位置上。

对于第四类 $k = 4$，$\widehat{A}_i \in (q_0, 2q_0]$。这类顾客也不满足配对条件，将被分配到溢出区域的位置。

（3）直接和配对再分配的比较。直接再分配方法会产生不规则的再分配区域布局，使行程距离难以计算。因此，行程距离不能用来比较直接再分配策略和配对再分配策略。在再分配区域内，确定分配给顾客的地点数量至关重要。如果数量太少，许多顾客的笼车将被放置在溢出区域，导致搜索货物的时间增加。如果数量过大，则要相应扩大再分配区域，降低仓储空间的利用率，从而增加笼车的行驶距离。对于直接再分配方式，由于储物块的形状不规则，放置困难，扩大了再分配面积，导致储物空间利用率降低。由于不规则的布局，直接再分配法下的储物空间利用率很难准确测量。因此，将超出位置数作为衡量再分配的性能指标。超出位置数（EB）是指客户在再分配区域（DB）内所需的位置数超出分配给客户的位置数（AB）的数值：$EB = (DB - AB)^{+}$。

5.4.4　数值实验

本章利用鲜花拍卖市场的真实交易数据和随机生成的大尺寸数据，模拟分布区和再分布区的存储分配策略。

1. 数据来源和实验设置

仿真数据来源于斗南花卉电子交易中心（DFETC）。数据采样时间为 2019 年 5 月 2 日至 2019 年 7 月 31 日，共计 89 个交易日。7 月的数据被视为未知数进行验证。2019 年 7 月，日均客户数为 212.4 人，日均推车数为 873.17 辆，日均成交手数为 5393.13 手（见表 5－7）。

配送区域的形状设定为。$M^D = 18$，$N^D = 11$，$w = 5$。再分布区的形状设定为：$M^R = 30$，$N^R = 5$，$h_1^2 = h_2^3 = 10$，$h_3^4 = h_4^5 = 6$。笼车或位置的容量为 $q_0 = 18$。实验采用 Microsoft SQL Server 2017。以最接近的开放位置法为基准。

表 5－7　　　　　　　　　　DFETC 在 2019 年 7 月的鲜花销量

参数	均值	最大值	最小值
每天在场的顾客数	212.4	240	192
每天笼车数量	873.17	1403	695

参数	均值	最大值	最小值
每辆笼车的顾客数量	6	18	1
每日交易量	5393.13	8007	4427
每个客户每天购买的存储桶	68.33	278	1
每天购买的桶	9845.83	15001	7990

资料来源：笔者根据 DFETC 数据整理。

2. 需求预测评估

为了评价 A/F 预测方法的效果，我们比较了四种需求预测方法的准确性。首先，在 A/F 预测模型中，为了预测 A/F 的比率，实现了对简单移动平均模型（MA）、权重移动平均模型（wMA）和自回归移动平均模型（ARMA）进行比较。其次，直接采用自回归综合移动平均模型（ARIMA）来预测客户购买量，该模型经常应用于仓储领域（Van Gils et al.，2017）。在鲜花拍卖中心，预测包括两个方面。①一个客户的购买量；②一个客户是否会到达。不同方法对一个顾客的预测精度如表5-7所示。图5-26是4种模型对一个月内购买量的预测。

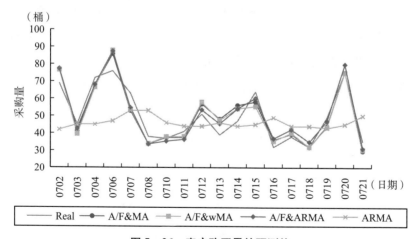

图 5 - 26　客户购买量的预测值

资料来源：笔者根据 DFETC 数据绘制。

第一，将 A/F 比例纳入预测模型，可以提高采购量的预测精度。由于一个客户的采购量每天都会发生很大的变化，这往往会受到节日、供货量、客户数量等因素的影响，因此需要构建复杂的模型来提高预测的准确性。在对数据进行标准化处理后，我们对客户的实际需求 A 与 A/F 之间的差异进行比较（见表 5 -8）。A/F 比的时间序列呈现出稳定的趋势。通过使用简单的预测模型可以得到较低的预测误差。

表 5 -8 客户实际需求 A 和 A/F 的统计指标

参数	最大值	最小值	平均值	标准差	CV
A	69	19	43. 54	13. 14	0. 30
A/F	1. 14	0. 85	1. 00	0. 09	0. 09
标准化 A	1. 00	0. 00	0. 51	0. 32	0. 62
标准化 A/F	1. 00	0. 00	0. 49	0. 26	0. 54

资料来源：笔者根据 DFETC 数据计算整理。

第二，应用 A/F 预测法可以准确知道一个顾客是否会到来。这是因为 A/F 法要求顾客在拍卖前提交估计购买量。

第三，对于预测 A/F 比，ARMA 模型是预测误差最小的最佳模型。对于每一项性能指标，ARMA 与其他模型相比，都能得出最准确的预测结果。虽然 ARMA 在平均绝对百分比误差（MAPE）方面优于其他模型，但我们观察到 ARMA 和 MA 在 MAPE 方面的差异较小（小于 1%）。此外，ARMA 模型比 MA 模型需要更长的计算时间（见表 5 -9）。

表 5 -9 针对客户的不同方法的预测准确性

方法	客户购买量			顾客的到来
	均方根误差（RMSE）	平均绝对百分比误差（MAPE）	平均绝对误差（MAE）	
ARMA	16. 35	26. 17%	13. 44	—
A/F & MA	5. 94	10. 17%	5. 05	√

续表

方法	客户购买量			顾客的到来
	均方根误差（RMSE）	平均绝对百分比误差（MAPE）	平均绝对误差（MAE）	
A/F & wMA	6.14	10.33%	5.24	√
A/F & ARMA	5.46	9.88%	4.86	√

资料来源：笔者根据 DFETC 数据计算整理。

每天参与交易的客户有上百个，在拍卖前，分别为每个客户构建购买量的预测模型。在拍卖之前，分别为每个客户构建采购量的预测模型。此外，可用于预测的时间较短。因此，我们选择了一种包含简单移动平均模型的 A/F 预测方法来预测购买需求，作为 DSA 机制的输入。根据式（5 - 4 - 8），我们可以得到每个客户的需求。移动平均线的长度设置为 5。对于所有客户，平均预测误差约为 9.59%。

3. 基于实际数据的结果分析

（1）分配区内的性能。我们检查了分配区域内 7 月数据集的 DSA 机制。我们采用了最接近的开放位置（COL）进行性能比较。COL 因其无须信息的简单性而被广泛使用（Gu，Goetschalckx & McGinnis，2007）。表 5 - 10 显示了 DSA 和 COL 策略的计算结果。可以看出，DSA 在行程距离方面明显优于 COL，平均提高了 10.31%。DSA 机制产生的运送距离和传输距离分别减少了约 7.72% 和 24.23%。这是因为 DSA 方法将大客户分配到靠近仓库的地点的概率更大。

表 5 - 10　　　　　　　　　　　不同范围内的每日平均客户数

		COL	DSA	Impr
DD	平均值	62166.30	57367.23	7.72%
	最大值	97914.00	88329.00	
	最小值	47558.00	43040.00	

续表

		COL	DSA	Impr
TD	平均值	11577.27	8771.90	24.23%
	最大值	19050.00	14189.00	
	最小值	8610.00	6368.00	
TTD_D	平均值	73743.57	66139.13	10.31%
	最大值	116964.00	102238.00	
	最小值	56168.00	49408.00	

资料来源：笔者根据 DFETC 数据计算整理。

（2）再分配区内的性能。当客户的购买量大于配送区域内存储位置的容量时，需要进行再配送操作，采用直接配送和配对配送的方式将位置分配给客户。直接再分配策略将一个区块分配给客户，一个区块中的位置数量取决于需求预测。

配对再分配策略将客户分组到指定的区块。根据表 5－11 中呈现的购买量的经验分布，我们给出了将客户划分为 4 个等级的阈值。$\hat{A}_t > 144$ 的客户被分配到未配对区域的 8 个位置。当客户的 8 个地点满员时，客户需要提货。需求预测为 $72 < \hat{A}_t \leqslant 144$ 的客户，按照需求预测的顺序进行端对端配对，与 12 个地点共用一个区块。需求量预测为 $36 < \hat{A}_t \leqslant 72$ 的客户将根据需求量预测的顺序进行端对端配对，并与 6 个地点共享一个区块。需求预测为 $18 \leqslant \hat{A}_t \leqslant 36$ 的客户，将在再分配区域的溢出区域内分配一个位置。

表 5－11　　　　　两个区域中不同存储位置方法的结果比较

日采购量	每天的客户数量	百分比（%）
$(144, +\infty)$	8.29	3.89
$(126, 144]$	4.21	1.98
$(108, 126]$	5.65	2.65
$(90, 108]$	9.40	4.41
$(72, 90]$	15.68	7.36
$(54, 72]$	27.82	13.05

续表

日采购量	每天的客户数量	百分比（%）
(36, 54]	43.44	20.38
(18, 36]	52.76	24.75
(0, 18]	45.89	21.53
合计	213.15	100

注：COL/配对是指在分配区域采用最近开放位置策略，在再分配区域采用配对再分配策略。DSA/配对是指在分配区域采用需求预测存储分配，在再分配区域采用配对再分配策略。
资料来源：笔者根据 DFETC 数据计算整理。

超出的位置数被视为再分配区域内的绩效衡量标准。直接再分配策略产生的超标位置数最低为 15 个，最高为 43 个。由此可见，配对式再分配策略的超标地点数量比直接再分配策略的超标地点数量少得多。因此，配对再分配策略优于直接再分配策略。

（3）分配和再分配区内的性能。总行程距离（TTD）被视为一种性能衡量标准，它是分配区（TTD_D）和再分配区（TTD_R）内行程距离的总和。COL 和 DSA 的 TTD_D 值在 5.3.1 节中描述。本节重点介绍使用配对再分配策略计算 TTD_R。对于 COL 策略，根据历史平均采购量实施配对再分配策略。对于 DSA 策略，使用需求预测来实现配对再分配策略。两种策略在配送和再配送区域内的行程距离和总行程距离如表 5 - 12 所示。可以看出，在实施配对再分配策略时，DSA 策略的表现优于 COL 策略，使得总行程距离缩短了 8.74%。

表 5 - 12　　　　采用配对再分配策略后 DSA 比 COL 的改善情况　　　单位：%

笼数	分布区域			再分布区域	TTD
	DD	TD	TTD_D	TTD_R	
800	10.55	29.53	9.90	5.05	8.19
850	9.45	26.89	8.85	3.94	7.14
900	10.04	25.76	9.39	9.64	9.48

续表

笼数	分布区域			在分布区域	TTD
	DD	TD	TTD_D	TTD_R	
950	8.91	23.06	8.26	6.29	7.64
1000	8.62	23.03	8.19	3.92	6.83

资料来源：笔者根据 DFETC 数据计算整理。

花卉拍卖中心目前有 250 名员工负责内部物流。总行程距离缩短 8.74%，将减少约 14 名工人（Qin，Chen & Ma，2015）。一个工人每天的工资为 200 元。工人数量的减少，每天可以减少 2800 元的人工成本，每年可以减少 100 多万元。在工人数量一定的情况下，距离的下降也可以减少顾客的等待时间。

4. 基于大规模仿真数据的结果分析

除了来自真实数据的结果外，还对随机生成的实例进行了 DSA 和 COL 策略的研究。分布区和再分布区的布局与前几节所述相同。生成实例的方法与张等（Zhang et al.，2019）和王等（Wang et al.，2020）的方法类似。

在本节研究中，我们扩大了问题规模，并考虑了 5 种不同数量的笼车场景，即 800、850、900、950 和 1000。关于每个场景，我们生成了 100 个实例，共生成 500 个实例。对于每个实例，顾客的数量由正态分布 $N(216.16，22.67^2)$ 生成。对于每个客户，每次交易的订单大小由几何分布 G（0.31）决定。一个订单的最小规模为 1。经验分布是由历史数据产生的。图 5 - 27 描述了每天的客户数量和每笔交易的需求大小。我们使用卡方检验来衡量拟合度的好坏，结果如表 5 - 13 所示，表明在 1% 的显著性水平上，零假设没有被拒绝，因此经验分布具有良好的拟合度。仿真结果如表 5 - 12 所示，表明 DSA 机制在所有情况下均显著优于 COL 策略。

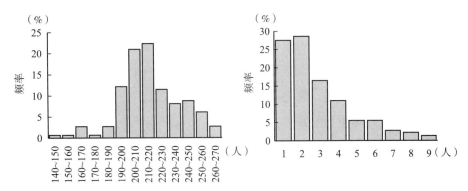

图 5 - 27　5 月 2 日 ~ 6 月 30 日每天的客户数量和每笔交易的需求量

资料来源：笔者根据 DFETC 数据绘制。

表 5 - 13 　　　　　　　　　　　**经验分布和拟合结果**

变量	分布	参数	卡方统计量
客户数	Normal	$\mu = 216.16$，$\sigma = 22.67$	12.51
每笔交易的需求量	Geometric	$p = 0.31$	7.69

注：$\chi^2_{0.01,5} = 15.09$。

资料来源：笔者根据 DFETC 数据计算整理。

5.4.5　结论

本节旨在通过客户需求预测来提高所提出的鲜花拍卖中的投放系统的性能。我们引入了一种在不确定需求环境下的需求预测存储分配（DSA）机制，将配送和再配送区域的总行程距离作为性能衡量指标，利用真实的交易数据和随机生成的大尺寸实例来模拟和分析所提出的存储分配机制的性能。结果表明，与文献中的其他需求预测方法相比，A/F 预测方法具有较低的预测误差。我们还发现，配对再分配方法可以减少再分配区域的超标位置数量。我们的结论是，DSA 机制优于最近开放位置法，而且它受新到客户数量的影响较小。本节的贡献总结如下：

（1）本节提出了一种新型的 A/F 预测方法，特别是针对需求强烈波动、客户到货不确定的鲜花拍卖场景，提出了一种新的预测方法。仿真结果表明，我们的方法优于文献中的其他需求预测方法，预测误差较小。

（2）本节提出了再分配区域中的配对策略，使两个客户共享一个区块，以减少客户需求的变化，简化再分配区域的布局设计。仿真结果表明，成对重配可以减少超标位置的数量。

（3）所提出的 DSA 方法将存储位置分配给分布区和再分布区的客户。采用实际数据和大尺寸随机实例进行仿真，表明 DSA 方法在总行程距离方面优于 COL 方法。

（4）本节考查了新到客户数量和配送区域内分配点数量的影响。模拟结果表明，DSA 机制的性能受新到客户数量的影响较小，拍卖市场应使分配区域变小以减少总行程距离。

虽然本节研究提出了一些优点，但仍然存在局限性。全年数据难以获得。现有计算研究的实际数据仅覆盖了 5 月、6 月和 7 月的数据，不足以反映花卉需求的季节性影响。另外，我们的研究结果还受到一些假设的限制。例如，我们假设一个工人每次只能拖动一辆笼车。我们可以从以下两个方面展开后续研究。首先，客户提交的采购量 F 是影响 A/F 预测准确性的重要因素，这与激励政策有关。因此，如何设计激励政策以提高 F 的准确性值得进一步研究。其次，根据历史需求信息，通过试错法确定配对再分配的客户分类。未来的研究应考虑设计一种数据挖掘的方法对客户进行分类。

参考文献

［1］De Koster R，T Le - Duc，K J Roodbergen. Design and Control of Warehouse Order Picking：A Literature Review ［J］. European Journal of Operational Research，2007，182（2）：481 - 501.

［2］De Koster R，M Yu. Minimizing Make span and Throughput Times at Aalsmeer Flower Auction ［J］. Journal of the Operational Research Society，2008，59（9）：1182 - 1190.

［3］Ginsburgh V，P Legros，N Sahuguet. On the Incidence of Commission in Auction Markers ［J］. International Journal of Industrial Organization，2010，28：639 - 644.

［4］ Gu J M Goetschalckx, L F Mcginnis. Research on Warehouse Operation：A Comprehensive Review ［J］. European JoâĂŇurnal of Operational Research，2007，177（1）：1 – 21.

［5］ Muppani V R, G K Adil. A Branch and Bound Algorithm for Class – Based Storage Location Assignment ［J］. European Journal of Operational Research，2008，189（2）：492 – 507.

［6］ Pang K W, H L Chan. Data Mining – Based Algorithm for Storage Location Assignment in a Randomised Warehouse ［J］. International Journal of Production Research，2017，55（14）：4035 – 4052.

［7］ Qin K, F Y Chen, L Ma. Cutting Down the Travel Distance of Put Systems at Kunming International Flower Auction Market ［J］. International Journal of Production Research，2015，53（12）：3573 – 3585.

［8］ Terwiesch C, G Cachon. Matching Supply with Demand：An Introduction to Operations Management ［J］. New York：Mcgraw – Hill Education – Europe，2012.

［9］ Van Gils T, K Ramaekers, A Caris, et al. The Use of Time Series Forecasting in Zone Order Picking Systems to Predict Order Pickers' Workload ［J］. International Journal of Production Research，2017，55（21）：6380 – 6393.

［10］ Yu Y, R B De Koster. On the Suboptimality of Full Turnover – Based Storage ［J］. International Journal of Production Research，2013，51（6）：1635 – 1647.

［11］ Zhang R Q, M Wang, X Pan. New Model of the Storage Problem Considering Demand Correlation Pattern ［J］. Computers and Industrial Engineering，2019，129：210 – 219.

5.5　基于同步延迟策略的拍卖物流自动化订单履约 *

5.5.1　引言

鲜花作为易腐商品，经常在荷兰拍卖会上进行买卖，以实现快速、公平

---

* 本节节选自孔祥天瑞、秦开大已发表论文（英译中）：Kong X T, Zhu M, Liu Y, et al. An advanced order batching approach for automated sequential auctions with forecasting and postponement ［J］. International Journal of Production Research，2022.

的定价（Ashayeri J & Kampstra R P，2004；Cheng M，Xu S X & Huang G Q，2016）。本节研究基于亚洲最大的拍卖市场——昆明国际花卉拍卖（KIFA），这里每天都有数百万朵鲜花交易，并出口到 50 多个国家和地区。2017 年，鲜切花成交额达到 11 亿枝，成交额近 10 亿元（Kong X，Huang G Q，Luo H & Yen B P，2018）。

在这个集中的拍卖市场中有一系列典型的操作。拍卖前，在拍卖市场对来自不同种植商的鲜花进行检查和分级，然后依次放入笼车进行拍卖。在拍卖过程中，拍卖商通过调节价格变动幅度、初始价格和最低购买量来控制整个交易过程。买家可以在每笔交易中购买整笼车或少于整车的鲜花。一旦一车鲜花被拍卖，它将被转移到拍卖后的物流系统。在这种运作背景下，我们参考电子商务订单执行的概念①；瑞克和卡拉科塔（Ricker & Kalakota，1999）将拍卖订单执行（AOF）定义为一个可以满足动态竞标请求，从拍卖订单产生到完成所有拍卖订单履约的最优过程。

由于目前人工操作方式不可持续且效率低下，KIFA 正在寻找有效的解决方案来重新设计现有的 AOF 流程。现已查明的几项重大挑战如下：

（1）缺乏并行响应过程：整个拍卖过程高度复杂，需要一系列连续的、具有典型空间、物流资源和人员要求的操作。由于后续操作在前一个操作完成后才开始，中间等待时间长，造成资源浪费。目前，拍卖前和拍卖后运营场地分别布局配置。拍卖前操作在进行时，拍卖后站点是空闲的，反之亦然。

（2）缺乏拍卖物流同步：目前拍卖与物流功能配置独立，缺乏有效的同步机制。事实上，买家的需求和是否真正参与拍卖交易，在拍卖前是不知道的。这种不确定性进一步导致订单的高频次离散到达，从而影响了拍卖订单的执行效率。设施布局和物流流程设计也很少考虑到拍卖和物流之间的互操作性和协同性。

---

① 陈玉明，吉哲鹏. 这里每天卖出数百万枝鲜花——探访亚洲最大的鲜切花拍卖市场［N/OL］.（2018－7－24）［2019－9－30］. http：//www. xinhuanet. com/webskipping htm.

（3）缺乏自动化技术的应用和相对应的分拣调度策略：仍然采用人工方式完成订单履约，造成拍后物流作业经常出现拥堵和延迟。一旦客户订单生成，订单分类就会立即启动。数以百计的物流拣选员不得不依赖一辆辆笼车来耗时耗力的人工拣选和托运。随着日常交易的快速增加，拣选人员几乎不可能一个一个地处理分散到达的订单。

拍卖物流计划和控制、存储分配和调度已有研究的（Montreuil，2018；Qin，2015；Kong，2016）仍基于当前串行操作过程和方法，没有考虑拍卖和物流之间的相互协同。本节提出了一种拍卖订单履约同步延迟方法（synchronized postponement approach，SPA），将拍卖物流中心运作由随机波动模式重构为规则的波次模式。在 SPA 实现中，AOF 流程的执行被推迟到最后一刻。拍卖订单首先聚集在一个虚拟订单池中，然后根据某种类型的截止标准进行进一步处理。SPA 解决方案还包括在线订单批处理规则和在线订单合并规则。基于拍卖时间和拍卖量，实现了在线订单批量策略。以尽量减少处理拍卖订单的总时间及提高系统的反应能力为目标，建立一个优化模型，以确保客户在拍卖后能尽快提货。此外，系统的整体性能会受到其他因素的影响（例如拍卖订单密度）。还需要注意的是，在花卉拍卖中，客户可以在拍卖期间多次出价，也就是说，在拍卖过程中，客户的子订单会多次随机到达。因此，客户需求和订单到达时间是不确定的。

在探索各种因素对系统性能的影响的同时，本节提出了以下三个关键的研究问题：

（1）如何利用自动化技术重新设计拍卖订单履约流程，实现并行高效作业和拍卖物流同步？

（2）如何通过在线订单批次优化和执行设计一种有效的同步延迟方法？更具体地说，如何对在线拍卖订单进行分组，以便进行批次优化，以及采用什么原则；决策者应该在什么时候停止整合订单并发布分组订单？

（3）考虑总订单处理时间最小化和系统反应能力最大化情况下，有哪些因素会影响 SPA 机制的绩效表现和执行效果，影响程度如何？

为了解决上述问题，我们首先重新配置 AOF 的布局和流程，设计基于自动化的订单履约物理系统和网络决策。在此基础上，提出了基于拍卖时间和拍卖量的在线订单批量延迟策略，并以一个花卉拍卖交易中心的真实数据集来评估所提方法的性能。与传统方法相比，所设计的系统大大减少了订单处理时间。在基于拍卖时间的批次优化策略中，较短的时间间隔将导致较长的总订单处理时间，但会产生较高的响应性。在基于拍卖量的批次优化策略下，较小的量阈值可能会导致总订单处理时间的增加和响应能力的降低。拍卖订单密度对订单处理时间的影响较小，但对客户订单响应能力有显著影响。此外，在不同的订单密度级别上，两种批次优化策略的性能存在差异。基于拍卖时间的批次优化策略在订单处理时间方面表现更好，最多下降1.35%。基于拍卖量的批次优化策略产生更高的响应能力，最多改进2.02%。由于流程再造的作用，独立的拍前、拍后物流运营场地和资源可以重新配置，甚至合并。

5.5.2 问题描述和模型构建

1. 基于流程再造的拍卖订单履约

如图 5-28 所示，整个再工程分为三个阶段，即 AOF 布局和流程重构、AOF 物理系统设计和 AOF 网络决策设计。要根据企业战略来确定重组的目标和范围。KIFA 不再局限于提供拍卖交易，而是为买家寻求更快捷、高效的物流服务。他们希望买家能在拍卖结束后尽快提货，提高客户服务水平，保持行业领先地位。因此，实现拍卖物流与敏捷自动化的同步被视为企业重组的总体目标。详细的重整程序如下：

第一阶段：AOF 布局和流程重构——传统流程由典型空间、物流资源和人员的串行操作组成。每个操作都是按顺序执行的，不能跳过。物流和拍卖活动是分开进行的，因为手工操作和大量的货物导致拍前物流和拍后物流都应留出较大的空间作为配套设施。重组后的布局和流程见图 5-28 中的上侧，包括以下亮点：①拍前物流和准备接盘物流共享相同的运营网站和拍卖订单执行自动化系统（AOFAS），用来进行质量分级、产品分组、挑选、整理、包装等。②利用数字图像和视频技术，将拍卖交易模式从全产品交易转变为样品交易。③创建"边拍卖边运营"并行处理模式，形成"货到人"的实现策略，最大化 AOF 的响应能力。④可以释放较大的空间并保留用于其他目的。在新设计的流程中，步骤 5~步骤 8 是本节研究的重点；步骤 5 与拍卖和物流都有关联。

第二阶段：AOF 物理系统设计——采用手动系统，由两个分布过程组成，如图 5-28 中左侧所示。多辆拍卖笼车在成交后依次到达投放系统缓冲区。第一个配送过程是工人将笼车从缓冲区移到配送区域，并根据订单将鲜花放在买家的位置。第二个分配过程是满载笼车从分配区域移动到再分配区域。随着日常事务的快速增加，配送区域经常出现拥堵现象。流程改造后，采用 AOFAS 进行拍卖后订单自动批量、拣选、合并。它由多个同步拣选区、分区输送机、缓冲区和汇聚输送系统组成。一个可回收物流标准盒智能标签用于装载拍卖产品，称为 A-boxes。每个 A-boxes 只能由一个客户购买，并储存在货架上的滑道在拣选区。当拍卖成功后，AOFAS 控制系统可以根据拍卖订单信息自动搜索到 A-boxes 的正确存放位置。根据批处理执行命令，各个订单批处理中包含的 A-box 将自动释放，然后在缓冲区等待收敛。一旦允许收敛，将被运送到客户的取货点。

第三阶段：AOF 网络决策设计——图 5-28 描述了传统订单履行流程问题的本质，即在收到订单后立即处理买方的单个订单。所设计的 AOF 运行机制具有基于同步和延迟原则的在线订单批量和执行策略。一般逻辑如下：①拍卖开始后，客户的子订单随机到达，按顺序进入订单批处理系统。订单批处理机制延迟客户子订单的处理。虚拟订单池中的早期子订单将被延迟，等待其他未执行的子订单。在子订单数量或延迟时间达到截止条件后，对订单进行分组。随后，订单批进入订单执行系统。AOFAS 系统可同时处理多个订单批次。②订单批次按顺序进入执行过程，多个区域开始并行取批订单。然后，每个保税区将以最优的收敛顺序合并货物，并将货物送到指定客户的取货点。在所有客户的订单到达后，完成的订单将被包装和交付。完成上述再造步骤后，将需要进行系统部署、试验测试和定量评估。

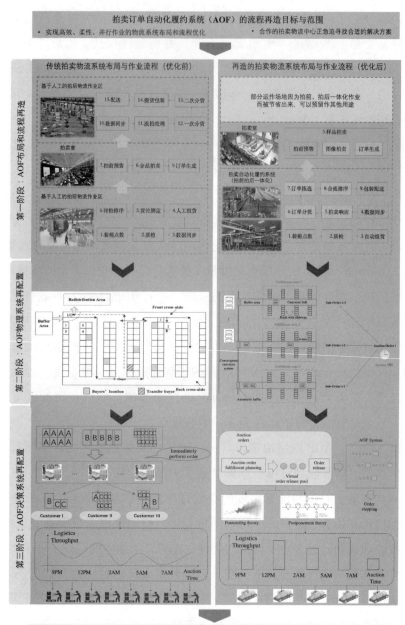

图 5 – 28　拍卖订单自动化履约流程再造

资料来源：笔者绘制。

2. 问题描述

在线订单批处理部分，订单批由 SPA 规则生成。拍卖订单可用的时间点称为到达时间。批处理时间是指最新订单到达批次的时间点。我们采用了两个基于拍卖时间和拍卖量的 SPA 规则。在每天的拍卖中，客户订单的到达遵循一个动态的模式。我们使用订单密度来度量订单到达模式，它被视为订单项目数量与拍卖持续时间的比率。当订单密度大时，单位时间内会有更多的订单到达。

在线订单批处理执行部分，前批处理完成后将处理新生成的批。批处理由多个同步拣选区完成，然后按顺序合并。当允许执行批处理时，启动时间。批次的延迟时间可以看作从开始时间到成批时间之间的一段时间，与批次的大小和订单密度有关。延迟时间对 AOF 反应性有显著影响。批次订单处理时间为拣选时间与整合时间之和。一个批次的完成时间是订单被分发到客户取货点的时间。在主辐合输送机上的子订单排序计划会导致不同的合并时间。因此，我们需要为每一个完成拣选过程的区域确定合并顺序，以使总订单处理时间最小化。

综上所述，本节需要解决以下决策问题：

（1）在基于拍卖时间的延迟机制中，如何确定时间间隔？

（2）以拍卖量为基础的延期机制如何确定数量门槛？

（3）每个区域中拣选的订单应该以什么顺序组合？

（4）如何选择不同拍卖订单密度水平下的分批规则？

3. 模型假设

典型的 AOFAS 假设如下（见图 5 - 29）：

（1）拍前，将产品装入 A - box，按批次排列拍卖。一个批次包含多个单位，同一供应商，同一产品，同一质量等级。一个单位是指一个 A - box 的产品。

（2）大量产品的 A - box 随机存放在同一区域。为平衡各分区的工作量，按拍卖顺序将批地分配到各分区。图 5 - 30 给出了具有 9 个批次和 3 个区域的存储策略示例。

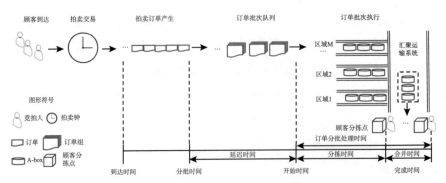

图 5 – 29 AOFAS 的详细运作流程

资料来源：笔者绘制。

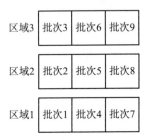

图 5 – 30 存储策略示例

资料来源：笔者绘制。

（3）提前不知道客户订单到达时间和数量。一个订单是在一个事务之后下的。最小购买数量是每个客户的一个单位。

（4）每个区域有相同的容量和足够的空间存储所有供应的产品。已被挑选的 A – box 被放在每个区域的缓冲区中，在那里挑选过程已经完成，并等待合并。

（5）选择一个 A – box 的时间和释放一个 A – box 从缓冲区到主输送系统的时间是恒定的。

（6）相邻区域之间的距离相等。

（7）每个客户被分配到一个包装容量无限的取货点。

（8）每个客户可能有多个订单。订单会根据拍卖时间和数量分批进行挑选。每个单独的订单必须包含在一个批次中。在前一个批处理完成后，将处理新生成的批处理。

4. 关键参数（见表 5 - 14）

表 5 - 14　　　　　　　　　　关键参数

参数	解释
$N = \{1, 2, \cdots, N\}$	一组订单，$i \in N$
$J = \{1, 2, \cdots, J\}$	批的集合，$j \in J$
$M = \{1, 2, \cdots, M\}$	一组区域，$m \in M$
$K = \{1, 2, \cdots, K\}$	客户集合，$k \in K$
O	一个拍卖日的订单密度
$Q_{\max}$	每个区域缓冲区内的最大项目数
q_i	第 i 阶的单位数
t_i^{arrive}	订单 i 到达时间，$0 \leqslant t_i^{arrive} \leqslant t_{i+1}^{arrive}$
t_{pick}	将一个单位从拣选区运送到缓冲区的时间
t_c^1	$A - box$ 从缓冲区到汇聚输送系统的运输时间
t_c^2	每个区域从集中输送系统到客户取货点的运输时间
l_m	m 区位置
z_{ik}	如果订单 i 属于客户 k 则为 1，否则为 0
y_{im}	如果 i 阶属于 m 区，则为 1，否则为 0

资料来源：笔者整理。

5. 决策变量（见表 5 - 15）

表 5 - 15　　　　　　　　　　决策变量

变量	解释
t_j^{start}	j 批次开始时间
t_{jm}^{pick}	m 区 j 批次分拣时间
t_{jm}^{csl}	m 区 j 批次的巩固时间

变量	解释
t_j^p	j 批加工时间
$t_i^{complete}$	订单 i 完成时间
T	订单处理总时间
R	拍卖订单响应能力；$0 < R \leqslant 1$
x_{ij}	如果订单 i 被分配给批次 j，则为 1，否则为 0
d	时间间隔的次数
L	一个时间间隔内的系统加载

资料来源：笔者整理。

6. 构建 AOFAS 的在线订单批量和执行优化模型

（1）目标函数：

$$\min T = \sum_{j=1}^{J} t_j^p \qquad (5-5-1)$$

或
$$\max R = (\max_{i \in N} t_i^{arrive} - \min_{i \in N} t_i^{arrive}) / (\max_{i \in N} t_i^{complete} - \max_{i \in N} t_i^{arrive}) \qquad (5-5-2)$$

（2）约束条件：

$$t_j^p = \max_{m \in M} \{ t_{jm}^{pick} + t_{jm}^{csl} \}, \quad \forall j \in J \qquad (5-5-3)$$

$$t_{jm}^{pick} = t_{pick} \cdot \sum_{i=1}^{N} x_{ij} \cdot y_{im} \cdot q_i, \quad \forall j \in J, \ m \in M \qquad (5-5-4)$$

$$t_{jm}^{csl} = t_c^1 \cdot \sum_{i=1}^{N} x_{ij} \cdot y_{im} \cdot q_i + l_m \cdot t_c^2, \quad \forall j \in J, \ m \in M \qquad (5-5-5)$$

$$t_i^{complete} = \sum_{j=1}^{J} x_{ij} \cdot (t_j^{start} + t_j^p), \quad \forall i \in N \qquad (5-5-6)$$

$$t_j^{start} \geqslant \max_{i \in N} \{ x_{ij} \cdot t_i^{arrive} \}, \quad \forall j \in J \qquad (5-5-7)$$

$$t_j^{start} \geqslant t_{j-1}^{start} + t_{j-1}^p, \quad \forall j \in J \qquad (5-5-8)$$

$$\sum_{i=1}^{N} x_{ij} \cdot y_{im} \cdot q_i \leqslant Q_{\max}, \quad \forall j \in J, \ m \in M \qquad (5-5-9)$$

$$\sum_{i=1}^{N} z_{ik} \geqslant 1, \quad \forall k \in K \qquad (5-5-10)$$

$$\sum_{j=1}^{J} x_{ij} = 1 , \quad \forall i \in N \qquad\qquad (5-5-11)$$

$$\sum_{m=1}^{M} y_{im} = 1 , \quad \forall i \in N \qquad\qquad (5-5-12)$$

在该模型中,我们制定了两个目标函数来平衡 AOFAS 的订单执行效率和响应性。目标函数(5-5-1)是使总订单处理时间最小化,总订单处理时间是所有批次的处理时间之和。目标函数(5-5-2)是最大限度地响应每日拍卖的订单。响应性定义为从拍卖开始到结束的时间与拍卖开始到完成所有订单的时间的比率。当 $R=1$ 时,AOFAS 的响应性能最好。式(5-5-3)为 j 批次加工时间的表达式,其中表示每个批次完成拣选作业的区域内拣选巩固的最大时间。由式(5-5-4)可知,拾取时间与单元数有关。式(5-5-5)表示了合并时间,包括从各个区域的缓冲区到汇聚输送机系统的时间,以及每个客户从输送机到取货点的时间。式(5-5-6)为完成时间,即开始时间与订单处理时间之和。每个批次的开始时间对订单完成时间有重要影响。约束(5-5-7)和约束(5-5-8)表示批次 j 的开始时间,满足两个条件即可开始批次。一是分配给这批的所有订单都已经到了,二是前一批已经完成。约束(5-5-9)保证每个区域的单元数量不超过缓冲区容量。对于约束(5-5-10),每个客户有一个或多个拍卖订单。约束(5-5-11)确保每个订单只分配给一个批次。约束(5-5-12)保证同一订单的所有 A-boxes 都存储在同一个区域中。

5.5.3 解决方法

1. 基本原理

基于 SPA 的拍卖订单执行方案流程图如图 5-31 所示。基本原则可归纳如下:

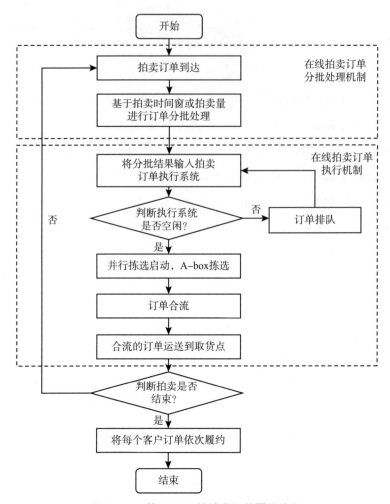

图 5 –31　基于 SPA 的拍卖订单履约流程

资料来源：笔者绘制。

步骤 1：在拍卖过程中，客户的订单到达。

步骤 2：通过基于拍卖时间或拍卖量的批处理规则生成批。

步骤 3：如果前一批已完成，可从每个区域挑选该批。如果订单批处理执行系统繁忙，则后续批处理将需要等待。

步骤 4：区域内的订单根据合并顺序进行合并，并分发到客户的取货点。

该解决方案还包括在线订单批处理规则和在线订单整合规则。

2. 在线订单批量延迟规则

在排序批量中，常用的是固定时间窗口和可变时间窗口。针对拍卖的订单到达模式，提出了基于拍卖时间（固定时间窗口）和基于拍卖量（可变时间窗口）的批处理规则。对于基于拍卖时间的批处理规则，时间间隔约束为 T/d，其中 T 表示拍卖持续时间，$d > 1$。我们假设拍卖时间被划分为从拍卖开始到拍卖结束的 d 个时间间隔。一个时间间隔内的累计订单量为 Q。在每个恒定的时间间隔内，订单处理效率可能会根据未处理订单的不同数量而变化。我们使用系统负载来度量订单处理效率。系统负载定义为一段时间内未处理订单数量与最大订单数量的比率。系统负荷在时间间隔内的表达式为：

$$L = Q/(T/d/t_{pick}) \qquad (5-5-13)$$

如果系统负载小于100%，系统将处于空闲状态。否则，如果系统超载，下一批订单将不得不等待。对于基于拍卖量的批处理规则，给出了数量阈值 q_{max}。在考虑系统效率的情况下，数量约束可以由一段时间内的系统负荷需求来确定。因此，数量阈值可计算如下：

$$q_{max} = L \cdot (T/d/t_{pick}) \qquad (5-5-14)$$

拍卖订单到达模式是影响批处理规则执行的一个重要因素。我们使用订单密度 O 来度量订单到达模式，它可以表示为：

$$O = \sum_{i=1}^{N} q_i / (\max_{i \in N} t_i^{arrive} - \min_{i \in N} t_i^{arrive}) \qquad (5-5-15)$$

（1）基于拍卖时间的批次优化规则。设时间间隔约束为 T/d，基于拍卖时间的具体规则如下：

步骤1：初始化。设置拍卖的持续时间 T 和拍卖的开始时间 t^0。

步骤2：输入不同到达时间的未处理订单。

步骤3：超过客户订单到达时间 t 超过 t'。$t' = t^0 + T/d$，我们将分批处理这些订单。之后，设置 $t^0 = t'$，然后回到步骤1。否则回到步骤2。

步骤4：输出订单批处理结果。

（2）基于拍卖量的批次优化规则。根据一段时间内系统负荷需求设定数量约束。根据拍卖数量制订的具体规则如下：

步骤1：设置系统负载要求 L 和时间间隔 T/d，计算订单量阈值 q_{max}。

步骤2：输入不同到达时间的未处理订单。

步骤3：当客户累计订单量超过 q_{max} 时，我们将这些订单进行批量处理。否则回到步骤2。

步骤4：输出订单批处理结果。

3. 基于批量的在线订单整合规则

传统的固结规则是根据每个区域的子命令的升序和降序固结顺序设计的。在升序和降序规则下，区域巩固顺序取决于拣选区的位置。首先，采用升序合并的方法对集中输送机系统出口附近的拣选区进行合并。其次，对离固结输送机系统出口较远的拣选区按降序合并。由于每个区域的拾取时间不同，我们可以将子订单按升序和降序合并到输送机上，从而形成缓冲区的等待时间。等待时间延长了订单处理时间。

收敛序列合并规则是基于每个区域的拣选时间。将拣货时间最短的拣货区域转移到汇聚输送机系统，大大减少了缓冲区的等待时间，缩短了订单处理时间。因此，我们采用收敛序列巩固规则。以下是四个重点：

步骤1：将批订单 j 输入执行系统。订单被挑选并同时运送到所有区域的缓冲区。

步骤2：对所有区域的拾取时间 t_{jm}^{pick} 进行升序排序。对于每个区域，通过拾取时间生成巩固序列 s。

步骤3：执行每个区域内订单的合并操作。

步骤4：订单整合完成后，重复步骤1，直到整个订单处理完成。

5.5.4 数值实验

本节提供了几个计算实验来评估所提出的方法的性能。实验结果基于中国花卉拍卖市场的真实数据。为了评估性能，需要收集7天的事务数据。表5-16显示了每个拍卖日的数据信息。在这7天内，客户数量、订单、拍卖量和持续时间都是不同的。每天的订单密度由式（5－5－15）计算。拍卖订单到达模式是影响批处理规则性能的一个重要因素，它可以用订单密度来度量。7 天不同顺序密度数据的结果可以保证在 KIFA 中保持所有数据。

表 5－16　　　　　　　　　　　拍卖日真实数据统计

拍卖日	客户数	订单数	拍卖数量（花桶数）	拍卖时间（分钟）	密度
1	428	12110	29458	199	148.4
2	429	12585	37434	213	175.5
3.	421	11980	38368	171	175.8
4	421	13041	38085	185	180.9
5	426	11704	34657	150	205.9
6	435	12894	33531	185	223.7
7	437	11454	31287	178	231.1

资料来源：笔者整理。

计算实验由两部分组成。我们从拍卖订单处理时间的角度评估了自动拍卖系统与现有的人工拍卖系统的差距。接下来，我们分析了基于拍卖时间和基于拍卖批量的处理策略对 AOFAS 性能的影响。性能是通过订单处理时间和响应性来衡量的。在设计的 AOFAS 中，分区数为 $M = 4$。A－box 的挑选时间为 $t_{pick} = 1$ 秒。A－box 从缓冲区到收敛输送系统的时间为 $t_c^1 = 1$ 秒。每个区域从汇聚输送系统到客户取货点的时间为 $t_c^2 = 5$ 秒。区域中的 A－box 是根据它们的挑选时间顺序组合的。分拣时间最短的区域先分配给输送系统。实验在 3.50 GHz CPU 和 8.0 GB RAM 上进行。

1. 人工与自动拍卖订单履约系统

目前，花卉拍卖中心使用的是人工操作系统。为了验证 AOFAS 的性能，我们从订单处理时间的角度分析了其性能差异。在手动完成订单系统中，相关参数描述如表 5－17 所示。拍卖物流中心为客户提供了 480 个相同的存储位置。采用最近开放定位法来确定客户的位置。车站在最左边的过道上，在过道两侧共有 48 个存储位置。拣选者每次都拖着一辆笼车，并使用 S 形路由策略。拣货机可以同时将产品放到分布在过道两侧的客户位置。忽略产品摆放的时间。通道长度为 24 米，两个通道之间的宽度为 5 米。拣选者的行走速度为 48 米/分钟。在一个拍卖日，拣选者的数量是 180 车。

表 5 – 17　　　　　　　　　人工订单系统相关参数

参数	价值
通道数量	10 条
通道两侧的位置数	24 个/侧
位置长度	1 米
存储位置数量	480 个
存储位置的政策	最近开放的位置
拣选者的数量	180 车
选择器的旅行速度	48 米/分钟
两通道之间的中心到中心距离	5 米
路由策略	"S" 形

资料来源：笔者整理。

然后，我们使用秦等（2015）的方法推导出总旅行距离。根据拾取者的数量和行走速度，我们可以计算出订单处理时间，如表 5 – 18 所示。对于 AOFAS，我们也给出了不同参数设置下的最优结果，这将在下一节详细描述。在订单处理时间方面，与手动系统相比，AOFAS 实现了约 42% ~ 56% 的总订单处理时间减少。

表 5 – 18　　　　　　AOFAS 与人工系统的订单处理时间比较

拍卖日	AOFAS（分钟）	手动系统（分钟）	改进（%）
1	124	286	56. 75
2	157	290	45. 78
3	162	283	42. 87
4	160	290	44. 75

拍卖日	AOFAS（分钟）	手动系统（分钟）	改进（%）
5	146	283	48.56
6	141	292	51.74
7	131	284	53.82

资料来源：笔者整理。

2. 基于 SPA 的批次优化策略对系统性能的影响

（1）基于拍卖时间的批次优化策略的性能。在基于拍卖时间的批处理策略下，时间间隔约束为 T/d。对于给定的拍卖持续时间 T，d 设置为 3、5、10 和 20。T 由拍卖前总供给量的预测得到。批次的数量随着 d 的增加而增加。当拍卖时间到达截止点时，所有未处理的订单将合并为一批执行。

表 5-19 显示了基于拍卖时间的批处理策略的实验结果。较大 d 的订单处理时间较长。这主要是因为更大的批量可以减少处理每一个订单的时间。此外，随着 d 的增加，可以获得更高的响应性。其主要原因是时间间隔的缩短导致取单开始时间的提前，完成时间的提前。但是，随着批次数量的增加，订单响应性的提高达到了平稳水平。

表 5-19　　　　　基于拍卖时间的批次优化策略计算结果

订单密度	处理订单的总时间（秒）				系统响应能力（%）			
	$d=3$	$d=5$	$d=10$	$d=20$	$d=3$	$d=5$	$d=10$	$d=20$
148.4	7419	7462	7485	7553	87.67	92.98	96.41	<u>98.56</u>
175.5	7862	7899	7914	7996	83.76	89.33	95.02	97.14
175.8	9436	9441	9479	9555	83.37	89.00	95.17	97.00
180.9	8452	8464	8518	8593	84.62	91.06	95.93	97.40
205.9	9623	9632	9733	9750	80.68	85.19	90.52	93.69
223.7	9703	9728	9777	<u>9885</u>	77.58	85.95	90.03	92.25
231.1	8745	8774	8841	8872	75.12	81.90	87.07	89.29

注：加线数值为最大值。
资料来源：笔者整理。

就变化的阶次密度而言，总阶次处理时间和 d 响应度的趋势保持不变订单密度对订单处理时间的影响较小。然而，在给定的时间间隔约束下，随着阶密度的增加，阶响应性有明显的下降趋势。当 $d=20$ 时，系统响应性下降了 98.56% 到 89.29%，原因是订单密度的增加导致批次延迟时间的增加。当生成了一个批处理时，前一个批处理可能不会完成。因此，批次的开始和完成时间有延迟。总的来说，可以得出结论，大量的批可能会在提高系统响应能力的同时，增加总的订单处理时间，从而影响整个系统的性能。

（2）基于拍卖批量的批次优化策略的性能。在基于拍卖容量的批处理策略下，数量阈值 q_{max} 由一段时间内的系统负载需求决定。假设系统负载需求 $L=100\%$，时间间隔 d 参数为 3、5、10 和 20。对于每个拍卖日，由式（37）计算出的数量阈值 q_{max} 和批数 J 如表 5-20 所示。批处理在拍卖量达到时生成较小的批次大小会导致批次数量增加。在给定的时间间隔约束条件下，订单密度越大批次越多。

表 5-20　　　　　　　　$L=100\%$ 的 d 的数量约束和批次数量

1 天	订单密度	$d=3$		$d=5$		$d=10$		$d=20$	
		q_{max}	J	q_{max}	J	q_{max}	J	q_{max}	J
1	148.4	3970	8	2382	13	1191	25	596	50
2	175.8	4259	9	2555	15	1278	30	633	59
3	223.7	3430	12	2058	19	1029	38	514	75
4	205.9	3693	11	2216	18	1103	35	549	69
5	231.1	2994	12	1796	20	896	39	445	77
6	180.9	3704	10	2220	16	1105	31	550	61
7	175.5	2672	9	1601	15	797	30	395	59

资料来源：笔者整理。

表 5-21 给出了基于拍卖量的批处理策略的实验结果。批的数量对整个

订单处理时间和系统响应能力有显著影响。与基于拍卖时间的批处理策略类似，可以通过更少的批处理数量和更大的批处理大小实现更短的总订单处理时间。此外，订单密度对总订单处理时间的影响较小。

有趣的是，响应能力在同一拍卖日随着批数的增加显示出不同的趋势。当顺序密度为148.4、175.5、175.8时，批量越多，响应性越好。在其余高阶密度的情况下，较小的批数可以带来较高的响应性。这主要是因为批次的数量越多，订单密度越大，批次的延迟时间越长。生成下一个批处理时，可能无法完成一个批处理。此外，我们可以看到拍卖日的最高响应性，订单密度为148.4，为99.25%。

一般来说，数量阈值对AOFAS的性能至关重要。订单密度较低时，批量订单较少，以保证拣货效率。然而，当订单密度较高时，批量越小批量数量越多，AOFAS的性能越差，导致订单响应能力减弱，订单处理时间越长。

表5-21　　　　　基于拍卖量的批次优化策略的计算结果

订单密度	处理订单的总时间				系统响应能力（%）			
	$d=3$	$d=5$	$d=10$	$d=20$	$d=3$	$d=5$	$d=10$	$d=20$
148.4	7457	7518	7577	7654	96.55	98.11	98.11	99.25
175.5	7914	7976	8025	8125	93.41	95.85	97.96	97.23
175.8	9456	9521	9592	9749	93.01	95.67	97.83	96.78
180.9	8519	8591	8599	8810	98.17	98.03	97.97	96.72
205.9	9681	9750	9821	9964	94.49	95.63	95.11	94.17
223.7	9774	9835	9948	10109	92.24	90.32	91.83	90.84
231.1	8863	8925	8993	9141	88.00	90.39	89.57	88.26

注：加线数值为最大值。
资料来源：笔者整理。

（3）两种批次优化策略的比较。在总订单处理时间方面，基于拍卖时间的批处理策略比基于拍卖容量的批处理策略执行得更好。平均而言，基于拍卖时间的批处理策略可以节省大约0.69%的处理时间。随着订单密度的增加，两批处理策略在处理时间上的差异为 0.21% ~ 1.35%，如图 5 – 32（a）所示。

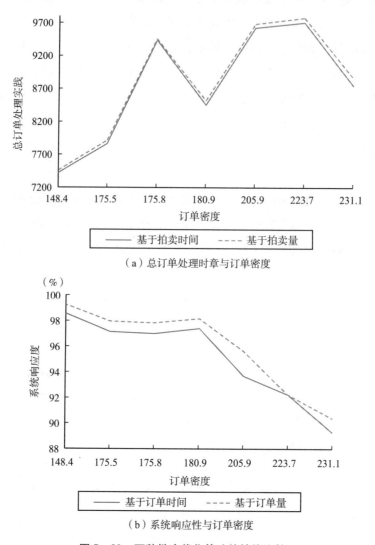

（a）总订单处理时章与订单密度

（b）系统响应性与订单密度

图 5 – 32　两种批次优化策略的性能比较

资料来源：笔者绘制。

对于拍卖日，使用基于拍卖容量的批处理策略，订单响应性总是更高，与基于拍卖时间的批处理策略相比平均提高了 0.91%。当顺序密度为 205.9

时，两种策略的性能差距最大，达到2.02%，如图5-32（b）所示。

总的订单处理时间和响应性对AOFAS来说都是至关重要的。从实验结果中，我们可以看到在不同的订单密度级别上使用两种批处理策略会有性能差异。基于拍卖量的批处理策略应该在相对较低的订单密度中实现，从而产生相对较高的响应性和较短的订单处理时间。当订单密度较高时，由于订单处理时间较短，应采用基于拍卖时间的批处理策略。

5.5.5　结论

拍卖市场正在寻求更高的系统响应能力，以便买家在拍卖结束后尽快提货，从而显著提高客户服务水平。本节旨在利用花卉拍卖市场的订单履行同步延迟机制的好处。一个整体的再工程分为3个阶段，包括布局和流程重构、物理系统设计和网络决策机制设计。根据重新设计的程序和决策机制，可以将独立的拍卖前和拍卖后运作地点合并在一起。在规定的表现衡量标准下，亦可为买家提供更快捷的拍卖物流服务。真实的数据被用来评估所提出的方法的绩效，以下是关键的管理见解。

首先，与现有的人工系统相比，重新设计的拍卖订单履行自动化流程与在线订单批量延迟相结合，可以使拍卖市场实现响应式的拍卖物流同步和订单并行处理。其次，批的数量是通过平衡总的订单处理时间和系统响应性来确定的。对于给定的拍卖持续时间，在两个批处理规则下，较大的批处理数量将导致总订单处理时间更长。当使用基于拍卖时间的批处理规则时，系统响应性在增加批处理数量方面表现得更好。但是，随着批数的增加，系统响应性的提高达到了平稳水平。当采用基于拍卖量的批处理规则时，系统响应性会随着批数的增加而波动。考虑到订单处理时间增加，批次数不能设置得很大。再次，在同步延迟方法的实施中，需要考虑订单密度和性能的权衡。订单密度对总订单处理时间的影响较小。然而，顺序密度对系统响应性有显著的影响。当订单密度处于相对较小和中等水平时，应实施基于拍卖量的批处理策略，从而获得更高的响应能力和更短的订单处理时间。当订单密度较高时，应该采用基于拍卖时间的批处理策略，因为这样可以减少订单处理时间。最后，在在线批量订单执行过程中，根据每个区域的拾取时间来实现收敛序列，效率更高。拣货时间最短的拣货区域应先转移到收敛式输送机系统，从而提高吞吐率。

参考文献

［1］Ashayeri J, Kampstra R P. Logistics planning and control under uncertainties in distribution centers ［M］. Progress in Material Handling Research, 2004.

［2］Cheng M, Xu S X, Huang G Q. Truthful multi-unit multi-attribute double auctions for perishable supply chain trading ［J］. Transportation Research Part E: Logistics and Transportation Review, 2006, 93: 21 – 37.

［3］Kong X, Huang G Q, Luo H, Yen B P. Physical-internet-enabled auction logistics in perishable supply chain trading: State-of-the-art and research opportunities ［J］. Industrial Management & Data Systems, 2018, 118 (8): 1671 – 1694.

［4］Ricker F, Kalakota R. Order fulfillment: the hidden key to e-commerce success ［J］. Supply Chain Management Review, 1999, 11 (3): 60 – 70.

［5］Regattieri A, Manzini R, Gamberi M. The logistics re-engineering Process in a Warehouse/Order Fulfillment System: A Case Study ［J］. In Warehousing in the Global Supply Chain. Springer, London, 2012: 425 – 455.

［6］Montreuil B, Ashayeri J, Lagerwaard J, et al. Business intelligence design for live piloting of order fulfillment centers ［J］. Progress in Material Handling Research, 2008: 417 – 445.

［7］Qin K, Chen F Y, Ma L. Cutting down the travel distance of put systems at Kunming International Flower Auction Market ［J］. International Journal of Production Research, 2015, 53 (12): 3573 – 3585.

［8］Kong X T, Chen J, Luo H, et al. Scheduling at an auction logistics center with physical internet ［J］. International Journal of Production Research, 2016, 54 (9): 2670 – 2690.

第6章
运输服务逆向采购：鲜活农产品供应链服务拍卖

从物流运输模式上看，如图6-1所示基于拍卖市场的生鲜农产品供应链物流模式主要包括采购物流和销售物流两部分，前者是指从农产品生产地到拍卖市场的物流，后者是指从拍卖市场到农产品销售地的物流，即购买商竞拍获胜后，将所拍得的产品运输到自己的销售地进行分销或直销给消费者。

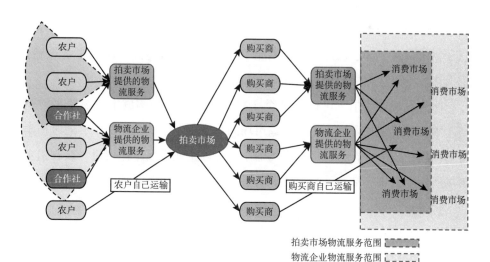

图6-1　基于拍卖市场的生鲜农产品供应链物流模式

（1）拍卖市场采购物流：在采购物流方面，从农户或农民专业合作社到拍卖市场主要有两种供货运输渠道：一是农民或合作社自购运输设施，采用自己内部的交通工具，每个周期从产地往返向拍卖市场进行供货；二是农民或者合作社联合起来采购社会上的物流运输服务来将农产品运送到拍卖市场，由社会第三方物流公司或社会化个体司机提供物流运输服务。在第二种情况中，物流运输服务也可以是由拍卖中心进行集中采购。

（2）拍卖市场销售物流：采用自行运输、采购拍卖市场提供的物流运输服务、采购第三方物流企业提供的运输服务3种方式，并且不同的运输采购方式在成本、时间、损耗、范围上也是不同的。但是，与采购物流不同，由于主要的生鲜农产品消费市场相对集中在大中型城市，道路通达条件、物流基础设施都比较好，因此，拍卖市场提供的销售物流服务范围和覆盖面往往会大于采购物流服务范围和覆盖面，并且所产生的物流成本也比采购物流更低一些。

此外，一些实力较强的拍卖市场投资建立了现代化的冷链物流运输体系，进一步降低了产品在运输过程中的损耗。少部分发展较快、实力更强的拍卖市场还建立了虚拟的农产品物流采购拍卖平台和供应链网络，通过互联网连接农户与购买商，能实时跟踪和发布农户和购买商的产品信息、库存信息和物流信息，便于农户和购买商能及时调整和改进物流计划，进一步提高拍卖市场物流运输的科学性、准确度和及时性。

研究发现在线拍卖可以帮助企业减少物流服务采购成本、缩短采购周期，本章将网络拍卖引入拍卖运输市场的物流服务采购与匹配中，通过拍卖市场构建在线平台，整合运输市场的小型运输企业以及个体司机，接收拍卖市场所衍生的供应端与消费端货源，运用多种拍卖机制和理论对订单的分配与定价进行指导，构建我国拍卖运输市场的"数智化运输服务交易所"。基于以上内容，本章主要围绕我国生鲜农产品拍卖市场中的外部物流运输服务采购问题，研究如何通过有效的拍卖机制设计最优化资源配置效率和效益。相关研究章节安排如下：第一节和第二节主要围绕拍卖市场采购物流设计运输服务采购机制，第三节到第五节主要围绕拍卖市场销售物流设计运输服务采购及运作优化机制。

6.1 鲜活农产品拍卖市场中多单元采购运输服务拍卖[*]

6.1.1 引言

运输服务采购（TSP）是决定整个运输市场的运输交换关系的问题，运输市场由托运商、承运商和第三方平台服务提供商组成。托运商（通常是大型制造商或零售商）提供物流任务，主要在其供应链上下游业务伙伴之间运输其原材料、半成品或成品货物。我们可以以市场上的现行价格购买承运人（如货运公司）的运输服务，或者通过具有谈判价格和服务水平协议并在指定时间范围内的采购合同来购买。通常通过竞争性投标申请（RFP）来寻求此类合同，该合同确保了指定起点—终点对（称为线路）之间的运输服务规定（宋和里根，2005；李等，2007）。第三方平台服务提供商实际上是托运商和承运商之间的市场中间商。第三方服务是通过技术平台将货源与车源进行撮合匹配、定价和交付保障，以促进托运商和承运商之间的交易。该服务平台使托运商和承运商可以共享他们的需求和运力。通常，运输市场中的业务关系是通过长期合同建立的（Sheffi，2004）。

但是，随着业务关系变得更加动态和灵活，越来越需要使该 TSP 流程自动化。例如，当运输服务的现行价格显著下跌（如突然的燃料价格下跌或者新承运的进入）时，托运商可能不得不支付一定的罚款费用来违反长期与承运商的合同，以现行价格购买服务或重新谈判一份新合同。此外，

---

* 本节节选自黄国全、徐素秀已发表论文（英译中）：Huang G Q, Xu S X. Truthful multi-unit transportation procurement auctions for logistics e-marketplaces. Transportation Research Part B：Methodo log-ical，2013，47B（1）：127 – 148.

在美国每年在运输上浪费的 800 亿美元中，空驶占了很大一部分，超过收入的 10% 以上（Nair，2005）。这些巨大的运力空闲意味着降低成本的巨大潜力。近来，电子商务已成功地渗透到货运市场。随着物流电子市场和诸如 IoT（物联网设备）以及云计算之类的智能物流技术的兴起，有可能将这些空驶转化为承运商和托运商的个体收益，并进一步提高经济和运输市场效率。不幸的是，到目前为止，很少有已知的博弈论模型能够真实地表示这些新的运输交易市场，即市场中间商基于系统效率做出使利润最大化的决策。另外，整个运输市场之间的信息共享还不完整。这些特征使得使用传统的 RFP 方法难以确定最佳的运输和交换关系。

由于 TSP 问题很复杂，因此需要新的分析方法来更好地了解每个代理商的行为以及运力分配和付款转让的规则。现在，运输研究文献中可以找到越来越多的 TSP 拍卖研究（Ledyard et al.，2002；Song & Regan，2003，2005；Sheffi，2004；Lee et al.，2007；Figliozzi et al.，2007；Agrali et al.，2008；Day & Raghavan，2009；Chang，2009；Mes et al.，2010；Robu，2011）。这些论文证明了线上拍卖将带来运输市场效率的巨大潜力。

拍卖机制在 TSP 研究中发挥了重要作用。拍卖是"一个具有明确的规则的市场机构，并根据市场参与者的出价来确定资源分配和价格"（McAfee & Macmillan，1987）。与标准拍卖文献一样，拍卖机制设计的主要目标有四个原则：

（1）分配效率（AE）——分配解决方案最大化代理商价值之和；

（2）激励兼容性（IC）——真实投标策略达到贝叶斯 - 纳什均衡；

（3）（事后）个人理性（IR）——所有代理商的参与都得到非负效用；

（4）（事后弱）预算均衡（BB）——交易不会出现赤字（Krishna，2002）。

不幸的是，众所周知，没有双边交易可以同时实现 AE、BB（即使在事前情况下）和 IR（Myerson & Satterthwaite，1983）。

显然，在运输市场上可以交换两种类型的对象：①托运商的车道/需求，可以通过逆向拍卖进行交易；②承运人的能力，可以通过远期拍卖进行交易。另外，在有多个托运商和承运商的情况下，可以使用双边拍卖。但是，迄今为止，很少有人将注意力放在将拍卖者视为投标者的远期拍卖中，或者在双边交换运输市场中进行双边拍卖。此外，现有运输文献中的大多数逆向拍卖都不是 IC。显然，如果牺牲 IC，则没有任何交换机制可以确保 AE。而且，在这些逆向拍卖中，如果不在一个托运人和多个承运人的情况下，AE 意味着单边价值最大化（例如，总运输成本或空驶成本的最小化），这不等于社会福利最大化。加列度（2007）为具有弹性需求和经济订单数量策略的托运商开发了"双边拍卖"体制，以将每笔托运合同委托给单个承运商。但是，"双边拍卖"一词仅用于描述运输交换环境，在这种环境下，托运商和承运商都可以是投标者和拍卖者而没有双边投标，这在双边交易文献中就不是这种情况（Myerson & Satterthwaite，1983）。相比之下，著名的 VCG 拍卖（Vickrey – Clarke – Groves）（Vickrey，1961；Clarke，1971；Groves，1973）是 IC、IR 和 AE，但在双边交易环境中 BB 失败。

在本节中，我们将重点放在拍卖市场的采购货运方面，货运不仅在中国而且在全球物流业务中也很重要。例如，卡车运输在 2010 年占美国出租运输服务 GDP 的最大比例约 29%（NTS，2011，P197）。我们发现这样一个事实，尽管存在不可能定理（Myerson & Satterthwaite，1983），还是有可能实现：①单边拍卖中的所有四个原则（AE、IC、IR 和 BB）；②具有双边拍卖中三项原则（AE、IR 和 BB）中任何两项原则的 IC。为了解决①，我们针对具有多个线路的复杂运输市场引入了单边 VCG 组合拍卖。无论是否有低于卡车的限制，这些 VCG 拍卖可以实现 AE、IC、IR 和 BB。为了解决②，我们使用经典的单单元贸易减少机制（McAfee，1992）为双边运输市场设计多单位贸易减少拍卖，在该交易市场中，所有线路都划分为不同的市场。提出的多单位贸易减少机制可确保 IC、IR 和 BB。同样，我们的多单位贸易减少机制在渐近效率上是有效的。也就是说，随着参与者数量接近无穷大，与最大社会福利相比，多单位贸易减少机制下的市场无效率收敛为零。从长远来看，市场效率越高，拍卖机制就越有可能为第三方市场产生更高的收入（Wise & Morrison，2000）。

在本节中，我们为存在多个托运人和承运人，并且每个人都想交换一捆物品或单个物品的拍卖采购物流电子市场中的 TSP 提出了三种真实的多单位贸易减少机制。与我们的工作相关的是,有一些研究以不同的机制设计方法探索了真实的多单位双边拍卖。黄等(Huang et al., 2002)提出了一种 IC 和一种渐近有效的贸易减少机制,用于具有单一类型商品的多单位交换环境。在我们的多单位贸易减少机制中,机制(如 MTR)与黄等(2002)使用的方法有关。它们之间的主要区别是:①我们的 MTR 机制中的分配规则是专门为 TSP 设计的,它对于满载或不满载的情况都有效;②我们采用巴拜欧伏和沃尔什(Babaioff & Walsh,2005)提出的摄动技术来打破平局,并选择唯一的解决方案;③我们将市场中间商的报酬视为社会福利的一部分。与贸易减少法不同,楚和申(Chu & Shen;2008)发展了真实的买方竞争和修正的买方竞争双边拍卖,在这种拍卖中,购买价格由影子价格法确定。楚(2009)提出了一种真实的多单元双边拍卖,采用"填充"方法,通过引入预算无限的虚拟买家来产生供需失衡。但是,在双边交易环境中,我们当前的重点是减少贸易的方法。因为交易价格是由利润最低的投标价格决定的,所以,如果贸易减少,拍卖中只有一位买家或一位卖家,则不会发生任何交易。

6.1.2　问题描述

令 H 表示运输网络中的线路集合,I 代表托运商集合,J 代表承运商集合。我们将托运商称为"她",将承运商称为"他"。托运商和承运商都被称为"代理商"。我们将一整车容量运输服务称为"一个单位商品"。以下放宽了这种满货车容量(FTL)假设。我们使用"出价"一词来表示托运商和承运商的声明。投标包括一组线路和一个投标价。

在有 m 个托运商和 n 个承运商的运输市场中,每个托运商 $i(i \in I)$ 想要购买一捆物品(或单个物品),每个承运人 $j(j \in J)$ 都有一捆物品(或单个物品)出售。我们假设需求和供应都是共同知识。在拍卖机制设计的许多研究中可以找到同样的假设,例如黄等(2002),莱曼等(Lehmann et al.,

2002），巴拜欧伏和沃尔什（2005），莱迪亚德（2007），楚和申（2008）和楚（2009）。让 b_i 表示托运商/买方 i 的保留价值，s_j 表示承运商/卖方 j 的保留价值。我们假设保留价值是每个代理商的私人知识。每个托运商（承运商）都提交一个密封的投标 $\hat{b}_i(\hat{s}_j)$，该投标可能等于或可能不等于她（他）的真实估价。

我们假设每个代理商都是一个自我利益的参与者，试图最大化自己的效用。我们还假设所有代理商都具有拟线性效用。也就是说，如果代理商不做任何交易，他或她的效用为零；否则，效用就是代理商的估价与转让金额之间的差值。拍卖商的货币收益是托运商的总付款额与承运商的总收入之间的差值。社会福利是每个代理商的效用和拍卖商的收益之和。在本节中，我们定义了单边拍卖背景（称为背景 A）和双边拍卖背景（称为背景 B）。

背景 A：只有托运商（或承运商）提交投标，单边机制的"当前"最优输出仅仅基于托运商（或承运商）的投标得出。保留价值使得每个未提交出价的代理商都可以接受或拒绝"当前"最优输出。请注意，在背景文 A 中，拍卖是由运输市场中每个未满足的需求或额外供应触发的。因此，通常只有一个代理商（或联盟）在触发拍卖时不提交她/他的出价。这是因为多个代理商未提交投标会导致彼此之间的冲突，从而造成交易失败。

背景 B：托运商和承运商均提交了投标，并且根据所有代理商的投标得出了双边机制的"最终"最优输出。所有代理商都必须接受"最终"最佳输出。

本节旨在发展可以实现的运输采购拍卖：①背景 A 中的所有 4 个原则（AE、IC、IR 和 BB）；②背景 B 中的 IC、IR 和 BB。在背景 B 中，我们也追求渐进效率（AsE）。请注意，缩写 AE 代表分配效率（即最大社会福利），缩写 AsE 代表渐进效率。与 AE 相比，AsE 意味着该机制下的市场无效率随着代理商数量接近无穷而收敛到零；因此，随着拍卖变得足够大，可以实现分配效率（McAfee，1992；Huang et al.，2002；Chu，2009）。

在背景 A 中，我们首先考虑单边 VCG(O – VCG) 组合拍卖。在这次拍卖中，有 1 个托运商和 n 个承运商。令 X^h 表示在车道 $h(h \in H)$ 中托运商的需求量，而 Y_j^h 表示在线路 h 中承运人 j 的需求量（$h \in H$）。所有承运商都提交了"全有或全无"出价 [原子出价，请参阅尼桑（Nisan，2000）]。即，如果每个承运商 j 都参与最终交易，则他们会在线路 $h(h \in H)$ 中出售 Y_j^h 单位物品；否则，他不出售任何物品。我们假设除去任何一名货运司机，总运输能力仍然足够。当运输市场不是很"小"时，这是符合实际的。拍卖商通过使总运输成本最小化来计算当前的最优输出。然后，托运商根据其保留值来接受或拒绝此当前最佳输出。拍卖 O – VCG 是 TSP 的 VCG 类型拍卖的一种应用。对于一个承运商和多个托运商，我们提出一种类似的拍卖（称为 $O – VCG^T$）。即使要求的重量不是满载卡车重量（LTL），O – VCG 和 $O – VCG^T$ 拍卖都可以在背景 A 中实现 IC、AE、IR 和 BB。

为了证明在 m 个托运商和 n 个承运商的情况下进行双边交换的必要性（背景 B），我们首先提出针对 TSP 的多单位贸易减少（MTR）拍卖。我们假设每个代理商都以其元素值 $h(h \in H)$ 的价值总和来估值线路集（H）。由于所有 $|H|$ 个拍卖都是独立的，因此，背景 B 中的 TSP 问题仅限于一个固定线路。也就是说，我们仅考虑背景 B 中每个线路的序贯拍卖。每个托运商 $i(i \in I)$ 想要购买 X_i 单位物品，而每个承运商 $j(j \in J)$ 都有 Y_j 单位物品要出售。所有代理商都提交"可分割"出价 [或出价，请参阅尼桑（2000）]，这意味着每个代理商都可以分开自己的交易量。拍卖商在供需平衡的临界数量点结算运输市场。

6.1.3 O – VCG 拍卖

1. 模型

在本节中，我们研究 O – VCG 拍卖，其中托运商要在线路 $h(h \in H)$ 中购买 X^h 单位商品，每个承运商 $j(j \in J)$ 提交一个投标 $\hat{s}_j$ 以在线路 $h(h \in H)$ 中提供 Y_j^h 单位商品。前面提到 X^h 和 Y_j^h 都是共同知识。有了这些信息，就可以将总运输成本最小化，用以下 0 – 1 整数规划（BIP）问题表示：

$$\min \sum_{j=1}^{n} \hat{s}_j \xi_j \qquad (6-1-1)$$

$$s.t. \sum_{j=1}^{n} Y_j^h \xi_j \geqslant X^h, h \in H, \qquad (6-1-2)$$

$$\xi_j = \{0, 1\}, j \in J, \qquad (6-1-3)$$

$$Y_j^h \geqslant 0, \quad \forall h, j, \qquad (6-1-4)$$

其中，ξ_j 表示承运商 j 是否在拍卖中进行交易；目标函数（6-1-1）是使能接受的投标的总和最小化；约束（6-1-2）是为了确保足够的供应能力。

根据瓦齐拉尼（Vazirani，2001）的说法，上述 BIP 的获胜者确定问题确实属于集合覆盖问题，这是卡普（Karp，1972）提出的 21 个 NP – complete 问题之一。这商品集合可以视为"宇宙"。每单位商品代表宇宙的一个独特元素。$\{\hat{s}_1\}$，…，$\{\hat{s}_n\}$，这 n 个出价可被视为 n 个子集，其子集包括整个宇宙。那么我们的集合覆盖问题是选择包含宇宙中所有元素并使得总成本最小的子集。注意，在未加权集合覆盖问题中，每个子集的成本为 1。然而，BIP 通常通过分支定界算法或分支剪界算法来解决。特别是，分支剪界技术通常用于求解具有数千个变量，有时甚至成千上万个变量的 BIP（Hillier & Lieberman，2001）。在我们的情况下，只有一种类型的变量，即二进制变量 $\xi_j(j \in J)$。因此，这些二进制变量的数量为 n，与 $|H|$ 无关。由于地域和时间上的限制，参与拍卖的承运商（n）的数量通常不会非常大（例如，少于 1000）。或者，拍卖师可以限制 n 的上界。实际上，可以使用市场上可买到的优化软件包 CPLEX 或 LINGO 在可行的运行时间内解决此问题。

2. 机制

为了使承运人如实提交报价，我们接下来针对问题 P1 设计一种单边 VCG（O – VCG）组合拍卖机制。通过证明我们的 O – VCG 拍卖属于 VCG 系列，这引起了所有承运商的弱讲真话性。

假设 π 是目标函数（6-1-1）的最优值，而 π^{-j} 是如果将该拍卖中除去运营商 j 的目标函数的最优值。如第 6.1.3 节中所述，如果除去任意一辆

卡车司机,则总运输能力仍然足够。托运商将支付给承运商 j,可表达为:

$$P_j = \pi^{-j} - (\pi - \hat{s}_j \xi_j),\qquad\qquad (6-1-5)$$

$\pi^{-j} - \pi$ 是支付给承运商 j 的奖金,代表其通过参与拍卖为系统贡献的价值。如果 $\xi_j = 0$,则 $\pi^{-j} = \pi$ 且 $P_j = 0$。如果 $\xi_j = 1$,托运商向承运商 j 支付其投标 $\hat{s}_j$ 加上他对系统的贡献。

$$TC = \sum_{j=1}^{n} P_j = \sum_{j=1}^{n} \left[\pi^{-j} - (\pi - \hat{s}_j \xi_j) \right] = \sum_{j=1}^{n} \pi^{-j} - (n-1)\pi$$

$$(6-1-6)$$

令 b_1 代表托运商的保留价格。如果 $TC < b_1$,交易成功;否则,交易失败。在 (6-5) 的支付结构下,拍卖商通过收取托运商支付的总付款 TC 并交付 P_j 给承运商 j 来提供托管付款服务,其中无须支付交易费用。因此,在 O-VCG 拍卖中,拍卖商的收益始终为零。

我们的 O-VCG 机制总结如下:

(1)从代理商那里收集需求量和供应量 (X^h, Y_j^h),并从每个承运商 j 收集一个密封的投标 $\hat{s}_j$。

(2)通过计算问题式 (6-1-1) 确定赢家的集合。

(3)根据式 (6-1-1) 和式 (6-1-5) 计算承运商 j 的收入 (P_j)。

(4)根据式 (6-1-1) 式 (6-1-6) 计算托运商的总成本 (TC)。

(5)如果 $TC < b_1$,收集托运商支付的总付款 (TC),并将付款 (P_j) 交付给承运商 j;否则,交易失败。

3. 属性

定理 6.1.1 O-VCG 机制是 IC、AE、BB 和 IR。

根据证明,拍卖 O-VCG 属于 VCG 系列,它会引起所有承运商的弱讲真话性 (IC),即 $\hat{s}_j = s_j$。由于需求量是共同知识,因此拍卖 O-VCG 对托运商来说也是 IC。本质上,VCG 机制通过 IC 的占优策略为任何功利主义问题提供了解决方案 (Nisan & Ronen,1999)。基于 IC 的属性,拍卖 O-VCG 可以将总运输成本降至最低,从而实现 AE。另外,BB 和 IR 的属性为代理商和拍卖商提供了参与拍卖的激励。

令 $O\text{-}VCG^T$ 表示 O-VCG 拍卖的变体。在 $O\text{-}VCG^T$ 拍卖中触发拍卖后，运输市场中就会有一个承运商和多个托运商。令 m 为托运商的数量。承运商希望在车道 $h(h \in H)$ 上出售 Y^h 单位商品，每个托运商 $i(i \in I)$ 提交要在车道 $h(h \in H)$ 上购买 X_i^h 单位商品的投标 $\hat{b}_i$。与 O-VCG 拍卖的制定相同，承运商的总收益最大化由以下 BIP 问题给出：

$$\max \sum_{i=1}^{m} \hat{b}_i \xi_i \qquad (6-1-7)$$

$$s.t. \sum_{i=1}^{m} X_i^h \xi_i \leqslant Y^h, \ h \in H, \qquad (6-1-8)$$

$$\xi_i = \{0, 1\}, \ i \in I, \qquad (6-1-9)$$

$$X_i^h \geqslant 0, \ \forall h, \ i, \qquad (6-1-10)$$

这里的 ξ_i 代表托运商 i 是否在拍卖中进行交易；目标函数（6-1-7）是使接受的投标之和最大化。类似于约束（6-1-2），约束（6-1-8）的目的是确保足够的供应能力。很明显，上述 BIP（6-1-7）的获胜者确定问题属于 0-1 背包问题，这是卡普（1972）提出的 21 个 NP-complete 问题之一。

使用 Vickrey 支付结构，$O\text{-}VCG^T$ 拍卖具有以下命题。

定理 6.1.2 $O\text{-}VCG^T$ 的机制是 IC、AE、BB 和 IR。

定理 6.1.2 表明，可以扩展 O-VCG 机制来解决具有一个承运商和多个托运商的情况，同时没有改变 IC、AE、BB 和 IR 的属性。实际上，VCG 方法可以用于设计最优机制，方法是简单地选择引起弱说真话性（IC）的支付规则和使价值总和（AE）最大化的分配规则。由于这两种机制具有相似的分配规则和付款规则，因此这 4 个属性（IC、AE、BB 和 IR）在 O-VCG 拍卖和 $O\text{-}VCG^T$ 拍卖中共有。

观察 1：在 O-VCG 拍卖类中可以使用 LTL，包括 O-VCG 和 $O\text{-}VCG^T$ 机制。

观察 1 可以通过需求和供应量的特点轻易观察到。从问题（6-1-1）和式（6-1-5）、式（6-1-6）中，我们发现 X_i^h 和 Y_j^h 不一定都要装满卡车。反而，只要两个 X_i^h 和 Y_j^h 以相同的度量单位（如千克和立方米）表示，O - VCG 机制就能进行。此结果可以满足某些代理商的特殊要求。例如，一家承运商想在一个车道（如 1 号车道）出售一辆半载重卡车运输服务，而在另一车道（如 2 号车道）出售一辆载重卡车运输服务。在 O - VCG 拍卖中，该承运商可以简单地提交一个投标，包括一个投标价格，1 号车道中 0.5 单位供应量和 2 号车道中 1 单位供应量。因此，O - VCG 机制可以灵活地满足需求和供应量的要求。同样，$O - VCG^T$ 机制中也允许使用 LTL。

6.1.4　MTR 拍卖

如前所述，如果托运商的总成本大于其保留价值，则拍卖 O - VCG 将导致交易失败。此外，如果托运商（事前）承诺采用式（6 - 1 - 5）中所述的维克里（Vickrey）支付结构，那么对于托运商来说，拍卖 O - VCG 将不是 IR。如果托运人的保留价格包含在 "拍卖 O - VCG" 的目标功能中，当拍卖商想诱使 IC 时，O - VCG 机制将使 BB 失败。如果牺牲了 IC，O - VCG 拍卖将不满足分配效率。此外，在双边交流环境中，O - VCG 拍卖是不可行的。$O - VCG^T$ 拍卖也是同样的理由。

在本节中，我们研究了对多个托运商和承运商在双边交换环境下有效和高效的拍卖机制。我们首先发展了多单位贸易减少（MTR）拍卖，在该拍卖中，所有车道都被划分为不同的市场。

1. 模型

考虑具有一个固定线路，m 个托运商和 n 个承运商的运输市场。每个托运人 $i(i \in I)$ 都想购买 X_i 单位物品，每个承运商 $j(j \in J)$ 都有 Y_i 物品要出售。我们假设允许代理商分割他们的容量。令 q_{ij} 代表托运商 i 从承运商 j 购买的数量。如果所有代理商都如实出标，则可以通过解决以下线性规划问题来获得最大的社会福利 $V(I, J)$：

$$\text{P2：} \max V(I, J) = \sum_{i=1}^{m} \sum_{j=1}^{n} q_{ij}(b_i - s_j) \qquad (6 - 1 - 11)$$

$$s.\ t.\ \sum_{j=1}^{n} q_{ij} \leqslant X_i,\ i \in I; \qquad (6-1-12)$$

$$\sum_{i=1}^{m} q_{ij} \leqslant Y_i,\ j \in J, \qquad (6-1-13)$$

$$q_{ij} \geqslant 0,\ \forall\, i,\ j, \qquad (6-1-14)$$

约束条件（6-1-12）和约束条件（6-1-13）规定，承运商出售的物品不超过其所拥有的物品，并且托运商购买的物品也不会超出其需求。由于社会福利是拍卖商的收益与每个代理商的效用之和，因此交易价格不会出现在问题中（P2）。尽管如此，交易价格仍会影响每个代理商的效用。如果所有信息都是公开的，则可以通过清理市场轻易获得最大的社会福利。但是，因为代理具有自己的私有保留值，这种集中式解决方案通常不可用。

2. 机制

为了诱使代理商如实提交报价，我们针对此问题设计了一种 MTR 拍卖机制。首先，我们通过将承运商的出价排序为 $\hat{s}_1 \leqslant \hat{s}_2 \leqslant \cdots \hat{s}_n$，将托运商的出价排序为 $\hat{b}_1 \geqslant \hat{b}_2 \geqslant \cdots \geqslant \hat{b}_m$ 来构建供求曲线。市场在关键数量点 Q^* 处清算，此处总供求平衡，$\hat{b}_k \geqslant \hat{S}_L$ 和 $\hat{b}_{k+1} < \hat{s}_{L+1}$（见图 6-2）。在图 6-2 中，我们有 $Q^* = \min\{\sum_1^K X_i, \sum_1^L Y_j\}$（最大社会福利中的总贸易量），$Q' = \min\{\sum_1^{K-1} X_i, \sum_1^{L-1} Y_j\}$（由 MTR 机制实现的总交易量），$Q'' = \min\{\sum_1^{K+1} X_i, \sum_1^{L+1} Y_j\}$。效率损失展示在阴影区域 W 处。

在有多个最优解的情况下，采用巴拜欧伏和沃尔什（2005）提出的摄动技术来打破平局，选择唯一的最优解。添加干扰因子 ε 到每个代理商的出价中。对于每个托运商和承运商，我们将他们的出价变为 $\hat{b}_i + \varepsilon_i$ 和 $\hat{s}_j + \varepsilon_j$ 而不是 $\hat{b}_i$ 和 $\hat{s}_j$，其中，$1 \gg \varepsilon_{1,I} \gg \varepsilon_{2,I} \gg \cdots \gg \varepsilon_{m,I} \gg \varepsilon_{1J} \gg \varepsilon_{2J} \gg \cdots \gg \varepsilon_{nJ} > 0$。那时，具有摄动因子的问题（P2）有一个唯一解。由于 $\varepsilon \ll 1$，如图 6-2 所示，该解决方案是在初始出价下的一种有效分配。

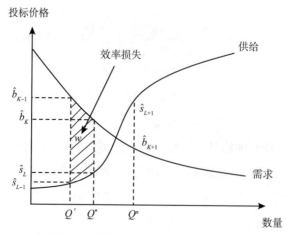

图 6 - 2　具有 MTR 机制的双边交易市场

观察 2：存在三种市场清算情况。

情况 I ：$\sum_{i=1}^{K} X_i = \sum_{j=1}^{L} Y_j$；

情况 II ：$\sum_{j=1}^{L-1} Y_j < \sum_{i=1}^{K} X_i < \sum_{j=1}^{L} Y_j$，$\hat{b}_K \geqslant \hat{s}_L > \hat{b}_{K+1}$；

情况 III ：$\sum_{i=1}^{K-1} X_i < \sum_{j=1}^{L} Y_j < \sum_{i=1}^{K} X_i$，$\hat{s}_{L+1} > \hat{b}_K \geqslant \hat{s}_L$。

基于 $\hat{b}_K \geqslant \hat{s}_L$ 和 $\hat{b}_{K+1} < \hat{s}_{L+1}$ 的事实，很容易证明观察 6 - 2。请注意，在情况 I 中，有四种情况：

$(\hat{b}_K > \hat{s}_{L+1}，\hat{b}_{K+1} < \hat{s}_L)$，$(\hat{b}_K > \hat{s}_{L+1}，\hat{b}_{K+1} > \hat{s}_L)$，$(\hat{b}_K < \hat{s}_{L+1}，\hat{b}_{K+1} < \hat{s}_L)$，和 $(\hat{b}_K < \hat{s}_{L+1}，\hat{b}_{K+1} > \hat{s}_L)$。

我们的 MTR 机制可以解决所有这三种情况（情况 I 、情况 II 和情况 III ）。为了清算市场，我们检查是否存在不相等。

$$\sum_{i=1}^{K-1} X_i \geqslant \sum_{j=1}^{L-1} Y_j \qquad (6-1-15)$$

或者
$$\sum_{i=1}^{K-1} X_i \leqslant \sum_{j=1}^{L-1} Y_j \qquad (6-1-16)$$

实际上，式（6 - 1 - 15）和式（6 - 1 - 16）分别表示需求过剩和供应过剩。

如果式（6-1-15）成立，则使用以下规则。

（1）规则1。

步骤1：所有索引 $j < L$ 的承运商都以固定的价格 $\hat{s}_L$ 出售其数量 Y_j。

步骤2（a）：所有索引 $i < K$ 的托运商都以固定的价格 $\hat{b}_k$ 进行交易。拍卖商根据他们的需求量对所有能交易的托运商（$i < K$）进行排名，托运商的需求越大则排名越高。

步骤2（b）：如果某些托运商的需求相同，则采用扰动技术来打破平局。令 $r_{i'}$ 表示托运人 i' 的次序。注意到，托运商 i' 不等同于托运商 i。然后，所有参加交易的托运商的排名都按照升序排列：$r_{1'} < r_{2'} < \cdots < r_{(K-1)'}$。

步骤3：令 $fix(x)$ 表示不大于 x 的最大整数。每个托运商 i' 至少要获得一个"基本"量 $\bar{q}_{i'} = \mathrm{fix}\left(\dfrac{x_{i'} \sum\limits_{j=1}^{L-1} Y_j}{\sum\limits_{i'=1'}^{(K-1)'} X_{i'}}\right)$，其中，$\bar{q}_{i'} \leq X_{i'}$ 和 $\sum\limits_{i'=1'}^{(K-1)'} X_{i'} = \sum\limits_{i=1}^{K-1} X_i$。

剩余供应量是 $\sum\limits_{j=1}^{L-1} Y_j - \sum\limits_{i=1}^{K-1} \bar{q}_i$，这是一个整数。令 $RS = \sum\limits_{j=1}^{L-1} Y_j - \sum\limits_{i=1}^{K-1} \bar{q}_i$。剩余供应量（$RS$）根据其次序和需求分配给所有参加交易的托运商。令 $q_{i'}$ 表示托运商 i' 获得的量。然后，$q_{i'}$ 表示为：

$$
q_{i'} = \begin{cases}
\min\{X_{i'},\ \bar{q}_{i'} + [RS - \sum\limits_{a'=(i+1)'}^{(K-1)'}(q_{a'} - \bar{q}_{a'})]\},\ 1' \leq i' \leq (K-2)' \\
\min\{X_{(K-1)'},\ \bar{q}_{(K-1)'} + RS\},\ i' = (K-1)'
\end{cases}
$$

$$(6-1-17)$$

请注意，$q_{i'}$ 是整数而且 $\bar{q}_{i'} \leq q_{i'} \leq X_{i'}$。如果（6-12）成立，我们将遵循规则2。

（2）规则2。

步骤1：所有索引 $i < K$ 的托运商都以价格 $\hat{b}_K$ 出售其数量 X_i。

步骤2（a）：所有索引 $j < L$ 的承运商都以价格 $\hat{s}_L$ 进行交易。拍卖商根据他们的供应量对所有承运商（$j < L$）进行排名，承运商的需求量越大则排名越高。

步骤 2（b）：令 r_j 表示承运商 j' 的次序。通过使用摄动技术，所有参加交易的承运商的排名都按照升序排列：$r_{1'} < r_{2'} < \cdots < r_{(L-1)'}$。

步骤 3：每个承运商 j' 至少要获得一个"基本"量 $\bar{q}_{j'} = \text{fix}\left(\dfrac{Y_{j'}\sum\limits_{i=1}^{K-1} X_i}{\sum\limits_{j=1}^{L-1} Y_j}\right)$，

其中，$\bar{q}_{j'} \leqslant Y_{j'}$。剩余需求量 $RD = \sum\limits_{i=1}^{K-1} X_i - \sum\limits_{j=1}^{L-1} \bar{q}_j$。剩余需求量（$RS$）根据其次序和供应量在所有参加交易的运营商之间分配。令 $q_{j'}$ 表示承运商 j' 的出售量。然后，$q_{j'}$ 表示为：

$$q_{j'}\begin{cases} \min\left\{Y_{j'}, \ \bar{q}_{j'} + \left[RD - \sum\limits_{b'=(j+1)'}^{(L-1)'}(q_{b'} - \bar{q}_{b'})\right]\right\}, \ 1' \leqslant j' \leqslant (L-2)' \\[2mm] \min\left\{Y_{(L-1)'}, \ \bar{q}_{(L-1)'} + RD\right\}, \ j' = (L-1)' \end{cases}$$

$$(6-1-18)$$

式（6-1-18）中，$q_{j'}$ 是整数，并且 $\bar{q}_{j'} \leqslant q_{j'} \leqslant Y_{j'}$。

规则 1 和规则 2 都确保每个代理商的交易量（即 $q_{i'}$ 和 $q_{j'}$）都是满载的，即使代理商可以分割数量也是如此。总交易量为 $\min\left\{\sum\limits_{i=1}^{K-1} X_i, \sum\limits_{j=1}^{L-1} Y_j\right\}$：拍卖商收取总交易盈余

$$(\hat{b}_K - \hat{b}_L)^* \min\left\{\sum\limits_{i=1}^{K-1} X_i, \sum\limits_{j=1}^{L-1} Y_j\right\} \qquad (6-1-19)$$

请注意，出于阅读性考虑，在下文中，我们不会重述可用于打破平局并选择独特解决方案的摄动技术的介绍。因此，我们的 MTR 机制总结如下：

（1）从每个代理商收集一个密封的投标。

（2）排序承运商的出价为 $\hat{s}_1 \leqslant \hat{s}_2 \leqslant \cdots \leqslant \hat{s}_n$，托运商的出价为 $\hat{b}_1 \geqslant \hat{b}_2 \geqslant \cdots \geqslant \hat{b}_m$。

（3）在关键数量点 Q^* 处清算市场，其中，$\hat{b}_k \geqslant \hat{S}_L$ 和 $\hat{b}_{k+1} < \hat{s}_{L+1}$。

（4）除去所有与该交易无关的代理商（即，索引为 $i \geqslant K$ 的托运商和索引为 $j \geqslant L$ 的所有承运商）。

（5）如果（6-1-15）成立，则遵循规则 1；否则，遵循规则 2。

3. 例子

理解 MTR 机制的最佳方法是通过一个简单的示例（见表 6 – 1）。在这个例子中，$K = L = 4$，$\hat{b}_k = 9$，$\hat{s}_L = 6$，并且情况 I 成立。由于 $\sum_{i=1}^{K-1} X_i = 19 > \sum_{j=1}^{L-1} Y_j = 13$，不等式（6 – 11）成立并且交易量是 13。

通过使用规则 6 – 1，我们得出每个托运人的基本量：$\bar{q}_{1'} = \text{fix}\left(\dfrac{9 \times 13}{19}\right) = 6$（托运商 1），$\bar{q}_{2'} = \text{fix}\left(\dfrac{6 \times 13}{19}\right) = 4$（托运商 3），$\bar{q}_{3'} = \text{fix}\left(\dfrac{4 \times 13}{19}\right) = 2$（托运商 2）。剩余供给量 $RS = \sum_{j=1}^{L-1} Y_j - \sum_{i=1}^{K-1} \bar{q}_i = 1$。然后，我们计算次序最高的托运商（即托运商 1）获得的数量：$q_{1'} = \min\{6 + RS, X_{1'}\} = 7$。由于所有剩余供应量均分配给托运商 1，所以 $q_{2'} = \bar{q}_{2'} = 4$，$q_{3'} = \bar{q}_{3'} = 2$。

表 6 – 1　　　　　　　　　　　　一个 MTR 机制的例子

运输市场	
承运商：$(\hat{s}_j, Y_j)$	托运商：$(\hat{b}_i, X_i; r_{i'})$
(3, 2)	(12, 9; $r_{1'}$)
(4, 8)	(11, 4; $r_{3'}$)
(5, 3)	(10, 6; $r_{2'}$)
(6, 7)	(9, 1)
(8, 3)	(7, 2)
(10, 5)	(5, 3)

资料来源：笔者整理。

4. 属性

定理 6.1.3　MTR 机制是关于保留价格，BB 和 IR 的 IC。

定理 6.1.3 表明，即使代理商未能通过 AE，MTR 机制对于代理商的真实投标和参与激励也是有效的。由于我们专注于通过保证 IC 来简化代理商的出价策略，因此在满足 BB 和 IR 的双边交易时，效率损失是不可避免的。

观察 3：MTR 机制中可以使用 LTL。

尽管 MTR 机制中的规则 1 和规则 2 都确保每个代理商只能出售或购买满载卡车运输服务，但我们可以将 MTR 机制扩展到 LTL 案例。拍卖商可以定义一个可行的最低阈值，这样就不会考虑所有低于此阈值的交易量，并且不会对该阈值的倍数用电子装置进行调整。例如，将此阈值定义为卡车载重量的 10%（1 个单位），则将移除卡车载重量的 8%（低于阈值），将 15%卡车的需求载重量视为 20%（2 个单位）。相反，卡车供应量的 15%可以视为 10%。显然，这种处理不会影响 IC、IR 和 BB 的特性。同样，如果阈值足够低，则这种处理仍然有效的。

接下来，我们评估 MTR 机制的效率表现。在双边交易市场中，市场中间商获得的收益通常被视为社会福利的一部分（如迈克菲，1992；楚和沈，2008）。迈克菲（1992）证明，单一单位贸易减少拍卖是 AsE（渐近有效的）。使用相同的定义，我们表明我们的 MTR 机制也是 AsE。

我们假设 X_i，$i=1$，$\cdots$，m，即托运商的需求量，是遵循随机变量 X 的独立分布的随机样本；Y_j，$j=1$，$\cdots$，n，即承运商的供给量，是遵循随机变量 Y 独立分布的随机样本。假设 $0<E[X]$，$E[Y]<\infty$，其中 E 是期望符号。假设托运商和承运商的出标价格处于同一紧凑区间内 $[p_-, p^+]$，其中 $0<p_-<p^+<\infty$。当拍卖中有大量参与者时，此假设更为符合实际。为了便于分析，我们进一步假设托运商和承运商的投标价格均独立于标准均匀分布 F 得出，其密度函数 f 处于 $[0, 1]$ 中。请注意，每个代理商的出价是 $\frac{\hat{X}-P_-}{p^+-p_-}$，其中，$\hat{X}$ 表示初始投标价。

如图 6-2 所示，效率损失 $W(K, L)$ 可以表示为：

$$W(K,L) = (Q^* - Q')(b_K - s_L) + \Delta, \qquad (6-1-20)$$

式（6-1-20）中，$(Q^* - Q')(b_K - s_L)$ 是拍卖商的效率损失，Δ 是代理商的效率损失。

最大社会福利 $V(K, L)$ 表示为：

$$V(K, L) = (b_K - s_L)Q^* + \sum_1^K (b_i - b_K)X_i + \sum_1^L (s_L - s_j)Y_j,$$

$$(6-1-21)$$

式（6-1-20）中，$(b_K - s_L)Q^*$ 是拍卖商的收益，$\sum_1^K (b_i - b_K)X_i$ 是托运商的效率，$\sum_1^L (s_L - s_j)Y_j$ 是承运商的效率。给定 K 和 L，可以通过以下公式得出 MTR 机制的无效率率 $\lambda(K, L)$：

$$\lambda(K, L) = \frac{E[W(K, L)]}{E[V(K, L)]} \qquad (6-1-22)$$

观察 4：如果（6-1-15）成立，$\Delta < (b_1 - b_K)Y_L$ 成立；否则，$\Delta < (s_L - s_1)X_K$。

根据观察 1 和式（6-1-15）、式（6-1-16），很容易发现观察 4。观察 4 表示代理商的效率损失是有界的。

引理 2

$$E[b_i - b_k] = \frac{k-i}{m+1}(p^+ - p_-),\ 1 \leq i \leq k \leq m \qquad (6-1-23)$$

$$E[s_l - s_j] = \frac{l-j}{n+1}(p^+ - p_-),\ 1 \leq l \leq j \leq n \qquad (6-1-24)$$

引理 2 表示，同一次序统计任意两个变量之间的期望区间仅取决于其次序号之间的差别，而不取决于每个次序号个体。如引理 2（6-1-21）所示，b_i 和 b_k 之间的期望区间 $E[b_i - b_k]$，仅取决于 $k - i = (m-i) - (m-k)$，其中 $(m-i)$ 是 b_i 的次序号和 $(m-k)$ 是 b_k 的次序号。

基于引理 2，我们可以得出以下定理。

定理 6.1.4 $\lambda(K, L) \leq O(\max\{1/K, 1/L\})$。

定理 6.1.4 表示，当最终交易的代理商数量很多时，市场无效率以 $\max\{1/K, 1/L\}$ 的速率收敛到零。

定理 6.1.5 在 $\lambda(K, L) \rightarrow 0$ 意味着随着 m 和 n 接近无穷大，K 和 L 接近无穷大，此时 MTR 机制是 AsE。

定理 6.1.5 可以容易地由定理 6.1.4 检验，因此省略了证明。定理

6.1.5 指出，如果成功交易的代理商数量接近无穷大，则实现的社会福利与最大社会福利之间的比率将达到 100%。因此，我们的 MTR 机制是 AsE。如果 K 和 L 接近无穷大，那么总交易量以及最大的社会福利一定是无限的。根据定理 6.1.5，我们可以进一步得出结论，如果 K 和 L 接近无穷大，则 MTR 机制实现的社会福利一定是无限的。

6.1.5　结论

本节旨在为鲜活农产品采购物流市场开发真实的多单元运输采购拍卖，是我国最早将双边招标纳入运输采购机制设计的研究成果之一。利用著名的 VCG 拍卖 (Vickrey, 1961; Clarke, 1971; Groves, 1973)，我们首次为多车道的复杂运输市场引入了一类单边 VCG 组合拍卖（包括 O – VCG 和 $O – VCG^T$）。在拍卖 O – VCG 中，考虑一个托运人和多个承运人，拍卖 O – VCG 的目标是使承运人的总运输成本最小。然后，我们提出了一个对称拍卖（即，$O – VCG^T$），一个承运人和多个托运人，并使托运人的总收入最大化。在 O – VCG 拍卖类别下，说实话是每个代理的最优竞价策略。此外，这些 O – VCG 拍卖可以实现 AE、IR 和 BB，有或没有 LTL 约束。

为了说明与多个托运人和承运人进行双边交换的必要性，我们首先发展多单位贸易削减（MTR）拍卖，在这种拍卖下，所有航线被划分为不同的市场。我们的 MTR 拍卖是经典的单位贸易削减机制的延伸 (McAfee, 1992)。根据提交的 XOR 出价，拍卖师清理运输市场。这一研究结果的实际意义是，在双边交易环境中，代理从较低的不区分交易价格中获益更多。因此，为了实际应用，提出了两种新的类似 MTR 的拍卖方式：MTR – BA（买方增加）和 MTR – SA（卖方增加）。

在 MTR 机制下，相较于基本机制，更多买家/承运商赢得最终交易的"票"；同样，更多的卖家/承运人在 MTR – SA 机制中赢得这些票。这三种 MTR 机制都能保证 IC、IR、BB 和 AsE，即使是在 LTL 条件下。在买卖双方扩大机制下，托运人和承运人的预期效用均高于基本 MTR 机制下的预期效用。数值研究进一步表明，MTR - BA 和 MTR - SA 机制分别导致托运人和承运人的期望效用高于社会福利最大化。然而，基础 MTR 机制比 MTR - BA 和 MTR - SA 机制为市场经纪人提供了更高的收益。最后，为了捕获 O - VCG 和 MTR 拍卖类之间的权衡，我们提出了一个仍然是 IC、BB、IR 和 AsE 的随机拍卖机制。此外，即使有 LTL 约束，该随机机制在单边和双边交易运输市场中都是可行的。一个重要的实践启示是，数字化的鲜活农产品供应物流市场可以通过这种随机机制来更好地实现运输市场效率，并消除单一固定机制的限制。

值得注意的是，上述结果有效的条件是普遍的。如我们的数值研究所示，当托运人和承运人的投标价格范围只有部分重叠时，同样的结果也成立。这种通用性表明了结果的稳健性，在某种意义上，上述结论预计对大多数具有 MTR 拍卖机制的运输市场都是有效的，而且它们并不严重依赖于我们用于分析的模型。我们的数值分析也证明了拍卖机制选择对 TSP 的重要性。MTR - BA 机制可能吸引更多付运商参与竞投，而承运商则可能更愿意参与 MTR - SA 竞投。在现实生活中的应用程序中，市场效率越高，拍卖机制就越有可能为第三方市场带来更高的长期收入（Wise & Morrison，2000）。因此，一个关键的管理启示是，物流电子市场可以选择 MTR - BA 或 MTR - SA 机制来实现更高的市场效率。

参考文献

[1] Agrali S, Tan B, Karaesmen F. Modeling and analysis of an auction-based logistics market [J]. European Journal of Operational Research, 2008, 191 (1): 272 -294.

[2] Babaioff M, Walsh W E. Incentive-compatible, budget-balanced, yet highly efficient auctions for supply chain formation [J]. Decision Support Systems, 2005, 39 (1): 123 -149.

[3] Chang, T. S., (2009). Decision support for truckload carriers in one-shot combinatorial auctions [J]. Transportation Research Part B, 2009, 43 (5): 522 -541.

[4] Chu L Y. Truthful bundle/multiunit double auctions [J]. Management Science, 2009, 55 (7): 1184 -1198.

[5] Chu L Y, Shen Z J M. Truthful double auction mechanisms [J]. Operations Research, 2008, 56 (1): 102 – 120.

[6] Clarke E H. Multipart pricing of public goods. Public Choice, 1971, 11 (1): 17 – 33.

[7] Day R W, Raghavan S. Matrix bidding in combinatorial auctions [J]. Operations Research, 2009, 57 (4): 916 – 933.

[8] Figliozzi M A, Mahmassani H S, Jaillet P. Pricing in dynamic vehicle routing problems [J]. Transportation Science, 2007, 41 (3): 302 – 318.

[9] Garrido R A. Procurement of transportation services in spot markets under a double-auction scheme with elastic demand [J]. Transportation Research, 2007, Part B 41 (9): 1067 – 1078.

[10] Groves T. Incentives in teams [J]. Econometrica: Journal of the Econometric Society, 1973, 41 (4): 617 – 631.

[11] Hillier F S, Lieberman G J. Introduction to Operations Research, seventh ed. [M]. McGraw Hill, New York, 2001.

[12] Huang P, Scheller – Wolf A, Sycara K. Design of a multi-unit double auction e-market [J]. Computational Intelligence, 2002, 18 (4): 596 – 617.

[13] Karp R M. Reducibility among combinatorial problems [J]. Complexity of Computer Computations, 1972, 40 (4): 85 – 103.

[14] Krishna V. Auction Theory [M]. New York, Academic Press, 2002.

[15] Ledyard J O. Optimal combinatoric auctions with single-minded bidders [R]. In: Proceedings of the 8th ACM Conference on Electronic Commerce, 2007: 237 – 242.

[16] Ledyard J, Olson M, Porter D, et al. The first use of a combined-value auction for transportation services [J]. Interfaces, 2002, 32 (5): 4 – 12.

[17] Lee C – G, Kwon R H, Ma Z. A carrier's optimal bid generation problem in combinatorial auctions for transportation procurement [J]. Transportation Research, 2007, Part E 43 (2): 173 – 191.

[18] Lehmann D, Oc'allaghan L I, Shoham Y. Truth revelation in approximately efficient combinatorial auctions [J]. Journal of the ACM, 2002, 49 (5): 577 – 602.

[19] McAfee R P, McMillan J. Auctions and bidding [J]. Journal of Economic Literature, 1987, 25 (2): 699 – 738.

［20］McAfee R P. A dominant strategy double auction ［J］. Journal of Economic Theory, 1992, 56 (2): 434 – 450.

［21］Mes M, Van Der Heijden M, Schuur P. Look-ahead strategies for dynamic pickup and delivery problems ［J］. OR Spectrum, 2010, 32 (2): 395 – 421.

［22］Myerson R B, Satterthwaite M A. Efficient mechanisms for bilateral trading ［J］. Journal of Economic Theory, 1983, 29 (2): 265 – 281.

［23］Nair A. Emerging internet-enabled auction mechanisms in supply chain ［J］. Supply Chain Management: An International Journal, 2005, 10 (3): 162 – 168.

［24］Nisan N, Ronen A. Algorithmic mechanism design ［C］//Proceedings of the Thirty – First Annual ACM Symposium on Theory of Computing, 1999: 129 – 140.

［25］Nisan N. Bidding and allocation in combinatorial auctions ［R］. Proceedings of the 2nd ACM Conference on Electronic Commerce, 2000: 1 – 12.

［26］NTS. National Transportation Statistics 2011 ［R］. Department of Transportation, US, 2011.

［27］Robu V, Noot H, Poutré H L, et al. A multi-agent platform for auction-based allocation of loads in transportation logistics ［J］. Expert Systems with Applications, 2011, 38 (4): 3483 – 3491.

［28］Sheffi Y. Combinatorial auctions in the procurement of transportation services ［J］. Interfaces, 2004, 34 (4): 245 – 252.

［29］Song J, Regan A. Combinatorial auctions for transportation service procurement: The carrier perspective ［J］. Transportation Research Record: Journal of the Transportation Research Board, 2003, 1833: 40 – 46.

［30］Song J, Regan A. Approximation algorithms for the bid construction problem in combinatorial auctions for the procurement of freight transportation contracts ［J］. Transportation Research, 2005, Part B 39 (10): 914 – 933.

［31］Vazirani V V. Approximation Algorithms ［M］. Springer Verlag, 2001.

［32］Vickrey W. Counterspeculation, auctions, and competitive sealed tenders ［J］. The Journal of Finance, 1961, 16 (1): 8 – 37.

［33］Wise R, Morrison D. Beyond the exchange-the future of B2B. Harvard Business Review, 2000, 78 (6): 86 – 96.

6.2 鲜活农产品拍卖市场中多单元多属性采购运输服务拍卖

6.2.1 引言

本节考虑一个托运商和多个承运商组成的单线路鲜活农产品拍卖采购物流市场。托运商为鲜活农产品数字化拍卖平台，该平台产生了商品卖家和买家之间的大量网上订单。由于网上订单量非常大，因此托运商需要多单位且指定线路的物流服务。一单件物品是预定义容量（例如，5 个或 10 个满载货运负载）。承运商是可以履行这些网上订单的第三方物流（3PL）提供商。所有承运商都是理性的和自私的，最大化他们的个人（潜在）效用。

与非满载货运行业相比，在该物流场景中一家托运商的货物通常有大批量、高价值和长运输时间的特点。由于运输过程中的潜在风险和损坏，一家托运商不仅要关注物流服务的价格，而且还要关注交货时间和公司声誉等其他的表现因素。因此，托运商面临的问题是设计一种有效的、包含价格之外的属性的购买机制。给定托运商的需求和采购机制，承运商的问题是计算出他们的最优出价。由于此问题包含多个属性（和多件物品），因此，上述问题称为多属性采购运输服务拍卖问题。该问题目标是基于价格和其他属性的共同估值，将托运商的网上订单和 3PL 提供商进行匹配。

随着互联网商务的兴起，网上拍卖越来越多地被视为物流服务采购的有力工具。这种拍卖是仅考虑价格（Huang & Xu, 2013; Huang & Xu,

---

＊ 本节节选自徐素秀、黄国全已发表论文（英译中）：Xu S X, Huang G Q. Efficient multi-attribute multi-unit auctions for B2B e-commerce logistics [J]. Production and operations management, 2017, 26 (2): 292 – 304.

2015）。事实上，仅考虑价格的拍卖对于"复杂的采购"不再有效，这种采购中托运商关心价格和非价格属性，如交货时间和货物保险条款。此外，买家和供应商之间的长期业务关系可能因仅考虑价格的拍卖而损坏（Gupta et al., 2012，Jap, 2007）。多属性拍卖反而变得流行，似乎是因为对复杂的采购是有效的。多属性拍卖让供应商完成价格和非价格属性的要求。例如，美国运输部使用双属性拍卖（也称为 A + B 拍卖）用于招标公路建设工作（Asker & Cantillon, 2010；Bajari & Lewis, 2009）。A + B 拍卖评估了成本和完成时间。几家供应商提供用于进行这种多属性拍卖的电子采购系统（例如，Ariba, www. ariba. com；Perfect, www. perfect. com；Negometrix, www. negometrix. com）。

在经济学和运筹学文献中，有两种关于多属性拍卖的研究：最优拍卖和有效拍卖。在最优的多属性拍卖中，买方基于卖家成本的信念宣布得分规则，以最大化其预期（事前）效用（Asker & Cantillon, 2008, 2010；Branco, 1997；Chu, 1993）。在一个高效的多属性拍卖中，买方宣布了其效用函数（可能不是真的），卖方将其多维出价提交给拍卖师，拍卖师可能为买方或第三方服务平台。这种高效的机制可以最大化（事后）社会福利。帕克斯和卡拉尼南（Parkes & Kalagnanam, 2005）使用线性规划方法来开发用于单个物品采购的有效迭代拍卖。

在本节中，我们还关注于高效的多属性拍卖机制设计。实际上，市场效率越高，拍卖机制越可能在长期运行中为第三方服务平台产生更高的收入。预计像拍卖这样高效的多属性方案将转向主导长期和稳定的 B2B 电子市场（Milgrom, 2000；Parkes & Kalagnanam, 2005）。然而，很少有人关注对多物品采购的高效分配的多属性拍卖。例如，在货运行业中，如果托运商的运输需求相当大，则需要多家承运商。因此，该问题也是多属性多物品采购问题。

本节研究旨在回答以下问题：①鲜活农产品拍卖采购物流问题的高效多属性拍卖是什么？②每个参与者的最优出价策略是什么？③提出的拍卖的异同之处是什么？④我们的模型如何扩展来考虑现实世界的其他运营因素

（如隐私保存和简单实施）？

首先，我们提出单边 VCG 拍卖（Clarke，1971；Groves，1973；Vickrey，1961）。O－VCG 拍卖实现了激励相容（卖方）、配置效率、预算平衡和个人理性。因此，我们将著名的 VCG 拍卖引入多属性多单位环境。基于迭代拍卖（Ausubel，2004，2006；Parkes & Kalagnanam，2005）和原始对偶（PD）算法，我们接下来引入普遍不满意集合的概念，以构建高效的多轮降序拍卖，称为原始对偶 PDV 拍卖。我们证明了将 O－VCG 拍卖视为单属性多单位正向 Vickrey 拍卖（SA－MFV）。PDV 和 SA－MFV 拍卖都实现了 VCG 支付和估值的真实出价。所有结果都拓展了现有的多属性拍卖理论。

6.2.2　模型

1. 模型描述

托运商是一个鲜活农产品数字化拍卖平台，商品卖家和买家之间的大量订单通过该平台产生，并且承运商是可以提供这些在线订单的第三方物流（3PL）提供商。如图 6－2 所示，订单由托运商创建和执行。每个订单基本上有三个属性维度：物理属性（如重量、体积、包裹类型），地理属性（即出发地、目的地），商业属性（如价格、数量、时间窗、罚款）。托运商面临的一个关键挑战是如何以有效和高效的方式将订单转换成运输订单。除了订单属性之外，每个运输订单还应指定哪些物流工作由哪个承运商用什么方式以多少时间和价格完成（即物流采购的属性）。因此，托运商可以解决多属性物流采购问题，促进订单执行。

本节重点研究基于拍卖的物流采购模型（见图 6－3）来解决鲜活农产品数字化拍卖平台的运输服务采购问题。本节考虑具有单个托运商和多个承运商组合的集合 I 的单线路物流市场，托运商需要 k 个单位的指定起点和终点线路的物流服务，k 为一个固定的正整数。拥有运输能力的每家承运商能满足托运商的需求。当 $k=1$，本问题变成单物品情况。在航运和空运行业，

k 可能等于 1 ［因为一家承运商的运输能力非常大（3000 标准集装箱），托运商仅需要一家承运商运输货物］。在货运行业，可能有 k 大于 1，即多物品情况。在这种情况下，单位物品是一个预定义容量（如 5 个或 10 个满载货运）。为了解决一般问题，我们假设每个承运商供应一单位的物流服务。无论是单物品情况还是多物品情况，都需要 $k(k \geqslant 1)$ 个承运商参与。

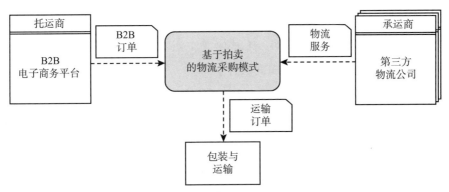

图 6 – 3　基于拍卖的电商物流问题

资料来源：笔者绘制。

实际上，我们的物品供应业务约束可以在应用中放松。例如，人们可以考虑最低数量承诺来要求托运商为每个获胜者承运商保证一个最小货运量（Caplice & Sheffi，2003；Lin et al.，2008）。卡普里斯和谢菲（2003）引入的另一个业务约束称为最小/最大承运商数量，这保证了赢了的承运商不超过或不少于一定数量。

在拍卖运输市场中，与 LTL 行业相比，一家托运商的货物通常以大批量、高价值和长运输时间为特征。由于运输过程中的潜在风险和损耗，托运商不仅要关注物流服务的价格，而且还要注意其他性能因素，如交货时间和公司声誉等。托运商的 k 个物品需求量通过在线多属性拍卖分配给承运商，拍卖由托运商或第三方拍卖师托管。不失一般性，我们假设建立和运行每次拍卖存在一个固定的成本，其中包括但不限于推广费、网站托管费和拍卖监督费用。为了便于解释，我们说的拍卖师就是托运商。实际上，单个托运商

（或托运代理商）可以被视为鲜活农产品数字化拍卖平台（见图6-3）。注意：①如果拍卖由第三方拍卖师进行，拍卖中他的收入等于托运商给的固定拍卖费；②固定拍卖费是沉没成本。

在多属性拍卖中，有两种类型的属性：内生性属性和外生性属性。内生性属性是投标者/承运商可控的（如交货时间、货物保险条款），而外生性属性仅由外部因素（如公司声誉）决定。在我们的模型中，所有属性特指非价格属性。假设存在 m 个属性空间 H_l，$l \in \{1, \cdots, m\}$；每个空间 H_l 都有一个有限属性价值量。例如，$H_l = \{2$ 天，3 天，4 天$\}$，属性 l 代表交付时间。设 $H = H_1 \times \cdots \times H_m$ 为属性联合空间。

每个承运商 $i \in I$ 对每个属性捆 $h \in H$ 都有一个非负整数价值（如运输成本），用 $c_i(h) \in Z^+$ 表示，Z^+ 是非负整数集。成本函数 $c_i(h)$ 是承运商 i 的私人信息。承运商只对目标捆绑包投标。例如，每个承运商 $i \in I$ 都仅有一种方式打包她所有的外生属性。承运商未选的捆绑包的价值视为无穷大。对每个物品，托运商都有一个价值函数 $v(h) \in Z^+$，$\forall h \in H$。我们假设 $v(h)$ 是共同知识；即托运商一般讲真话。所有承运商都是理性的、自私的，最大化个人（潜在）效用。我们假设所有代理商都有拟线性效用函数，当承运商 i 收到为属性捆 h 支付的款 $p_i(h) \in R^+$，R^+ 为非负真数，则其效用为 $u_i = p_i(h) - c_i(h)$。设 I^* 为临时赢者集合，$I^* \subseteq I$，$|I^*| \leq k$。当属性捆 h_i 临时分配给承运商 i，$i \in I^*$，字母 s 代表托运商，则托运商的效用为 $u_s = \sum_{i \in I^*} [v_i(h_i) - p_i(h_i)]$。当 $u_s > 0$，则交易成功并 I^* 是最后的赢者，否则交易失败。托运商面对的问题是设计一种高效的多属性拍卖来最大化社会福利。给定拍卖物品和拍卖机制下，承运商的问题是去计算他们的最优报价。

2. 建模

获得高效分配的问题能用不同的方法解决。在基本模型中，我们使用下面的整数规划（6-2-1）。这里的 $x_i(h) = 1$ 代表属性捆 h 被分配给承运商 i。（IP）的目标是最大化社会福利（当报价是真实的）。由于承运商对未选择的属性捆的价值被视为无穷大，我们有 $c_i(h) \geq 0$。约束（6-2-2）保证，每个承运商 $i \in I$ 在一组报价（即 XOR 报价）中至多选一个报价（尼桑，2000）。约束（6 - 2 - 3）保证，在承运商之间最多分配 k 个物品。当式子 $v(h) - c_i(h)$ 总是正的，约束（6 - 2 - 3）表示 k 个物品都将被分配了。

$$\max \sum_{i \in I} \sum_{h \in H} x_i(h)\left[v(h) - c_i(h)\right] \tag{6-2-1}$$

$$s.t \sum_{h \in H} x_i(h) \leq 1, \forall i \in I, \tag{6-2-2}$$

$$\sum_{i \in I} \sum_{h \in H} x_i(h) \leq k, \tag{6-2-3}$$

$$x_i(h) \in \{0, 1\}, \forall i \in I, \forall h \in H \tag{6-2-4}$$

6.2.3　单边 VCG 拍卖（O - VCG）

在 VCG 拍卖中，所有参与者提交自己的报价给第三方拍卖师。拍卖师在收到买者和卖者的报价后，通过决定高效分配和 VCG 支付价格来出清市场。此高效分配最大化社会福利。根据 VCG 支付规则，一个代理商（买者或者卖者）的效用由他对系统的边际贡献决定。设 $\prod(I)$ 为最大的社会福利值，$\prod(I \setminus i)$ 为没有代理商 i 的系统实现的最大社会福利值。代理商 i 的边际贡献为 $\prod(I) - \prod(I \setminus i)$。众所周知，VCG 拍卖能实现真实出价和分配效率。尽管有这些优点，但是 VCG 拍卖不能实现预算平衡。预算平衡保证第三方拍卖师不会运行亏损的拍卖（Krishna，2009；Parkes et al.，2001）。

我们构建一个单边 VCG 拍卖（O - VCG）。其中承运商是投标者，拍卖师可以是托运商，也可以是第三方服务平台。首先，托运商/拍卖师公开其价值函数。然后，承运商向托运商报告他们的密封价值函数。基于 O - VCG 机制，托运商/拍卖师选择一种高效分配，每个临时的承运商会收到一笔类似 VCG 的付款。O - VCG 拍卖引诱承运商真实地出价。

本节定义 O - VCG 如下，设 $\prod(I)$ 为（IP）中实现的价值，$\prod(I \setminus i)$

为拍卖中除去承运商 i 的（IP）中实现的价值。平局被任意打破来选择唯一最优解。

定义 6 - 2 - 1 解决 ELP - MA 问题的单边 VCG 拍卖（O - VCG）如下：

（1）托运商公开对每个商品的价值函数 $v(h)$。

（2）每个承运商 i 向托运商/拍卖师提交一个密封的价值函数 $c_i(h)$。

（3）托运商解（IP）模型得到临时赢者集 I^*。属性捆 h_i 被分配给承运商 $i \in I^*$，即 $\{h_i\}_{i \in I^*}$ 是一种实现 $\prod(I)$ 价值量的高效分配。

（4）当托运商效用为正，即 $u_s > 0$，每个承运商 $i \in I^*$ 收到一笔对高效分配 h_i 的 VCG 支付 $p_i = c_i(h_i) + (\prod(I) - \prod(I \setminus i))$。当报价是真实的，任意托运商 i，$i \in I^*$ 的效用为 $u_i = \prod(I) - \prod(I \setminus i)$，托运商的效用为 $u_s = \sum_{i \in I^*} \prod(I \setminus i) - (|I^*| - 1) \prod(I)$。当 $u_s \leq 0$ 时，交易失败。

注意到 VCG 支付 $p^i \in Z^+$，很容易验证 O - VCG 拍卖遵从 VCG 机制的一般定义（克里希纳，2009；尼桑和罗南，2007）。本节的 O - VCG 拍卖在单物品采购背景下成为帕克斯和卡拉尼南（2005）里的拍卖。为了分析，我们在下面引入事后纳什均衡定义。实际上，VCG 类拍卖机制一直提到事后均衡（Ausubel，2004；Bikhchandani & Ostroy，2006；Mishra & Parkes，2007；Xu & Huang，2014）。

定义 6 - 2 - 2 假设其他承运商 $I \setminus \{i\}$ 真实投标，那么对每个承运商 i，真实投标是一种事后纳什均衡（如一种弱占优策略）。承运商 i 在拍卖中通过真实投标最大化他的效用（报酬）。

在 O - VCG 拍卖中，由于每个承运商在给定他对其他承运商的类型（如期望效用最大化）和策略（如真实出价）的信念的情况下最大化他的利益，所以事后纳什均衡也是贝叶斯纳什均衡（Harsanyi，1967 ~ 1968）。

定理 6.2.1 在 O - VCG 拍卖中，真实出价是一种事后纳什均衡。

证明，在条件 $u_s > 0$ 下，证明定理就够了。当承运商 $i(i \in I)$ 以价值函数 c_i 真实投标，他将收到 VCG 支付 $p_i = c_i(h_i) + (\prod(I) - \prod(I \setminus i))$。

注意到，我们将临时赢者集 I^* 之外的承运商 $i \in I \setminus I^*$ 的 h_i 视为等于零，当他投标价值函数 $\hat{c}_i$，用 $\hat{h}_i$ 表示非真实投标对承运商造成的属性捆分配，并用 $\hat{p}_i$ 表示相关的 VCG 支付。同样的，设 I' 表示当承运商 i 投标 $\hat{c}_i$ 时产生的赢者集。假设 $I \setminus \{i\}$ 集合里其他的承运商真实投标。

如果真实投标对承运商 i 不是占优策略，那么有：

$$p_i(h_i) - c_i(h_i) < \hat{p}_i(\hat{h}_i) - \hat{c}_i(\hat{h}_i) \qquad (6-2-5)$$

上面不等式通过 VCG 支付规则表示：

$$\prod(I) - \prod(I \setminus i) < \Big[\sum_{j \neq i, j \in I'} (v(\hat{h}_j) - c_j(\hat{h}_j)) + (v(\hat{h}_i) - c_i(\hat{h}_i)) \Big]$$

$$- \prod(I \setminus i) \Leftrightarrow \sum_{j \neq i, j \in I'} (v(\hat{h}_j) - c_j(\hat{h}_j)) + (v(\hat{h}_i) - c_i(\hat{h}_i)) > \prod(I)$$

$$(6-2-6)$$

我们很容易观察到这与实现 $\prod(I)$ 的高效分配 $\{h_i\}_{i \in I^*}$ 相矛盾。

结果意味着，不管对手的出价策略是什么，每个承运商的占优策略是为属性捆提交他的真实成本函数。因此，计算报价的问题变成估算属性捆成本的问题。最后，即使托运商提交错误的价值 $\hat{v}(h)$，$\forall h \in H$，承运商的真实出价策略［如 $\hat{c}_i(h) = c_i(h)$］仍然是最优策略。这个很容易通过用 $\hat{v}(h)$ 代替 $v(h)$ 得到验证，证明同定理 6.2.1。

定理 6.2.2 O – VCG 拍卖实现了分配效率、预算平衡和个人理性。

证明配置效率，根据（IP）的目标，O – VCG 拍卖在给定托运商和承运商集合 I 提交的投标下最大化总市场价值。定理 6.2.1 说明承运商通过真实投标最大化他们的个人效用［即 $\hat{c}_i(h) = c_i(h)$，$\forall i \in I$］。我们也假设托运商的价值函数 $v(h)$ 是共同知识。因此，O – VCG 拍卖在所有代理商真实投标情况下最大化社会福利，实现高效分配。

证明预算平衡，第一种情况是拍卖师是第三方 B2B 电子商务平台。当 $u_s > 0$，第三方拍卖师收集托运商支付的总付款，分配给赢者承运商集合 I^*。对于由托运商和承运商 I 组成的系统，它的总收入等于总支出。当 $u_s \leqslant 0$，没有交易发生。无论交易是否成功，第三方拍卖师收到由托运商支付的正的拍卖固定费用。因此，第三方拍卖师通常能从 O – VCG 拍卖得到正收益（即弱预算平衡）。

第二种情况是拍卖师是托运商。赢了的承运商收到由托运商或拍卖师支付的 VCG 付款 $p_i = c_i(h_i) + [\prod(I) - \prod(I \backslash i)], \forall i \in I^*$。显然，拍卖固定费用对托运商来说是沉没成本。因此，O – VCG 拍卖在第二种情况是强预算平衡。

证明个人理性，根据 VCG 支付规则，因为 $\prod(I) \geqslant \prod(I \backslash i)$，$\forall i \in I$，所以有 $p_i(h_i) \geqslant c_i(h_i)$。注意到，我们将临时赢者集 I^* 之外的承运商 $i \in I \backslash I^*$ 的 h_i 视为等于零。因此，承运商从参加 O – VCG 拍卖中得到非负效用。

观察到交易仅在 $u_s > 0$ 时成功。拍卖固定费用对托运商来说是沉没成本。因此，托运商从参加或主持 O – VCG 拍卖中获得非负效用。

定理 6.2.2 表示，由于它实现了市场效率并且每个代理商从参加拍卖中得到非负效用，因此 O – VCG 解决 ELP – MA 问题是有效的。实际上，市场效率越高，拍卖机制越可能在长期执行中通过第三方服务平台产生更高的收入。预计拍卖等高效的多属性交易机制将转去主导一般运输服务数字化交易市场（Milgrom，2000；Parkes & Kalagnanam，2005）。因此，本节研究中，O – VCG 拍卖可作为设计长期稳定物流交易市场的重要依据，尤其对于每个交易都需要最大化社会福利的鲜活农产品拍卖市场来说更为重要。

6.2.4 结论

多属性拍卖允许供应商完成价格和非货币属性。长期稳定的运输服务数字化交易市场的一个核心目标是配置效率。本节首次提出对多物品采购具有配置效率的多属性拍卖。在本节研究背景中，发货人是一个鲜活农产品拍卖平台，产品的卖家和买家之间通过该平台产生大量的在线订单，而承运人是能够交付这些在线订单的第三方物流（3PL）供应商。

我们开发了一个基于单边 VCG（Clarke，1971；Groves，1973；Vickrey，

1961）的多属性拍卖。单向 VCG（O – VCG）拍卖带来了卖方的激励兼容性、配置效率、预算平衡和个人理性。基于对迭代拍卖（Ausubel，2004，2006；Parkes & Kalagnanam，2005）和 PD 算法的认识，我们接下来引入普遍不满足集的概念来构造一个有效的多轮下行拍卖，称为 PDV 拍卖，证明了 O – VCG 拍卖可以看作 SA – MFV 拍卖。PDV 拍卖和 SA – MFV 拍卖实现了 VCG 支付和一般估值的真实投标。

从实践的角度来看，我们的模型为物流行业的纯价格采购机制提供了一种可行的替代方案。尽管电子拍卖越来越被视为物流采购的可行机制，但此类拍卖仅限价格（徐和黄，2015）。由于运输过程中潜在的风险和损坏，托运人应考虑其他性能因素，如交货时间和货物保险条款。在我们提议的拍卖中，价格和其他属性共同评估是相当简单的。

该模型为鲜活农产品拍卖运输市场的长期稳定运行提供了强有力的理论支持。它至少在下述意义上是合理的：所有提议的拍卖都实现了（卖方方面的）激励兼容性和配置效率。从长远来看，一个高效的拍卖可以为交易平台带来高收益。真实竞价策略非常简单，交易平台无论是短期还是长期都会吸引更多的客户。管理方面的两个主要问题如下：①拍卖商应在拍卖长度上进行 O – VCG（或 SA – MFV）拍卖。从直观上看，OVCG 拍卖的周期比 PDV 拍卖的周期短，因为 O – VCG 拍卖是一次性的，而 PDV 拍卖是多轮的。②出于隐私保护和实现简洁性的考虑，拍卖人应该进行 PDV 拍卖。这是因为运营商在 PDV 拍卖中可能比 O – VCG 拍卖中泄露的私人信息更少。此外，由于 PDV 拍卖是多轮下行拍卖，它的实现似乎更简单，对运营商更透明。

参考文献

［1］Asker J，E Cantillon. Properties of scoring auctions［J］. The RAND Journal of Economics，2008，39（1）：69 – 85.

［2］Asker J，E Cantillon. Procurement when price and quality matter［J］. The RAND Journal of Economics，2010，41（1）：1 – 34.

［3］Ausubel L M. An efficient ascending-bid auction for multiple objects［J］. American

Economic Review, 2004, 94 (5): 1452 – 1475.

［4］ Ausubel L M. An efficient dynamic auction for heterogeneous commodities ［J］. American Economic Review, 2006, 96 (3): 602 – 629.

［5］ Bajari P, G Lewis. Procurement contracting with time incentives: Theory and evidence ［D］. Working paper, Harvard University, 2009.

［6］ Bikhchandani S, J M Ostroy. Ascending price Vickrey auctions ［J］. Games and Economic Behavior, 2006, 55 (2): 215 – 241.

［7］ Branco F. The design of multidimensional auctions ［J］. The RAND Journal of Economics, 1997, 28 (1): 63 – 81.

［8］ Caplice C, Y Sheffi. Optimization-based procurement for transportation services ［J］. Journal of Business Logistics, 2003, 24 (2): 109 – 128.

［9］ Che Y – K. Design competition through multidimensional auctions ［J］. The RAND Journal of Economics, 1993, 24 (4): 668 – 680.

［10］ Clarke E H. Multipart pricing of public goods ［J］. Public Choice, 1971, 11 (1): 17 – 33.

［11］ Groves T. Incentives in teams ［J］. Econometrica, 1973, 41 (4): 617 – 631.

［12］ Gupta A, S Parente, P Sanyal. Competitive bidding for health insurance contracts: Lessons from the online HMO auctions ［J］. International Journal of Health Care Finance and Economics, 2012, 12: 303 – 322.

［13］ Harsanyi J C. Game with incomplete information played by "Bayesian" players, Parts I – III ［J］. Management Science, 1967 – 1968, 14: 159 – 182, 320 – 334, 486 – 502.

［14］ Huang G Q, S X Xu. Truthful multi-unit transportation procurement auctions for logistics e-marketplaces ［J］. Transportation Research, 2013, Part B, 47: 127 – 148.

［15］ Krishna V. Auction Theory ［M］. 2nd edition. Academic Press, New York, 2009.

［16］ Milgrom P. (2000). An economist's vision of the B – to – B marketplace. Executive white paper, Available atwww. perfect. com (accessed date September 21, 2016).

［17］ Mishra D, D C Parkes. Ascending price Vickrey auctions for general valuations ［J］. Journal of Economic Theory, 2007, 132 (1): 335 – 366.

［18］ Nisan N. Bidding and allocation in combinatorial auctions ［R］. Proceedings of the 2nd ACM Conference on Electronic Commerce, 2000: 1 – 12.

［19］Parkes D，J Kalagnanam. Models of iterative multi-attribute Vickrey auctions［J］. Management Science，2005，51（3）：435－451.

［20］Parkes D C，J R Kalagnanam，M Eso. Achieving budget-balance with Vickrey-based payment schemes in exchanges［R］. 17th International Joint Conference on Artificial Intelligence，2001：1161－1168.

［21］Vickrey W. Counterspeculation，auctions，and competitive sealed tenders［J］. The Journal of Finance，1961，16（1）：8－37.

［22］Xu S X，G Q Huang. Efficient auctions for distributed transportation procurement ［J］. Transportation Research，2014，Part B，65：47－64.

［23］Xu S X，G Q Huang. Auction-based transportation procurement in make-to-order systems［J］. IISE Transactions，2015，47（11）：1236－1251.

6.3　基于拍卖的鲜活农产品城市物流联动*

6.3.1　引言

本节考虑一个城市（或地区）存在一家第三方物流（3PL）公司和多家鲜活农产品批发市场（简称农批市场）。3PL 公司和多家农批市场被视为代理人，且每个代理人都是自私的。3PL 公司拥有多个车队，并给这多家农批市场提供物流服务。每天都有大量的货物在农批市场间进行运送。一家农批市场可能需要由多家上游供应商提供多种货物。事实上，如果物流的延误已经发生或将要发生，那么事前设定的交货期就需要调整。而 3PL 公司所面临的一个重要挑战就是如何将货物准时并同步地交到客户手中。因此，本节

＊ 本节节选自徐素秀已发表论文（英译中）：Xu S X，Shao S，Qu T，et al. Auction-based city logistics Synchronisation［J］. ZZSE Transactions，2018，50（9）：837－851.

问题归结为如何在一个城市或地区实现准时和同步物流。

本节研究也是针对一个在线物流服务交易平台。在订单通过了交易平台之后，就要保证该订单的拣选和交货。为了减少等待和处理的成本，客户希望或要求在同一时间（在严格的时间窗口）收到产品。由于客户可能从不同的供应商那里购买一系列的鲜活农产品，这就可能导致由几个物流企业提供物流服务。显然，协调不同的物流企业实现物流同步是棘手的，我们的合作企业将要提供自营物流服务。我们的合作企业可以看作3PL公司，终端客户可以看作物流服务需求方的"企业"。

城市物流通常是在考虑一系列实际约束的情况下，寻求有效且高效的方法，解决在一个城市或区域内及时交付货物的问题。萨维斯伯格和范·万塞尔（Savelsbergh & Van Woensel，2016）所指出的城市物流的五种趋势：①人口增长和城市化，②电子商务的发展，③对速率的渴望，④共享经济，⑤气候变化和可持续发展。例如，现在大约54%的世界人口生活在城市地区产生约80%的GDP（Dobbs et al.，2011）。毫无疑问，城市化的发展会带来更多的城市物流挑战，尤其在电商时代交通拥堵和个人需求的问题更为明显。弗若斯特沙利文（Frost & Sullivan）咨询公司最近的一份报告中指出，（Vidyasekar，2014），到2020年全球在线B2B市场商品总额预计将达到6.7万亿美元，是B2C市场潜力的2倍（3.2万亿美元）。电子商务和互联网崛起为给客户创造美妙的购物体验的同时，又带来了更多的挑战性，例如，如何实现物流联动满足顾客个性化需求。

在车辆路径问题（VRPs）中，指定哪些车辆拜访哪些客户的联动是一个典型的约束。德雷克塞（Drexl，2012）提出一个有关多尺度联动的VRP研究。与他们不同，我们的研究问题是物流的准时性和同时性。物流的准时意味着货在一个给定的时间窗交付；而物流的同时意味着货物几乎在同一时间交付，尽管这可能超出预定的时间窗。城市物流联动问题的主要机制是如果延迟已经发生（或将发生），客户则倾向于追求同时性。

本节将要解决以下问题：①解决城市物流同步问题的有效的拍卖机制是什么？②每个代理人最优报价策略什么？③怎样解决伴有城市物流同步需求

的线路覆盖问题？④影响个体和物流链绩效的主要因素是什么？

本节研究将为城市物流同步问题建立单边的维克里—克拉克—格雷夫斯（Vickrey – Clarke – Groves，O – VCG）拍卖，所提出的 O – VCG 拍卖将实现买方的激励兼容。每个代理可以通过参与拍卖获得非负效益；而对于 3PL 公司，如果其没有正的利润，则交易失败。

每个 3PL 公司面临的问题是找到给出一个柔性配置，同时最小化其运输成本的拍卖机制。针对考虑城市物流同步需求的线路覆盖问题，拟采用 3 种启发式算法：合并（merge）、交换（exchange）以及突变（mutate）。合并算法试图合并一对现有的路径，以形成一个较长的时间可行的路径。交换算法试图通过交换两个现有的路径，并同时改善两条路径，以产生更多的不同路径。突变算法试图通过随机选择现有路径，随机改变其中负载（loaded）的一条车道，以产生更多的不同路径。计算结果显示，3 种运算都是有效的，但对投标时间敏感；混合运算（hybrid operator）明显优于单个运算。

我们用数值分析影响 O – VCG 拍卖绩效的关键因素。3PL 公司的效用与其夸大成本的程度成正比（例如，3PL 公司中等程度或低程度地夸大成本 O – VCG 拍卖实现大致的配置效率）。更有趣的是，相比于固定的交货期，柔性的交货期可以促使 3PL 公司和客户获得更高的效用。此外，如果 3PL 公司有更多的仓库，利用 O – VCG 拍卖将会使得 3PL 公司和投标团体获得更高的效用，这一结果与目前的趋势是一致的。为了降低物流成本，更多的物流企业正在把他们的车库、收集和配送中心广泛分散在一个城市或地区。

6.3.2　模型

1. 问题描述

考虑一个城市的物流网络由一家 3PL 公司和一群农批市场组成。3PL 公司为分散在城市各地的农批市场提供物流服务，拥有多个仓库。每辆卡车都属于一个特定的仓库，也就是说，一辆卡车不能访问其他仓库。每天有许多货物要在这些农批市场之间运输。一个企业可能会收到来自多个上游企业的不同的商品（见图6－4）。

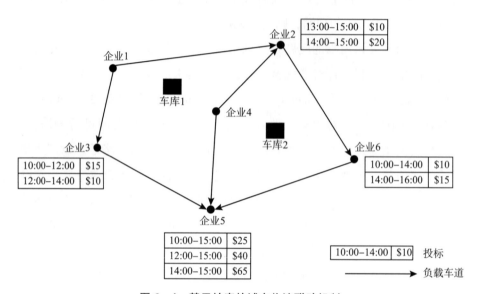

图6－4　基于拍卖的城市物流联动机制

资料来源：笔者绘制。

然而，3PL公司面临的主要挑战是如何保证同时和准时的情况下搬运货物。总的来说，物流守时意味着货物交付在一个给定的时间窗；而物流同时意味着货物交付几乎在同一时间，这就意味着可能超出预定的时间窗。值得注意的是，只要一个货物的交付延迟了，就意味着准时和同时都会失败。然而，如果所有的货物到达都延迟了但是到达的时间严格控制在一个很小的时间范围内，那么同时还是得以保证。对于一个农批市场来说，物流的同时是至关重要的，因为假设一些商品品类没有及时到达，后期的交易及交付就将会延迟。开始到达的货物将会导致更高的库存持有成本以及占据更多的成品的储存区域。此外，频繁的卸货会造成更高的处理和协调成本。

本节提出一种拍卖方法实现物流的同时和准时，并最终解决城市物流同步问题。实际上，一个城市的物流网络可以看成一个完整的 Euclidean（欧式图）$G = (N, A)$，其中，N 是一组节点，A 代表的是一组弧（线路）。一个节点是一个农批市场或3PL公司的仓库。$L \subseteq A$ 代表有负载的线路。在一个仓库和一个农批市场之间没有被加载的线路（见图 6-5）。为了不失一般性，我们假设每个线路只有一整车 $l \in L$。由于一个农批市场装载的货物特征通常都是大容量和高价值的，所以我们不考虑零担的情况。此外，在装卸过程甚至在运输过程中，货物的合并会增加装卸成本和货物损坏的风险。

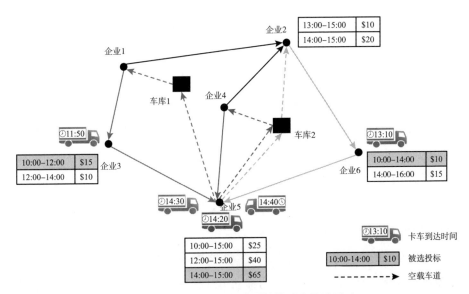

图 6-5　基于拍卖和车道覆盖的城市物流联动

资料来源：笔者绘制。

　　3PL公司的能力通过组合拍卖配置给企业（见图 6-4）。3PL公司是拍卖方，收货人是投标人并承担物流服务的费用。每个收货人提供一个不可分割的 XOR 出价。一个完整的投标由一组加载的线路、一个时间槽和一个相应的价格组成。对于每一个收货人，装载的线路是固定的，也就是说，完整的投标只在时间槽和价格上有所不同。一个 XOR 出价保证最多只有一个完整的投标会被选择（桑德霍尔姆，2002；尼桑，2006）。因为，不同的货物必须在一个极小的时间差内交付，否则，所有的货物都不能交付。如图6-4所示，企业5提交了一组加载线路的3份完整的投标（3→5，4→5，6→5）。如果企业5赢得了拍卖，那么来自企业3、4和6的货物就要在一个极小的时间差内完成交付；否则3PL公司就不会为企业5服务。一个农批市场需要达到物流的同时（如企业2或5），那么提交的时间槽可以有部分重叠。

只与一个装载线路相关联的收货人也可以提交几个完整的投标。例如，企业3为一个车道（1→3）提交两个出价，而企业6为车道（2→6）提交两个出价。然而，由于这些企业没有物流同时性（只需要准时），他们提交的时间段则不会重叠。组合投标的机制是在实践中如果延迟不能提前避免或已经发生，则应当调整预定的交货期。我们的模型确保获胜者的货物将在他提交的时间段之一到达。组合投标也将增加拍卖交易的机会。

其中，I 代表收货人的集合，T 是 $3PL$ 公司给出的时间集。当然，$|T|$ 是有限的并且每个时间隙是明确定义的。$vi(t)$ 是企业 $i\in I$ 的时间隙 $t\in T$ 的值。注意，$vi(t)$ 是企业的私人信息。此外，$vi(t)$ 代表企业 i 为时间隙 t 支付的最大值。每个收货人 $i\in I$ 都是自私的，并试图最大化他的（事后）净收益 $ui(\cdot)$。我们假设 $ui(\cdot)$ 是类似线性的；也就是说，$ui(t)=vi(t)-pi(t)$ 如果企业 i 为时间隙 t 付款 $pi(t)$。

3PL公司的实际成本包括两部分：线路覆盖成本和重新定位成本。线路覆盖成本与车辆从原点到目的地的移动负载相关联。重新定位成本也被称为空载成本，即与车辆产生空驶移动相关。卡车离开仓库并最终返回基地，产生一个旅行。由于仓库和农批市场之间没有装载线路，因此，一个旅行至少包含两次空载。3PL公司拥有多种卡车，可满足任何交通需求。然而，问题是如何有效地管理，因为服务所有收货人的花费是昂贵的。

给定一个可行的配置 $\phi\in\Phi$，如果企业真实地投标，那么获胜的企业的总价值为 $V(\phi)$。事实上，我们提出的拍卖确保是最适合企业讲真话的 $[i.e.,\ bi(t)=vi(t)]$。一个可行的配置 ϕ 定义了一组获胜的企业 $I(\phi)\subseteq I$ 和一组选定出价 $B(\phi)=[bi(ti)]i\in I(\phi)$。然后 $V(\varphi)=\sum\limits_{i\in I(\varphi)}b_i(t_i)=$

$\sum_{i \in I(\varphi)} v_i(t_i)$（如果企业真实地投标）。为了最小化运输总成本，3PL 公司需要找到一组覆盖（加载）线路集合，并给出满足联动需求的可行配置 ϕ。例如，图 6-5 展示了可行配置，其中 3PL 公司服务于企业 3、5 和 6；三个图覆盖具有联动要求的通道；所选出价的总值为 90 美元（即 10 美元 +15 美元 +65 美元）。

$C(\varphi)$ 为配置 ϕ 时的最小运输成本。由于是 3PL 公司的私人信息，在拍卖期间可能会发布虚假成本函数 $\hat{C}(\varphi)$。尽管如此，对于任意 $\varphi \in \Phi$ 在某些情况下 $\hat{C}(\varphi)$ 可以设置为 $C(\varphi)$。考虑到 $\hat{C}(\varphi)$，3PL 公司试图获得最大化社会福利 $\sum_{\varphi \in \Phi} x(\varphi)(V(\varphi) - \hat{C}(\varphi))$ 的高效配置，其中 $x(\varphi) \in \{0, 1\}$ 代表是否选择配置。

2. 基本模型

要知道，可行的配置集合为 Φ。一个高效的配置可以通过求解整数程序（6-3-1）获得：

$$\max \sum_{\varphi \in \Phi} x(\varphi)(V(\varphi) - \hat{C}(\varphi)) \qquad (6-3-1)$$

$$s.t. \sum_{\varphi \in \Phi} x(\varphi) \leq 1 \qquad (6-3-2)$$

$$x(\varphi) \in \{0, 1\} \qquad (6-3-3)$$

其中，$x(\varphi) \in \{0, 1\}$ 意味着是否选择配置（注意：φ 不能为空），目标方程（6-3-1）是最大化社会福利（如果投标人的报告是真实的）。约束（1）保证最终最多只能选择一个可行配置。值得注意的是，3PL 公司将根据其实际成本 $C(\phi)$ 公布 $\hat{C}(\varphi)$。例如，3PL 公司可能夸大成本并对于任意 $\phi \in \Phi$ 设置 $\hat{C}(\varphi) = 1.2C(\varphi)$。

6.3.3 O-VCG 拍卖机制

众所周知，维克里—克拉克—格雷夫斯（VCG）拍卖（Vickrey, 1961; Clarke, 1971; Groves, 1973）是一种高效的拍卖，最大化社会福利，但无法在双边环境中实现预算平衡。换句话说，第三方拍卖者将在双边 VCG 拍卖中出现赤字（帕克斯等，2001；克里希纳，2009）。因此，我们转向构建一个单边 VCG（O - VCG）拍卖，其中，3PL 公司是拍卖人，而收货人（买方）是投标人。

我们下面定义 O - VCG 拍卖。令 $\pi(I)$ 为（6 - 3 - 1）的最优解。如果企业 i 被排除在拍卖之外，则 $\pi(I \setminus i)$ 是该（6 - 3 - 1）在集合 $I \setminus i$ 中的最优解。

定义 6 - 3 - 1 城市物流联动的 O - VCG 拍卖机制如下：

（1）每家企业 $i \in I$ 向 3PL 公司（拍卖人）提交一份密封的估价函数 $v_i(t)$；

（2）3PL 公司对于任意 $\phi \in \Phi$ 宣布其运输费用函数 $\hat{C}(\varphi)$；

（3）拍卖商求解（6 - 3 - 1）并确定获胜方的集合 $I(\phi) \subseteq I$，其中，ϕ 是能够实现 $\pi(I)$ 的高效配置解；

（4）每个企业 $i \in I(\phi)$ 对时隙 ti 进行类似 VCG 的支付 $P_i(t_i) = v_i(t_i) - [\pi(I) - \pi(I \setminus i)]$，他的效用是 $u_i(t_i) = \pi(I) - \pi(I \setminus i)$（如果投标人的报告是真实的）。拍卖人的效用是 $u_{3PL} = \sum_{i \in I(\varphi)} p_i(t_i) - C(\varphi)$。如果 $u3PL > 0$，贸易最终会进行；否则，交易将失败。

观察我们的 O - VCG 拍卖遵循 VCG 机制的一般定义（尼桑和罗南，2007；克里希纳，2009）。为了分析，我们引入事后纳什均衡（ex post Nash equilibrium）。

定义 6 - 3 - 2 如果每个 $i \in I$，真实的投标是一个事后纳什均衡，假设其他企业投标真实 $I \setminus \{i\}$，那么企业 i 可以通过真实的投标在拍卖中最大化其效用。

事实上，事后纳什均衡已经被倡导用于类似 VCG 的拍卖机制（奥苏贝尔，2004；比赫昌达尼和奥斯特罗伊，2006；米斯拉和帕克斯，2007；徐和黄，2014）。值得注意的是，事后纳什均衡也是贝叶斯—纳什均衡，因为每个收货人最大化他的效用并且相信其他收货人的类型（i. e.，效益最大化）和他们所采取的战略（i. e.，真实投标）。

定理 6.3.1 O-VCG 拍卖中对于收货方来说，真实投标是一个事后纳什均衡。

证明：假设企业真实投标 $I\backslash\{i\}$。如果企业真实投标，接着类似 VCG 做出支付，$P_i(t_i)=v_i(t_i)-[\pi(I)-\pi(I\backslash i)]$（注：$t_i$ 可为空），其中：

$$\hat{\pi}(I)=V(\varphi')-\hat{C}(\varphi')=[\sum_{j\in I(\varphi')\backslash\{i\}}v_j(\hat{t}_j)+\hat{v}_i(\hat{t}_i)]-\hat{C}(\varphi')$$

$$(6-3-4)$$

如果真正的投标不是企业 i 的主导策略，那么：

$$u_i(t_i)<\hat{u}_i(\hat{t}_i)=v_i(\hat{t}_i)-\hat{p}_i(\hat{t}_i) \qquad (6-3-5)$$

上述不等式可以重写为：

$$\pi(I)-\pi(I\backslash i)<v_i(\hat{t}_i)-\{\hat{v}_i(\hat{t}_i)-[\hat{\pi}(I)-\pi(I\backslash i)]\}\Leftrightarrow\pi(I)-\pi(I\backslash i)$$
$$<v_i(\hat{t}_i)-\{\hat{v}_i(\hat{t}_i)-[\sum_{j\in I(\varphi')\backslash\{i\}}v_j(\hat{t}_j)+\hat{v}_i(\hat{t}_i)-\hat{C}(\varphi')$$
$$-\pi(I\backslash i)]\}\Leftrightarrow\pi(I)-\pi(I\backslash i)<[\sum_{j\in I(\varphi')\backslash\{i\}}v_j(\hat{t}_j)+v_i(\hat{t}_i)]-\hat{C}(\varphi')$$
$$-\pi(I\backslash i)\Leftrightarrow\pi(I)<[\sum_{j\in I(\varphi')\backslash\{i\}}v_j(\hat{t}_j)+v_i(\hat{t}_i)]-\hat{C}(\varphi') \qquad (6-3-6)$$

这与高效配置高可以实现 $\pi(I)$ 的事实相矛盾。

定理 6.3.1 意味着，无论 3PL 公司的成本函数是否真实，每个企业 $i\in I$ 真实地投标它则是主导的。实际上，人们可以很容易地检查出 $C(\Phi)$ 是 $\hat{C}(\varphi)$ 的一个特殊情况。因此，我们的 O-VCG 拍卖实现了买方的激励兼容。

定理 6.3.2 假设 3PL 公司宣布实际成本函数。然后，O-VCG 拍卖是高效配置的，个体理性的和预算平衡的。

证明：观察到 $u_i(t_i)=\pi(I)-\pi(I\backslash i)\geq0$。因此，O-VCG 拍卖是每个企业 $i\in I$ 的个体理性。由于 3PL 公司是拍卖方，如果 $u3PL\leq0$ 交易将失败。同样，O-VCG 拍卖是拍卖商的预算平衡。最后，基于定理 6.3.1 和假设 3PL 公司说实话，O-VCG 拍卖找到可以最大限度地提高社会福利一个高效的分配。

我们的结果显示，O-VCG 拍卖对城市物流联动是有效的，因为真实投标是企业的主导策略（即买方的激励兼容），并且在拍卖中没有某一方会变得更糟。可以肯定的是，简化的投标策略将吸引更多的企业参与拍卖。定理6.3.2 也意味着 O‐VCG 拍卖是个体理性和预算平衡的，即使3PL 公司宣布假的成本函数。

事实上，3PL 公司最大化社会福利（高效配置）的一个主要动机是，实现效率越高，拍卖机制就越有可能为拍卖商带来更高的收入（米尔格罗姆，2000；怀斯和莫里森，2000；帕克斯和卡拉格纳南，2005）。在我们的 O‐VCG 拍卖中，只要3PL 公司宣布真正的成本函数，就会实现最大的社会福利。我们的实验结果进一步表明，如果第三方物流企业采用中度（甚至低度）的夸大成本策略，O‐VCG 拍卖可能实现配置效率。此外，这种中低度政策似乎对3PL 公司有积极的效用。由于众所周知的不可能定理（迈尔森和萨特思韦特，1983），我们不能在高效的机制中实现卖方和买方两方面激励兼容。接下来，我们将得出一个充分的条件，如果3PL 公司真实地报告（见定理6.3.3），3PL 公司的效用总是非负的。为简单起见，如果3PL 公司说真话，我们仍然允许 $\pi(\cdot)$ 是式（6‐3‐1）的价值函数。

定义 6‐3‐3 （比赫昌达尼和奥斯特罗伊，2002）我们说，如果任何一组买方（投标人）$I' \subseteq I$ 的边际产品不小于 I' 中个体买方的边际产品的总和，那么买方就是替代品（Buyers Are Substitute）。也就是：

$$\pi(I) - \pi(I \setminus I') \geqslant \sum_{i \in I'} [\pi(I) - \pi(I \setminus i)], \forall I' \subseteq I$$

$$(6‐3‐7)$$

值得注意的是，任何一组投标人 $I' \subseteq I$ 的边际产品是由 $\pi(I) - \pi(I \setminus I')$ 给出。当买方作为一个单一的联盟时，I' 的边际产品确实是买方在 I' 中提供的边际价值（比赫昌达尼和奥斯特罗伊，2002，2006；科塔里等，2005；德弗里斯等，2007）。

定理 6.3.3 假设3PL 公司宣布实际成本函数。如果买家是替代者，那么 $u3PL \geqslant 0$。

证明：简单的有

$$u_{3PL} = \sum_{i \in I(\varphi)} p_i(t_i) - C(\varphi)$$

$$= \left[\sum_{i \in I(\varphi)} v_i(t_i) - C(\varphi) \right] - \sum_{i \in I(\varphi)} [\pi(I) - \pi(I \setminus i)] \quad (6‐3‐8)$$

观察到：

$$\pi(I) = \sum_{i \in I(\varphi)} v_i(t_i) - C(\varphi) \text{ 和 } \pi(I \setminus I(\varphi)) = 0$$

$$(6-3-9)$$

由于买方是替代，通过建立 $I' = I(\phi)$，我们得到

$$u_{3PL} = \left[\pi(I) - \pi(I) \setminus I(\varphi)\right] - \sum_{i \in I(\varphi)} \left[\pi(I) - \pi(I \setminus i)\right] \geq 0$$

$$(6-3-10)$$

如果在小网络中存在多个投标者，并且它们的估价间隔很紧，则定义 6-3-3 中给出的充分条件将成立。然而，在城市物流联动的其他情况下，买方可能不是替代品。这是因为一个城市或地区网络中，根据地点—终点以及时间窗造成的运输需求是不均匀的。一些投标者可以是关键的买家，他们的价值观具有显著优势，因此提交高价。例如，图 6-4 和图 6-5 中的企业 5 可能是关键买家。在所有投标人中，企业 5 提交 3 个最高出价（25 美元、40 美元、65 美元）。

6.3.4 基于城市物流联动的线路覆盖建模

回想一下，3PL 公司面临的问题是给出一个柔性配置的同时最小化其运输成本，3PL 公司需要找到一组覆盖具有城市物流联动要求的（加载的）线路的行程。令 $K(\varphi)$ 为配置 ϕ 的所有（生成的）可行路线的集合，$L(\varphi)$ 是加载线路的对应集合。为了简单起见，我们忽略 ϕ，即所有讨论都基于一个给定的配置。通过以下设置覆盖模型可以获得最小的运输成本：

$$\min \sum_{k \in K} x(k) c(k) \qquad (6-3-11)$$

$$s.t. \sum_{k \in K} x(k) c(l_k) \geq 1, \quad \forall l \in L, \qquad (6-3-12)$$

$$x(k) \in \{0, 1\} \qquad (6-3-13)$$

注意，$c(k)$ 表示旅程 k 的运输成本。$x(k) = 1$ 表示选择旅程 k；否则，$x(k) = 0$。$y(lk) = 1$ 意味着在旅程 k 中包含线路 l，否则，$y(lk) = 0$。约

束式（6-3-12）保证每个线路至少被覆盖一次。在我们的基础模型中，我们假设每条线路只有一辆满载货车。通常，$c(k)$ 由两部分组成：线路覆盖成本和重新定位成本（空载成本）。我们可以识别旅程 k 中用于覆盖加载线路的弧。方程中 k 的剩余的弧用于重新定位。然后，可以计算 $c(k)$ 的值。

上述式（6-3-11）与时间约束的线路覆盖问题有关（Ergun et al., 2007）。在城市物流联动中，每辆卡车在仓库中开始和结束其路线。每个旅程 $k \in K$ 至少覆盖一个加载线路。然后，每个旅程 $k \in K$ 至少包含 3 个不同的边界。因为仓库没有明确，其模型中的一些旅程可能有两个圆弧。事实上，目前有许多关于相关问题的研究。例如，霍克鲍姆和奥林尼克（Hochbaum & Olinick, 2001）研究了不同的覆盖问题，其中没有覆盖的超过规定数量的弧线。关于覆盖问题的综述，参见额尔古纳等（2007）。

显然，在大规模问题中列举所有时间可行的方案将是非常困难的。因此，我们的主要研究是为线路覆盖问题（6-3-11）开发有效的启发式算法，所提出的启发式算法产生大量的可行方案。确定 K 后，我们可以解决式（6-3-11）的问题。我们的启发式算法可以找到具有较低空载比的方案，从而保证式（6-3-11）的近似最优解。

6.3.5　结论

围绕鲜活农产品城市物流联动问题，我们开发了 O-VCG 拍卖（Vickrey, 1961；Clarke, 1971；Groves, 1973），提出的 O-VCG 拍卖实现了买方的激励兼容性、近似配置效率、预算平衡和个人合理性。因此，对于每个企业（收货人）来说，诚实投标至关重要，无论 3PL 公司在拍卖中是否设置了真实成本。请注意，选定的运输费用不会透露给投标人。如果第三方物流公司的效用不是积极的，交易最终将失败。我们证明了如果买方（公司）是替代者，当第三方物流公司在拍卖中包含实际运输成本时，其效用将是非负的（见定理 6.3.3）。

第三方物流公司所面临的问题是在一个可行的分配下使其运输成本最小

化。本 VRP 被表述为符合城市物流联动要求的线路覆盖问题，然后开发了三个有效的启发式：合并、交换和变异。我们的计算结果表明，这三种操作符是有效的，但对投标持续时间很敏感。当（平均）投标持续时间很紧时，如 2 小时时，交换操作符是最好的；而当竞价持续时间较松，如 8 小时时，交易所运营商就会成为最佳运营商。混合运算符的性能明显优于单个运算符。

本节有三个主要贡献。第一，到目前为止，本节第一次定义了城市物流联动问题，并构建了一个有效的 O - VCG 拍卖来解决该问题。我们提出的 O - VCG 拍卖通过允许客户的包裹投标，提供了更多的物流服务灵活性，而这种灵活性反过来为第三方物流公司和收货人群体带来了更高的效用。第二，本节开发了若干有效的启发式算法，用于求解在城市物流联动约束下的线路覆盖问题。第三，对第三方物流公司利己行为的影响进行了数值分析。无论从当前还是长远的利益来看，第三方物流公司都应该进行低或中等程度的成本放大，而不是高度的成本放大，否则可能会吓跑一些潜在客户。

参考文献

［1］Ausubel L M. An efficient ascending-bid auction for multiple objects ［J］. The American Economic Review, 2004, 94（5）: 1452 - 1475.

［2］Bikhchandani S, Ostroy J M. The package assignment model ［J］. Journal of Economic Theory, 2002, 107（2）: 377 - 406.

［3］Bikhchandani S, Ostroy J M. Ascending price Vickrey auctions ［J］. Games and Economic Behavior, 2006, 55（2）: 215 - 241.

［4］Chen J, Huang G Q, Luo H, et al. Synchronisation of production scheduling and shipment in an assembly flowshop ［J］. International Journal of Production Research, 2015, 53（9）: 2787 - 2802.

［5］Chen Z L. Integrated production and outbound distribution scheduling: Review and extensions. Operations Research, 2010, 58（1）: 130 - 148.

［6］Clarke E H. Multipart pricing of public goods ［J］. Public Choice, 1971, 11（1）: 17 - 33.

［7］De Vries S, Schummer J, Vohra R V. On ascending Vickrey auctions for heterogeneous objects ［J］. Journal of Economic Theory, 2007, 132 (1): 95 - 118.

［8］Dobbs R, Smit S, Remes J, et al. Urban world: Mapping the economic power of cities. Report, McKinsey Global Institute. https: //www. mckinsey. com/featured-insights/urbanization/urban-world-mapping-the-economic-power-of-cities, 2011.

［9］Drexl M. Synchronization in vehicle routing—A survey of VRPs with multiple synchronization constraints ［J］. Transportation Science, 2012, 46 (3): 297 - 316.

［10］Ergun Ö, Kuyzu G, Savelsbergh M. Reducing truckload transportation costs through collaboration ［J］. Transportation Science, 2007, 41 (2): 206 - 221.

［11］Groves T. Incentives in teams ［J］. Econometrica, 1973, 41 (4): 617 - 631.

［12］Hochbaum D S, Olinick E V. The bounded cycle-cover problem ［J］. INFORMS Journal on Computing, 2001, 13 (2): 104 - 119.

［13］Kothari A, Parkes D C, Suri S. Approximately-strategyproof and tractable multiunit auctions ［J］. Decision Support Systems, 2005, 39 (1): 105 - 121.

［14］Krishna V. Auction Theory ［M］. 2nd Edition. Academic Press, Cambridge, MA, 2009.

［15］Li K P, Ganesan V K, Sivakumar A I. Synchronized scheduling of assembly and multi-destination air-transportation in a consumer electronics supply chain ［J］. International Journal of Production Research, 2005, 43 (13): 2671 - 2685.

［16］Milgrom, P. (2000) An economist's vision of the B - to - B marketplace. www. perfect. com.

［17］Mishra D, Parkes D C. Ascending price Vickrey auctions for general valuations ［J］. Journal of Economic Theory, 2007, 132 (1): 335 - 366.

［18］Myerson R B, Satterthwaite M A. Efficient mechanisms for bilateral trading ［J］. Journal of Economic Theory, 1983, 29 (2): 265 - 281.

［19］Nisan, N. (2006) Bidding languages, in Combinatorial Auctions ［M］. MIT Press, Cambridge, MA, 2006: 1 - 19.

［20］Nisan N, Ronen A. Computationally feasible VCG mechanisms ［J］. Journal of Artificial Intelligence Research, 2007, 29: 19 - 47.

［21］Parkes D C, Kalagnanam J R, Eso M. Achieving budget-balance with Vickrey-based payment schemes in exchanges ［R］. Proceedings of the 17th International Joint Conference on Artificial Intelligence, San Francisco, CA, 2001：1161 – 1168.

［22］ Sandholm T. Algorithm for optimal winner determination in combinatorial auctions ［J］. Artificial Intelligence, 2002, 135 （1 – 2）：1 – 54.

［23］ Savelsbergh M, van Woensel T. 50th anniversary invited article—City logistics：Challenges and opportunities ［J］. Transportation Science, 2016, 50 （2）：579 – 590.

［24］ Vickrey W. Counterspeculation, auctions, and competitive sealed tenders. The Journal of Finance, 1961, 16 （1）：8 – 37.

［25］ Vidyasekar A D. （2014）. Future of B2B online retailing. Report, Frost & Sullivan. http：//www. frost. com/sublib/display-report. do? id = MA4E – 01 – 00 – 00 – 00.

［26］ Wise R, Morrison D. Beyond the exchange-the future of B2B ［J］. Harvard Business Review, 2000, 78 （6）：86 – 96.

［27］ Xu S X, Huang G Q. Efficient auctions for distributed transportation procurement ［J］. Transportation Research, 2014, Part B, 65：47 – 64.

6.4　基于信息物理系统的鲜活农产品按需物流交易 *

6.4.1　引言

在全渠道零售时代，随着消费习惯的升级和技术的发展，产品和服务变得更加个性化。物流作为一种无形的服务，其定制化程度也越来越高。复杂而不确定的需求快速增长，导致按需物流平台蓬勃发展。这样的平台是一个典型的双边市场，连接了对等待时间敏感的客户和独立的服务提供商。无论

---

　* 本节节选自孔祥天瑞已发表论文（英译中）：Kong X T, Kang K, Zhong R Y, et al. Cyber physical system-enabled on-demand logistics trading ［J］. International Journal of Production Economics, 2021, 233.

是线上还是线下渠道的按需配送订单，都可以立即实现客户所需的时间、地点和数量（Bai et al.，2016；Hong et al.，2019）。2020年，中国按需物流服务市场规模预计将超过1700亿元人民币，订单数量达到243.7亿元人民币（iResearch Report，2019）。鉴于巨大的市场，了解按需物流平台的商业策略，以及如何有效和可持续地管理这些平台至关重要。

目前，大多数按需物流平台的实践都是在不同的专业或众包配送承包商的独立配送网络上进行的，有专门的设施和车队（Bányai et al.，2018）。由于交货期短，很难整合交付和优化运输计划。因此，每个订单都是独立交付，从而使运输无法持续。许多企业都面临着降低按需交付成本的困难。此外，由于对服务平台运营模式的理解不足，目前很多平台型企业在投入大量资金后，都在为创纪录的亏损做准备。更重要的是，双边市场面临供需波动的根本挑战。如果不能适当平衡，会大大降低所提供服务的有效性和创造利润的能力（Guda & Subramanian，2017）。

为了在这样的市场条件下有效运营，越来越多的按需平台采用动态定价的形式来优化资源配置，即平台根据算法并结合市场供需等因素实时调整价格。例如，在需求旺盛的高峰时段，美团以暴增定价策略调整配送费。然而，如果采用动态定价，最优方案的组合搜索是NP难题，而且非常耗时，即使是小企业，也可能需要很长时间（Karaenke et al.，2019）。此外，规划通常被认为是一个自上而下的集中式过程，但实际上它是分布式和互动式的。同时，关于动态定价策略是否能提高按需物流的绩效，文献中缺乏共识。多项研究发现，激增定价会导致某些激增价格区的司机闲置，它无法平衡供需关系（Said，2015）。班纳吉等（Banerjee et al.，2015）认为，在广泛的条件下，平台不能通过采用动态定价政策来提高吞吐量、收入或福利。

拍卖机制已被证明对分散式运输优化非常有效。所研究的模型要么关注托运人到承运人的任务分配（Figliozzi et al.，2005；Mes et al.，2013），要么关注承运人之间的任务再分配（Berger & Bierwirth，2010；Dai et al.，2014；Lyu et al.，2019）。拍卖还能实现高效的平台交易，特别是在最后一分钟的发售期间，通过激励用户表达他们的真实支付意愿（WTP），并以等于或接近客户实际 WTP 的价格快速分配未使用的容量（Emiris & Maren-takis，2012）。然而，拍卖并没有被用于按需物流（Lafkihi et al.，2019），特别是在需求和供应不对称的情况下。

本节提出了一种在线真实多单位双边拍卖（oTMDA）机制，以应对鲜活农产品按需物流平台服务供应链的产业挑战。与单边拍卖不同的是，双边拍卖允许供应商与需求方一样提高出价，平台根据收到的问价和出价逐一清算市场。此外，在竞争激烈的市场中，双边拍卖比单边拍卖更省时，也更有实际吸引力（Xu & Huang，2013）。我们认为，有一种双拍平台可以实时管理按需取送任务，多个任务托运人可以与多个任务承运人进行交易。任务托运人是指零售商或个人客户，涵盖了 B2B、B2C 和 O2O 的业务背景。任务承运人是指能够管理公共物流资源（即众包配送能力）、私有物流资源（即公司提供的配送能力）或机器人支持的无人物流资源的交易代理群体。平台作为一个拍卖者来决定胜出者，从而实现社会福利的最大化和交易失败的最小化。拍卖者需要在不知道未来代理人类型或进一步出价和询问信息的情况下做出决策（Parkes，2007）。

为了实现 oTMDA 的实时自动化，应通过信息物理系统（CPS）技术创建一个多代理驱动的按需物流平台环境，主要原因有以下三点：首先，按需物流交易是以多代理整体方式安排的，类似于 CPS 支持的分散式生产系统（Blesing et al.，2017），但它受制于不同的行为规范和外部利益相关者（Firdausiyah et al.，2019）。托运人和承运人都可以称为"代理人"。代理商是自利的、风险中性的，是动态到达或离开的。其次，按需物流平台由多个自主代理组成，具有感知、认知和行动能力，同时结合其他代理的交互，如分布式运输自主（如 AGV、无人机）。该平台既要支持人类代理（即交通规划人员），也要支持自动化软件代理（Robu et al.，2011）。最后，我们选择多代理系统（MAS）和拍卖作为我们方法的两个主要组成部分，交付请求的分配和托运人到承运人的价格分配同时通过拍卖解决。MAS 可以模拟这种时间敏感的合作能力，并有效地实现拍卖过程（Dai & Chen，2011）。本节具体回答以下问题：

（1）在不知道未来代理类型和状态或不知道进一步竞价和询价信息的情况下，CPS 支持的按需物流交易的高效拍卖是什么？

（2）所提出的机制如何在实践中实现（如预算平衡、激励相容和个体理性）？

（3）在供需不平衡的条件下，与传统方法相比，所提出的方法有何优缺点？

（4）关键因素（如资源类型和配置、供需分布、代理人的耐心间隔等）对按需物流平台的性能有何影响？

为了回答这些问题，我们首先设计了一个框架，该框架明确考虑了 MAS 和 oTMDA 两种方法，用于需求和供给"不对称"的 CPS 支持的按需物流交易。提出的 oTMDA 扩展了著名的 McAfee 的单单位方法，利用公共、私有和机器人支持的配送能力来分配多单位的按需物流任务。其次，在该机制下，真实竞价是每个代理的主导策略，同时实现预算平衡和个体理性。结果表明，所提出的机制能够有效地将配送需求与供给进行有效匹配，同时在需求与供给极度不平衡的情况下，促进按需物流平台的成功。此外，在使用 oTMDA 的情况下，可以充分利用人群运输能力，减少碳排放，降低运营成本，提高社会凝聚力，实现可持续发展。

6.4.2　基于 CPS 的按需物流交易多代理平台框架

我们考虑一个鲜活农产品按需物流市场，这个市场在一个城市内有一个特定的配送区，这里有一个基于拍卖的交易平台，用于实时管理按需取送任务。在这个市场中，任务承运人可以帮助任务托运人将货物（如一箱果蔬）从预定的固定配送点（起运点）送到配送区的任何目的地，或者从配送区的任何目的地送回起运点。需要指出的是，在这样的市场中，配送任务的供求关系总是不确定的、随机的。用 I 表示任务托运人的集合，J 表示任务承运人的集合。一个任务托运人的出价包括交付任务的数量、交付时间以及这些任务的估值（价格）等信息。同样，任务承运人提交的出价，由报价和运力与规定的到达/出发时间组成。当竞价过程完成后，平台根据一段时间内积累的竞价集合，通过指定的拍卖机制确定代理人之间的交易。

如图6－6所示，系统将支持CPS的多代理模型视为现实物理世界（如B2B、B2C或O2O按需物流）的网络决策复制品，通过竞价事件不断更新，并通过在线拍卖产生决策。在网络层面做出的分配和定价决策被转发到物理层面的用户或送货机器人控制器的移动设备上，作为可以由代理自主调整的指令。所提出的CPS系统的一个显著方面是采用了整体代理，它是由子代理组成的，以合作的方式进行交互。例如，基于公共的众包子代理可以在层级的上层找到代理竞价代理，与平台进行交互和交易。基本上有三种类型的代理，下面介绍双边拍卖市场的具体情况。

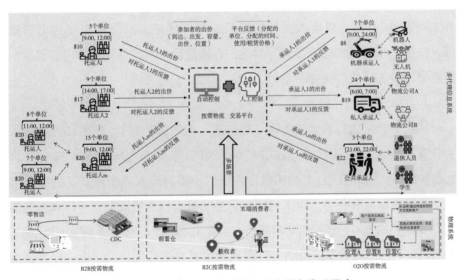

图6－6　基于CPS的按需物流交易多代理平台

资料来源：笔者绘制。

1. 任务托运人的代理人

它们是产生需求的主要行为者，通常以零售商的形式，自行发送出价或充当经纪人。任务托运人决定发货的来源/目的地和时间窗口动态。但需要注意的是，跨区域或差异较大的送货订单不允许在同一拍卖中交易，因为只考虑同质竞价。竞价值是私下产生的，同时反映了托运人根据其预算对按需物流服务的实际估值。任务托运人可能会通过不真实的竞价来操纵系统，使其效用最大化。因此，任务托运人的收益会受到损失，应在拍卖过程中实施策略防范机制，直到真实是每个利益相关者的主导策略。

2. 任务承运人的代理人

本节的创新之一在于按需配送运力的聚合，包括公共的、私人的、机器人支持的无人物流资源。事实上，这种运输能力的聚合已经在日常通勤和出行中得到了广泛的应用，但在按需物流中还没有实现。所有配送资源自行规划最优路线，自行计算成本，并据此提交竞价。此外，按需物流服务与传统的配送方式不同，传统的配送方式通常会利用独立的众包服务商来实现客户的要求。众包承运人的工作意愿高度依赖于实际收益。同时，随着人工智能和 5G 技术的发展，机器人支持的配送资源（代理人）能够提交他们的投标，以进一步实现自己的目标。因此，有效设计不同类型代理的定价机制是按需物流服务成功的关键驱动力。

3. 拍卖平台的代理人

拍卖平台是执行拍卖的实体（经纪人、组织或公司），作为任务托运人和任务承运人之间的接口。任务托运人和任务承运人向拍卖人提交竞价（见图 6-7）。拍前应公布拍卖机制，确定按需物流服务交易系统的组织形式、任务托运人和任务承运人之间的信息交换流程、资源配置程序和市场的清算规则。拍卖平台还提出了清算所有可能出现的匹配与等待更多的买/卖竞价后再进行匹配的权衡。虽然等待可以产生更好的匹配，但它也会损害匹配机会，因为一些现有投标的时间限制可能会过期。该平台同时支持人工代理和自动软件代理。

从图 6-7 中可以看出，价格排序在线双边拍卖的关键程序总结如下：

（1）oTMDA 平台开始拍卖。

（2）拍卖师在每期开始时收集任务托运人类型和任务承运人类型，配置承运人服务范围和可用性等拍卖初始化设置。

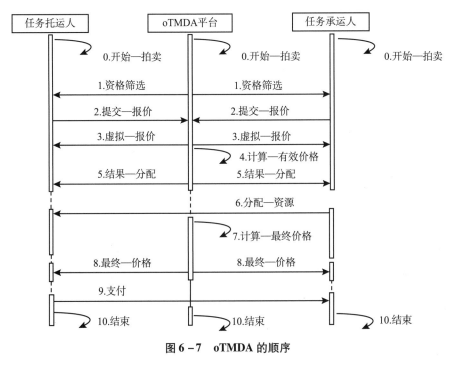

图6-7 oTMDA 的顺序

资料来源：笔者绘制。

（3）任务托运人和承运人向 oTMDA 平台提交竞价信息。

（4）平台将每个可用的任务托运人（承运人）进行虚拟，将提交的竞价信息拆分为虚拟任务托运人（承运人）。

（5）平台利用有效的价格表（基于 McAfee 的价格表）计算出每个虚拟代理的有效价格，然后计算出临时价格。

（6）给定有效价格，平台利用匹配规则确定每个代理的分配结果。

（7）中标的承运商根据分配结果将资源分配给匹配的货主。

（8）平台根据分配的资源计算出任务托运人与任务承运人之间的最终交易价格。

（9）平台将交易价格告知任务托运人和任务承运人。

（10）成功匹配的任务托运人向拍卖人支付按需物流服务费用，拍卖人再将款项转给成功匹配的任务承运人。

（11）拍卖结束。

6.4.3 按需物流交易中的在线真实多单位双边拍卖

1. 基本公式

在线拍卖模型应用的是离散时间段 $T = \{0, 1, 2, \cdots\}$，其索引为 t。任务托运人和承运人都根据自己的时间限制，在一段时间内动态地到达和离开。任务托运人发布其交付任务，任务承运人在其可用性时发布其交付能力。在这个市场中，利用在线双倍拍卖来匹配按需任务与取送能力。每个代理都有其类型 θ，这是私人信息。"竞价"一词用来表示任务托运人类型和任务承运人类型。每个任务托运人 $i(i \in I)$ 有一个类型 $\theta_i = (a_i, d_i, n_i, v_i) \in \Theta$，其中 $a_i \in T$ 是到达时间，$d_i \in T$ 是离开时间，$n_i \in \mathbb{N}^*$ 是任务数量，$v_i \in \mathbb{R}_{\geqslant 0}$ 是任务的 i 保留值。同理，每个任务承运人 $j(j \in J)$ 有类型 $\theta_j = (a_j, d_j, n_j, v_j) \in \Theta$，其中 n_j 是他能处理的任务量，$v_j \in \mathbb{R}_{\leqslant 0}$ 是完成任务的成本。另外，到达时间指的是第一次获得拍卖代理人类型信息的时间，或者是代理人愿意在拍卖中进行交易的时间。

在拍卖模型中，代理人愿意通过误报到达时间、出发时间和预订价值来获取利益。但是，对于任务数量，任务托运人不可能报出较大的数量 $\hat{n}_i > n_i$，因为一方面这种策略会导致任务承运人获得更高的报酬；另一方面，较小的数量 $\hat{n}_i < n_i$ 将有可能导致任务完成的失败。任务承运人也不可能虚报数目，因为较大的数目 $\hat{n}_j > n_j$ 会导致他无法完成任务的后果，而较小的数目 $\hat{n}_j < n_j$ 会浪费他的交付能力。因此，假设代理人有动机谎报自己的到达时间和离开时间。此外，任务托运人（承运人）确实有动机误报其投标价格，$\hat{v}_i(\hat{v}_j)$ 可能不等于其 $v_i(v_j)$。这可能导致报告的类型 $\hat{\theta}_i = (\hat{a}_i, \hat{d}_i, n_i, \hat{v}_i)$ 或 $\hat{\theta}_j = (\hat{a}_j, \hat{d}_j, n_j, \hat{v}_j)$。

在线拍卖机制 $M = (\pi, x)$ 由分配规则 π 和支付规则组成 x。分配规则 $\pi_i(\Theta, t) = 1$ 表示给定 Θ 时，任务托运人 $i(i \in I)$ 在 t 期间成功交易；否则，$\pi_i(\Theta, t) = 0$ 表示承运人在 t 期间未能交易。同理，$\pi_j(\Theta, t) \in \{0, 1\}$

表示任务承运人 $j(j \in J)$ 在 t 期间是否交易成功。支付规则 $x_i(\Theta, t) \in \mathbb{R}_{\geqslant 0}$ 指的是任务托运人 $x_i(\Theta, t) \in \mathbb{R}_{\geqslant 0}$ 转给平台的金额，$x_j(\Theta, t) \in \mathbb{R}_{\leqslant 0}$ 是平台在 t 期间对任务承运人 $j(j \in J)$ 的支付。

根据行业实际运行情况，提供了以下几个模型假设。明确这些概念对后续的建模方法和分析至关重要。

（1）每个代理人具有准线性效用。这意味着如果代理人交易成功，则代理人的效用为代理人的预订价值与转让金额之差；否则，效用为零（Xu & Huang，2013）。

（2）每个代理人不能少报自己的到达时间（Xu et al.，2017）。

（3）每个代理人都有一个有界的耐心，其中 $d_i \leqslant a_i + K$ 或 $d_j \leqslant a_j + K$，K 是其耐心区间。

（4）出价是同质的，不存在假名出价，也不存在串通行为（Bredin & Parkes，2007）。

（5）来自任何任务承运人的交付任务都是可分的，这意味着任务可以由许多任务承运人完成。

（6）平台可以"持有"托运人与承运人对接的按需物流服务，当托运人准备出发时释放。

（7）按需物流服务具有时空限制性。有权参与的合格承运人已经被预先评估过是否合适，其卡车的运力是否足够拍卖货运（Emiris & Marentakis，2012）。

（8）平台的效用是指任务货主的支付与任务承运人的总收入之间的差额。社会福利是代理人的效用和平台的效用之和（Kong et al.，2018）。

2. 在线双边拍卖

我们所提出的 oTMDA 一般以价格表 f 为参数，同时采用在线拍卖机制 $M = (\pi, x)$ 来分配任务并确定相应的支付方式。在在线拍卖中，每期开始时，在其耐心区间内的竞价可以分为三种状态。第一种状态是匹配状态，即竞价一定会交易，其价格也已经确定；第二种状态是价格淘汰状态，即竞价一定不会交易；第三种状态是活跃状态，即是否会交易仍不确定。

对于任何时期的任何投标，都需要一个有效的价格表 f_τ $(t, r_\tau, \hat\theta_{-\tau}) \in \mathbb{R}$，以确定任务托运人和承运人的投标状态，其中 $\tau = i$ 或 $\tau = j$。如果在任何时期满足以下 3 个属性，价格表 f 才是有效的，才会被出价或匹配。①价格 $f_\tau(t, r_\tau, \hat\theta_{-\tau})$ 与到达时间 a_τ，出发时间 d_τ 或竞价 $\hat v_\tau$ 无关；②价格 $f_\tau(t, r_\tau, \hat\theta_{-\tau})$ 与 t 期后到达的竞价无关；③如果竞价的价格低于其保留值，则竞价的价格与 t 期初活跃的任何竞价的价值无关。否则，当出价的价格高于其保留值时，那么当其他出价在期初仍然活跃时，出价的价格就会被剔除，并且与出价无关（Bredin & Parkes, 2007）。

通过修改现有的定价机制可以定义一个有效的价格表。本节提出了一个在线双边拍卖市场中基于麦克菲（McAfee, 1992）的价格表。基于麦克菲的价格表是根据麦克菲的机制修改的。麦克菲的机制要求每个代理商对一个单位的商品提交一个竞价。为了应用基于 McAfee 的价格表，同一任务托运人的任务应该被分割成许多不同的任务。例如，如果任务托运人有任务，那么可以将其视为由 $i^\alpha(\alpha = 1, 2, \cdots, n_i)$ 索引的任务托运人，每个托运人只提交一个任务。同理，每个任务托运人可以根据其能处理的任务数量，虚拟为许多以 $j^\beta(\beta = 1, 2, \cdots, n_j)$ 为索引的"虚拟任务托运人"。由于任务（容量）来自同一个任务托运人（承运人），所以可以任意打破联系。

为了制定基于麦克菲的价格表，kb_τ 和 ks_τ 被定义为确定竞价 τ 的价格，并类似于麦克菲机制中的有效交易量。对于出价 i^α，kb_{i^α} 和 ks_{i^α} 表示最后一个任务托运人的出价和任务承运人的出价，以清除出价 i^α 时的市场，以及最小任务承运人的出价。对于出价 i^β，kb_{j^β} 和 ks_{j^β} 表示最后一个任务托运人的出价和任务承运人在取消出价 j^β 时清除市场的出价，以及最大任务承运人的出价。kb_τ 和 ks_τ 对出价 τ 都可以用于价格表。使 $p(\tau) = [b(kb_\tau + 1) + s(ks_\tau + 1)]/2$。一个有效的任务托运人出价的价格表是：

$$f_{i^\alpha}(t, b, \theta_{-i^\alpha}) = \begin{cases} p(i^\alpha), & \text{if } p(i^\alpha) \leq b(kb_{i^\alpha}) \wedge p(i^\alpha) \geq s(ks_{i^\alpha}) \\ b(kb_{i^\alpha}), & \text{otherwise} \end{cases}.$$

$$(6-4-1)$$

对于任务承运人的出价 j，有效的价格表是：

$$f_{j^e}(t,\ s,\ \theta_{-j\beta}) = \begin{cases} p(j^\beta)\ , & \text{if} p(j^\beta) \leqslant b(ks_{j\beta}) \wedge p(j^\beta) \geqslant s(kb_{j\beta}) \\ s(ks_{j\beta})\ , & \text{otherwise} \end{cases}$$

$$(6-4-2)$$

根据有效的价格表，每个代理人需要一个临界价格。在按价格排序的在线双边拍卖中，任务托运人 i^α 的 $pr_{i\alpha}$ 和任务承运人 j^β 的 $pr_{j\beta}$ 在这一时期 t 的临时价格定义为：

$$pr_{i\alpha}(t) = \max_{t \in \{d_i\alpha - k, \cdots, t\}} \{f_{i\alpha}(t,\ r_{i\alpha},\ \theta_{-i\alpha})\} \qquad (6-4-3)$$

$$pr_{j\beta}(t) = \min_{t \in \{d_j\beta - k, \cdots, t\}} \{f_{j\beta}(t,\ r_{j\beta},\ \theta_{-j\beta})\} \qquad (6-4-4)$$

给定临时价格 pr_τ，有一个匹配规则来匹配每个时期的活跃竞价。匹配规则的过程如下。

第一步：根据基于麦克菲的价格表，计算出每个活跃投标的有效价格 $f_\tau(t,\ b,\ \theta_{-\tau})$。如果 $f_{i\alpha}(t,\ b,\ \theta_{-i\alpha}) > \hat{v}_{i\alpha}$，则此类任务托运人的投标价格被剔除；否则，更新其余活跃任务托运人投标的临时价格 $pr_{i\alpha}(t) = \max\{pr_{i\alpha}(t-1),\ f_{i\alpha}(t,\ b,\ \theta_{-i\alpha})\}$。此外，如果 $f_{j\beta}(t,\ b,\ \theta_{-j\beta}) > \hat{v}_{-j\beta}$，该类任务承运人的投出价已被定价；否则，更新其余活跃任务承运人投出价的临时价格 $pr_{j\beta}(t) = \min\{pr_{j\beta}(t-1),\ f_{j\beta}(t,\ b,\ \theta_{-j\beta})\}$。

第二步：将活跃的任务托运人的出价按照 $f_{i\alpha}(t,\ b,\ \theta_{-i\alpha})$，降序排列，而活跃的任务承运人的出价按照 $f_{j\beta}(t,\ b,\ \theta_{-j\beta})$，升序排列，并任意打破平局。

第三步：将任务托运人的出价和任务承运人的出价进行匹配，从上到下找到最大的 k 满足 $f_{i\alpha}(t,\ b,\ \theta_{-i\alpha}) \geqslant f_{j\beta}(t,\ b,\ \theta_{-j\beta})$。当竞价 i^α 和 j^β 匹配成功后，任务托运人 i 向平台支付 $pr_{i\alpha}(t)$，平台向任务承运人 j 支付 $pr_{j\beta}(t)$。

t 期末，当 $d_\tau = t$ 或其任务已全部分配给任务承运人或其容量已全部被任务托运人消耗时，代理人离开；否则，代理人 τ 将继续留在在线双边拍卖市场。另外，根据各代理的实际交易结果，计算出任务托运人 i 的效用和任务承运人 j 的效用为：

$$u_i = \sum_{i^\alpha \in i \mid t \mid a_i, \cdots, d_i \mid} \{ (\hat{v}_i - pr_{i\alpha}(t)) x_{i\alpha}^t \} \qquad (6-4-5)$$

$$u_j = \sum_{j^\beta \in j} \sum_{t \in \mid a_j, \cdots, d_j \mid} \{ [pr_{j\beta}(t) - \hat{v}_j] y_{j\beta}^t \} \qquad (6-4-6)$$

如果任务托运人 i^α 在 t 期间进行交易,则 $x_{i\alpha}^t = 1$;否则 $x_{i\alpha}^t = 0$;如果任务承运人 j^β 在 t 期间进行交易,则 $y_{j\beta}^t = 1$;否则 $y_{j\beta}^t = 0$。

3. 性质

(1) 个体理性。如果参与拍卖的代理人具有非负的报酬,则拍卖机制 $M = (\pi, x)$ 是个体理性的。如匹配规则中提出的,如果对任务托运人 i^α 来说,有效价格满足 $f_{i\alpha}(t, b, \theta_{-i\alpha}) < \hat{v}_{i\alpha}$,则竞价活跃。根据有效价格,计算出临时价格为 $pr_{i\alpha}(t) = \max_{t \in \mid d_i - k, \cdots, t \mid} \{ f_{i\alpha}(t, r_{i\alpha}, \theta_{-i\alpha}) \}$。因此,$pr_{i\alpha}(t)$ 在任何时期 t 都小于 $\hat{v}_{i\alpha}$。如果任务托运人 i^α 能够最终交易,则其报酬率为正;否则,其报酬率为零。因此,任务托运人 i 离开后,其总报酬是非负的。因此,对于任务托运人来说,拍卖是个体理性的。对于任务承运人来说,拍卖也是个体理性的。对于任务承运人一方的证明,因其类似,故省略。

(2) 预算平衡。按价格排序的在线双边拍卖是弱预算平衡的,这意味着拍卖者通过组织这种拍卖获得非负盈余。对于任何一对交易成功的虚拟任务托运人 i^α 和任务承运人 j^β,他们必须满足条件 $f_{i\alpha}(t, b, \theta_{-i\alpha}) \geqslant f_{j\beta}(t, b, \theta_{-j\beta})$。在每个时期结束时,任务托运人 i^α 支付 $pr_{i\alpha}(t)$,任务承运人 j^β 收到 $pr_{j\beta}(t)$。由于 $pr_{i\alpha}(t) \geqslant f_{i\alpha}(t, b, \theta_{-i\alpha})$ 和 $pr_{j\beta}(t) \leqslant f_{j\beta}(t, b, \theta_{-j\beta})$,可以得到 $pr_{i\alpha}(t) \geqslant f_{i\alpha}(t, b, \theta_{-i\alpha}) \geqslant f_{j\beta}(t, b, \theta_{-j\beta}) \geqslant pr_{j\beta}(t)$。因此,对于这对任务托运人在 t 期,拍卖人的报酬为 $pr_{i\alpha}(t) - pr_{j\beta}(t) \geqslant 0$。因此,拍卖人在任何时期的总报酬绝对不小于零,这样,价格排序的在线双边拍卖是预算平衡的。

(3) 激励相容。

当 $| v_\tau(\Theta) - x(\Theta) | \geqslant | v_\tau(\theta_{-\tau}, \theta_\tau) - x(\theta_{-\tau}, \theta_\tau) |$ 时,在线机制 $M = (\pi, x)$ 对任何代理和任何保留值都是激励相容的。换句话说,说真话对任何代理来说都是一种弱主导策略。价格排序的在线双重拍卖是激励相容的,这可以防止代理人恶意和错误地操纵市场。支付规则 x,使得在线拍卖机制 $M = (\pi, x)$ 是真实的,满足自愿参与,当且仅当 π 是单调的。

注意 $\theta_\tau > \hat{\theta}_\tau$ 表示类型 $\theta_\tau = (a_\tau, d_\tau, n_\tau, v_\tau)$ 支配类型 $\hat{\theta}_\tau = (\hat{a}_\tau, \hat{d}_\tau, n_\tau, \hat{v}_\tau)$，如果 $a_\tau \leqslant \hat{a}_\tau$，$d_\tau \geqslant \hat{d}_\tau$，$v_\tau > \hat{v}_\tau$。如果对每一个代理 τ 和每一个 θ，$\hat{\theta} \in \Theta$ 与 $\theta_\tau > \hat{\theta}_\tau$ 和 $v_{\tau'} > \hat{v}_{\tau'}$ 对于 $\tau' \neq \tau$，$\pi_\tau(\theta, t) \geqslant \pi_\tau(\hat{\theta}, t)$，则称为单调的分配规则 $\pi \in \{0, 1\}$。代理人 i 的效用等于 $\pi_\tau(\theta, t)v_\tau - x_\tau(\theta, t)$。

证明：使 π 是一个单调的分配规则且 $\theta_\tau = (a_\tau, d_\tau, n_\tau, v_\tau)$，我们将支付规则定义为：

$$x_\tau(\theta, t) = \pi_\tau(\theta, t)v_\tau - \int_0^{v_z} \pi_\tau\{[(a_\tau, d_\tau, n_\tau, x), \theta_{-\tau}], t\}dy$$

$$(6-4-7)$$

情况 I：我们表明，一个真实的机制由分配规则 π 和支付规则 x 组合而成。如果该机制不真实，则有一个代理人 τ 与 $\theta_\tau = (a_\tau, d_\tau, n_\tau, v_\tau)$，误报的出价 $\hat{\theta}_\tau = (\hat{a}_\tau, \hat{d}_\tau, n_\tau, \hat{v}_\tau)$ 与 $a_\tau \leqslant \hat{a}_\tau$，$d_\tau \geqslant \hat{d}_\tau$，这样，如果 τ 出价 $\hat{\theta}_\tau$ 的效用 $\pi_\tau[(\hat{\theta}_\tau, \theta_{-\tau}), t]v_\tau - x_\tau[(\hat{\theta}_\tau, \theta_{-\tau}), t]$ 严格大于它真实所获得的效用 $\pi_\tau(\theta, t)v_\tau - x_\tau(\theta, t)$。由式（6-4-1），我们得到：

$$(v_{\tau'} - \hat{v}_{\tau'})\pi_\tau[(\hat{\theta}_\tau, \theta_{-\tau}), t] + \int_0^{v_z} \pi_\tau\{[(a_\tau, d_\tau, n_\tau, x), \theta_{-\tau}], t\}dy$$

$$> \int_0^{v_z} \pi_\tau\{[(a_\tau, d_\tau, n_\tau, x), \theta_{-\tau}], t\}dy \qquad (6-4-8)$$

根据 π 的单调性和 $a_\tau \leqslant \hat{a}_\tau$，$d_\tau \geqslant \hat{d}_\tau$，

$$\int_0^{v_z} \pi_\tau\{[(a_\tau, d_\tau, n_\tau, x), \theta_{-\tau}], t\}dy \geqslant \int_0^{v_z} \pi_\tau\{[(\hat{a}_\tau, \hat{d}_\tau, n_\tau, x), \theta_{-\tau}], t\}dy$$

$$(6-4-9)$$

因此，

$$(v_{\tau'} - \hat{v}_{\tau'})\pi_\tau[(\hat{\theta}_\tau, \theta_{-\tau}), t] > \int_0^{v_\tau} \pi_\tau\{[(\hat{a}_\tau, \hat{d}_\tau, n_\tau, x), \theta_{-\tau}], t\}dy.$$

$$(6-4-10)$$

如果 $v_\tau > \hat{v}_\tau$，那么将上述不等式的两边都除以 $(v_\tau - \hat{v}_\tau)$，可以得到 $\pi_\tau[(\hat{\theta}_\tau, \theta_{-\tau}), t]$ 严格大于 $\pi_\tau\{[(\hat{a}_\tau, \hat{d}_\tau, n_\tau, x), \theta_{-\tau}], t\}$ 的平均值，当 $y \in [\hat{v}_\tau, v_\tau]$，这与单调性相矛盾。

同理，如果 $v_\tau < \hat{v}_\tau$，可以得到 $\pi_\tau[(\hat{\theta}_\tau, \theta_{-\tau}), t]$ 严格大于 $\pi_\tau\{[(\hat{a}_\tau,$

$\hat{d}_{\tau}$, n_{τ}, x), $\theta_{-\tau}$], t} 的平均数, 当 $y \in [\hat{v}_{\tau}, v_{\tau}]$, 这个矛盾确立了机制与分配规则 π 和支付规则 x 的真实性。

情况 Ⅱ: 相反, 我们假设该机制由分配规则 π 和支付规则 x 组合而成。考虑代理人 τ 有 $\theta_{\tau} = (a_{\tau}, d_{\tau}, n_{\tau}, v_{\tau})$, $\theta_{\tau} > \hat{\theta}_{\tau}$ 和 $\theta_{-\tau} = \hat{\theta}_{-\tau}$ 并且 $\pi_{\tau}(\theta_{\tau}, t) < \pi_{\tau}(\hat{\theta}_{\tau}, t)$。因为 $\theta_{\tau} > \hat{\theta}_{\tau}$, 我们可以知道 $v_{\tau'} > \hat{v}_{\tau'}$。

同理, τ 的效用等于 $\pi_{\tau}(\theta_{\tau}, t)v_{\tau} - x_{\tau}(\theta_{\tau}, t)$; 但如果它出价 $\hat{v}_{\tau'}$, 效用将为 $\pi_{\tau}(\hat{\theta}_{\tau}, t)v_{\tau} - x_{\tau}(\hat{\theta}_{\tau}, t)$。因此, 在线拍卖机制 $M = (\pi, x)$ 的真实性意味着:

$$\pi_{\tau}(\theta_{\tau}, t)v_{\tau} - x_{\tau}(\theta_{\tau}, t) \geqslant \pi_{\tau}(\hat{\theta}_{\tau}, t)v_{\tau} - x_{\tau}(\hat{\theta}_{\tau}, t) \qquad (6-4-11)$$

考虑 τ 真实投标为 $\hat{\theta}_{\tau}$, τ 在 θ_{τ} 开始时一定存在撒谎的情形, 因此该情形可表达为:

$$\pi_{\tau}(\hat{\theta}_{\tau}, t)v_{\tau} - x_{\tau}(\hat{\theta}_{\tau}, t) \geqslant \pi_{\tau}(\theta_{\tau}, t)v_{\tau} - x_{\tau}(\theta_{\tau}, t) \qquad (6-4-12)$$

将不等式 (6-4-11) 和不等式 (6-4-12) 相加, 根据不等式 $v_{\tau} > \hat{v}_{\tau}$, 我们可以得到 $x_{\tau}(\theta_{\tau}, t) \geqslant x_{\tau}(\hat{\theta}_{\tau}, t)$。因此, π 是单调的。

6.4.4 分配效率的计算分析

1. 实验设置

在我们的实验中, 假设任务托运人和承运人的数量为 25～150, 等效间隔为 25。在任务数量方面, 我们假设 $n_i(i \in I)$ 遵循区间 [1, 5] 的离散均匀分布, $n_j(j \in J)$ 遵循区间 [1, 5] 的离散均匀分布。为了使代理的出价重叠, 我们进一步假设 $v_i(i \in I)$ 在区间 [5, 18]、[7, 20]、[9, 22] 内遵循连续均匀分布, $v_j(j \in J)$ 在区间 [5, 18]、[7, 20]、[9, 22] 内遵循连续均匀分布。每个代理的耐心间隔是一小时。我们假设: ①市场从上午 9 点开始到下午 5 点结束: 共 8 个小时, 每半小时进行一次拍卖; ②任务托运人和承运人的到达符合固定强度的泊松分布, 直到产生足够多的代理人; ③平台不靠佣金运营, 但对交易收取会员费 (Jin & Wu, 2001)。费用为每年 100 元, 每天 0.247 元。通常情况下, 对于代理商来说, 这笔费用与他们的付出和收入相比是足够小的。因此，它对竞价行为和交易结果没有影响。

在比较研究中，考虑以固定价格机制为基准，固定价格机制在很多交易场景中被广泛使用（Zaman & Grosu，2013）。oTMDA 与固定价格机制的区别在于其定价策略。在 oTMDA 下，交易价格由代理人提交的竞价决定。在固定价格机制下，任务托运人和承运人的交易价格由平台设定。在代理商参与之前，这个价格对于每个代理商来说都是共知的。更具体地说，如果一个任务托运人中标，其应该为任务承运人支付的金额取决于平台设定的价格。同理，如果任务承运人获胜，其从任务托运人处获得的金额也取决于平台设定的价格。由于假设代理人是个体理性的，只有当代理人的效用为正时，他们才会参与交易。因此，代理人在固定价格机制中提交由其到达时间、出发时间和任务（容量）数组成的竞价。此外，在固定价格机制中，任务托运人与任务承运人是按照时间优先的原则进行匹配的，即先到先得。换句话说，任务托运人（承运人）如果比其他托运人（承运人）更早提交出价，将在市场上优先交易。

对于每个实验，模拟运行 500 次。此外，我们还使用社会福利、任务托运人效用、任务承运人效用和总交易量等各种绩效指标对实验进行了绩效评价。由于在按需物流市场中，供需总是随机的，所以我们的实验只考虑了旺季情况（供大于求）和非旺季情况（供大于求）。

2. 仿真研究

（1）按需物流交易的旺季。旺季是指按需物流市场中任务托运人数量大于任务承运人数量的季节。有六对组合，即（150，25）、（150，50）、（150，75）、（150，100）、（150，125）和（150，150）。表 6 - 2 比较了 oTMDA 机制（用"oTMDA"表示）和固定价格机制（用"固定"表示）。可以总结出 3 个重要的观察结果：第一，在任何环境下，oTMDA 机制获得的平台效用都大于固定价格机制获得的效用。原因是 oTMDA 通过赚取任务托运人的总支付和任务承运人的总收入之间的差额，从而带来额外利润。额外利润从 8.5 ~ 28.29 元不等（平均额外利润达到 17.43 元），与固定机制相比，可以增加26.79%的利润。第二，在旺季，承运人一般是 oTMDA 的主要受益者。更具体地说，当任务托运人预订值的期望值小于任务承运人预订值的期望值时，oTMDA 所获得的托运人和承运人的效用，通常小于固定价格机制所获得的效用。同时，随着任务托运人预留价值预期的提高和任务承运人预留价值预期的降低，承运人可以获得比托运人更多的效用。即使托运人为了追求更高的交易成功概率而提高估价，但由于旺季造成的激烈竞争，托运人也很难通过增加交易量来增加效用。相反，承运人可以在旺季时降低估值以追求更高的效用，因为这样可以提高其竞争力，方便交易。第三，社会福利受到两种机制的显著影响。有两个趋势：①承运人的数量越少，与固定价格机制相比，oTMDA 能够获得的社会福利越多；②当对任务托运人预订价值的期望值变大而对任务承运人预订价值的期望值变小时，oTMDA 在实现社会福利最大化方面表现更好。

表6-2　　　　　　　　　　　旺季代理人的效用

(I, J)	平台效用		托运人效用		承运人效用		社会福利	
	oTMDA	固定	oTMDA	固定	oTMDA	固定	oTMDA	固定
任务托运人（承运人）保留值分布 [5, 18]（[9, 22]）								
(150, 25)	64.87	47.95	65.91	73.18	84.31	74.43	215.10	195.55
(150, 50)	83.09	54.80	87.42	153.20	147.09	154.77	317.60	362.78
(150, 75)	85.17	61.65	140.74	229.80	214.66	236.55	440.57	528.00
(150, 100)	87.98	68.50	199.89	286.41	267.70	307.44	555.57	662.34
(150, 125)	92.85	75.35	260.05	343.11	298.71	380.94	651.61	799.40
(150, 150)	98.14	82.20	317.44	384.28	322.46	434.67	738.04	901.15
任务托运人（承运人）保留值分布 [7, 20]（[7, 20]）								
(150, 25)	60.84	47.95	174.81	155.28	271.97	158.17	507.62	361.39
(150, 50)	78.28	54.80	242.22	326.34	468.49	322.35	788.98	703.49
(150, 75)	84.25	61.65	346.40	483.87	587.46	486.08	1018.10	1031.60
(150, 100)	88.27	68.50	490.81	623.48	672.58	644.20	1251.66	1336.18
(150, 125)	92.65	75.35	625.66	739.58	737.24	805.85	1455.55	1620.78
(150, 150)	98.46	82.20	762.29	830.91	763.97	939.64	1624.71	1852.76

续表

(I, J)	平台效用		托运人效用		承运人效用		社会福利	
	oTMDA	固定	oTMDA	固定	oTMDA	固定	oTMDA	固定
任务托运人（承运人）保留值分布 [9，22]（[5，18]）								
(150, 25)	56.45	47.95	361.08	276.44	497.31	272.21	914.83	596.60
(150, 50)	63.74	54.80	555.05	550.78	971.03	545.69	1589.82	1151.26
(150, 75)	74.94	61.65	727.15	828.37	1213.20	824.01	2015.29	1714.03
(150, 100)	85.27	68.50	939.22	1091.10	1320.70	1102.70	2345.19	2262.30
(150, 125)	91.78	75.35	1172.60	1316.40	1384.90	1389.90	2649.28	2781.65
(150, 150)	98.13	82.20	1420.30	1484.40	1400.30	1619.40	2918.73	3186.00

资料来源：笔者整理。

图6-8比较了两种机制实施的最终交易量。在所有设置中，通过oTM-DA机制实现的最终交易量都大于通过固定价格机制实现的交易量。随着任务托运人预留值预期的增加和任务承运人预留值预期的降低，最终交易量不断增加。同时，随着任务承运人数量的增加，最终交易量也会增加。但是，随着供给的增加和满足需求，两种机制进行的最终交易量的差异变得很小。这一结果表明，oTMDA机制更适合供需不平衡的市场。

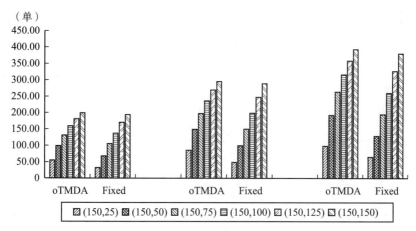

图6-8　旺季的最终交易量

资料来源：笔者绘制。

（2）按需物流交易的淡季。与旺季相反，淡季是指在按需交付市场中，任务托运人数量少于任务承运人数量的季节。这六对组合分别是（25，150）、（50，150）、（75，150）、（100，150）、（125，150）和（150，150）。表6-3比较了oTMDA机制和固定价格机制。可以总结出三个重要的观察结果。首先，由于从任务托运人和承运人那里获得了额外的利润，oTMDA机制获得的平台效用总是大于固定价格机制获得的平台效用。其次，在淡季，oTMDA的主要受益者成为任务托运人而非承运人。与固定价格机制相比，任务托运人可以从oTMDA机制中获得更多的效用，对其预订价值的预期增加。然而，虽然任务承运人降低了对其预订价值的预期，但在oTMDA机制中，任务承运人的效用显然不能比固定价格机制中的效用上升得更多。最后，社会福利在淡季的趋势与旺季的趋势相似。此外，社会福利的价值几乎不受季节性影响。

表6-3　　　　　　　　　　　　淡季代理人的效用

(I, J)	平台效用		托运人效用		承运人效用		社会福利	
	oTMDA	固定	oTMDA	固定	oTMDA	固定	oTMDA	固定
任务托运人（承运人）保留值分布 [5, 18]（[9, 22]）								
(25, 150)	64.48	47.95	85.50	76.85	66.51	75.62	216.49	200.43
(50, 150)	82.89	54.80	147.76	155.48	87.65	158.24	318.29	368.52
(75, 150)	85.31	61.65	212.01	228.10	140.62	230.38	437.94	520.13
(100, 150)	88.01	68.50	266.65	302.80	202.77	311.73	557.43	683.03
(125, 150)	92.53	75.35	307.26	362.81	266.00	386.65	665.78	824.81
(150, 150)	98.14	82.20	317.44	384.28	322.46	434.67	738.04	901.15
任务托运人（承运人）保留值分布 [7, 20]（[7, 20]）								
(25, 150)	61.41	47.95	273.84	159.13	178.54	159.59	513.79	366.67
(50, 150)	78.14	54.80	467.53	322.78	244.36	323.21	790.03	700.79
(75, 150)	84.55	61.65	580.18	476.77	345.40	483.18	1010.13	1021.60
(100, 150)	88.17	68.50	669.56	636.96	484.64	649.27	1242.37	1354.73
(125, 150)	92.70	75.35	736.89	778.19	633.55	807.09	1463.15	1660.63
(150, 150)	98.46	82.20	762.29	830.91	763.97	939.64	1624.71	1852.76

续表

(*I*, *J*)	平台效用		托运人效用		承运人效用		社会福利	
	oTMDA	固定	oTMDA	固定	oTMDA	固定	oTMDA	固定
任务托运人（承运人）保留值分布 [9，22]（[5，18]）								
(25, 150)	56.63	47.95	502.33	273.00	359.49	275.00	918.44	595.95
(50, 150)	63.73	54.80	975.38	551.01	547.44	548.93	1586.55	1154.75
(75, 150)	74.79	61.65	1220.90	830.01	724.54	830.00	2020.23	1721.66
(100, 150)	84.91	68.50	1316.60	1106.70	927.88	1116.50	2329.38	2291.70
(125, 150)	92.02	75.35	1387.90	1338.30	1176.90	1371.70	2656.82	2785.35
(150, 150)	98.13	82.20	1420.30	1484.40	1400.30	1619.40	2918.73	3186.00

资料来源：笔者整理。

图 6 - 9 比较了两种不同拍卖方式下的最终交易量。oTMDA 机制下的最终交易量总是大于固定价格机制下的交易量，尤其是在供需不平衡的情况下。因此，与固定价格机制相比，oTMDA 机制能够更有效地提高最终交易量，这意味着任务承运人可以为更多的任务托运人提供服务，提高物流资源的利用率。

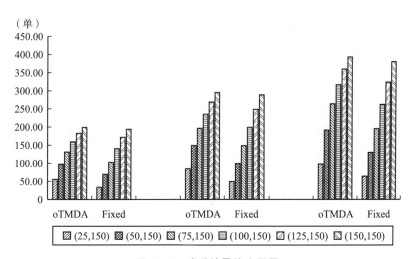

图 6 - 9 淡季的最终交易量

资料来源：笔者绘制。

（3）不同类型的任务承运人的影响。在按需物流市场中，有三种类型的任务承运人：公共承运人、机器人和私人承运人。它们通常具有不同的服务成本，会影响其最终的交易量。为了考察它们的影响，将任务承运人分为三类，将任务承运人的原始保留值分布［7，20］分为三部分。公共承运人的保留值在区间［7，11）内遵循连续均匀分布，因为公共资源的交付成本相对低于其他两类。机器人承运人和私人承运人的保留值分别在区间［11，15）和［15，20］内遵循连续均匀分布。从长期来看，机器人承运人的成本会低于私人承运人的成本，因此机器人承运人的保留值要低于私人承运人的保留值。

表6－4为不同类型任务承运人在高峰期的最终交易量。总体来看，随着任务承运人数量的增加，公共承运人和机器人承运人的最终交易量稳步增加，但私人承运人的交易量先增加后减少。当任务承运人只有25个时，除了那些有价无市的能力外，几乎所有任务承运人的能力都被任务托运人购买。随着任务承运人数量的增加，公共承运人和机器人承运人的成本优势显现出来，使其能够接到更多的交付订单。但是，由于成本高，私人承运人通常被越来越多的任务承运人视为弃子。由此可见，在按需配送市场中，随着供给量的稳步增加并最终满足需求，私人承运人可以退出市场，以避免物流资源的浪费。

表6－4　　　　　　　旺季期间不同类型任务承运人的最终交易量

任务承运人类型	(I, J)					
	(150, 25)	(150, 50)	(150, 75)	(150, 100)	(150, 125)	(150, 150)
公共	30.29	59.79	91.64	122.92	151.84	182.99
机器人	29.66	58.76	83.65	97.95	106.42	108.40
私人	25.48	29.40	24.19	16.71	10.75	6.50

资料来源：笔者整理。

图6－10显示了交易量的比率，即最终交易量与总供应量的比率。据观察，公共承运人的交易量比率仍然相当高，接近100%。对于其他两类承运人，这一比例不断降低。对于机器人承运人来说，这一比例从约100%下降

到约60%，即40%；但对于私人承运人来说，这一数字从约63%下降到几乎为0，即60%。因此，在这种情况下，当任务承运人的数量达到50个时，私人承运人就应该离开市场。

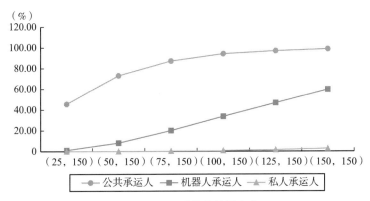

图6-10 旺季的交易量比率

资料来源：笔者绘制。

在淡季，三类任务承运人的最终交易量会增加（见表6-5）。具体来说，公共承运人的最终交易量从82.71增加到182.99，当任务承运人数量小于100时，交易量急剧增加。对于私人承运人来说，当任务托运人数量大于75时，交易量迅速增加，从2增加到108.40。遗憾的是，在淡季，由于成本较高，私人承运人不能与任务托运人进行过多的交易。随着任务托运人数量的稳步增加，最终的交易量仍会缓慢增加，并由0.02变为6.50。这也意味着私人承运人不应该在淡季参与交易。

表6-5　　　　　　　　淡季期间不同类型任务承运人的最终交易量

任务承运人类型	(I, J)					
	(25, 150)	(50, 150)	(75, 150)	(100, 150)	(125, 150)	(150, 150)
公共	82.71	133.74	160.27	172.05	180.01	182.99
机器人	2.00	15.78	36.86	62.40	86.43	108.40
私人	0.02	0.22	0.73	1.96	3.77	6.50

资料来源：笔者整理。

图 6 - 11 为淡季的交易量比例。与旺季的表现相比，3 类承运人的交易量比例均有所上升，而私人承运人的增长趋势并不明显。公共承运人的交易量比例从约 45% 增长到近 100%，增长了 55%，私人承运人的这一比例从约 1% 增长到约 60%。公共承运人应该一直参与交易，机器人承运人应该在任务托运人数量达到 50 个以上后参与交易。

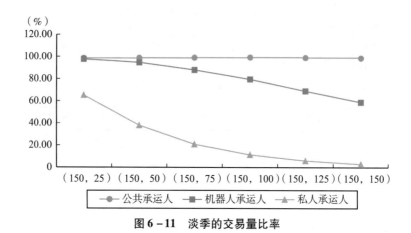

图 6 - 11　淡季的交易量比率

资料来源：笔者绘制。

6.4.5　结论

现有的方法通常被结构为自上而下的集中式流程，需要过多的已知信息作为优化前提（Karaenke et al.，2019）。按需物流尚未采用拍卖的方式（Taylor，2018）。此外，较少的研究同时密切关注多个需求者和供应商（Lafkihi et al.，2019；Le et al.，2019）。为了解决这一差距，我们开发了一种在线双边拍卖机制，用于实时管理按需取货和送货任务，而不知道未来的代理类型或进一步的出价和询问信息。为了实现实时拍卖的自动化，通过网络—物理—系统技术创建了一个多代理环境。

本节研究的贡献如下：首先，我们提出了一种新的动态双边交换市场中按需物流的建模方法，涉及公共、私人和机器人支持的物流资源。该方法同时考虑了多代理系统和拍卖这两个主要组成部分。值得注意的是，该基础模型适用于一般市场，涵盖了 B2B、B2C 和 O2O 按需业务背景。其次，我们设计了供需不平衡下的按需物流平台真实高效的在线双边拍卖机制，将著名的 McAfee 的单单位方法扩展到分配多单位的按需物流任务。个体理性和预算平衡也得到了满足。再次，结果表明，当存在供需不平衡时，oTMDA 更适合。在旺季时，oTMDA 拍卖机制在平台的收益方面优于固定定价。通过 oTMDA 的最终交易量也大于固定定价机制。当任务托运人对保留值分布的预期大于任务承运人时，oTMDA 下的社会福利往往更高。在淡季也可以发现类似的结果。此外，与固定定价机制相比，oTMDA 机制在淡季对任务托运人的效用比对任务承运人的效用更有利。最后，通过引入几个现实世界中的约束因素，我们证明了 oTMDA 机制可以有效应对动态性。这表明应使用更多的众包资源而不是私人承运人可提高交易效率、社会福利和运输可持续性。

参考文献

［1］Bai J，So K，Tang C，et al. Coordinating Supply and Demand on an On – Demand Service Platform：Price，Wage，and Payout Ratio ［D］. Binghamton：Binghamton University，2016.

［2］Bányai T. Real-time decision making in first mile and last mile logistics：how smart scheduling affects energy efficiency of hyperconnected supply chain solutions ［J］. Energies，2018，11（7）：1833.

［3］Banerjee S，Johari R，Riquelme C. Pricing in ride-sharing platforms：a queueing-theoretic approach ［R］. Proceedings of the Sixteenth ACM Conference on Economics and Computation，2015：639 – 639.

［4］Berger S，Bierwirth C. Solutions to the request reassignment problem in collaborative carrier networks. Transport. Res. E Logist ［J］. Transport. Rev，2010，46（5）：627 – 638.

［5］Blesing C，Luensch D，Stenzel J，et al. Concept of a multi-agent based decentralized production system for the automotive industry ［R］. International Conference on Practical Applications of Agents and Multi – Agent Systems. Springer，2017：19 – 30.

［6］Bredin J，Parkes D C. Models for Truthful Online Double Auctions arXiv preprint arXiv，2017，1207：1360.

［7］Dai B，Chen H. A multi-agent and auction-based framework and approach for carrier collaboration ［J］. Log. Res, 2011, 3 (2 –3)：101 – 120.

　　［8］ Emiris D M, Marentakis C A. Enhancement of revenue management strategies through location aware m auctions for logistics services ［J］. Int. J. Revenue Manag, 2012, 6 (1 –2)：102 – 126.

　　［9］ Figliozzi M A, Mahmassani H, Jaillet P. Auction settings and performance of electronic marketplaces for truckload transportation services ［J］. Transport. Res. Rec, 2005, 1906：89 – 97.

　　［10］ Firdausiyah N, Taniguchi E, Qureshi A G. Modeling city logistics using adaptive dynamic programming based multi-agent simulation. Transport ［J］. Res. E Logist. Transport. Rev, 2019, 125：74 – 96.

　　［11］ Guda H, Subramanian U. Strategic Pricing and Forecast Communication on On – Demand Service Platforms ［J］. Ssrn Electronic Journal, 2017.

　　［12］ Hong J, Lee M, Cheong T, et al. Routing for an on-demand logistics service ［J］. Transport. Res. C Emerg. Technol, 2019, 103：328 – 351.

　　［13］ iResearch, (2019). China On – Demand Logistics Industry Research Report.

　　［14］ Jin M, Wu S D. November. Supply chain coordination in electronic markets：auction and contracting mechanisms. E – Commerce. Research Forum, December, 2011：32.

　　［15］ Karaenke P, Bichler M, Minner S. Coordination is hard：electronic auction mechanisms for increased efficiency in transportation logistics ［J］. Manag. Sci, 2019, 65 (12)：5884 – 5900.

　　［16］ Kong X T, Xu S X, Cheng M, et al. IoT – enabled parking space sharing and allocation mechanisms. IEEE Trans. Autom. Sci. Eng, 2018, 15 (4)：1654 – 1664.

　　［17］ Lafkihi M, Pan S L, Ballot E. Freight transportation service procurement：a literature review and future research opportunities in omnichannel E – commerce ［J］. Transport. Res. E Logist. Transport. Rev, 2019a, 125：348 – 365.

　　［18］ Le T V, Stathopoulos A, Van Woensel T, et al. Supply, demand, operations, and management of crowd-shipping services：a review and empirical evidence ［J］. Transport. Res. C Emerg. Technol, 2019, 103：83 – 103.

　　［19］ McAfee R P. A dominant strategy double auction ［J］. J. Econ. Theor, 1992, 56 (2)：434 – 450.

［20］Mes M，Van der Heijden M，Schuur P. Interaction between intelligent agent strategies for real-time transportation planning［J］. Cent. Eur. J. Oper. Res，2013，21（2）：337 – 358.

［21］Said C（2015）. Report Says Uber Surge Pricing Has a Twist：Some Drivers FLee. The San Francisco Chronicle. http：//www. sfgate. com/business/article/Report-says – Uber surge-pricing-has-a-twist-some – 6597012. php.

［22］Xu S X，Huang G Q. Transportation service procurement in periodic sealed double auctions with stochastic demand and supply［J］. Transp. Res. Part B Methodol，2013，56：136 – 160.

［23］Xu S X，Huang G Q，Cheng M. Truthful，budget-balanced bundle double auctions for carrier collaboration［J］. Transport. Sci，2017，51（4）：1365 – 1386.

［24］Zaman S，Grosu D. A combinatorial auction-based mechanism for dynamic VM provisioning and allocation in clouds［J］. IEEE Trans. Cloud Comput，2013，1（2）：129 – 141.

6.5 允许任意转运的鲜活农产品按需物流拍卖与路径规划机制*

6.5.1 引言

本节研究了一种新的范式，定义为基于转运和拍卖的按需物流协作路径规划（ACRT）。我们考虑了一个用于实时管理按需取送任务的服务平台，其中，多个任务托运人可以与多个任务承运人进行交易。任务托运人是农批市场，任务承运人指的是拥有足够的车辆、司机等资源来完成按需配送的物流服务商群体。有效的交通规划能够提高社会福利，包括所有利益相关者的

＊ 本节节选自孔祥天瑞已发表论文（英译中）：Guo C，Thompson R G，Foliente G，et al. An auction-enabled collaborative routing mechanism for omnichannel on-demand logistics through transshipment［J］. Transportation Research Part E：Logistics and Transportation Review，2021，146.

利益或成本（Rouhani et al.，2016）。本节中提出的 ACRT 旨在通过新颖的优化机制和技术为托运人、承运人和城市居民带来积极的社会福利。社会福利的改善涉及三个方面：（1）托运人，降低物流服务报酬；（2）承运人，提高运输利润；（3）城市居民，减少温室气体排放。

图 6-12 说明了按需物流的传统模式（a）和基于转运的协作模式（b）的差异。在传统配送模式中，托运人从运输市场上随机或根据经验选择承运人。服务价格通常在一定的配送区域内是固定的。承运人单独处理任务，他们无法应对高峰期的块状需求，但在非高峰期却变得不够用。承运人在做出自己决定的同时，也是自利的，相互之间是独立的。在拟议的 ACRT 中，托运人可以更经济地从一个按需拍卖的服务平台购买运输服务。承运人可以通过任意开放的设施将任务外包，可以利用客户家附近的包裹柜或社区商店进行转运，以降低成本优化运送计划。

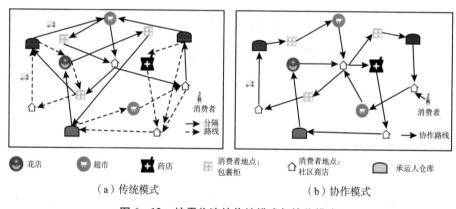

（a）传统模式　　　　　　　　　（b）协作模式

图 6-12　按需物流的传统模式与协作模式

资料来源：笔者绘制。

事实证明，拍卖机制为物流中的协作提供了一种非常有效的方式（Karaenke et al.，2019）。一些研究已经解决了分散运输优化中与承运人协作的拍卖方法。现有的模型要么关注托运人对承运人的任务分配（Andres Figliozzi et al.，2003；Figliozzi et al.，2004；Figliozzi et al.，2005；Mes et al.，2007；Mes et al.，2013），要么关注承运人之间的共享任务再分配

（Berger & Bierwirth，2010；Dai & Chen，2011；Dai et al.，2014；Gansterer & Hartl，2016；Lyu et al.，2019）。货运任务共享的问题是在静态背景下研究的，所有的任务都是在规划前揭示的。托运人和居民的社会福利几乎没有被考虑。在这里，我们将新任务的分配和共享任务的重新分配通过动态在线拍卖纳入其中。据我们所知，仅有的研究主要考虑按需物流多目标的多个利益相关者（包括托运人和承运人）的组合决策。

为了在承运人联盟背景下实现更灵活的交易和共享，ACRT范式中集成了实时转运功能。允许多个承运人执行动态任务。基于转运的协同路由的优势如图6-13所示。在非转运网络中，一个卖方承运人的任务2的配对取货和交货节点必须一起外包给另一个实际承运人，如图6-13（a）所示。而在基于转运的网络中，只将任务2的交付节点外包（通过任务3的取货节点转运），而不是将整个任务2外包，如图6-13（b）所示。

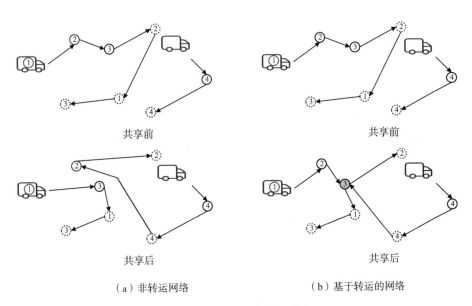

共享前　　　　　　　　　　　　　　共享前

共享后　　　　　　　　　　　　　　共享后

（a）非转运网络　　　　　　　　（b）基于转运的网络

○：拾取任务节点；⟨ ⟩：任务的传递节点；●：转运节点

图6-13　非转运和基于转运的协作路由

注：圆圈中的数字为任务的索引，例如，③和⟨3⟩是任务3的提取和交付位置。

资料来源：笔者绘制。

ACRT 的路由部分拓展了带转运和时间窗口的动态取送问题（DPDPT-TW）。在运输科学和运筹学研究文献中，关注 DPDPTTW 的研究数量有限。坦贾等（Thangiah et al.，2007）在研究 DPDPTTW 应用时改编了商和卡夫（Shang & Cuff，1996）的 P&D 启发式，然而商和卡夫（1996）中的 P&D 启发式是为了解决静态的 PDPTTW 而设计的。此外，这两项研究中都缺少详细的转运插入设计算法。上述空白构成了本节的目标之一。具体而言，本节旨在回答以下问题：

（1）什么是 ACRT 范式下按需交付服务以及承运人合作的优化采购的有效拍卖机制？

（2）从承运人网络中确定最不经济路径的动态任务生成策略是什么？

（3）如何解决 ACRT 要求的基于动态转运的路由问题？

（4）关键因素（如需求密度增长、任务的紧迫性和拍卖间隔）对单个、总的物流网络性能有什么影响？

为了应对复杂的 ACRT 问题，设计了三种机制，包括：①两阶段拍卖机制（TAM），②基于转运的任务生成机制（TTGM），③基于转运的路由机制（TRM）（见第 4 章）。与传统模式相比，ACRT 通过模拟鲜活农产品全渠道零售场景，如企业对客户（B2C）履行、客户对客户（C2C）履行以及 B2C 和 C2C 的混合履行进行评估。我们进一步分析关键因素对 ACRT 性能的影响，以研究所提出的解决方案的实际意义。

6.5.2　全渠道按需物流的 ACRT 范例

协同路由平台可以认为是一个实时管理按需取送任务的服务平台，多个托运人可以与多个承运人交易。托运人可以是任何在日常时间段内提供提货和送货任务的农批市场。承运人指的是在运输资源充足的情况下，能够执行按需任务的物流企业群体。在这个服务平台中，我们考虑的是一个大都市中一个特定配送区域内的全渠道按需物流市场。可用的承运人帮助托运人将货物（如一箱果蔬）从出发点运送到规定地理区域内的任何目的地。

TAM 实现了平台参与者之间的运输服务交易。在第一阶段，TAM 主要是将托运人的付款降到最低。托运人的运输采购实行在线拍卖工作室 1（auction studio 1，AS1）。第二阶段以承运人利润最大化为目标，应用在线拍卖工作室 2（auction studio 2，AS2）实现承运人的任务外包/内包。参与者之间的所有交易都通过 AS1 或 AS2 实现。在 AS1 中，每个托运人是提供任务的卖方，而每个承运人是竞标者。在 AS2 中，每个承运人可以将任务外包和内包，他们的角色可以是卖方，也可以是投标人。平台作为拍卖者，在每一轮拍卖中确定胜者。拍卖机制是为平台设计的，以完成这些分散的运输交易。

对于参与 ACRT 的每个承运人来说，有 3 个决策问题。第一个问题是确定作为外包的共同任务提供的不经济路径。作为主要的功能之一，平台为每个承运人开发了一个 TTGM，以确定目标路径。第二个问题是当承运人实时获取新任务时，路由问题符合 DPDPTTW 时的路由（再）优化。最后一个问题涉及确定 AS1 或 AS2 中的竞价价格。由于竞价价格来源于运营成本，因此也涉及路由问题。TRM 作为另一个主平台函数，承运人可以利用 TRM 对路由（再）优化进行分散决策，并确定其竞价价格。

典型的操作流程如图 6 - 14 所示。发货人将按需任务（包括位置和时间信息）派发给 AS1。然后 AS1 将在一个区间内收到的任务打包，并以请求的形式发布，我们称其为发布的请求，它是由一捆任务组成的。由于一个请求中可能包含多个任务，因此应用组合拍卖（CA）来优化任务的分配（De Vries & Vohra，2003）。我们定义请求中的任何任务都可以组合成一个组，例如，一个任务捆的 n 个任务组成 $2n - 1$ 个组。承运人对这些组进行竞价。可用的承运人首先检查其完成每个组的运营成本，并向平台提交密封的标书。平台确定中标者。当承运商从 AS1 获得一个组时，他们的交付路径将通过将新的任务合并到他们的动态路线中来重新构建。航线（重新）规划是基于承运人的移动设备和数字连接的实时信息。承运人可以在交付路径（重新）规划后，动态检查其不经济的路径，识别出的不经济路径将作为共享任务发送到 AS2，以便外包给其他承运人。共享任务由位置信息、前置时间和上限价格组成，上限价格与卖方承运人完成共享任务的运营成本相关联。AS2 将多个承运商的共享任务打包，以共享请求的形式发布，我们称之为发布的共享请求。AS2 的拍卖程序与 AS1 类似。在 ACRT 中，应保持对所有利益相关者社会福利的改善。

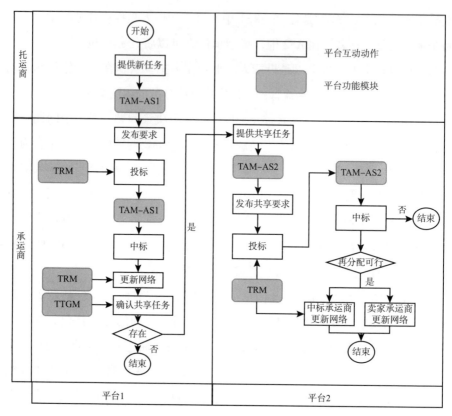

图 6－14　ACRT 框架

资料来源：笔者绘制。

　　为了简单起见，我们将零售商铺和客户站点的位置都称为 c 节点。每个承运人都可以在一个 c 节点同时接取或放下多个任务的包裹。包裹可以在每个 c 节点进行转运。基于转运的路线规划有两大优势。首先，在每个承运人的取送网络中，与非转运规划相比，转运能够减少更多的旅行成本（Oertel，2001）。其次，在任何取货/交货节点上的转运能够实现承运人之间更灵活的任务分担（Deutsch & Golany, 2018）。在动态协作网络中，每个任务可以在执行前和执行中这两种状态中的任何一种形成。执行前的任务意味着包裹还没有被收集。执行中的任务意味着包裹已经从原点被收集，然而还没有送达，它可能在运行中的车辆中，也可能存放在 c 节点进行转运。执行前和执行中的任务都被认为是承运人在其实时网络中的现有任务，这些任务允许外包。

为了简化 ACRT，我们指定了五个假设：

（1）所有承运人的总运输资源（货运车辆）足以满足市场的总需求。

（2）每个承运人都有一个仓库和有限的运输车辆。所有属于承运人的车辆都将以其库房为起点和终点。

（3）不考虑车辆的运力，因为取送物流中的包裹通常只需要车辆运力的一小部分（Berger & Bierwirth, 2010）。同样，客户站点的转运能力也被忽略了。

（4）所有包裹都在 c 节点开始/停止（Hong et al., 2019）。司机在每个 c 节点的处理时间（如货物卸/装）被忽略。

（5）AS1 和 AS2 的拍卖执行时间均被忽略。

6.5.3　ACRT 机制设计

本节介绍了一种用于通过转运进行复杂的全渠道按需物流的集成机制，该机制由三个子组件组成。

1. 两阶段拍卖机制

表 6 - 6 中符号用于表述此问题：

表 6 - 6　　　　　　　　　　两阶段拍卖机制符号

标志	解释
s	托运人标志
e	承运人标志

参数	解释
Q	已发布的请求/共享请求的一组组别
K_e	承运人 e 实时网络中现有的一组任务（包括执行前和执行中）
k_e^s	卖方为承运人的共享任务 e
K^u	发布的请求/共享请求中的一组任务/共享任务
b_{qe}	承运人 e 的 q 组的投标价格
c_{qe}	为承运人 e 的 q 组提供服务的边际成本
l_{qe}	为承运人 q 组服务的边际行程长度 e
d_k	任务 k 从出发地到目的地的直接行程长度
$L(\cdot)$	服务于一组任务的行程长度
α_1, α_2	每公里基本费率和距离而定的运输费率
β	每公里行程成本
p^m	一项任务的市场价格
p^{up}	共享任务的上限价格
P_{k^u}	实际支付任务 K^u 的运输服务费
p'_{k^u}	对于任务 K^u 根据拍卖中竞标的支付
p_q^1, p_q^2	q 组的第一最低价和第二最低价
变量	解释
x_{qe}	1，组 q 分配给承运人 e；0，其他
y_{qe}	1，任务 K^u 分配给承运人 e；0，其他

资料来源：笔者根据研究数据整理。

AS1 的目标是尽量减少托运人为购买运输服务而支付的费用，其公式为式（6-5-1）。AS2 的目标是最大限度地提高承运人的利润，其公式为式（6-5-2）。

$$\min \sum_s \sum_{(k^u \to s)} P_{k^u} \tag{6-5-1}$$

$$\max \sum_e \sum_{k^u} P_{k^u} y_{k^u e} - \sum_e \sum_Q c_{qe} x_{qe} \tag{6-5-2}$$

$$\text{AS1} \begin{cases} P_{ku} = \min\{p^m, \ p'_{k^u}\} & \forall k^u \in K^u \tag{6-5-3} \\\\ p'_{k^u} = p_q^{1} * \dfrac{d_{k^u}}{\sum\limits_{k' \in q} d_{k'}} & \forall k^u \in K^u, \ q \in Q \tag{6-5-4} \\\\ p_q^1 = \min\{b_{qe}, \ \forall e\} & \forall q \in Q \tag{6-5-5} \end{cases}$$

$$AS2\begin{cases} P_{k^u} = \{ p^{up},\ p'_{k^u} \} \qquad \forall\, k^u \in K^u & (6-5-6) \\[2mm] p'_{k^u} = p_q^2\, \dfrac{d_{k^u}}{\sum\limits_{k' \in q} d_{k'}} \qquad \forall\, k^u \in K^u,\ q \in Q & (6-5-7) \\[4mm] p_q^2 = \min \{ b_{qe},\ b_{qe} \ne p_q^1,\ \forall\, e \} \qquad \forall\, q = Q & (6-5-8) \\[2mm] p_q^1\, \dfrac{d_{k^u}}{\sum\limits_{k' \in q} d_{k'}} \leqslant p^{up} \qquad \forall\, k^u \in K^u,\ q \in Q & (6-5-9) \\[4mm] p^{up} = (L(K_e) - L) \qquad \forall\, e & (6-5-10) \end{cases}$$

$$AS1\ \&\ AS2 \begin{cases} b_{qe} = \alpha_1 + \alpha_2 c_{qe} \qquad \forall\, q \in Q,\ e & (6-5-11) \\[1mm] c_{qe} = \beta l_{qe} \qquad \forall\, q \in Q,\ e & (6-5-12) \\[1mm] l_{qe} = L(K_e \cup q) - L(K_e) \qquad \forall\, q \in Q,\ e & (6-5-13) \\[1mm] \min \sum_e \sum_Q b_{qe} x_{qe} & (6-5-14) \\[1mm] \sum_Q x_{qe} \leqslant 1 \qquad \forall\, e & (6-5-15) \\[1mm] \sum_e y_{k^u e} = 1 \qquad \forall\, k^u \in K^u & (6-5-16) \\[1mm] y_{(k^u eq)e} = x_{qe} \qquad \forall\, q \in Q,\ e & (6-5-17) \end{cases}$$

对于 AS1，根据其目标，采用了第一种价格拍卖机制。提出最低价格的承运人将被选为赢家。按需任务的交付服务通常在一定区域内，因此服务费在有限的范围内波动。事实证明，在低价值区间波动拍卖中，第一价拍卖是买卖双方都喜欢的（Hu et al.，2010）。此外，由于中标价就是支付价，因此第一价拍卖对买卖双方来说都比较透明。当市场公平价格明确时，可以保证真实的竞价（Maciej Z，2017）。在 ACRT 中，可以有单个，也可以有多个任务包含在一个组中。我们从拍卖 $p'k^u$ 中推导出某项任务的支付价格，根据所选组的每个任务在其组中的径直长度比例来拆分所选组的竞价价格，如式（6-5-4）、式（6-5-7）所示。通常，托运人 P_k^u 的实际支付与拍卖 $p'k^u$ 的支付价格相同。一个限制条件是，如果 $p'k^u$ 高于市场价格，托运人的实际支付将等于市场价格。在实践中，参与的托运人不愿意支付高于当前市场价值的价格。式（6-5-3）~式（6-5-5）显示了这些约束条件。

对于 AS2，采用第二种价格拍卖机制来确定赢家。第二次价格拍卖为投标人提供了激励，鼓励他们如实出价，并保证将请求分配给运营成本最低的承运人。凭借这一优势，它被广泛地采用在基于拍卖的运输模式中进行承运人合作（Andres Figliozzi et al.，2003；Van Duin et al.，2007；Berger & Bierwirth，2010）。需要注意的是，每个共享任务都有一个上限价格 p^{up}。上限价格与卖方承运人自身完成共享任务的运营成本有关。在本节研究中，我们让上限价格等于卖方承运人完成共享任务的运营成本。这表明卖方承运人对共享任务的最高支付额相当于其自身的运营成本。理想情况下，所有卖方承运人都期望为分包任务支付更少的费用。AS2 拍卖的相关约束条件在式（6-5-6）~式（6-5-10）中描述。如果 $p'k^u$ 低于上界价格，中标的承运人将交出共享任务，卖方承运人的实际支付额 Pku 与 $p'k^u$ 相同。如果 $p'k^u$ 高于上界价格，同时约束条件（6-5-9）成立，则实际支付等于上限价格。否则，共享请求的重新分配失败。采用伯杰和比尔维特（Berger & Bierwirth，2010）提出的两阶段定价机制来确定任务组的出价，其出价在式（6-5-11）~式（6-5-13）中给出。函数 L(·) 返回的行程长度涉及基于转运的路由机制（4.3节）。CA 中的优胜者确定是基于式（6-5-14）~式（6-5-17），其中式（6-5-14）的目的是选择便宜的行程。式（6-5-15）~式（6-5-16）保证从每个承运人的投标方案中不能选择多于一个组别，且每个任务只能分配给一个承运人。

2. 基于转运的任务生成机制

表6-7中符号用于表述此问题：

表6-7　　　　基于转运的任务生成机制符号

标志	解释
o	c 节点（包括零售店和客户站点）
参数	解释
R	各承运人实时的路线集
G_r	候选路径的路径集 r

续表

参数	解释
O_{gr}	路径 g_r 的 c 节点集
$f_p^k(o)$	1，配对任务 k 的包裹从 c 节点 o 处取走；0，其他
$f_d^k(o)$	1，配对任务 k 的包裹是交付给 c 节点 o；0，其他

变量	解释
$x(r)$	1，选择路径 r；0，其他
$y(g_r)$	1，选择路径 r 的路径 g_r；0，其他

资料来源：笔者根据研究数据整理。

如 6.5.2 所述，车辆到 c 节点（如商店或客户现场）执行任务。当车辆访问 c 节点时，可以进行三种操作，即仅取件、仅送货和取件与送货一起进行。此外，要取送的包裹可以属于单个任务或多个任务。所提出的机制旨在寻找载体网络中最不经济的路径。"不经济"被定义为高运营成本，这意味着切断路径可以降低路径的平均成本。我们将路径定义为路线的任何一个或连续的 c 节点。因此，如果一条路线由 M 个 c 节点组成，那么这条路线的候选路径总数为 $M + [M(M-1)/2]$。一个简单的动态路线车辆 $-o1-o2-o3-$ 仓库的例子，路径集是 $\{(o1),(o2),(o3),(o1,o2),(o2,o3),(o1,o2,o3)\}$。虽然为了简单起见，我们假设在我们的模型中忽略了拍卖的执行时间，但应该注意到，在现实世界的操作中，运行中的车辆会不断移动。为了避免一些选定的 c 节点被外包，同时由承运人自己执行，我们在选择不经济的路径时，排除了正在接近运行车辆的 c 节点。例如，在所述路线车辆 $-o1-o2-o3-$ 仓库中，如果排除 $o1$ 进行检查，则外包的候选路径集为 $\{(o2),(o3),(o2,o3)\}$。如式（62）所述，目标是通过排除承运人网络中最不经济的路径，最大限度地节约平均行程成本。

$$\max: \sum_R \sum_{G_r} \frac{\beta L(\cdot)_{(r)}}{N_{(r)}} x(r) y(g_r) - \sum_R \sum_{G_r} \frac{\beta L(\cdot)_{(r/g_r)}}{N_{(r/g_r)}} x(r) y(g_r)$$

$$(6-5-18)$$

$$\sum_R x(r) \leqslant 1 \qquad (6-5-19)$$

$$\sum_{G_r} y(g_r) = x(r) \ \forall r \in R \qquad (6-5-20)$$

$$\frac{\beta L(\ \cdot\ )_{(r/g_r)}}{N_{(r/g_r)}} x(r) y(g_r) \leqslant \frac{\beta L(\ \cdot\ )_{(r)}}{N_{(r)}} x(r) y(g_r) \ \forall r \in R, \ g_r \in G_r$$

$$(6-5-21)$$

注意，(r/g) 是删除路径 g 后的路径 r。式（6-5-19）和式（6-5-20）是为了保证不选择多于一条路径。式（6-5-21）描述了剔除路径后平均成本应该降低。可行的外包路径分为三类：揽收路径、交付路径和独立路径。揽收路径是将外包取货 c 节点。买方承运人按照卖方承运人的要求取回外包包裹，并将其存放在 c 节点上，以便转运并完成下面的交付，我们称这个 c 节点为转运 c 节点。交付路径是外包交付 c 节点。卖方承运人将外包包裹存放在沿途的转运 c 节点，买方承运人从那里取回外包包裹，完成交付。一个配对的取送任务可以由一个取送路径或送达路径组成。一个独立的路径由一组配对的取货和送货任务组成。没有连接卖方承运人和买方承运人的转运 c 节点。式（6-5-22）~式（6-5-24）决定了一条路径是否可行外包，其中，式（6-5-22）制定取货路径，式（6-5-23）描述交付路径，式（6-5-24）为独立路径。如果某条路径满足式（6-5-20）~式（6-5-22）中的任何一个，则该路径外包可行。具体公式如下：

$$f_p^k(o) - f_d^k(o') \geqslant 0, \sum_o \sum_K f_p^k(o) > \sum_o \sum_K f_d^k(o) \ \forall o, \ o' \in O_{g_r}, \ k \in K$$

$$(6-5-22)$$

$$f_p^k(o) - f_d^k(o') \leqslant 0, \sum_o \sum_K f_p^k(o) < \sum_o \sum_K f_d^k(o) \ \forall o, \ o' \in O_{g_r}, \ k \in K$$

$$(6-5-23)$$

$$f_p^k(o) - f_d^k(o') = 0 \ \forall o, \ o' \in O_{g_r}, \ k \in K \qquad (6-5-24)$$

很明显，TTGM 中涉及大量的参数和变量，如任何列举的路径长度或每个包裹和每个节点之间的关系，如果考虑大尺寸的问题，这些都会造成计算复杂度。因此，我们使用以下贪婪搜索来确定最不经济的路径。

3. 基于转运的路径规划

表 6-8 中符号用于表述此问题：

表6-8   基于转运的路径规划符号

参数	解释
Num	可供承运人使用的车辆数量
V	承运人实时运行的车辆数量
r'	新增路线
T_{kp}, T_{kd}	任务 k 的实际提取时间和交付时间，$k \in K^u \cup K$
w_{kp}, w_{kd}	获取任务 k 的最早取件时间和最晚送件时间，$k \in K^u \cup K$

变量	解释
$z(r)$	1，路由 r 参与插入任务；0，其他
$z(r')$	1，增加新的途径；0，其他

资料来源：笔者整理。

回想一下，每个承运人面临的一个问题是将从 AS1 或 AS2 获取的任务实时地安排到当前的路由中，从而重新构建自己的网络。在非转运网络规划中，很容易将一个任务插入一个合适的位置的单一路线中。我们考虑基于实时转发的网络规划，旨在以最小的旅行成本将每个任务 k^u 插入网络中。如图6-15所示，插入任务时可以有多条路线参与。

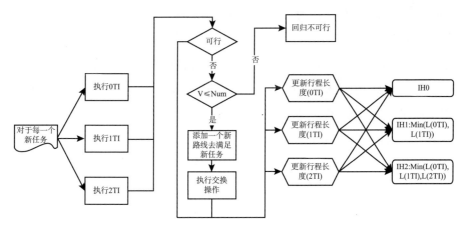

图6-15　插入启发式方法的框架

资料来源：笔者绘制。

通过以下程序可以得到最优的任务插入。

$$\min \sum_R \beta L(\cdot)_{(r \leftarrow k^u)} z(r) + \beta L(\cdot)_{(r' \leftarrow k^u)} z(r') \qquad (6-5-25)$$

$$\min |V| \qquad (6-5-26)$$

$$w_{k_p} \leqslant T_{k_p}, \quad T_{k_d} \leqslant w_{k_d} \; \forall \, k \in K^u \cup K \qquad (6-5-27)$$

$$V \leqslant Num \qquad (6-5-28)$$

注意，如果将任务 k^u 插入集合 R 中是不可行的，可以增加一条新的路由 r' 来完成任务。$(r \leftarrow k^u)$ 描述了插入任务 k^u 时涉及路线 r。式 $(6-5-25)$ 定义了插入任务的出行成本最小化目标。在式 $(6-5-26)$ 中定义了车辆运行的最小化。约束 $(6-5-27)$ 保证取货和送货应满足每个任务的时间窗口。约束 $(6-5-28)$ 保证不违反承运人的可用车辆的容量。基于时间窗口的限制和车辆数量的限制，程序有可能返回一个不可行的解决方案。需要注意的是，每个承运人在拍卖前都会通过 TRM 来检查其任务的运营成本。如果他们从 TRM 中得到一个不可行的结果，他们将不会竞拍，这个任务无论如何也不会通过拍卖分配给他们。这意味着每个承运人从拍卖中获得的所有任务必须是可行的，可以插入他们的网络中。

显然，所有的取货和送货问题都是 NP 难题的（Bouros et al.，2011）。当考虑多个转运时，它将非常复杂。因此，需要为 DPDPTTW 构建一个有效的启发式方法。我们已经为实时网络规划开发了一个任务插入启发式方法。我们研究了插入任务时的插入方法，包括非转运插入（0TI）、一次转运插入（1TI）和二次转运插入（2TI）。所提出的启发式方法包括，基于插入方法开发的非转运插入（IH0）、一次转运插入（IH1）和二次转运插入（IH2）。图 6-15 概述了相关启发式方法和插入方法的框架。可以得出，带 N 次转发的插入启发式方法（IHN）的总体概念是：对于任务，尝试多种方案进行插入，其中可能的插入方法从不转发的插入（由 0TI 实现）开始，到带 N 次转发的插入（由 NTI 实现），选择最佳方案作为解决方案。研究发现，随着转运尝试次数的增加，由于计算的复杂性，计算时间（CPU 时间）大幅增加。由于按需物流的实时管理对时间很敏感，因此，在此部分插入任务时，我们调查了不超过两次的转运。图 6-16 概述了 0TI、1TI、2TI 和

Exchange Operator 的实施程序。

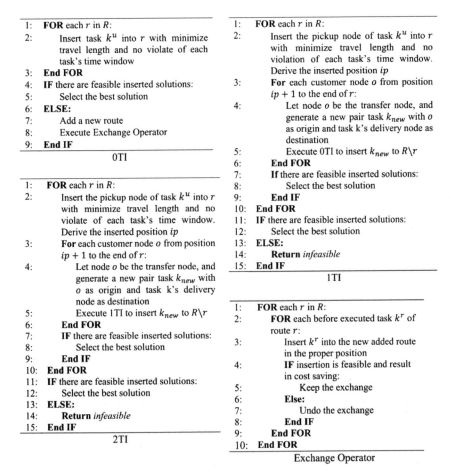

1: **FOR** each r in R:
2:　Insert task k^u into r with minimize travel length and no violate of each task's time window
3: **End FOR**
4: **IF** there are feasible inserted solutions:
5:　Select the best solution
6: **ELSE:**
7:　Add a new route
8:　Execute Exchange Operator
9: **End IF**

0TI

1: **FOR** each r in R:
2:　Insert the pickup node of task k^u into r with minimize travel length and no violate of each task's time window. Derive the inserted position ip
3:　**For** each customer node o from position $ip + 1$ to the end of r:
4:　　Let node o be the transfer node, and generate a new pair task k_{new} with o as origin and task k's delivery node as destination
5:　　Execute 1TI to insert k_{new} to $R\backslash r$
6:　**End For**
7:　**IF** there are feasible inserted solutions:
8:　　Select the best solution
9:　**End IF**
10: **End For**
11: **IF** there are feasible inserted solutions:
12:　Select the best solution
13: **ELSE:**
14:　**Return** *infeasible*
15: **End IF**

2TI

1: **FOR** each r in R:
2:　Insert the pickup node of task k^u into r with minimize travel length and no violation of each task's time window. Derive the inserted position ip
3:　**For** each customer node o from position $ip + 1$ to the end of r:
4:　　Let node o be the transfer node, and generate a new pair task k_{new} with o as origin and task k's delivery node as destination
5:　　Execute 0TI to insert k_{new} to $R\backslash r$
6:　**End For**
7:　**If** there are feasible inserted solutions:
8:　　Select the best solution
9:　**End IF**
10: **End FOR**
11: **IF** there are feasible inserted solutions:
12:　Select the best solution
13: **ELSE:**
14:　**Return** *infeasible*
15: **End IF**

1TI

1: **FOR** each r in R:
2:　**FOR** each before executed task k^r of route r:
3:　　Insert k^r into the new added route in the proper position
4:　　**IF** insertion is feasible and result in cost saving:
5:　　　Keep the exchange
6:　　**Else:**
7:　　　Undo the exchange
8:　　**End IF**
9:　**End FOR**
10: **End FOR**

Exchange Operator

图 6 – 16　所检查的插入方法和交换运算符的解决程序

资料来源：笔者截取的调查实施程序。

6.5.4　结论

在本节中，我们研究了鲜活农产品全渠道按需物流的协作机制。我们开发了 ACRT，它考虑了一个在线平台来实现托运人和承运人等各利益相关者的协作。针对动态的按需任务，设计了一种两阶段组合拍卖机制。托运人和承运人之间采用第一价格拍卖，以减少托运人的支付。然后在第二次价格拍卖中实现任务的重新分配和承运人之间的共享，目的是提高承运人的利润。其他运行机制设计为承运人的决策支持工具。基于转运的任务生成方法用于从承运人的实时网络中识别不经济的路径。根据网络（重构）的更新结果，各承运人可以提供选定的路径进行外包。开发了基于转运的路由算法，支持各承运人进行实时的车辆路径规划。因此，所设计的战术层面的拍卖和运营层面的路由决策是全局系统化考虑的。运营策略将通过竞价影响拍卖的（再）分配和定价，而拍卖效率将对路线（再）优化的结果构成直接影响。通过运输任务的动态生成和共享，实现分级决策的同步化。

本节主要有三个贡献：（1）率先在协同运输背景下，提高了涉及托运人、承运人和城市居民福利的整体社会福利。在交通领域移动设备和数字连接等技术发展的推动下，我们解决了复杂的全渠道按需物流的动态管理。（2）制定了一套有效的 ACRT 机制。TAM 旨在通过有效的任务（再）安排，减少托运人的支付以及增加承运人的利润。TTGM 能有效地识别各承运人网络中最不经济的路径，TRM 有助于 DPDPTTW。（3）我们进行了计算研究，通过模拟企业对客户（B2C）履行、客户对客户（C2C）履行以及 B2C 和 C2C 混合履行等全渠道场景，证明 ACRT 与几种典型运营模式相比，所实现的社会福利的积极影响。结果表明，与其他模型相比，ACRT 可以实现社会福利的积极改善。同时也说明针对 B2C 和 C2C 混合网络的组合规划和实现在理论上是可行的，这也符合物理互联网支持的超互联城市物流的概念。从敏感性分析中我们发现，随着需求密度的增长，货主的福利得到了 ACRT 的显著优化。这也说明，在完成到期时间较紧的任务时，承运人的协作可以产生更多的效益。此外，如果根据实时的市场需求灵活调整 ACRT 的拍卖间隔，则更为合适。

参考文献

[1] Andres Figliozzi M, Mahmassani H S, Jaillet P. Framework for study of carrier strategies in auction-based transportation marketplace [J]. Transp. Res. Rec, 2003, 1854 (1):

162 – 170.

[2] Berger S, Bierwirth C. Solutions to the request reassignment problem in collaborative carrier networks. Transport [J]. Res. Part E: Logist. Transport. Rev, 2010, 46 (5): 627 – 638.

[3] Bouros P, Sacharidis D, Dalamagas T, et al. Dynamic Pickup and Delivery with Transfers [C]//International Symposium on Spatial and Temporal Databases. Springer, Berlin, Heidelberg, 2011: 112 – 129.

[4] Dai B, Chen H. A multi-agent and auction-based framework and approach for carrier collaboration [J]. Logist. Res, 2011, 3 (2 – 3): 101 – 120.

[5] De Vries S, Vohra R V. Combinatorial auctions: A survey [J]. INFORMS J. Comput, 2003, 15 (3): 284 – 309.

[6] Deutsch Y, Golany B. A parcel locker network as a solution to the logistics last mile problem. Int. J. Prod. Res, 2018, 56 (1 – 2): 251 – 261.

[7] Figliozzi M A, Mahmassani H, Jaillet P. Auction settings and performance of electronic marketplaces for truckload transportation services [J]. Transp. Res. Rec, 2005, 1906: 89 – 97.

[8] Figliozzi M A, Mahmassani H S, Jaillet P. Competitive performance assessment of dynamic vehicle routing technologies using sequential auctions [J]. Transp. Res. Rec, 2004, 1882 (1): 10 – 18.

[9] Gansterer M, Hartl R F. Request evaluation strategies for carriers in auction-based collaborations [J]. OR Spectrum, 2016, 38 (1): 3 – 23.

[10] Hong J, Lee M, Cheong T, et al. Routing for an on-demand logistics service. Transport [J]. Res. Part C: Emerg. Technol, 2019, 103: 328 – 351.

[11] Hu A, Matthews S A, Zou L. Risk aversion and optimal reserve prices in first-and second-price auctions [J]. J. Econ. Theory, 2010, 145 (3): 1188 – 1202.

[12] Karaenke P, Bichler M, Minner S. Coordination is hard: Electronic auction mechanisms for increased efficiency in transportation logistics [J]. Manage. Sci, 2019, 65 (12): 5884 – 5900.

[13] Lyu X, Chen H, Wang N, et al. A multi-round exchange mechanism for carrier collaboration in less than truckload transportation [J]. Transport. Res. Part E: Logist. Transport. Rev,

2019, 129: 38 – 59.

[14] Maciej, Zawadzinski. (2017). How do first-price and second-price auctions work in online advertising? URL: https: //clearcode. cc/blog/first-price-second-price-auction/.

[15] Mes M, Van Der Heijden M, Van Harten A. Comparison of agent-based scheduling to look-ahead heuristics for real-time transportation problems. Eur. J. Oper. Res, 2007, 181 (1): 59 – 75.

[16] Mes M, Van Der Heijden M, Schuur P. Interaction between intelligent agent strategies for real-time transportation planning [J]. CEJOR, 2013, 21 (2): 337 – 358.

[17] Oertel P. Routing with reloads [D]. Universität zu Köln, 2001.

[18] Rouhani O M, Geddes R R, Gao H O, et al. Social welfare analysis of investment public-private partnership approaches for transportation projects [J]. Transport. Res. Part A: Policy Practice, 2016, 88: 86 – 103.

[19] Shang J S, Cuff C K. Multicriteria pickup and delivery problem with transfer opportunity [J]. Comput. Ind. Eng, 1996, 30 (4): 631 – 645.

[20] Thangiah S R, Fergany A, Awan S. Real-time split-delivery pickup and delivery time window problems with transfers [J]. CEJOR, 2007, 15 (4): 329 – 349.

[21] Van Duin J, Tavasszy L, Taniguchi E. Real time simulation of auctioning and rescheduling processes in hybrid freight markets [J]. Transport. Res. Part B: Methodol, 2007, 41 (9): 1050 – 1066.

第7章
鲜活农产品拍卖案例实践：花卉拍卖[*]

7.1 问题的提出

    农业是国民经济发展的根本，党和政府一直高度重视"三农"问题，与之紧密相关的是农产品平台型企业的商业模式。平台模式是通过互联网技术催生出的新商业形态且演变成为当前流行的商业模式。平台型企业通过商业模式创新吸引供货商和购买商聚集于网络平台两侧，创新交易机制满足双边市场的不同需求，促进持续的交易与互动的进行，连接各方合作，实现共赢且易于"赢家通吃"。同时带动所涉及的行业发展，最终演化为独特的平台生态系统。但在农业领域，传统农贸市场是最古老的农产品平台型企业。随着国民经济水平的不断提升，消费者对产品质量、消费者体验和文化属性愈加关注，农产品市场环境更加复杂多变，为顺应大势，传统的农产品交易市场不得不改变，进行商业模式创新，在保留原有功能的基础上，采用前沿技术向现代化的农产品综合性交易平台转型，实现传统农产品平台型企业更

---

    [*] 本章节选自秦开大已发表论文：赵帅，李亚城，李文立，秦开大. 平台型企业的商业模式创新及其内在机理——以斗南花卉产业集团为例［J］. 管理案例研究与论文，2019，12（2）：192 - 209.

加长远地发展。以阿里巴巴、京东生鲜、斗南花卉产业集团、本来生活网等为代表的平台型企业已成为传统农产品交易市场商业模式创新的典范和标杆，极大地改变了传统农业的经济形态，并且衍生出了新的行业群体，对国民经济发展影响巨大。

双边市场理论认为，与传统单边市场不同，服务于平台两侧买卖双方市场的平台型企业虽然不为买卖双方提供交易所需的产品或服务，处于中立地位，但通过制定合理的交易机制保证产品交易持续进行与互动。因此，平台型企业与传统企业存在明显不同，平台型企业商业模式是传统企业运用互联网技术进行商业形态发展演化的重要方向。在农业领域，我国农产品参与主体多、分散、规模小，流通环节长，交易成本高。在越来越复杂多变的市场环境和更多层次的市场细分基础上，传统农产品交易模式已难以适应时代发展要求。而区块链、云计算等大数据技术的出现，驱动了传统农产品企业进行商业模式创新，为其向现代化的平台型企业转型提供了一个新契机。因此，我国传统农产品交易市场在保留现有优势的基础上，如何突破瓶颈，创新交易方式，构建现代化的农产品综合交易平台，如何重新设计商业模式，进而驱动服务内容和功能拓展，最终演化为平台生态系统，实现企业的转型升级是亟待解决的问题。

目前，国内外学者更多地注重商业模式创新的理论研究，聚焦于商业模式的定义、纬度和类别及与相关因素的逻辑关联，较少关注商业模式既定理论框架下的过程与内在机理研究。基于此，本章采取单案例研究方法，选取极具代表性的传统平台型企业即斗南花卉产业集团为案例研究对象，它是一个合适的研究对象，一是因为它是我国花卉产业的农业产业化国家重点龙头企业，连续两年位居云南省民营企业百强。二是因为自1999年成立后，它经历了拍卖等交易阶段，再到平台生态系统，多次成功地凭借商业模式创新实现转型升级。因此，本研究划分斗南花卉产业集团的发展历程，聚焦于转型升级中的过程研究，挖掘商业模式创新的内在机理和成功的关键，具有重要意义。

斗南花卉产业集团创立于1999年，并于2005年成为农业产业化国家重点龙头企业。经过 19 年的发展，到 2018 年累计上缴利税上亿元，跻身云南民企百强之列。作为中国最大且唯一的国家级花卉交易市场，斗南花卉市场占国内 70% 的市场份额，连续多年占据全国交易量、交易额、现金流、交易人次第一位。2017 年 1 月 24 日，国务院总理李克强视察斗南花卉市场，明确提出向世界第一迈进的目标，这是对"斗南花卉"商业模式创新的一个重要肯定。通过对斗南花卉产业集团的案例研究，我们发现：斗南花卉产业集团模式（简称"斗南花卉"模式）的独特之处在于引进技术，研发花卉全产业链综合交易云平台，创新营利模式、运营模式和渠道推广模式等商业模式的基本内容，驱动服务内容与功能拓展，最终形成平台生态系统。

7.2　文　献　综　述

本章将从企业生命周期理论与农产品交易平台、商业模式创新与平台生态系统两个方面阐述农产品平台型企业发展过程中的商业模式创新、内在机理及其成功的关键。

7.2.1　企业生命周期理论与农产品交易平台

企业生命周期理论是学术界和实践界研究企业发展历程的经典理论，也是一直关注的重点。商业模式创新的成功是企业迈入更高阶段的强大助力。海尔（Haire，1959）首次运用诞生、成长、成熟、衰退最终至死亡的生命成长逻辑分析企业组织成长历程。钱德勒（Chandler，1962）刻画了始于初始扩张和资源积累，经历集权化、多元化，止步于多分布结构的企业发展历程。爱迪思（Adizes，1988）系统阐述了包含初始、成长、老化三阶段的企业生命周期。企业在发展的不同阶段，面临的困境不同，开展包含组织创新、技术创新、商业模式创新等的创新重点不同。通过不断改良与创新，提升市场地位，实现企业转型升级。而中国的传统农产品交易平台大多处于初始与成长阶段。大数据技术的快速发展与应用，少数平台凭借顺应大势的技术创新和商业模式创新正逐渐从转型发展走向成熟阶段。

国内外学者主要从传统交易市场涉及的参与主体生态链、交易机制、信息管理平台建设、物流管理等方面研究了现有的农产品交易平台现状及其创新趋势。参与主体生态链包含农产品生产、加工、运输和销售等环节的所有经营主体。与其密切相关的是产业链的理论与实践，其正逐渐受到政府、企业和科研组织的重视，关于这方面的研究越发丰富，网络技术的飞速发展促进了以全产业链整体为商业模式的新模式的转变。我国农产品逐步形成以批发市场和连锁超市为核心节点的参与主体生态链，构建完善的农产品诚信交易机制。交易机制的研究一直是比较活跃的学术领域，此研究通过建立农产品质量标准体系，运用创新拍卖交易机制来解决质量安全和价格波动频繁的问题。而融合多种交易功能、市场公益性强的中央批发市场成为未来发展的趋势。互联网技术的发展、电子商务与信息管理平台的发展对农产品市场产生深远的影响，从而解决传统交易信息链缺失的难题。依托互联网和信息技术，运用先进的生产管理理念，构建农产品供应链管理体系。结合 RFID 技术，建立追溯系统，构建农产品信息管理平台。运用物联网技术，设计和应用溯源系统及监管平台，实现所有环节的全程跟踪。整合渠道，建立合作组织，降低成本，提高种植户的积极性和市场参与程度。冷链、物联网技术的发展和普及，构建第三方电子商务服务平台，降低物流成本，降低双重损耗，提高产品价值和市场竞争力。通过技术创新，构建物流信息平台，重构农产品物流体系，加强农村基础设施建设，创新物流运作模式，促进区域农产品电子商务发展。

7.2.2　商业模式创新与平台生态系统

目前，关于商业模式的定义有很多，其关键是保证企业能可持续运作。战略选择、价值网络、价值创造和价值捕获是商业模式的主要因素。客户价值主张、营利模式、关键资源和关键流程是其主要内容。互联网出现前，企业商业模式大同小异，很少变化。而互联网技术的出现为商业模式的创新提供了契机和空间。因此，近年来，商业模式的研究在企业界和学术界变得活跃起来。

互联网技术出现后，企业商业模式不断推陈出新。最近移动互联网的发展和社交媒体的兴起，催生了企业又一轮商业模式的创新热潮。在不同的视角下，内涵各不相同。战略视角下，商业模式创新是"创新驱动发展"战略的重要支撑，也是创新活动的关键形式，更是战略创新的重要形式。在创新要素方面，商业模式创新包含运营模式、营利模式和业务推广模式等方面。因此，在农产品领域，我国农产品企业商业模式的发展过程中，批发市场演化为拍卖市场是趋势。采用以农业合作组织为核心的新型农业产业化模式，加强产学研合作，整合渠道，构建以传统拍卖市场为核心的农产品产业创新联盟。借助物联网技术，完善市场功能和服务内容。创新设计运营模式，提供农产品的全程监管与溯源服务。

纵观现阶段文献研究成果，国内外学者对农产品传统交易市场的运营模式、发展对策及成功案例服务内容的研究丰富了现有的商业模式和创新理论，一定程度上为传统交易市场运营提供了参考依据。然而结合当前时代背景，特别是基于区块链、云计算等大数据前沿技术，通过技术创新向现代化农产品平台生态系统转型的研究比较匮乏，转型过程中的商业模式创新内涵及其内在机理与成功的关键有待进一步深入挖掘。综上所述，在总结前人研究的基础上，本章将采用案例研究方法，以极具代表性的传统交易市场为研究对象。通过实地调研和整理资料，系统地分析了斗南花卉产业集团的发展历程、困境、主要特征及其形成的主要优势，凭借前沿技术创新建立农产品产业链综合交易平台。通过战略创新和机制创新集聚农产品产业链上涉及的各参与主体，形成平台生态系统，进而创新设计平台生态系统的运营模式、营利模式、业务推广模式等商业模式，驱动服务内容与功能拓展，深入挖掘"斗南花卉"商业模式创新的内在机理及其成功的关键，为在其他农产品平台型企业转型升级改造提供有价值的决策参考。

7.3 案例研究

7.3.1 研究方法

案例研究方法已得到学术界的广泛认可。采用案例调查与分析的方法描述、阐释及探索管理现象和问题，不仅可创建新的管理理论，而且还有助于深入认识和求证一般理论在特定情境下的边界。本节采用质性研究方法，原因如下：（1）大数据技术、物联网技术等前沿技术，诱发我国农产品传统交易平台不断升级，形成平台生态系统，其商业模式需要创新，服务内容和功能需要不断拓展。但对于这方面的研究缺乏比较深入的分析。尤其是对于中国农产品供货商规模小、组织程度低的情形，关于产业链云平台的相关研究更是匮乏。案例研究对研究问题缺乏的情形十分有效，通过多方面的数据，实证性地描述和分析案例。（2）本节属于探索性研究，界定的问题产生于我国这一特殊情境下。以极具典型农产品特性的花卉产业为研究对象，旨在探索中国传统农产品交易市场"如何"转型、商业模式如何创新和服务内容、功能如何拓展，属于"How（如何）"类型的范畴。采用案例研究的方法可提供恰当的切入点，根据现实依据，深入挖掘情景因素，得到其他方法难以获得的数据、经验知识，同时获得的结论更贴近实际和极具参考价值。

7.3.2 研究对象

选择"斗南花卉"模式作为研究对象，主要基于以下考虑：首先，花卉产业具有显著的农产品特性，相对于其他农产品更具有研究价值和现实意义；其次，鲜切花是较早运用拍卖机制和互联网销售的农产品，是斗南花卉市场交易的主要品类；再次，云南鲜切花交易占全国的 70% 以上，是我国花卉产业的"风向标"和"价格晴雨表"，其产业集中度高，辐射带动效应明显。最后，"斗南花卉"模式已初见成效。经整理调研材料得到，2017 年斗南花卉市场鲜切花交易量达 65.30 亿枝，交易额为 53.55 亿元，同比增长分别为 7.56% 和 13.40%，相关业态总交易规模已达 150 亿元，花卉旅游收入约为 26.70 亿元。

作为我国花卉产业的农业产业化国家重点龙头企业，斗南花卉产业集团采用全球最先进的花卉交易系统，重新设计交易方式和流程，创新商业模式，拓展服务内容和功能。自 2015 年 12 月 24 日开拍以来，其旗下斗南花卉电子交易中心仅用 8 个月就达到了国内第一代拍市 6 年所能达到的高度，连续多日交易金额达到百万元，成为国内较大的花卉拍卖市场。

7.3.3 数据收集

为保证研究质量的真实性、可靠性和有效性，通过多种途径搜集资料，对多元化的数据和资料进行三角互证，多方位描述研究对象。因花卉产业和斗南花卉产业集团的公共数据较为充裕，本研究主要收集多种来源的资料，分为企业和产业两个层面的数据。其中，企业层面主要来自 2015 年 4 月 ~ 2017 年 6 月研究团队对斗南花卉种植基地、拍卖市场持续走访的调研资料，2015 ~ 2017 年斗南花卉产业集团通稿，还包括截至 2018 年 10 月 28 日前的企业官网信息、高校图书馆数据库、新闻媒体对企业人物访谈和媒体报道及斗南花卉、斗南花卉电子交易平台等微信公众号相关媒体资料；产业层面的数据主要来源于中国和云南多年的统计年鉴、花卉协会的统计数据，还有高校图书馆数据库、艾瑞咨询关于生鲜和鲜花电商的产业报告以及相关新闻资料。遵循数据收集与分析同步的原则，通过数据来源的多样化对研究交叉检验和相互补充，保证数据的交叉一致性。本章研究的资料情况如表 7-1 和表 7-2 所示。

表 7 -1　　　　　　　　　　一手资料汇总

搜集方式	对象	人数（人）	方式	总时长（小时）
半结构化访谈	集团常务副总裁	1	访谈 4 次	8
	集团副总裁	1	访谈 2 次	2
	集团财务部、工程部等相关部门员工	40	访谈 2 次	6
	斗南花卉电子交易中心全体员工	35	培训和访谈 6 次	12

资料来源：笔者根据相关文献整理。

表 7 -2　　　　　　　　　　二手资料汇总

数据来源	途径	二手资料
企业层面的数据资料	公司官方网站	公司相关信息与背景资料
	斗南花卉、斗南花卉电子交易平台等相关微信公众号	公司最新新闻报道、推文与背景资料
	媒体网站	媒体对企业的访谈
	新闻网站、高校图书馆数据库	相关的新闻报道、中英文文献
产业层面的数据资料	统计局	历年的《中国统计年鉴》和《云南统计年鉴》
	艾瑞咨询、中国及云南花卉协会、高校图书馆数据库	新闻报道、鲜花及生鲜产业的调查报告、中英文文献等

资料来源：笔者根据相关文献整理。

7.3.4　研究信度与效度保证策略

根据尹（Yin，2003）的统计和分析推广逻辑思维，本章从信度、构念效度、内部效度和外部效度等方面检验斗南花卉产业集团商业模式研究的有效性和可信度。（1）信度：通过对斗南花卉产业集团的领导、员工访谈与培训，同时参加花卉产业链各参与主体的市场调研与走访，形成现场笔记、培训纪要、访谈文本等一手实地调研资料；再结合媒体相关报道、集团内部资料、中英文学术论文等资料，建立完备的案例研究资料库，便于随时再检验和分析提高研究信度。（2）构念效度：采用多元化证据来源交叉验证方法，融合原始和二手数据，建立数据链。通过实地调研等一手数据和媒体报道、图书馆数据库等二手数据相互验证，形成完整的且可检验的数据链，结合现有文献的相关理论研究，阐述斗南花卉产业集团的发展历程，剖析运营模式、营利模式、业务推广模式等商业模式创新，驱动服务内容和功能拓展，挖掘商业模式创新驱动的内在机理及成功的关键，形成完备的理论框架体系。（3）内部效度：通过企业生命周期理论与现有农产品交易平台、商业模式创新和平台生态系统的文献回顾，界定案例研究情境，审视案例分析的理论模式是否与实证数据上的模式相吻合，确保研究的内部效度。（4）外部效度：研究设计阶段采用企业生命周期理论、全产业链和商业模式理论指导本案例研究，遵循分析性归纳的逻辑。通过对现有理论及文献梳理与衔接，从斗南花卉产业集团发展历程、困境、主要特征与优势中总结出商业模式的基本框架与内容，剖析商业模式创新的内在机理及其成功的关键，同时增加本研究的外部效度。

7.4 案 例 描 述

本章研究基于企业生命周期理论，主要借鉴实地调研获得的企业和产业层面数据资料，将斗南花卉产业集团的发展历程划分为初创期、成长期、改革期。随后从发展历程出发，阐释了集团面临的主要困境。最后描述了斗南花卉产业集团在发展历程中所形成的主要特征和优势。

7.4.1 发展历程

1. 初创期（1984～2007 年）

经访谈集团领导和后期整理调研资料得到，1984 年，斗南种下第一枝商品化的剑兰，之后花卉市场发展强劲，不再局限于昆明地区，还带动周边省市，甚至辐射到南亚和东南亚地区。伴随改革开放的大好形势，1994 年，斗南开辟 8000 平方米土地，建立首个花卉交易市场。不到五年，市场的发展要求就不能再被满足。创立于 1999 年的昆明斗南花卉有限公司（斗南花卉产业集团的前身），兴建了 37333.33 平方米的斗南花卉交易市场，提供传统交易场地，规范鲜花交易。初创时期的斗南花卉产业集团定位不清晰，主要表现为迎合花卉产业传统交易的市场需求、拓展市场机遇、树立品牌意识的经营特征。主营业务为传统交易，交易方式主要有零售、批发和订单等，服务对象为供货商、购买商及第三方服务商，收入来源为场地服务费。商业模式和主营业务单一，主要聚焦于运营模式，体现在市场建设和品牌建设两个方面。截至 2007 年，斗南花卉被认定为中国驰名商标。初创期的发展概况如表 7 - 3 所示。

表 7 - 3　　　　　　　　　　　初创期的发展重点

创建重点	证据示例	关键词
市场建设	1999 年，昆明斗南花卉有限公司成立，兴建斗南花卉交易市场，国家农业部将其确定为全国定点花卉市场	迎合传统交易市场需求、拓展市场机遇
	2000 年，国家林业局、中国花卉协会将其认定为全国重点花卉市场	
	2001 年，斗南花卉市场被上海大世界吉尼斯之最评为"全国最大鲜花交易市场"	
品牌建设	2005 年，国家相关部门联合认定其为农业产业化国家重点龙头企业斗南花卉产业集团注重品牌建设，不断提升品牌知名度和影响力	树立品牌意识
	2007 年，"斗南 DOUNAN 及图"注册商标被国家工商行政管理总局商标局认定为中国驰名商标	

资料来源：历年斗南花卉产业集团通稿、官方网站及相关公众号，经笔者整理得到。

2. 成长期（2008 ~ 2012 年）

在成长期，斗南花卉产业集团将业务拓展到种植、市场经营、花卉物流、人才培养等方面，并逐步向花卉文化旅游、小额信贷等领域渗透，不断扩大斗南花卉产业集团规模，增加市场竞争实力。在组织结构方面，斗南花卉产业集团构建现代企业管理制度，进行职能型结构改革，以适应市场发展需要。同时，建立"德者先、能者上、平者让、庸者下"的竞争和激励并重的用人机制，增强创新实力。经过成长期的运作调整和业务升级，2012年斗南花卉产业集团被评为昆明"十佳"成长型文化企业。在这段时间，集团形成了具有一定竞争优势的核心经营业务，建立良性的企业运营模式，成长期商业模式的重点主要表现是组织结构调整和市场建设。斗南花卉产业集团成长期的发展概括如表7-4所示。

表7-4 成长期的发展重点

创建重点	证据示例	关键词
组织结构调整	2010年，集团总裁王建存携手香港阳光基金、香港荣丰集团，成立昆明斗南国际花卉产业园区开发有限公司即斗南花卉产业集团，建立竞争和激励并重的用人机制	构建现代企业管理制度，进行职能型结构改革
市场建设	2012年，国家相关部门联合认定其为昆明"十佳"成长型文化企业	稳固市场建设
	2010年，投资38.87亿元，建设斗南国际花卉产业园区	
	2012年，被国家农业部确定为国家级斗南花卉市场，其交易额连续多年保持全国第一	

资料来源：历年斗南花卉产业集团通稿、官方网站及相关公众号，经笔者整理得到。

3. 变革期（2013年至今）

在此期间，大数据技术的快速发展与应用，为传统的斗南花卉产业集团向现代化的花卉交易平台生态系统转型升级提供了新契机，从此开启了变革发展征程。斗南花卉产业集团不断更新发展理念，遵循运用大数据思维实现花卉产业链和企业商业模式转型升级的经营方向，重构花卉产业价值链，创新设计多种交易模式，制定并稳步推进"一体两翼，三步走"战略，最终实现搭建平台、集聚资源、拓宽渠道、做强服务的企业目标，完成企业商业模式的转型升级。据调研知，截至2017年底，集团连续两年跻身云南民营企业百强排行榜，拥有在职员工约500人，超过90%的员工低于35岁，超过80%

的员工拥有大中专学历，硕士和博士等高学历人才将近 10 人。这一阶段，集团逐步实现了从"做大"到"做强"的转变，成为全国唯一 4 种交易方式并存的花卉综合交易平台生态系统，战略创新和配合战略创新调整的商业模式创新是集团创新的重点，正在进一步深入。变革期的发展状况如表 7 - 5 所示。

表 7 - 5   改革期的发展重点

创建重点	证据示例	关键词
战略创新	2013 年，斗南国际花卉产业园区管理委员会挂牌成立，制定并稳步推进"一体两翼，三步走"战略	重构花卉产业价值链
	2015 年 1 月，昆明国际花卉展、中国盆景邀请展在斗南花花世界举办	
	2015 年 3 月 8 日，老斗南花卉交易市场关闭，斗南花花世界启用	
商业模式创新	2015 年 12 月 24 日，斗南花卉电子交易中心开拍	创新交易方式和流程
	2017 年，斗南花卉交易市场申请 3A 级景区成功	
	2017 年 6 月，电子结算投入运营	
	2017 年 9 月，成立云科技子公司，开通网上商城与线下体验店	
	2018 年起，斗南花卉交易市场正着力打造 5A 级景区	

资料来源：2015 ~ 2017 年斗南花卉产业集团通稿、官方网站及相关公众号，经笔者整理得到。

7.4.2 主要困境

斗南花卉产业集团在发展的过程中特别是在变革期进行搭建平台、整合资源、制定标准、拓展渠道时面临一些困难，促使其不得不转型升级。

1. 花卉消费的持续升级

来源于原农业部的 2002 ~ 2017 年全国花卉统计数据显示，我国花卉销售总额从 2002 年的 160 亿元增加到 2016 年的 1389.70 亿元，年增长率达到 18.10%。出口额从 2002 年的 2500 万美元增长到 2016 年的 6.17 亿美元，年增长率达到 27.97%。随着国民经济的迅猛发展，花卉消费水平也在稳步提升。通过整理调研资料知，近年来在鲜切花领域，2014 年和 2015 年连续两年销量下降的幅度大于种植面积下降的幅度表明，总体上鲜切花处于供大于求。然而 2016 年的种植面积、销量、销售额较 2015 年分别增长 2.83%、8.42%、12.91%，出现逆转。上述的大幅度逆转上扬现象是花卉消费逐渐由集团消费转变为家庭消费、家庭园艺正逐步兴起的结果，同时也是花卉产业结构调整和品种更新的结果。上述情况均对传统花卉市场所供花卉品质和品种提出了更高的要求，造成一定的冲击。

2. 专业技术人员的迫切需要

消费者对高质量花卉的迫切需求，需要花卉在流通过程中高质量地被加工处理、分级包装和物流运输，以减少此过程中的损失。因此，对花卉行业的专业性、效率有了更高的要求。专业技术人员数量 2016 年较 2015 年增长 6.02%，间接地表明花卉产业的专业性、效率逐渐增强，同样花卉产业的进入门槛逐渐在提高。花卉消费的持续升级，促使花卉行业的从业人员结构需要进一步优化，对专业性强的技术人员需求更加迫切。对于传统的斗南花卉产业集团来说，需要构建现代化的企业管理制度，采用竞争与激励并重的用人机制，吸引优秀的专业技术人员进行花卉产业技术创新和技术进步，以促进花卉产业的不断升级。经调研得到，为适应市场发展要求，2016 年起斗南花卉产业集团已经开始引进专业技术人才，招收大量的大学毕业生，进一步强化竞争与激励并重的用人机制。

3. 大数据技术快速发展与应用，传统花市减少，电子商务销售兴起

表 7-6 的数据显示，传统花卉市场正逐渐减少。区块链、云计算等大数据前沿技术的快速发展与应用，电商销售逐渐兴起。虽然传统交易市场仍然是主流花卉销售最重要的渠道，但其已被年轻消费群体打上"环境差、推广效果差"的标签，不再是花卉消费的首选，借助网络平台的电商销售正逐渐受到青睐。花店、杂货铺、电商等花卉与其他行业相结合的产物替代了传统花卉市场销售的部分功能，正逐渐兴起。此外，传统花卉市场也受到同行业如昆明国际花卉拍卖交易中心（KIFA）和花卉在线等竞争者的威胁。根据昆明国际花卉拍卖中心官网的数据显示：2002 年 12 月 20 日，KIFA 正式运营。2009 年，花卉拍卖交易开始盈利并逐渐抢占市场份额，对传统的

斗南花卉交易市场冲击较大。2018 年，KIFA 鲜切花拍卖交易量 12.76 亿枝，同比增长 16%，成交率达 95%，日成交量为 800 万~1000 万枝，是一家基于互联网技术的花卉交易、服务平台。现有或潜在的竞争者迫使斗南花卉产业集团迫使改变原有发展重点，拓展花卉交易方式，创新商业模式。

表 7-6   2015~2016 年全国花卉经营实体汇总

项目	单位	2015 年	2016 年
花卉市场	个	3220	3029
花卉企业	个	84978	79512
大中型企业	个	15592	14108
花农	户	1751122	1639133
从业人员	人	5185430	5053523
专业技术人员	人	233565	247616

注：大中型企业是指拥有超过 3 万平方米种植面积或超过 500 万元年营业额的企业。
资料来源：原农业部的全国花卉统计数据及 2015~2017 年斗南花卉产业集团通稿、官方网站、相关公众号，经笔者整理得到。

4. 花卉产业链上各参与主体群体特征复杂

花卉行业群体特征是斗南花卉产业集团改革期商业模式创新过程中不得不面临的困境，主要体现在：其一，各参与主体教育背景差异大，其对信息化应用水平不一，行业门槛低。全产业链流通体系中，既存在由龙头企业、采后服务中心等组成的大型供货组织，经销商、连锁网点、大型超市等组成的大型分销组织，以及第三方物流服务组织（见图 7-1），又存在规模小、分散，组织化程度低的种植户、经纪人等小型组织。整理调研资料得到，云南花农达到 29.80 万户，种植面积 88333.33 万平方米，每户平均为 2666.67 平方米。从整体上来说，花卉产业链上涉及经营主体多、规模小、组织化程度低，信息应用水平不一，行业门槛低。其二，敏感性和关注重点不一。以鲜切花为例，上游如种植户、经纪人等经营主体的价格敏感性较大，关注但不探究产品质量对价格的影响，产品交易更注重产品属性；而下游的经营主体更关注产品质量、消费者体验和文化属性，对价格敏感性较低。其三，对云平台设计的需求呈现多样性特征。其四，涉及的参与主体多而复杂，导致云平台研发和设计难，在一定程度上限制了花卉产业链云平台的应用与推广。其五，涉及的物流节点多，流通环节多，效率低，导致平台研发成本高。以鲜切花的流通为例（见图7-2），流通环节多导致物流运输业技术标准缺位，设施设备不足，产业配套不全，增加研发难度。花卉产业链上各参与主体群体特征复杂，带来斗南花卉产业集团的平台应用服务推广应用难、市场把控难和设计难等问题。

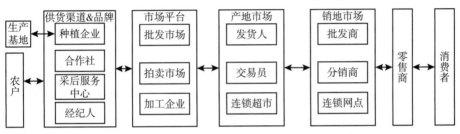

图7-1　我国鲜切花全产业链生产流通基本结构

资料来源：笔者绘制。

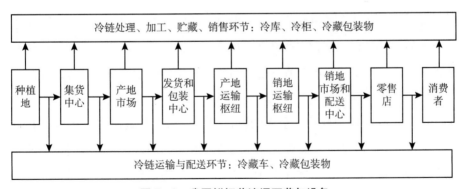

图7-2　我国鲜切花流通环节与设备

资料来源：笔者绘制。

7.4.3 主要特征与优势

斗南花卉产业集团发展重点的调整主要受所处宏观环境的影响,具备以下特征:

(1)政策引导。随着中央和省区市各级党委政府政策的不断调整,集团审时度势,以国家和省市的产业政策为导向,积极调整自身发展重点,获得了迅猛发展,始终是花卉产业的龙头企业。

(2)需求引领。随着国家经济飞速发展,花卉消费的不断升级,市场规模的不断扩大,促使斗南花卉产业集团不断调整发展策略,抢占市场份额,增强自身竞争力,始终是花卉产业的引领者。

(3)市场诱导。纵观斗南花卉产业集团的发展历程,花卉市场环境的不断变化,促使其时刻调整发展重点,紧跟花卉市场的发展趋势,满足花卉产业的发展要求,始终处于花卉行业的领先地位。

(4)技术驱动。科学技术的每次更新与应用,都将带来商业模式的改变。特别是区块链、人工智能、云计算等大数据前沿技术的快速发展与应用,为传统的花卉交易市场向现代化的农产品平台生态系统转型升级提供了新的契机。科学技术的更新与应用,驱动斗南花卉产业集团不断研发最先进的农产品交易平台,创新农产品平台生态系统商业模式,逐步完成了传统的花卉交易市场向现代化的花卉交易平台生态系统的转型,成为花卉产业的行业标杆。

(5)人才和机制推动。企业的良性发展,离不开资深的业务专家和骨干。斗南花卉产业集团不断强化竞争与激励并重的用人机制,吸引、招募具有专业特长和丰富经验的优秀人才,优化人才结构,充实人才数量,塑造高水平的人才队伍。经调研了解到,截至2017年底,斗南花卉产业集团拥有在职员工约500人,已形成一支年轻化、技术能力强、高学历和高水平的专业人才队伍,为全面实施集团发展战略提供有效保证。通过制定、完善和健全花卉标准化体系,整合各类资源,拓展供货、分销和第三方服务等渠道,创新斗南花卉产业集团的商业模式，提升服务质量，通过技术创新实现花卉全产业链全面升级。斗南花卉产业集团在发展过程中积累了一些自身的优势，主要有：

①一定程度上整合了花卉产业供货、分销和第三方服务等渠道，降低了供货商和购买商的信息搜寻成本，提高了交易效率。

②聚集了人气，激发了市场活力，为其他衍生增值服务提供发展机会。

③形成了以线下交易为核心，线上交易作为补充的交易模式。提供更多的选择并丰富了交易多样性，满足不同细分市场的需要。

④较好地处理"剩余"，实现供需匹配，避免资源浪费。

7.5　案例分析与发现

在借鉴现有平台型企业商业模式的基础上，斗南花卉产业集团通过与高等院校、科研机构进行产学研合作，自主研发国内第一条花卉自动分拣流水线，采用先进的花卉拍卖系统，集聚、整合和重组各参与主体，构建全产业链综合交易平台生态系统，进行运营模式、营利模式、业务推广模式等商业模式创新，驱动服务内容和功能拓展，逐步形成花卉全产业链生态系统，实现传统农产品企业平台化转型。

7.5.1　商业模式的基本框架

花卉产业链综合交易平台生态系统综合集成以质量保证体系为基础的各种交易类型的线上和线下交易模式，充分发挥生鲜农产品特别是优质农产品的品质优势，满足不同细分市场供购群体的需求。斗南花卉产业集团创新设计线上与线下渠道相结合的交易机制，构建从始端到终端的全产业链商业模式（见图7-3）。根据花卉产业链上各用户群体的需求实现信用中介变现、场地需求变现、物流服务需求、一体化结算与信用评价需求变现、数据需求服务变现及产业链生态效应的变现，并将产生的收益投入质量管理与检验、溯源体系和防伪体系，利益反补农户种植经营、农业科研与教育，最终实现农户增收、企业增效、政府增税、消费者收益等多方共赢的目标。据 2017 年斗南花卉产业集团发布的通稿，2016 年斗南花卉产业集团实现交易量 2.40 亿枝，交易金额为 1.60 亿元，并以每年 25% 的增长率递增，累计上缴利税上亿元。花农人均收入 1.80 万元，花卉亩均产值 3.70 万元，最高亩产值超过 120 万元。2016 年和 2017 年，集团连续两年入围云南非公企业百强。

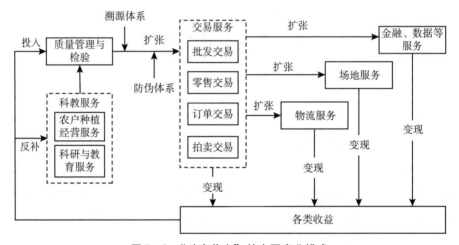

图 7-3 "斗南花卉"的主要商业模式

资料来源：笔者绘制。

7.5.2 商业模式的基本内容

斗南花卉产业集团构建产业链云平台生态系统，为经营主体生态链提供更方便、快捷、实用的服务。借助前沿技术，进行运营模式、营利模式、业务推广模式等商业模式创新，集聚、整合和重组各经营主体，集聚更多的人气，形成规模效应与辐射效益，促进产业链云平台的升级改造，促进花卉产业的发展与转型升级。

（1）以全产业链综合服务平台为核心，以第三方物流商和金融机构为支撑的运营模式。通过整合供货渠道、分销渠道、第三方服务渠道和交易市场渠道，建立以农产品市场为核心，连接产地集货中心和销地配送中心的全产业链参与者网络体系，最终形成以产业链综合服务平台为核心，以第三方服务商和金融机构为支撑的运营模式。斗南花卉产业集团通过开发产业链云平台，重组和优化产业链流程，集聚和整合参与主体生态链，形成规模效应、集聚效应、辐射效应和示范效应。以信用管理和信用评价为手段，提高参与主体生态链的信用水平，以供购网络整合为核心，提升参与者网络的健壮性。以质量标准体系为根本，以溯源体系和防伪体系为保障，做大做强交易主营业务，做优做好物流配套业务，做快做实产业地产业务，积极拓展衍生增值业务，探索土地流转、贸易补偿和银企合作的新模式，提供技术、资金、流通的全方位支持，实现传统交易市场的转型升级，最终形成以全产业链云平台为核心，以第三方服务商和金融机构为支撑的运营模式（见图7-4）。据集团副总董瑞透露，截至2017年，与花卉相关的包装、物流等商家集聚园区，中国农业发展银行、农业银行、工商银行、中国银行等十多家银行入驻市场，斗南花卉市场成为国内最集中的花卉企业集群发展、产业聚集区和5A级诚信市场，各大银行给予AA+信用评级，综合授信超过45亿元。

（2）以交易业务为核心、以产业地产业务为基础且极具收益持续增长能力的营利模式。随着大数据技术的快速发展与广泛应用，构建全产业链云平台生态系统，建立以交易业务为核心，以产业地产业务为基础的持续增长的营利模式是趋势。调研资料整理得到，2017年，斗南花卉市场鲜切花日均交易量约为1789万枝，日均交易额约为1467万元。全年人流量逾753万人次，直接交易的参与者中供货商和农户达3万户，合作社和品牌近1000个，经纪人达6500人，发货商近1000家[①]。集团以合适的质量保证体系、

① 陈静. 中国最大花卉交易市场云南斗南2017年鲜花交易额逾50亿元［N/OL］.（2018-2-27）［2020-8-2］. https：//www. sohu. com/a/224350939_123753.

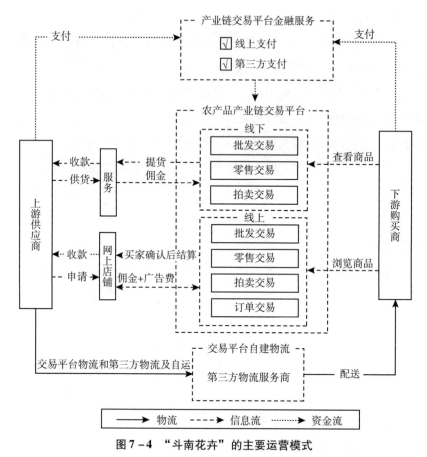

图7-4 "斗南花卉"的主要运营模式

资料来源：笔者绘制。

产品溯源体系和防伪体系为前提和基础，开展零售、批发、订单和拍卖等线上和线下交易模式，充分运用各种交易模式互补、线上和线下交易互补的特征，扩大参与主体的群体规模，提供交易业务、物流业务、一体化结算和信用评价业务、产业地产业务及其他增值业务，形成以交易业务收益为核心，以产业地产业务为基础，积极扩展数据业务、关联产品和服务等增值服务，花卉相关产业年均产值50亿元的"斗南模式"已初见成效，并继续保持较高速度持续增长（见图7-5）。

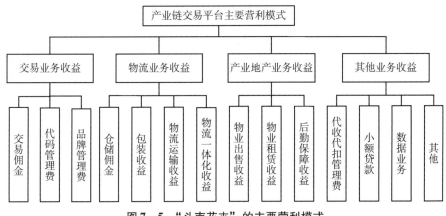

图 7-5 "斗南花卉"的主要营利模式

资料来源：笔者绘制。

（3）以流通渠道为基础，应用服务渠道为重点，用户群体渠道为延伸的业务推广模式。生鲜电商将是互联网行业发展的新风口。目前，国内生鲜电商已进入调整期，生鲜电商的出路成为生鲜电商、农村电商和国内外学者一直关注的重点。斗南花卉产业集团集聚和重组用户群体，整合供货、分销、第三方服务等传统渠道，利用自身的对手交易市场和拍卖市场的优势，优化交易市场渠道，实现市场细分。搭建产业链云平台，采用供需匹配的营销模式，在传统渠道逐步推广。同时在产业链云平台渠道自上而下、自底而上推荐，以云管理平台为核心辐射推广。提高用户群体的收益，形成良好的口碑，充分运用移动互联、物联网等前沿技术，以用户群体为介质宣传推广。积极开展新媒体和传统媒介相结合的推广方式，扩大影响力和辐射力，最终形成以传统渠道推荐为基础，应用服务渠道推荐为重点，用户群体渠道推荐为延伸的推广模式，促进产业转型升级目标的实现。

7.5.3 服务内容和功能拓展

农产品市场交易平台的创新设计，缩短了中间环节，集聚了各参与主体，极大地拓展和延伸了为经营主体生态链提供的服务内容和领域（见图 7-6）。

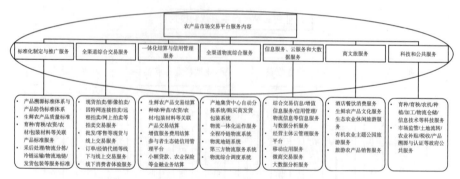

图 7 - 6　我国农产品市场交易平台服务内容设计

资料来源：笔者绘制。

1. 标准化制定与推广服务

标准化制定与推广服务是最基本的服务。大数据技术情境下，标准化制定与推广服务的内容更丰富，范围更广泛，形式更多样，主要包括溯源、防伪、质量等标准体系制定和推广服务。首先，基于"互联网＋"技术，建立溯源体系，确保产地和质量；其次，基于 RFID 技术等多种前沿技术，建立全程防伪体系，从源头上实现了质量监控；再次，在原有质量标准的基础上，逐步形成以产品类、经营主体类、物流类、结算类、数据字典类为核心的产品质量标准体系，为交易平台提供产品质量保证；最后，通过传统流通渠道、云平台渠道和用户渠道进行业务推广，形成统一规范的产业标准体系。标准化制定与推广服务是一项长期而复杂的系统工程，必须吸纳各方力量共同参与制定，推动溯源系统和标准化体系建设。随着花卉拍卖和电子结算稳健地运营，标准化体系已初步建立，可溯源和全程跟踪体系已初步实现，41 项花卉标准已陆续推广实施，正向行业标准和国家标准迈进，斗南花卉产业集团逐渐成为一个标准化制定与推广中心。

2. 全渠道综合交易服务

全渠道综合交易服务是最核心的服务。集团借助大数据前沿技术，研发产业链云平台，交易的产品种类更多，范围更广，交易方式更多样化，实现线上与线下等渠道的融合。首先，以集成专场拍卖、拍前预售等现货拍卖交易为基础，采用区块链、移动互联、云计算等技术，向因特网连接、远程、网上等线上拍卖交易方式演变；其次，围绕拍卖交易主营业务，采用云计算和大数据技术，建立电商和微商交易平台，逐步实现传统交易电子化，线上和线下交易相结合，最终实现多种模式的深度融合；最后，拓宽交易的品种分类，集聚第三方服务组织，建立全产业链云平台，实现关联产品、衍生服务的电子结算交易。经整理调研资料得到，2017 年 6 月对手交易电子结算投入运营，逐步提供以拍卖交易为核心，零售、批发与订单交易错位发展，线下渠道和线上渠道相结合的交易服务。截至 2017 年 12 月，入驻园区的中小微型企业、经营主体户数达到 2200 多家，集聚花卉经纪人上万名，从业人员 2.40 万人，年交易金额 200 亿元，全产业链上的全渠道综合交易服务中心已见雏形。

3. 一体化结算与信用管理服务

在传统的交易结算基础上，拓宽交易方式，逐渐向零售、批发、订单、拍卖、关联产品、关联服务等线下与线上交易一体化结算和信用中介、信用评价等信用管理服务拓展。首先，建立一体化结算平台，在传统的交易结算基础上，逐步实现交易电子化结算及有形产品与无形服务的电子化结算，最终实现全流程环节的一体化结算。其次，基于交易信息，进行信用评价，为参与主体生态链提供信用管理服务；基于信用管理，提供金融业务及支付。随着花卉拍卖和电子结算投入运营，集团通过集聚参与主体，整合渠道，以"斗南花卉"品牌为龙头，提升各渠道、其他社会化服务品牌和信用等级，为花农提供技术、资金、流通等全方面支持，逐步演化为产业链的一体化结算与信用管理中心。

4. 全渠道物流综合服务

斗南花卉产业集团不再只是提供简单的内部物流服务，而是通过构建产业链物流服务平台，结合自动化、冷链与物联网技术，提高物流服务效率，提升物流服务水平，最终实现产业链的物流一体化运作和调度。一是采用自动化、物流冷链等技术，构建自动分拣、发货包装和物流地链等系统，实现园区内物流一体化运作，降低双重损耗，减少运营成本。二是建立以斗南花卉产业集团为核心的、连接产地集货中心与销地配送中心的全程冷链物流体系。产地集货中心集供货前的业务流程于一体，具备远程质检、远程供货、休闲娱乐等功能；销地配送中心提供转运、入库分拣、配送以及消费者体验等业务和配送中心间的资源共享，最终实现供应链物流流程的重组与优化。三是建立物流运输标准，建立全程冷链物流运输系统。四是在农产品物流运输平台的基础上，构建提供关联产品和服务的物流运输服务平台。五是建立全产业链物流综合服务平台，完成物流资源的统一调度和一体化运作。斗南花卉产业集团自主研发国内第一条花卉自动流水线，在建立 11 个集货点的基础上，扩大集货点数量，覆盖花卉主产区，已初步建立花卉现代物流的雏形。同时借助前沿技术，构建从原产地到终端的物流综合信息平台和大数据中心，最终演化成全渠道物流综合服务中心。

5. 信息服务、云服务和大数据服务

采用大数据核心技术，信息服务范围、内容获得无限延伸，在传统交易信息服务的基础上，逐渐向全产业链信息云平台和大数据中心转变。一是除提供实时交易信息获取服务外，运用移动互联网技术，提供关联产品与服务的综合和增值信息服务，建立开放式的全产业链云信息服务平台。二是基于全产业链云信息服务平台，通过云计算技术，建立产业链云数据分析平台，提供数据分析服务。三是建立产业链云管理平台，为经营主体提供云管理服务。四是导入经营主体的自有供购网络，建立微商交易平台。五是运用大数据技术，挖掘产业链上的数据，获取有价值的信息，为各经营主体提供决策支持。据调研资料整理得到，2017 年 9 月，斗南花卉产业集团成立云科技子公司，开通网上商城与线下体验店，集成花卉信息系统，提供信息、云管理和大数据服务，提升参与主体生态链的经营决策能力，逐步演变为产业链的信息服务、云服务和大数据服务中心。

6. 商文旅服务

农产品综合服务平台不再仅仅提供拍卖交易服务，还提供零售、订单、批发等多种交易服务，这就为斗南花卉产业集团从传统单一的交易市场向覆盖产业链的商业、文化、旅游服务中心转变提供了可能。在传统交易业务的基础上，斗南花卉产业集团提供关联产品、关联服务的交易服务（含土特产），及文化、旅游、餐饮等服务。同时，建立与商文旅休憩相关的线上服务平台，成为集生态农业休闲旅游、有机农业主题公园、旅游农产品销售于一体的商文旅服务中心，逐步实现建设全国一流特色小镇的目标。

7. 科技和公共服务

从科技和公共服务本身看，不断吸引政府公共服务部门入驻，为参与主体生态链提供科技公共服务的内容、范围及方式得到了巨大的提升。首先，斗南花卉产业集团为各经营主体提供育种、种植、采后处理、加工、物流仓储、信息技术、质量检测等科技研发与推广服务；其次，吸引昆明海关、市场监督等平台入驻园区，提供市场监督、土地流转、产品溯源与认证等服务；最后，逐步建成与公共服务相关的线上与线下服务平台，成为全产业链的科技和公共服务中心。

7.5.4 案例发现

1. 商业模式创新的内在机理

借助已有的企业生命周期和商业模式创新理论，基于上述对斗南花卉产业集团的运营模式、营利模式、业务推广模式等"斗南花卉"商业模式诸方面的分析发现：斗南花卉能够如此快速成长，其核心是充分运用前沿技术和大数据思维，进行产业渠道整合和市场细分，构建以平台型斗南花卉产业集团为核心的产学研协同驱动的"政府—高校—企业"的创新战略联盟（见图7-7），深化花卉及相关产业融合创新，加强技术创新和机制创新，符合商业模式创新的相关理论研究。与以往研究不同的是，在复杂多变的外部环境和商业模式下，斗南花卉产业集团除了从同行业竞争者 KIFA 的驱动链条、驱动路线、驱动形式及创新体制保障等方面外，还从驱动技术、驱动环境的视角出发，不断进行技术和商业模式创新，进而提升斗南花卉产业集团的软实力。其中，驱动环境和驱动技术构成"斗南花卉"商业模式创新的基础和动力源，机制创新、组织创新、技术创新、商业模式创新是斗南花卉产业集团的外在表现形式, 图 7 – 7 显示了"斗南花卉"模式的内在机理。

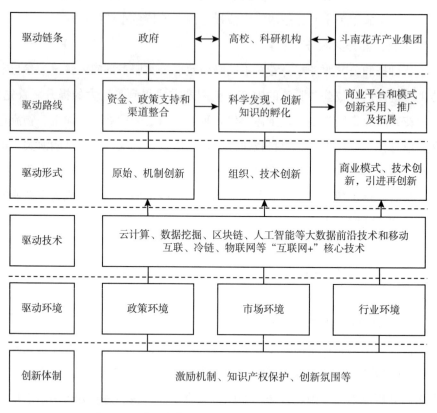

图 7 –7　"斗南花卉"模式创新的内在驱动机理

资料来源: 笔者绘制。

对于斗南花卉产业集团而言, 能够敏锐地认识到市场环境的变化和特征, 以互联网前沿技术为基础, 凭借技术创新重新构建花卉全产业链综合服务平台。通过机制创新、制度创新、管理创新集聚各参与主体生态链, 培育平台生态系统。创新商业模式的基本内容重构实现路径, 成就了"斗南花卉"模式的创新及其商业成功。本研究在商业模式理论研究的基础上, 更注重于企业发展过程中商业模式创新的过程研究和控制, 从斗南花卉产业集团实践中汲取并剖析出商业模式创新成功的内在机理，进一步丰富和完善了商业模式理论。

2. 商业模式成功的关键

斗南花卉产业集团由传统的花卉交易市场向现代化的花卉产业链综合服务平台转型升级，最终演化为平台生态系统，需要政府、科研机构和高等院校、第三方服务机构以及花卉产业链上各参与主体的协调配合。对企业而言，成为行业的龙头企业和标杆必须依赖于企业商业模式的不断创新，商业模式创新离不开企业运营模式、营利模式、渠道推广模式等方面的创新。商业模式的成功且不容易被模仿与超越，才能确保其始终处于行业的领先地位。构建斗南花卉产业集团为核心、产学研合作协同驱动的"政府—高校—企业—农户"的商业模式创新联盟（见图 7 - 8），各方扮演不同的角色，发挥不同的功能，业务流、资金流、信息流在联盟内循环流动。充分运用大数据思维，采用区块链、云计算等前沿信息技术，引进外资和技术创新自主研发最先进的花卉拍卖系统，构建花卉全产业链综合交易平台。同时，在复杂多变的市场环境和消费者需求下，斗南花卉产业集团不断提升创新战略联盟的协同创新能力。稳步推进"一体两翼"战略和"三步走"战略，通过业务流、信息流、资金流在"政府—高校—企业—农户"间循环流动，不断创新和调整战略重点，符合花卉产业发展要求，进而为商业模式创新成功指引方向。通过一系列对技术创新、管理创新、机制创新和组织创新，降低甚至消除花卉相关产业间的界限与隔阂，实现不同产业间的深度融合发展，延伸花卉产业链，最终演化为花卉全产业链平台生态系统，实现斗南花卉产业集团的转型升级。

斗南花卉产业集团商业模式成功的关键之处在于战略创新，也就是以斗南花卉产业集团为核心，政府、高校和第三方机构协同的创新战略联盟，这些与花卉产业转型升级实现路径相关理论研究相契合。与以往成果不同的是，本章研究进一步深入挖掘了花卉产业链上各参与主体的关联，揭示了所构建的创新战略联盟内在运作原理，剖析出了斗南花卉产业集团商业模式创新的关键，并为其商业模式创新的内在机理做了进一步补充与完善。

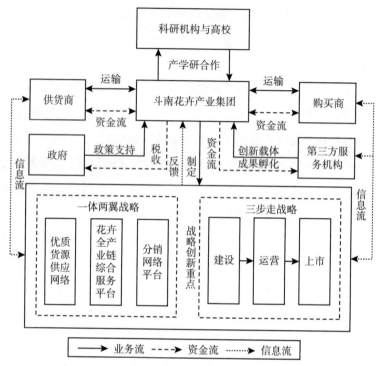

图7-8 "斗南花卉"商业模式创新战略联盟

资料来源：笔者绘制。

通过上述对斗南花卉产业集团的案例剖析，明确了斗南花卉产业集团商业模式的基本框架与内容，拓宽了服务内容和功能，探索出"斗南花卉"商业模式创新的内在机理和成功的关键，同时对我国其他农产品传统平台型企业商业模式的创新发展极具参考价值。尽管该企业在大数据时代背景下，通过技术引进与创新的手段，实现商业模式创新，服务内容和功能拓展，经济上的成效已初见端倪，但其发展中存在的一些问题仍然不容忽视。斗南花卉产业集团近几年的快速发展不仅得益于我国经济快速增长，更得益于我国政策的大力支持。但大数据时代背景下的不确定因素越来越多，斗南花卉产业集团开展拍卖交易及其相关业务时间尚短，是否能够适应未来环境的变化还有待实践的进一步检验。

7.6　结论和建议

本章的目的是以斗南花卉产业集团为案例研究对象，挖掘"斗南花卉"商业模式创新的内在机理和成功的关键，为我国其他农产品平台型企业破解现有交易困境提供可操作的参考路径。在现有研究的基础上，我们以斗南花卉产业集团为案例对象，首先论述了大数据情境下斗南花卉产业集团的发展历程、困境、主要特征与优势。在此基础上，借助大数据、移动互联等前沿技术，通过技术创新构建了花卉产业链综合服务平台，凭借管理创新、机制创新，进行运营模式、营利模式、业务推广模式等商业模式创新，形成农产品综合服务平台生态系统，探索出"斗南花卉"模式创新的内在机理及成功的关键。"斗南花卉"的商业模式已初见成效，能为其他农产品平台型企业商业模式的创新发展提供有价值、可操作和科学的参考依据。

本章研究的贡献主要归结为以下三个方面：

（1）针对我国现有农产品平台和商业模式创新研究的不足，以大数据时代情境为切入点，对斗南花卉产业集团的发展历程、困境、主要特征和优势进行了阐述，从运营模式、营利模式和业务推广模式方面分析商业模式创新及其内在机理，一定程度上对现有理论进行了必要的补充。

（2）本章提出的商业模式创新，驱动服务内容和功能拓展，实现传统平台型企业的转型升级是具有一定可操作性的，能够为其他农产品发展提供有借鉴意义的策略指导。

（3）本章采用单案例分析研究方法，较为详尽地描述了斗南花卉产业集团的发展历程、困境、特征与优势等方面，从商业模式创新的角度出发，挖掘"斗南花卉"商业模式创新驱动的内在机理及其创新成功的关键，为有实力的企业结合自身实际情况实施类似的策略提供理论依据和决策支持。

本章研究在以"斗南花卉"商业模式为案例剖析的过程中，一方面采用单案例分析方法，忽略了产品种类、产地环境和企业实力的差异性对商业模式基本框架、服务内容与功能拓展、商业模式创新的内在机理及其创新成功关键的影响，"斗南花卉"商业模式的可推广性值得深入研究。另一方面，斗南花卉产业集团模式运营时间短，虽成绩斐然，但在复杂多变的环境下，如何持续保持强大的竞争力有待进一步研究。

参考文献

[1] 陈长喜，许晓华. 基于物联网的肉鸡可追溯与监管平台设计与应用 [J]. 农业工程学报，2017，33（5）：224 - 231.

[2] 陈同扬，马红伟，李辉. 企业创新发展过程中的企业家角色转换——以联想为例 [J]. 管理案例研究与评论，2018，11（3）：252 - 264.

[3] 程愚，孙建国. 商业模式的理论模型：要素及其关系 [J]. 中国工业经济，2013（1）：141 - 153.

[4] 邓俊森，戴蓬军. 供应链管理下鲜活农产品流通模式的探讨 [J]. 商业研究，2006（23）：185 - 188.

[5] 董洁林，陈娟. 互联网时代制造商如何重塑与用户的关系——基于小米商业模式的案例研究 [J]. 中国软科学，2015（8）：22 - 33.

[6] 冯长利，兰鹰，周剑. 中粮"全产业链"战略的价值创造路径研究 [J]. 管理案例研究与评论，2012，5（2）：135 - 145.

[7] 胡定寰，Fred G，Thomas R. 试论"超市 + 农产品加工企业 + 农户"新模式 [J]. 农业经济问题，2006，1：36 - 39，79.

[8] 胡俊波. 农产品电子商务发展模式研究：一个模式构想 [J]. 农村经济，2011（11）：111 - 113.

[9] 颉茂华，袁岚，包丽丽，等. 架构创新对企业财务绩效的影响路径——基于吉利创新实践的分析 [J]. 管理案例研究与评论，2018，11（1）：89 - 103.

[10] 康刚. 我国农产品物流体系的重构与运作模式创新研究 [J]. 湖北社会科学，2012（1）：87 - 90.

[11] 李琳，范体军. 基于 RFID 技术应用的鲜活农产品供应链决策研究 [J]. 系统工程理论与实践，2014，34（4）：836 - 844.

[12] 李巍，董江原，杨雪程. 平台型企业商业模式创新的路径及实现机制——基

于秒银科技的案例研究 ［J］. 管理案例研究与评论，2018，11（4）：333 – 348.

［13］李泽华. 关于发展我国鲜活农产品拍卖市场的思考 ［J］. 农业经济问题，2002（7）：53 – 56.

［14］李志博，米新丽. 农产品批发市场公益性职能缺失的经济分析 ［J］. 经济问题，2017（91）：110 – 114.

［15］綦方中，郑婷婷，潘凤钗. 基于第三方电子商务平台的农产品物流模式分析 ［J］. 农业经济，2012（11）：106 – 108.

［16］秦开大，赵帅，秦翠平. "互联网 + 现代农业" 趋势下主导产业选择模型及路径分析 ［J］. 科技进步与对策，2016，33（12）：67 – 72.

［17］苏敬勤，崔淼. 工商管理案例研究方法 ［M］. 北京：科学出版社，2011.

［18］苏昕，于仁竹，张晓雨. 我国农产品诚信交易机制设计研究——基于农民专业合作社视角 ［J］. 宏观经济研究，2014（4）：10 – 17，26.

［19］吴小丁. 我国生鲜农产品流通的中央批发市场制度构想 ［J］. 商业经济与管理，2014（2）：13 – 21.

［20］曾亿武，郭红东. 农产品淘宝村形成机理：一个多案例研究 ［J］. 农业经济问题，2016（4）：39 – 48，111.

［21］张复宏，罗建强，柳平增等. 基于物联网情景的蔬菜质量安全社会化监管机制研究 ［J］. 中国软科学，2017（5）：47 – 55.

［22］周益冲，陈耿宣，江舞. 我国农产品批发市场的治理结构——从"对手"交易到"拍卖"交易 ［J］. 农村经济，2016（1）：113 – 118.

［23］朱苗绘，秦开大. "互联网 +" 时代生鲜农产品拍卖市场的功能变迁 ［J］. 现代经济探讨，2016（9）：82 – 87.

［24］朱苗绘，秦开大. 生鲜农产品拍卖市场服务模式再构——基于"互联网 +"的视角 ［J］. 学习与实践，2016（9）：35 – 44.

［25］Adizes，I. Corporate life cycles：how and why corporations grow and doe and what to do about it ［M］. England Cliffs：Prentice Hall，1988.

［26］Alene Arega D，Manyong V M，et al. Smallholder market participation under transactions costs：Maize supply and fertilizer demand in Kenya ［J］. Food Policy，2008，33（4）：318 – 328.

［27］Balaeaman P，Kosalram K. E – ecommerce evaluation and e-business trends ［J］. International Journal of Information Engineering and Electronic Business，2012，4（5）：9 – 16.

［28］ Chandler A D. Strategy and structure ［M］. Massachusetts：MIT Press，1962.

［29］ Eisehardt K M. Building theory from case study research ［J］. Academy of Manage-ment Review，1984（14）：532 – 550.

［30］ Foss N，Saebi T. Fifteen years of research on business model innovation：How far have we come，and where should we go ［J］. Journal of management，2017，43（1）：200 – 227.

［31］ Gimnez C，Ventura E. Supply chain management as a competitive advantage in the Span-ish grocery sector ［J］. International Journal of Logistics Management，2003，14（1）：77 – 88.

［32］ Haire D. Biological. Models and empirical history of the growth of organizations ［M］. New York：John Wiley and Sons，1959.

［33］ Johnson G I，Hofman P J. Agri-product supply chain management in developing countries ［J］. ACIAR Proceedings，2004：119.

［34］ Johnson M，Christensern C，Kagermann H. Reinventing your business model ［J］. Harvard Business Review，2008，86（12）：50 – 59.

［35］ Mueller R A E. Emergent E-commerce in agriculture. Aic Issues Brief，2000.

［36］ Mueller R A E. E-commerce and entrepreneurship in agricultural markets ［J］. American Journal of Agricultural Economics，2001，83（5）：1243 – 1249.

［37］ Parker G，Alstyne M，Choudary S. Platform revolution ［M］. New York：Norton & company，2016.

［38］ Shafer S M，Smith J H，Linder J C. The power of business models ［J］. Business Horizons，2005（48）：199 – 207.

［39］ Tirole J，Rochet J. Platform competition in two-sided markets ［J］. Journal of the European Economic Association，2003，1（4）：990 – 1029.

［40］ Yin R K. Case study research：Design and methods ［M］. Thousand Daks：Sage Publications，2003.

［41］ Zott C，Amit R，Massa L. The business model：recent developments and future re-search ［J］. Journal of Management，2011，37（4）：1019 – 1042.